职业教育城市轨道交通专业系列教材

# 城市轨道交通机械基础

主　编　徐　坚　柴鹏飞

副主编　张建国

参　编　史艳红　吴韶华　张超平

　　　　张　帆　李秀玲

主　审　李学雷

机 械 工 业 出 版 社

本书共 19 章, 主要内容包括制图基本知识、正投影和三视图、组合体、轴测图、机件的表达方法、零件图、力学基础知识、金属的力学性能、常用金属材料、热处理、平面机构运动简图及自由度、平面连杆机构、凸轮机构、带传动和链传动、齿轮传动、连接、支承零部件、钳工、切削加工基本知识。知识由浅入深, 突出技术应用能力的培养, 理论知识以够用为度, 采用最新国家标准和行业标准。本书每章还附有学习要点和复习思考题, 以便学生预习和复习巩固。

本书可作为职业院校城市轨道交通专业用书, 也可作为城市轨道交通行业职工培训用教材。

**为方便教学, 凡选用本书作为授课教材的教师均可登录 www.cmpedu.com 以教师身份下载免费电子课件, 或来电咨询: 010-88379375。**

**图书在版编目 (CIP) 数据**

城市轨道交通机械基础/徐坚, 柴鹏飞主编. —北京: 机械工业出版社, 2010.8 (2025.6 重印)
职业教育城市轨道交通专业系列教材
ISBN 978-7-111-31322-9

Ⅰ. ①城⋯　Ⅱ. ①徐⋯②柴⋯　Ⅲ. ①城市铁路-机械学-职业教育-教材
Ⅳ. ①U239.5

中国版本图书馆 CIP 数据核字 (2010) 第 135305 号

机械工业出版社 (北京市百万庄大街 22 号　邮政编码 100037)
策划编辑: 曹新宇　责任编辑: 曹新宇　刘远星
版式设计: 霍永明　责任校对: 申春香
封面设计: 王伟光　责任印制: 张　博
三河市航远印刷有限公司印刷
2025 年 6 月第 1 版第 19 次印刷
184mm × 260mm · 20 印张 · 493 千字
标准书号: ISBN 978-7-111-31322-9
定价: 49.80 元

# 前　言

城市轨道交通行业正处于快速发展时期，相应地，城市轨道交通专业人才极度缺乏。正是在这种背景下，机械工业出版社组织了"职业教育城市轨道交通专业规划教材"的开发。本书是其中的专业基础课之一。城市轨道交通专业人才需要掌握扎实的机械基础知识，才能从事城市轨道交通车辆驾驶、检修及控制工作。所以，本书立足城市轨道交通专业，详细讲述了该专业所需掌握的全部知识，内容全面。

本书共分 19 章，主要内容包括制图基本知识、正投影和三视图、组合体、轴测图、机件的表达方法、零件图、力学基础知识、金属的力学性能、常用金属材料、热处理、平面机构运动简图及自由度、平面连杆机构、凸轮机构、带传动和链传动、齿轮传动、连接、支承零部件、钳工、切削加工基本知识。本书每章都附有学习要点和复习思考题，以便学生预习和复习巩固。

本书编写具有以下特点：

1）紧紧围绕职业教育人才培养目标编排教材内容。

2）重组课程结构，突出技术应用能力的培养，理论知识以够用为度。

3）教材的编写与职业技能鉴定考试紧密结合，满足学生的考证需求。

4）全部采用最新国家标准和行业标准，积极推进最新标准的实施。

5）文字简练，插图选用生产实际用图，做到图文并茂。

6）注重新材料、新工艺、新技术的引入。

参加本书编写的有：郑州铁路职业技术学院史艳红（第 1 章、第 2 章、第 3 章）、张帆（第 4 章、第 5 章、第 6 章）、张超平（第 7 章）、张建国（第 9 章、第 18 章）、吴韶华（第 11 章、第 12 章、第 13 章、第 14 章和试验三）、李秀玲（试验一），华北机电学校柴鹏飞（第 15 章、第 16 章、第 17 章），郑州铁路职业技术学院徐坚（第 8 章、第 10 章、第 19 章、试验二）。全书由徐坚统稿，柴鹏飞、张建国参加了部分章节的统稿。本书由徐坚、柴鹏飞任主编，张建国任副主编，李学雷担任主审。

本书可作为职业院校城市轨道交通专业教材，也可作为城市轨道交通行业职工培训用教材。

由于作者水平有限，书中难免存在疏漏和不当之处，敬请广大读者批评指正。

编　者

# 目　　录

# 第1章　制图基本知识

【本章学习要点】

主要内容：制图的国家标准；几何作图的方法；平面图形的画法及绘图工具的正确使用。

学习目的与要求：掌握制图的有关基本知识及平面图形的画法，严格遵守制图国家标准，并注意培养良好的作图习惯。

学习重点：制图国家标准的有关规定。

## 1.1　绘图工具的使用

### 1.1.1　图板、丁字尺、三角板

**1. 图板**

图板是用来铺放图纸的，表面必须光滑平整，左右两导边必须平直。

**2. 丁字尺**

丁字尺由尺头和尺身组成，主要用于画水平线。使用时，尺头内侧紧靠图板左侧导边上下移动，自左向右可画出各种位置的水平线，如图 1-1a 所示。

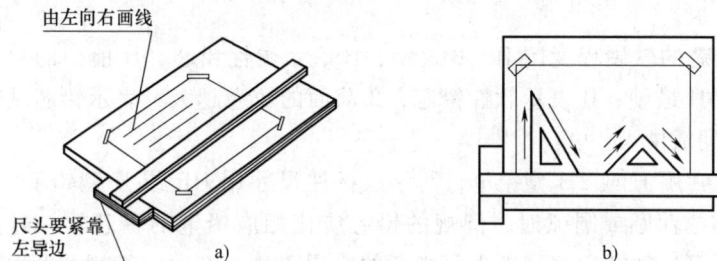

图 1-1　用丁字尺和三角板画线

**3. 三角板**

一副三角板由 45°和 30°/60°两块组成。它常与丁字尺配合使用，可画铅垂线及与水平线成 30°、45°、60°的倾斜线，如图 1-1b 所示。两块三角板配合使用，可画与水平线成 15°倍数的倾斜线，如图 1-2a 所示。还可画出任意一条直线的平行线或垂直线，如图 1-2b 所示。

### 1.1.2　圆规和分规

**1. 圆规**

圆规是画圆或圆弧的工具。画圆时，圆规的钢针应使用带台阶的一端，圆规两腿所在的平面应稍向画线方向倾斜，如图 1-3a 所示。画大圆时，两腿要与纸面垂直，如图 1-3b 所示。画小圆时，肘关节向内弯，如图 1-3c 所示。

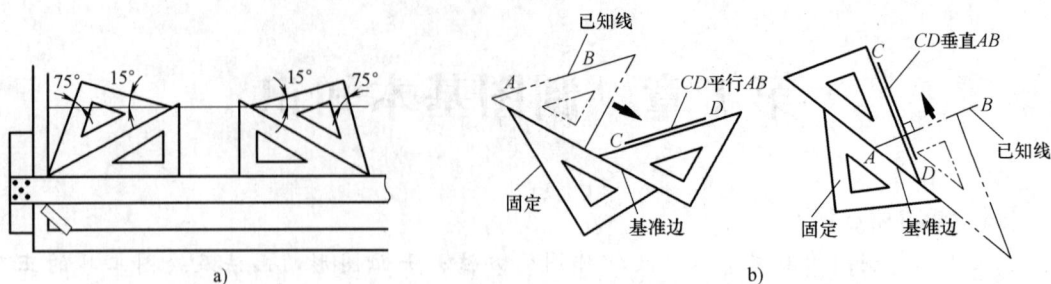

图 1-2　两块三角板配合画线

**2. 分规**

分规用以截取或等分线段。当两腿并拢时，两针尖应重合于一点，其开合只需单手调整。当量取若干段相等线段时，可使两个针尖交替地作为旋转中心，如图 1-4 所示。

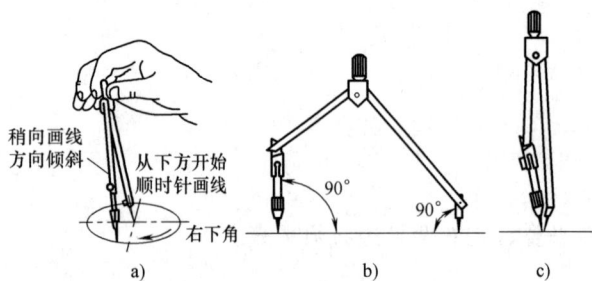

图 1-3　圆规的用法　　　　　　　　图 1-4　分规的用法

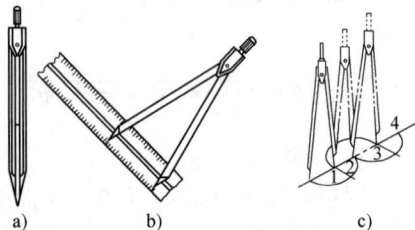

### 1.1.3　铅笔

绘图铅笔铅芯的软硬程度用 H、B 表示，H 表示硬性铅芯，H 前面的数字越大，表示铅芯越硬（淡），6H 最硬；B 表示软性铅芯，B 前面的数字越大，表示铅芯越软（黑），6B 最软；HB 表示软硬适中。

画底稿时，常用 H 或 2H 型铅笔，写字及标注尺寸用 HB 或 H 型铅笔，描深图线用 HB 或 B 型铅笔。在描深圆或圆弧时，圆规的铅芯应比相应铅笔的铅芯软一号。除此之外，橡皮、擦图片、小刀、砂纸和胶带纸也是必备的绘图工具。有时，绘制非圆曲线时，还要用到曲线板。

## 1.2　制图国家标准简介

### 1.2.1　图纸幅面及格式（GB/T 14689—2008）

**1. 图纸幅面**

绘制图样时，优先采用表 1-1 中规定的图纸基本幅面。

**2. 图框格式**

在图纸上必须用粗实线画出图框，图框的格式分留有装订边和不留装订边两种，如图 1-5 所示。但同一产品的图样只能采用一种格式，装订时通常采用 A3 横装或 A4 竖装。

**表 1-1　图纸基本幅面尺寸**

| 幅面代号 | A0 | A1 | A2 | A3 | A4 |
|---|---|---|---|---|---|
| $B \times L$ | $841 \times 1189$ | $594 \times 841$ | $420 \times 594$ | $297 \times 420$ | $210 \times 297$ |
| $a$ | 25 | | | | |
| $c$ | 10 | | | 5 | |
| $e$ | 20 | | 10 | | |

**3. 标题栏**

标题栏的位置应位于图纸的右下角，如图 1-5 所示，标题栏中的文字方向代表了看图的方向。

国家标准 GB/T 10609.1—2008 对标题栏的格式做了统一规定。建议学生在作业中采用如图 1-6 所示的格式。

## 1.2.2　比例（GB/T 14690—1993）

比例是指图中图形与其实物相应要素的线性尺寸之比。常用的比例系列见表 1-2。无论选用哪种比例，图中所标注的尺寸必须是机件的实际尺寸，与图形中选用的比例无关。比例一般应标注在标题栏中的比例栏内。

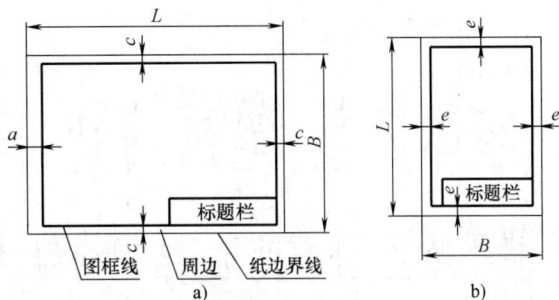

图 1-5　图框格式

a）留有装订边的图框格式　b）不留装订边图框格式

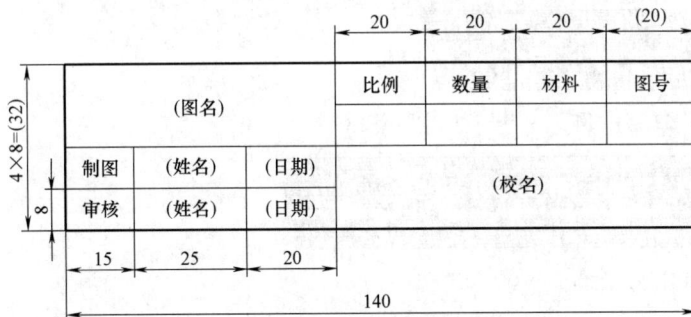

图 1-6　作业中标题栏的格式

**表 1-2　比例系列**

| 种　类 | 比　例 | | | | |
|---|---|---|---|---|---|
| 原值比例 | 1:1 | | | | |
| 放大比例 | 2:1<br>（2.5:1） | 5:1<br>（4:1） | $1 \times 10^n:1$<br>（$2.5 \times 10^n:1$） | $2 \times 10^n:1$<br>（$4 \times 10^n:1$） | $5 \times 10^n:1$ |
| 缩小比例 | 1:2<br>（1:1.5）<br>（$1:1.5 \times 10^n$） | 1:5　1:10<br>（1:2.5）<br>（$1:2.5 \times 10^n$） | $1:1 \times 10^n$<br>（1:3）<br>（$1:3 \times 10^n$） | $1:2 \times 10^n$<br>（1:4）<br>（$1:4 \times 10^n$） | $1:5 \times 10^n$<br>（1:6）<br>（$1:6 \times 10^n$） |

注：$n$ 为正整数。

## 1.2.3　字体（GB/T 14691—1993）

在图样中书写字体的要求是：字体工整、笔画清楚、间隔均匀、排列整齐。字体的号数即字体的高度 $h$，分为八种：1.8、2.5、3.5、5、7、10、14、20（单位 mm）。如需要书写更大的字，其字体高度应按照 $\sqrt{2}$ 的比例递增。

**1. 汉字**

汉字应写成长仿宋体，并采用国家正式公布的简化字。长仿宋体的书写要求是：横平竖直、注意起落、结构均匀、填满方格。

**2. 字母和数字**

字母和数字有直体和斜体两种。常用的是斜体，斜体字的字头向右倾斜，与水平基准线呈 75°。

**3. 字体示例**

（1）长仿宋体汉字示例

10 号字

# 字体工整 笔画清楚 间隔均匀 排列整齐

7 号字

## 横平竖直 注意起落 结构均匀 填满方格

5 号字

技术制图机械电子汽车航空船舶土木建筑矿山井坑港口纺织服装

3.5 号字

螺纹齿轮端子接线飞行指导驾驶舱位挖填施工引水通风闸阀坝棉麻化纤

（2）斜体阿拉伯数字示例

*0123456789*

（3）斜体罗马数字示例

*I II III IV V VI VII VIII IX X*

（4）斜体拉丁字母示例

*ABCDEFGHIJKLMNOP*

*QRSTUVWXYZ*

*abcdefghijklmnopq*

*rstuvwxyz*

## 1.2.4　图线（GB/T 17450—1998、GB/T 4457.4—2002）

### 1. 图线的种类和用途

国家标准《技术制图》规定了十五种基本线型和若干种基本线型的变形。国家标准《机械制图》规定的九种线型和应用见表 1-3，图 1-7 为图线的应用示例。

表 1-3　图线的种类和应用

| 名　称 | 形　式 | 宽度 | 应　用 |
|---|---|---|---|
| 粗实线 | ——————— | $d$ | 可见轮廓线 |
| 细实线 | ——————— | $d/2$ | 尺寸线、尺寸界线、指引线、剖面线、重合断面的轮廓线、过渡线 |
| 细虚线 | – – – – – | $d/2$ | 不可见轮廓线 |
| 细点画线 | —·—·—·— | $d/2$ | 轴线、对称中心线 |
| 粗点画线 | —·—·—·— | $d$ | 限定范围表示线 |
| 细双点画线 | —··—··— | $d/2$ | 相邻辅助零件的轮廓线、可动零件的极限位置的轮廓线 |
| 波浪线 | ∿∿∿ | $d/2$ | 断裂处边界线、视图与剖视图的分界线 |
| 双折线 | —／\—／\— | $d/2$ | 断裂处边界线、视图与剖视图的分界线 |
| 粗虚线 | ▬ ▬ ▬ ▬ | $d$ | 允许表面处理的表示线 |

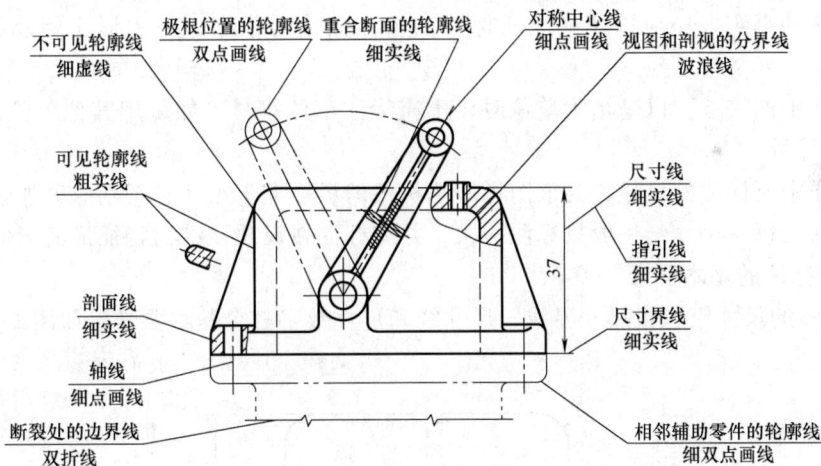

图 1-7　图线的应用示例

### 2. 图线宽度

机械图样中的线型采用粗、细两种线宽，它们之间的比例为 2:1。画图时，根据图形大小和复杂程度，图线宽度 $d$ 可在下列九种数系中选择：0.13、0.18、0.25、0.35、0.5、0.7、1、1.4、2（单位 mm），粗线宽度一般选用 0.5 或 0.7。

### 3. 图线的画法

图线的画法如图 1-8 所示。

1）同一图样中，同类图线的宽度应基本一致。

2）虚线、点画线、双点画线中画的长度和间隔应各自均匀一致，其中的点是一小短画

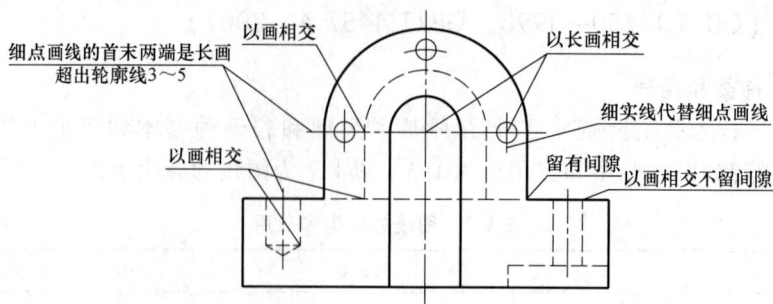

图 1-8　图线的画法

而不能用铅笔点成圆点。

3）绘制点画线时，首末两端应为长画而不是点，并超出图形轮廓 3~5mm。点画线应在长画处相交。

4）在较小的图形上绘制点画线有困难时，可用细实线代替。

5）当虚线、点画线与其他图线相交时，应以线段相交，不得留间隙。当虚线处于粗实线的延长线时，应留有间隙。

## 1.2.5　尺寸标注（GB/T 4458.4—2003）

**1. 尺寸标注的基本规则**

1）机件的真实大小应以图样上所标注的尺寸数值为依据，与图形比例及绘图准确度无关。

2）图样中的尺寸，以毫米为单位时，不需标注单位符号。如采用其他单位，则应注明相应的单位符号。

3）图样中所标注的尺寸，为该图样所示机件的最后完工尺寸，否则应另加说明。

4）机件的每一尺寸，一般只标注一次，并应标注在反映该结构特征最清晰的图形上。

**2. 尺寸标注的基本要素**

一个完整的尺寸应包括尺寸界线、尺寸线和尺寸数字三个基本要素，如图 1-9 所示。

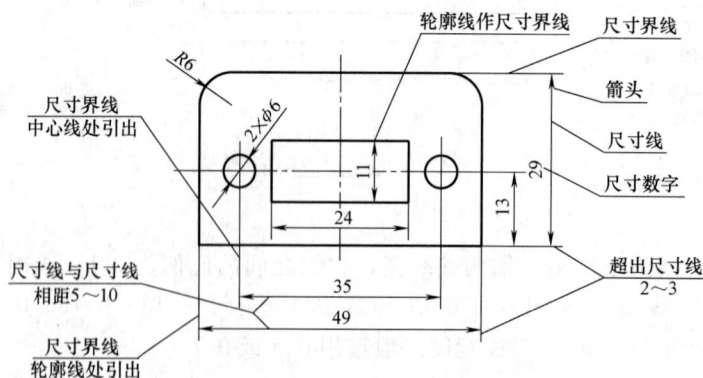

图 1-9　尺寸三要素

1）尺寸界线画成细实线，应由图形的轮廓线、轴线或对称中心线处引出也可直接由轮廓线、轴线或对称中心线代替，不必单独画出。尺寸线一般应与尺寸线垂直，并超出尺寸线 2~3mm。

2）尺寸线画成细实线，必须单独画出，不能用任何图线代替，也不能画在其他图线的延长线上。标注线性尺寸时，尺寸线必须与所标注的线段平行。几条互相平行的尺寸线，应将小尺寸标在里面，大尺寸标在外面，以避免尺寸线与尺寸界线交叉，如图1-9中的13与29、35与49。

尺寸线的终端有箭头和斜线两种形式，如图1-10所示。箭头形式适用于各种类型的图样，标注时，箭头尖端必须与尺寸界线接触。斜线形式用细实线绘制，尺寸线与尺寸界线互相垂直才可采用斜线形式。同一张图样中，只能采用一种尺寸线终端形式，机械图样中一般采用箭头形式。

3）线性尺寸的数字一般应写在尺寸线上方，也允许写在尺寸线中断处。尺寸数字不可被任何图线通过，当不可避免时，应将图线断开，如图1-9中的11、24处。同一张图样上尺寸数字的高度应一致。

线性尺寸数字的注写方向，水平方向字头向上，铅垂方向字头向左，倾斜方向按照图1-11a所示的方向标注，并应尽量避免在图示30°的范围内标注尺寸，当无法避免时，可按图1-11b所示的形式标注。

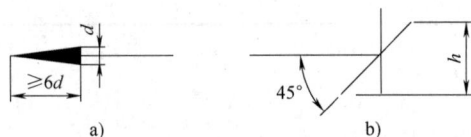

图 1-10　尺寸线终端形式

a）箭头形式　b）斜线

$d$—粗实线的宽度　$h$—字体亮度

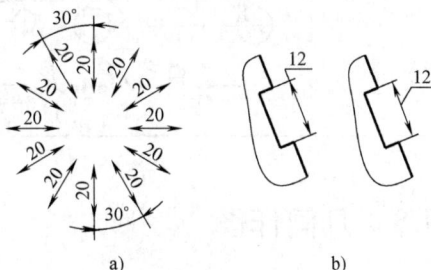

图 1-11　尺寸数字

### 3. 常见尺寸注法示例

常见尺寸注法示例见表1-4。

表 1-4　常见尺寸注法示例

| 标注内容 | 示　例 | 说　明 |
|---|---|---|
| 圆与圆弧 |  | 标注直径时，在尺寸数字前面加注符号"$\phi$"，标注半径时，在尺寸数字前加注符号"$R$"，尺寸线或尺寸线的延长线应通过圆心，尺寸线的终端应画成箭头 |
| 球面 |  | 标注球面直径或半径尺寸时，应在尺寸数字前加注符号"$S\phi$"或"$SR$" |

（续）

| 标注内容 | 示　例 | 说　明 |
|---|---|---|
| 大圆弧 |  | 当圆弧的半径过大或在图纸范围内无法标出圆心位置时，可按如图形式标注 |
| 角度 |  | 标注角度的尺寸界线应沿径向引出，尺寸线是以该角的顶点为圆心的圆弧。尺寸数字应水平书写，可注在尺寸线的中断处，也可写在尺寸线的上方或外侧，位置不够时也可引出标注 |
| 小尺寸 |  | 没有足够位置画箭头或注写尺寸数字时，可按图示方式进行标注 |

## 1.3　几何作图

图样中的轮廓线都是由各种基本的几何图形所组成的，所以本节将介绍简单的几何作图方法。

### 1.3.1　等分作图

用三角板或圆规可以很方便地将圆进行三等分、四等分、六等分或八等分。

**1. 用三角板作图**

利用 30°/60° 三角板与丁字尺配合，可以三等分或六等分圆周，并作圆的内接或外切正三角形和正六边形，如图 1-12 所示。

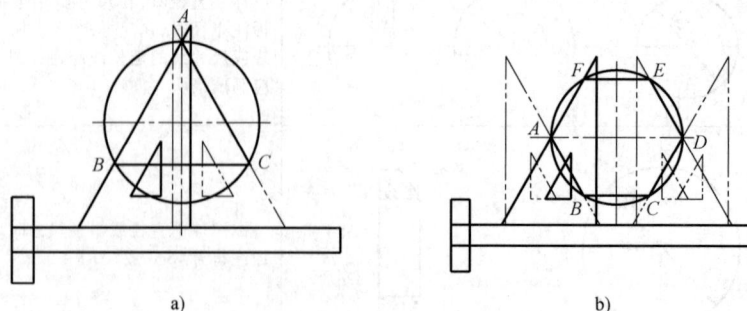

a)　　　　　　　　　　　　b)

图 1-12　用三角板作图

利用45°三角板与丁字尺配合，还可以直接作出圆的内接或外切正方形和正八边形。

**2. 用圆规作图**

利用圆规，根据外接圆半径，可以三等分或六等分圆周，并得到圆的内接正三角形或正六边形，如图1-13所示。

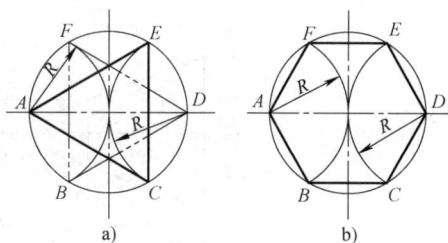

图1-13　用圆规作图

## 1.3.2　椭圆

椭圆有许多种画法，这里介绍常用的四心圆法。

如图1-14所示，已知长轴$AB$、短轴$CD$。取$OE=OA$，连接$AC$，以$C$为圆心，$CE$为半径画圆，交$AC$于$E_1$点，作$AE_1$的垂直平分线，分别与长、短轴交于$O_1$、$O_2$点，再以$O$点为中心，分别在长、短轴上作$O_1$、$O_2$的对称点，得到$O_3$、$O_4$点。分别以$O_1$、$O_2$、$O_3$、$O_4$为圆心，以$O_1A$、$O_2C$、$O_3B$、$O_4D$为半径作出四段圆弧，即可近似作出椭圆，其中$K$、$N$、$N_1$、$K_1$为切点。

## 1.3.3　斜度和锥度

**1. 斜度**

如图1-15a所示，斜度是指一直线对另一直线或一平面对另一平面的倾斜程度，其大小以两直线或两平面间夹角$\alpha$的正切值来表示，并将此值化为$1:n$的形式

$$斜度 = H/L = 1:n \tag{1-1}$$

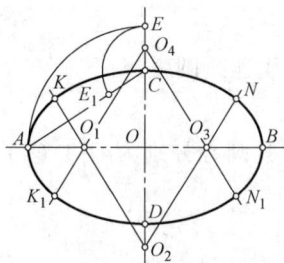

图1-14　椭圆的画法

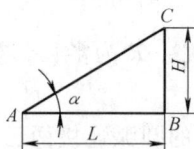

a)

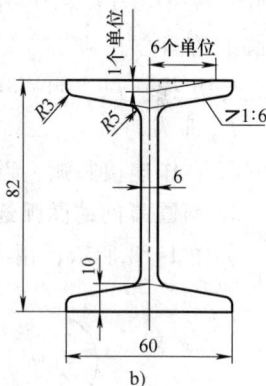

b)

图1-15　斜度

工字钢翼缘的斜度为1:6，其画法如图1-15b所示，标注时，斜度符号的倾斜边方向与直线或平面倾斜方向一致。

**2. 锥度**

如图1-16a所示，锥度是指正圆锥体的底圆直径与其高度之比，并将此值化为$1:n$的形式

$$锥度 = D/L = \frac{D-d}{l} = 1:n \tag{1-2}$$

锥度1:4的画法如图1-16b所示，标注时，锥度符号的方向要与图中锥度的方向一致。

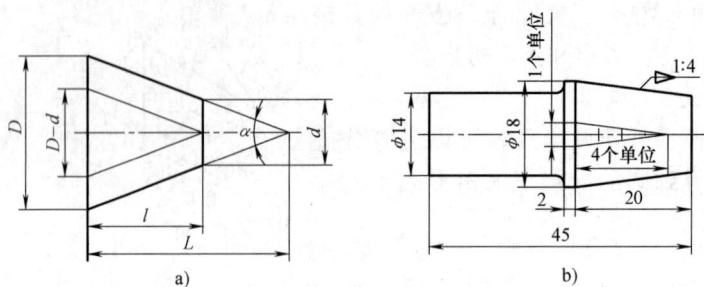

图 1-16　锥度图

### 1.3.4　圆弧连接

用一段圆弧光滑地连接相邻两条已知线段（直线或圆弧）的作图方法称为圆弧连接。常见的连接形式有：两条直线间的圆弧连接、两圆弧间的圆弧连接和直线与圆弧间的圆弧连接。为保证圆弧连接光滑，必须使连接圆弧与已知线段在连接处相切。因此，作图时应先求作连接圆弧的圆心，然后确定连接圆弧与已知线段的切点，最后画连接圆弧。

**1. 两直线间的圆弧连接**

如图 1-17 所示，用半径为 $R$ 的圆弧连接两已知直线 $AB$ 和 $BC$。

作图步骤：

（1）求圆心　根据连接圆弧的凸起方向，分别作与两已知直线 $AB$、$BC$ 相距为 $R$ 的平行线，得交点 $O$，即为连接圆弧的圆心。

（2）找切点　自点 $O$ 分别向 $AB$ 和 $BC$ 作垂线，垂足 $K_1$、$K_2$ 即为切点。

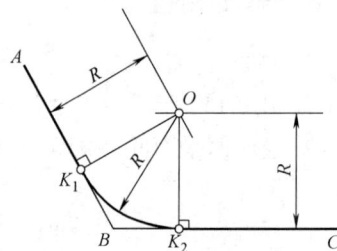

图 1-17　用圆弧连接两已知直线

（3）作连接圆弧　以 $O$ 为圆心，$R$ 为半径，在 $K_1$、$K_2$ 两点间作连接圆弧。

**2. 两圆弧间的圆弧连接**

如图 1-18 所示，用半径为 $R$ 的圆弧连接两已知圆弧 $R_1$、$R_2$（其圆心分别为 $O_1$、$O_2$）。

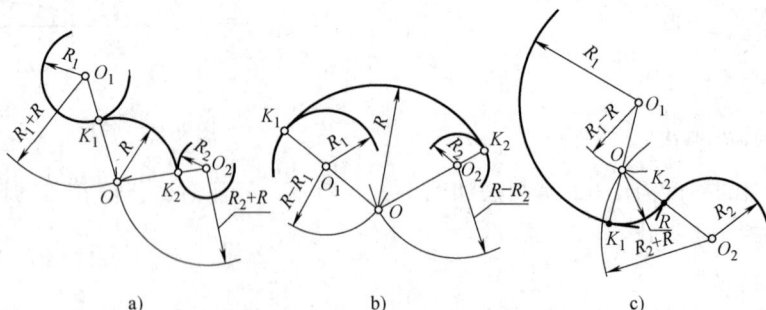

图 1-18　用圆弧连接两已知圆弧

a）外连接　b）内连接　c）混合连接

连接圆弧与两已知圆弧都外切时，为外连接；连接圆弧与两已知圆弧都内切时，为内连接；连接圆弧与一个已知圆弧外切，与另一个已知圆弧内切时，为混合连接。

作图步骤：

（1）求圆心　以 $O_1$ 为圆心，外切时以 $R_1 + R$ 为半径，如图 1-18a 所示；内切时以 $R - R_1$ 或 $R_1 - R$ 为半径画圆弧，如图 1-18b、c 所示；再以 $O_2$ 为圆心，外切时以 $R_2 + R$ 为半径，如图 1-18a、c 所示，内切时以 $R - R_2$ 为半径画圆弧，如图 1-18b 所示，两圆弧交点 $O$，即为连接圆弧的圆心。

（2）找切点　外切时两圆心的连线与已知圆弧的交点即为切点，内切时两圆心连线的延长线与已知圆弧的交点即为切点。

（3）作连接圆弧　以 $O$ 为圆心，$R$ 为半径，在两切点间作连接圆弧，即完成作图。

根据以上作图步骤，请读者自己分析直线与圆弧间的圆弧连接作图方法。

## 1.4　平面图形的画法

平面图形是由若干个直线和曲线封闭连接而形成的。绘制平面图形时，必须对这些线段的尺寸和连接关系进行分析，才能正确确定画图方法和步骤。下面以图 1-19 所示手柄的平面图形为例，进行尺寸和线段分析。

### 1.4.1　尺寸分析

平面图形中的尺寸按其作用可分为定形尺寸和定位尺寸两类。

**1. 定形尺寸**

定形尺寸是用以确定平面图形中各线

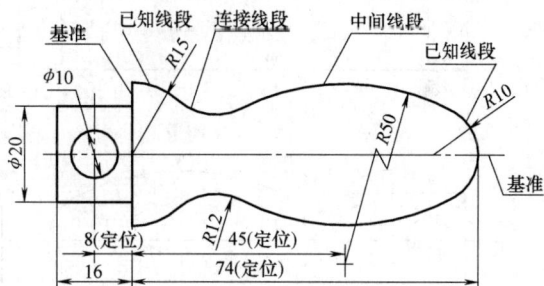

图 1-19　平面图形的尺寸分析和线段分析

段形状大小的尺寸。直线段的长度、圆及圆弧的直径或半径、角度的大小等尺寸都是定形尺寸。如图 1-19 中的 $R12$、$R15$、$\phi10$、16 等都是定形尺寸。

**2. 定位尺寸**

定位尺寸是用以确定平面图形中各线段之间相对位置的尺寸。如图 1-19 中的 8、45、74 均属于定位尺寸。

定位尺寸需从尺寸基准出发进行标注。平面图形在水平和铅垂两个方向上各有一个主要尺寸基准，如图 1-19 所示。

### 1.4.2　线段分析

平面图形中，根据线段定位尺寸的完整与否，可将线段分为已知线段、中间线段和连接线段三种。

**1. 已知线段**

具有两个方向定位尺寸的线段。如图 1-19 中 $\phi10$ 的圆，$R10$、$R15$ 的圆弧均为已知线段。

**2. 中间线段**

具有一个方向定位尺寸的线段。如图 1-19 中 $R50$ 的圆弧。

**3. 连接线段**

没有定位尺寸的线段。如图 1-19 中 $R12$ 的圆弧。

已知线段由于具有两个定位尺寸，故能直接画出；中间线段由于缺少一个定位尺寸，可以根据与相邻一个已知线段的连接关系画出；连接线段由于没有定位尺寸，必须根据与相邻两个线段的连接关系才能画出。作图时应先画已知线段，再画中间线段，最后画连接线段。

### 1.4.3 平面图形的画法

画平面图形之前，需对其进行尺寸分析和线段分析，以明确作图顺序。画平面图形时要先绘制底稿，具体画图步骤如图 1-20 所示。底稿完成后，要仔细核对，确认无误，然后描深图线，标注尺寸。尺寸标注不但要正确，符合国家标准，而且还要完整，应标注所有的定形尺寸和定位尺寸，既不能重复，也不得遗漏。完成的平面图形如图 1-19 所示。

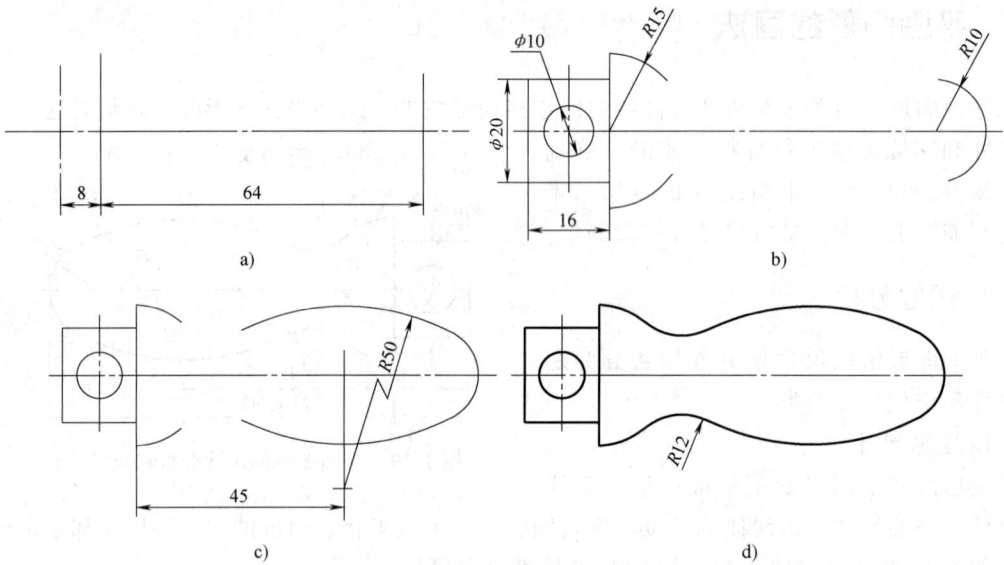

图 1-20 平面图形的画图步骤

a）画基准线和定位线 b）画已知线段 c）画中间线段 d）画连接线段并描深

## 复习思考题

1-1 若采用 1:5 的比例，绘制一个直径为 40mm 的圆时，其绘图直径为_____ mm。

1-2 图样中书写字体的号数，即为字体_____，分为八种：1.8、2.5、3.5、5、7、10、14、_____（单位 mm），如需要书写更大的字，其字体高度应按照_____的比例递增。

1-3 图样中书写汉字的字体应为_____体，字宽一般为字高的_____。

1-4 图样中书写数字或字母的字型有_____，同一张图样上，只允许采用一种形式。

1-5 在绘制图样时，应采用机械制图国家标准规定的_____种图线。回转体的轴线或中心线采用_____绘制，断裂处的分界线，一般采用_____绘制。

1-6 图样中的尺寸以_____为单位时，不需注计量单位代号或名称。

1-7 图样中所标注的尺寸数值为机件的_____尺寸。

1-8 国家标准规定，尽可能避免在竖直方向逆时针旋转_____范围内标注尺寸。

1-9 将图 1-21 所示的图线抄画在 A4 图纸上。

1-10 分析图 1-22 左图中错误的尺寸注法，并在右图中正确标注。

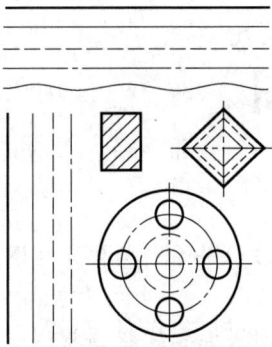

图 1-21 题 1-9 图

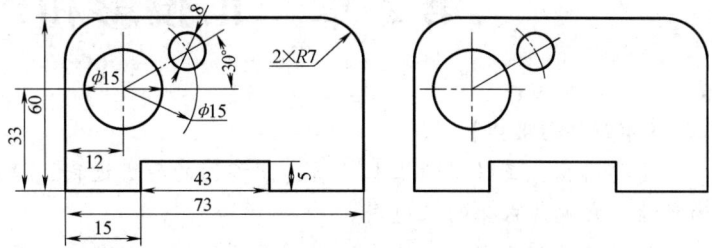

图 1-22 题 1-10 图

1-11 将图 1-23 所示的平面图形抄画在 A4 图纸上，并标注尺寸，自定绘图比例。

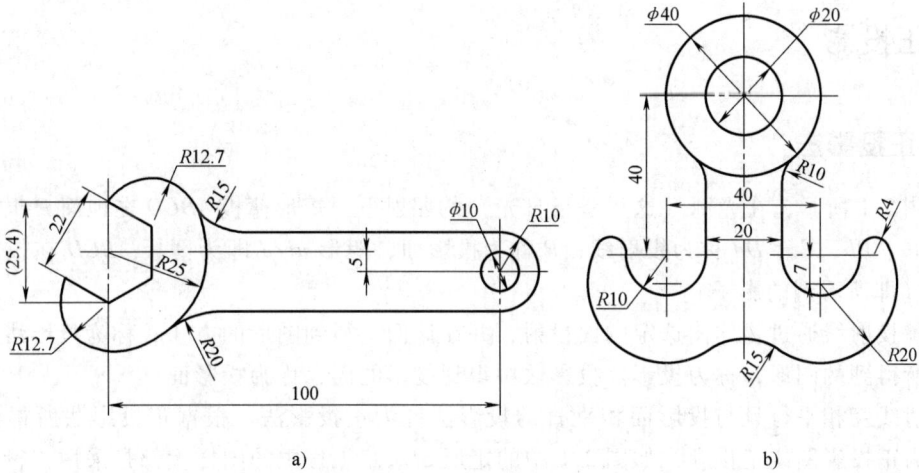

a)

b)

图 1-23 题 1-11 图

# 第 2 章　正投影和三视图

**【本章学习要点】**

　　主要内容：正投影的基本性质；三视图的形成过程、投影关系和方位关系；物体三视图的画法；常见基本体的三视图。

　　学习目的与要求：了解正投影的有关知识，理解三视图之间的各种关系；掌握画物体三视图的方法，初步培养空间想象及空间思维能力。

　　学习重点：正投影的基本性质；三视图之间的各种关系。

## 2.1　正投影

### 2.1.1　正投影法

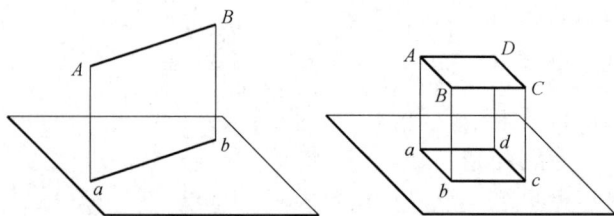

　　如图 2-1 所示，在光源（这里是指日光）的照射下，矩形薄板 $ABCD$ 在地面 $P$ 上得到了影子。$Aa$、$Bb$、$Cc$、$Dd$ 称为投射线，$P$ 称为投影面，矩形 $abcd$ 即为薄板 $ABCD$ 在投影面上的投影（即所看到的影子）。

　　这种投射线通过物体向选定的面投射，并在该面上得到图形的方法，称为投影法。根据投影法所得到的图形，称为投影。投影法中得到投影的面，称为投影面。

　　投射线互相平行且与投影面相垂直的投影法称为正投影法。根据正投影法所得到的图形，称为正投影图或正投影，如图 2-1 中的矩形 $abcd$。工程中的图样大都是采用正投影法绘制的。

### 2.1.2　正投影的基本性质

**1. 显实性**

　　直线段或平面图形平行于投影面时，直线段的正投影反映实长，平面图形的正投影反映实形的性质称为显实性，如图 2-2 所示。

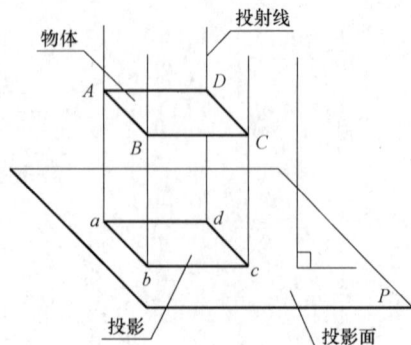

图 2-1　正投影法　　　　　　　　　　　　　图 2-2　正投影的显实性

**2. 积聚性**

直线段或平面图形垂直于投影面时，直线段的正投影积聚为一个点，平面图形的正投影积聚为一条线段的性质称为积聚性，如图 2-3 所示。

**3. 类似性**

直线段或平面图形倾斜于投影面时，直线段的正投影长度变短，平面图形的正投影面积变小，但投影形状仍与原来形状类似，正投影的这种性质称为类似性，如图 2-4 所示。

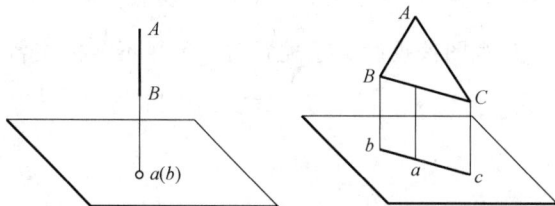

图 2-3　正投影的积聚性　　　　　　　　图 2-4　正投影的类似性

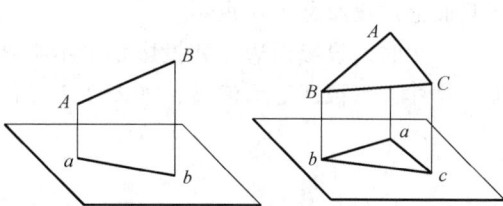

## 2.2　三视图

用正投影法绘制物体的图形时，可以将人的视线假想成一组互相平行且垂直于投影面的投射线，从而得到物体在投影面上的投影，该投影称为视图。

如图 2-5 所示，几个形状不同的物体在同一投影面上却得到了相同的视图。因此，一般情况下，一个视图不能确定物体的形状和大小。工程上常用多面视图来表达物体的形状和大小，一般可采用三视图。

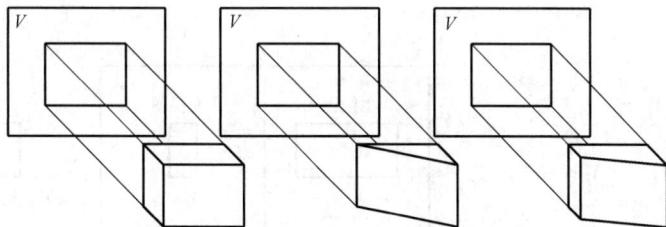

图 2-5　物体的视图

### 2.2.1　三视图的形成

**1. 三投影面体系的建立**

三个互相垂直的投影面构成三投影面体系，如图 2-6 所示。三个投影面分别为：正立投影面 $V$（简称正面），水平投影面 $H$（简称水平面），侧立投影面 $W$（简称侧面）。相互垂直投影面之间的交线称为投影轴，三个投影轴用 $OX$、$OY$、$OZ$ 表示，分别代表长、宽、高三个方向。三个投影轴相交于一点 $O$，称为原点。

**2. 物体在三投影面体系中投影**

如图 2-7a 所示，将物体置于三投影面体系中，并使物体上的主要表面处于平行或垂直于投影面的方向，用正投影法向各投影面投射，即可分别得到正面投影、水平投影和侧面投影。

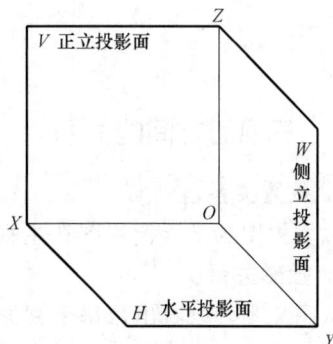

图 2-6　三投影面体系

### 3. 展开三投影面

为了画图方便，需将三个互相垂直的投影面展开到同一平面上。如图 2-7b 所示，规定正面不动，水平面绕 $OX$ 轴向下旋转 $90°$，侧面绕 $OZ$ 轴向右旋转 $90°$，使它们与正面处于同一个平面上，如图 2-7c 所示。展开时，$OY$ 轴被分为两处，分别用 $OY_H$（在 $H$ 面上）和 $OY_W$（在 $W$ 面上）表示。其中由前向后投射所得的图形，即在正面上的投影称为主视图；由上向下投射所得的图形，即在水平面上的投影称为俯视图；由左向右投射所得的图形，即在侧面上的投影称为左视图。

画图时，投影面边框和投影轴可不必画出，三视图按投影关系配置时，一律不需标注名称，这样，三视图更为清晰，如图 2-7d 所示。

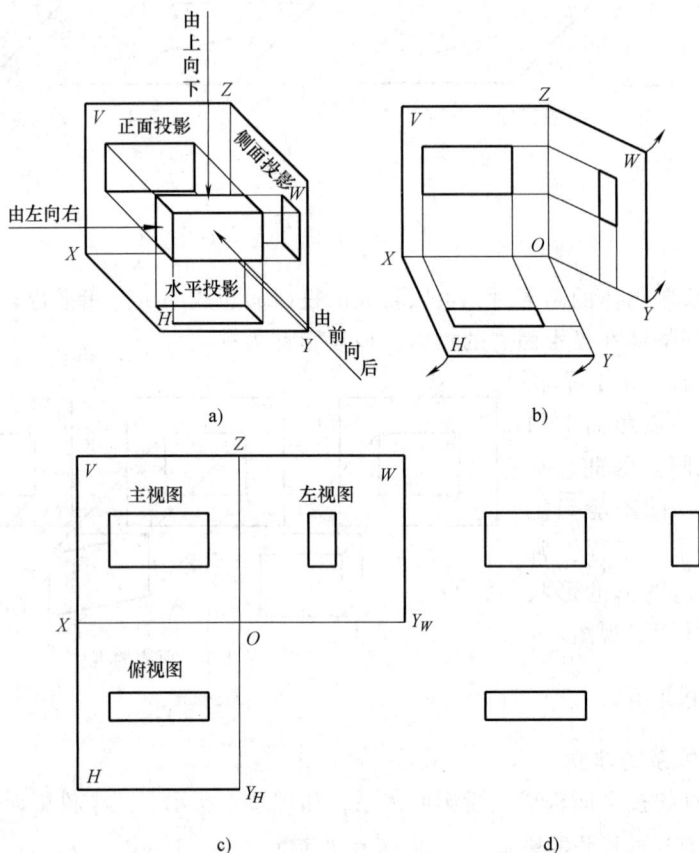

图 2-7　三视图的形成

## 2.2.2　三视图之间的关系

### 1. 位置关系

以主视图为准，俯视图在主视图正下方，左视图在主视图正右方，如图 2-7d 所示。

### 2. 投影关系

从图 2-8 可以看出，每个视图反映物体两个方向的尺寸。主视图反映物体的长度和高度；俯视图反映物体的长度和宽度；左视图反映物体的宽度和高度。相邻视图同一方向的尺寸相等，即：

　　主视图和俯视图上相应的投影在长度
方向上相等，并且对正；

　　主视图和左视图上相应的投影在高度
方向上相等，并且平齐；

　　俯视图和左视图上相应的投影在宽度
方向上相等。

　　由此归纳得出三视图之间的投影关系：

　　主、俯视图长对正（等长）；

　　主、左视图高平齐（等高）；

　　俯、左视图宽相等（等宽）。

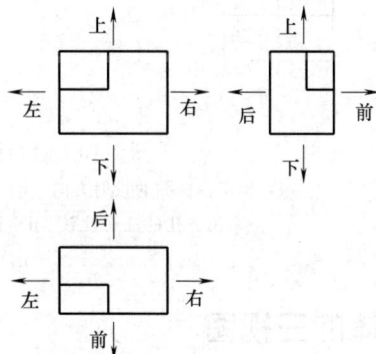

图 2-8　三视图间的投影关系

三等关系不仅适用于整个物体，也适用于物体的局部。

**3. 方位关系**

　　如图 2-9a 所示，物体有上、下、前、后、左、右六个方位，在三视图中的方位关系，
如图 2-9b 所示。

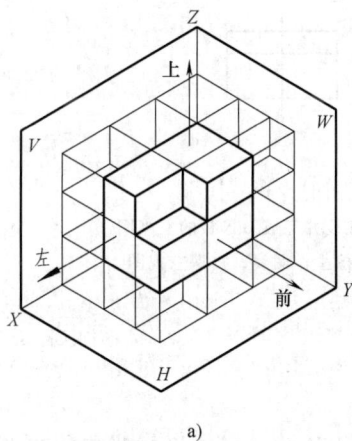
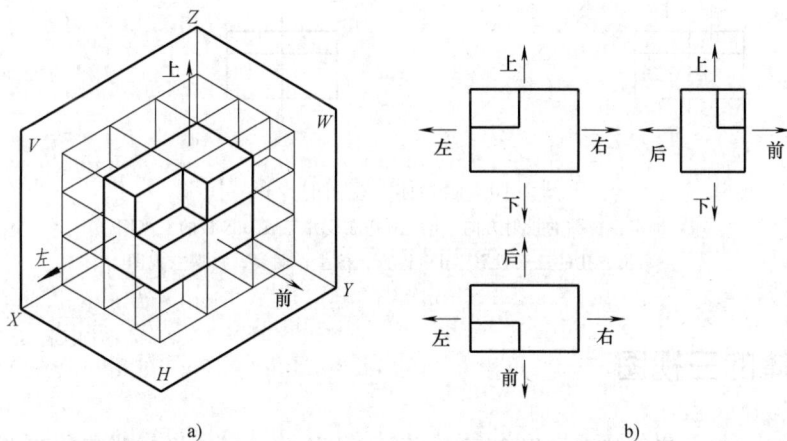

a)　　　　　　　　　　　　　　　　　　b)

图 2-9　三视图中的方位关系

　　主视图反映物体的上、下和左、右方位，前后则叠在一起；

　　俯视图反映物体的前、后和左、右方位，上下则叠在一起；

　　左视图反映物体的上、下和前、后方位，左右则叠在一起。

　　画图和读图时，应特别注意俯视图和左视图之间的前、后位置关系。由三视图的形成过
程可知，以主视图为基准，俯、左视图远离主视图一侧表示物体的前面，靠近主视图的一侧
表示物体的后面。

## 2.2.3　画物体三视图的方法和步骤

　　画物体（或轴测图）的三视图时，应首先根据物体的结构特点确定主视图的投射方向，
最好选择能反映物体形状特征的一面作为画主视图的方向，并使得主要表面或对称平面平行
于投影面。

　　绘制底稿时，先画出三视图的基准线和定位线，然后绘制三视图，其顺序是先画外形，
再画内部结构。要充分利用三等关系，三个视图配合起来画，提高画图速度及准确性。具体

作图步骤如图2-10所示。

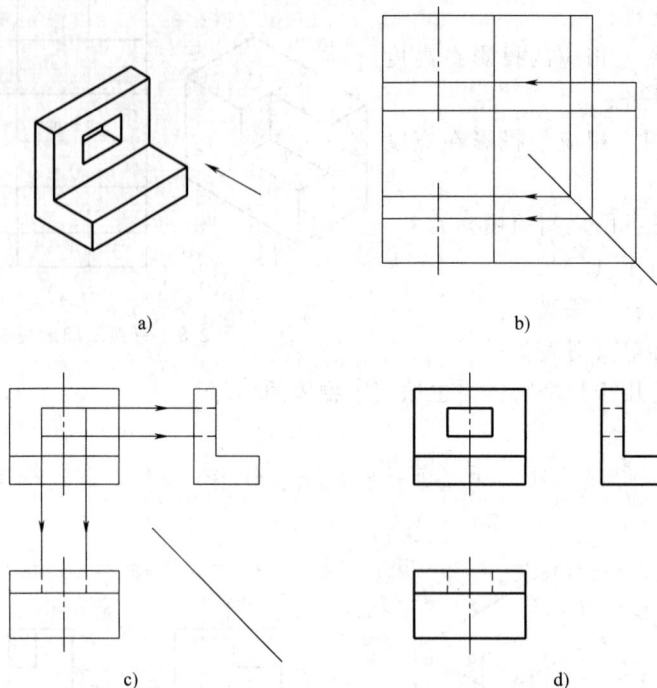

a)

b)

c)

d)

图2-10 画物体三视图的步骤

a) 确定主视图的投射方向 b) 画基准线并完成 L 形板的三视图

c) 画长方孔的三面投影 d) 检查, 擦去作图线, 描深三视图

## 2.3 基本体的三视图

物体都可以看成由若干基本体组合而成的。基本体包括平面体和曲面体两类。表面均为平面的立体, 称为平面体, 平面体主要分为棱柱和棱锥两类。表面由曲面或曲面和平面围成的立体, 称为曲面体, 常见的曲面体为回转体, 如圆柱、圆锥、圆球等。

表2-1列举了常见基本体的三视图。

表2-1 常见基本体的三视图

| 种类 | 三 视 图 | 说 明 |
|---|---|---|
| 棱柱 |  | 棱柱的棱线互相平行。常见的棱柱有三棱柱、四棱柱、五棱柱、六棱柱等。顶面和底面是正多边形的直棱柱, 称为正棱柱。左图为正六棱柱的三视图 |

（续）

| 种类 | 三 视 图 | 说　明 |
|------|---------|--------|
| 棱锥 | 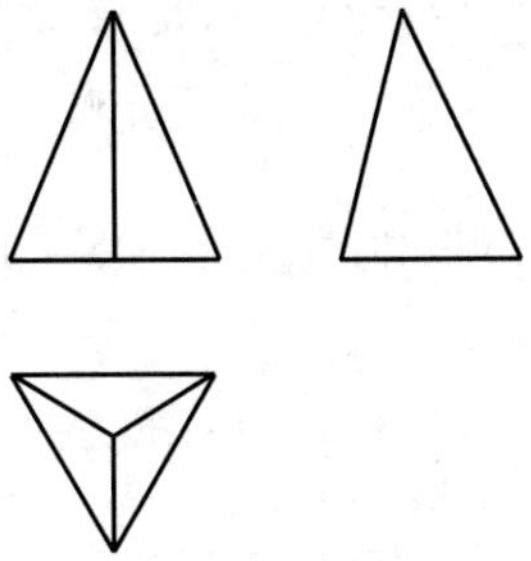 | 棱锥的棱线交于一点。常见的棱锥有三棱锥、四棱锥、五棱锥等。若棱锥底面为正多边形,各侧棱面为全等等腰三角形,称为正棱锥。左图为正三棱锥的三视图 |
| 圆柱 | 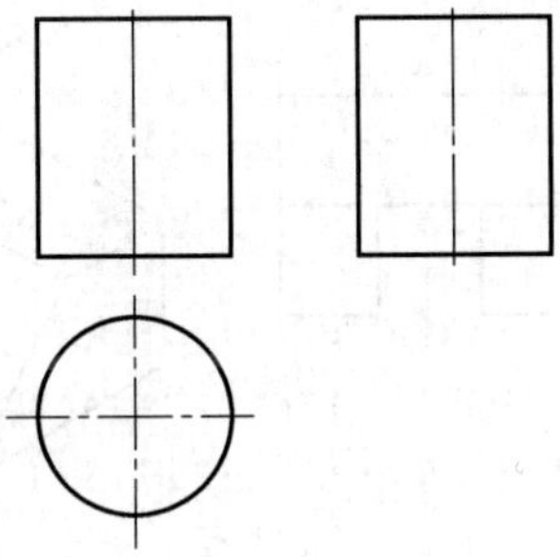 | 圆柱体是由圆柱面与顶面和底面围成的。圆柱面可以看作由一条直母线绕着与它平行的轴线回转而成。左图为圆柱体的三视图 |
| 圆锥 | 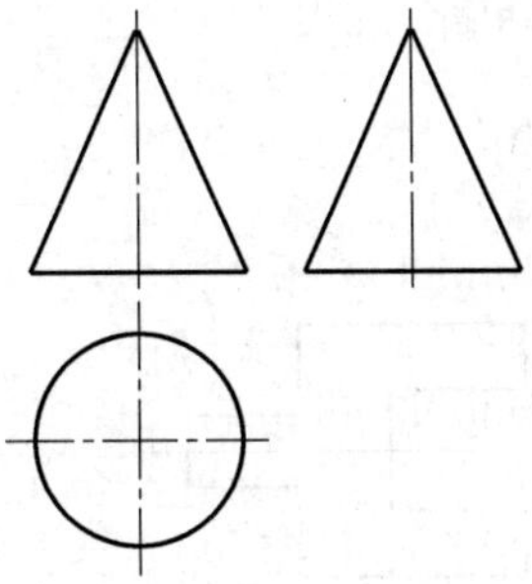 | 圆锥体是由圆锥面和底面围成的。圆锥面可以看作由一条直母线绕着与它相交的轴线回转而成。左图为圆锥体的三视图 |
| 圆球 | 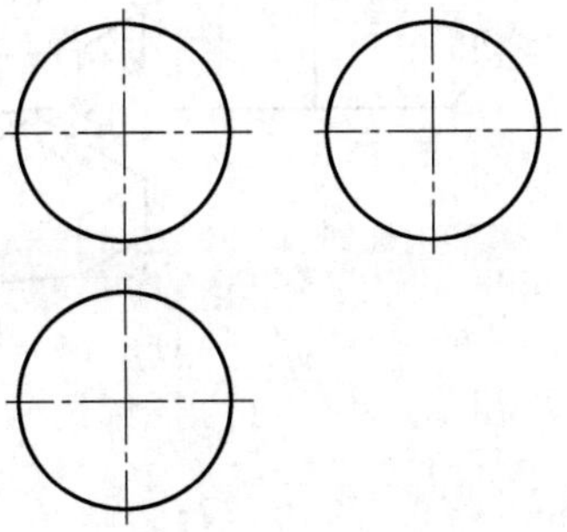 | 圆球面可以看作由一条圆母线绕其直径回转而成。左图为圆球的三视图 |

## 复习思考题

2-1　正投影法中的投射线互相_____且_____投影面。

2-2　正投影的三个基本性质是_____、_____和_____。

2-3　三视图之间的投影关系为：主、俯视图_____，主、左视图_____，俯、左视图_____。这三等关系不仅适用于整个物体，也适用于物体的局部。

2-4　以主视图为基准，俯、左视图远离主视图一侧表示物体的_____，靠近主视图的一侧表示物体的_____。

2-5　根据轴测图，补画左视图，如图 2-11 所示。

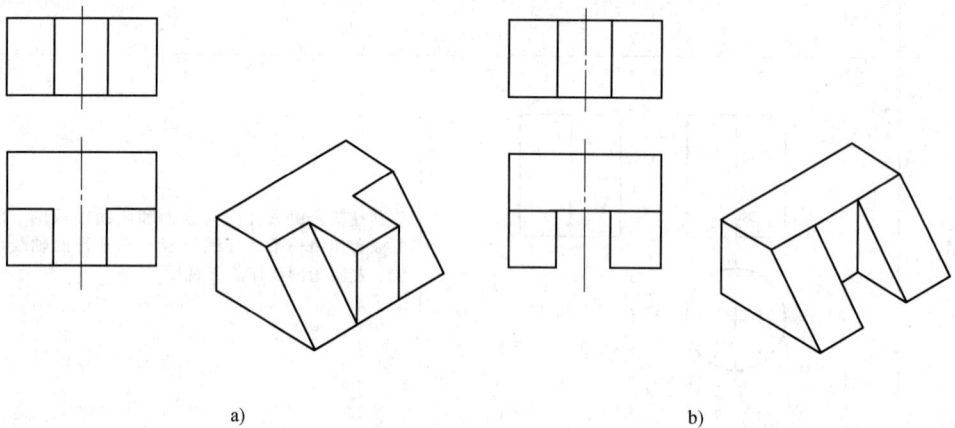

a)　　　　　　　　　　　　　　　　　b)

图 2-11　题 2-5 图

2-6　根据轴测图，补画视图中的漏线，如图 2-12 所示。

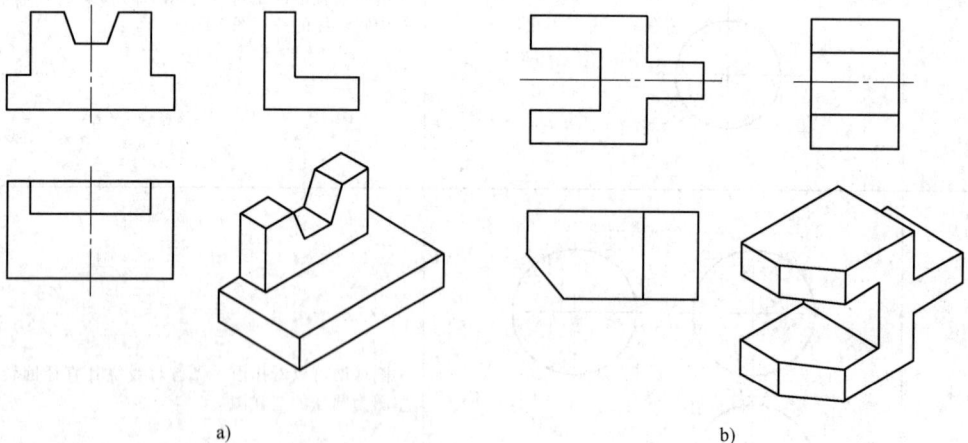

a)　　　　　　　　　　　　　　　　　b)

图 2-12　题 2-6 图

2-7　根据图 2-13 所示各轴测图，在下面空白处绘制物体的三视图。

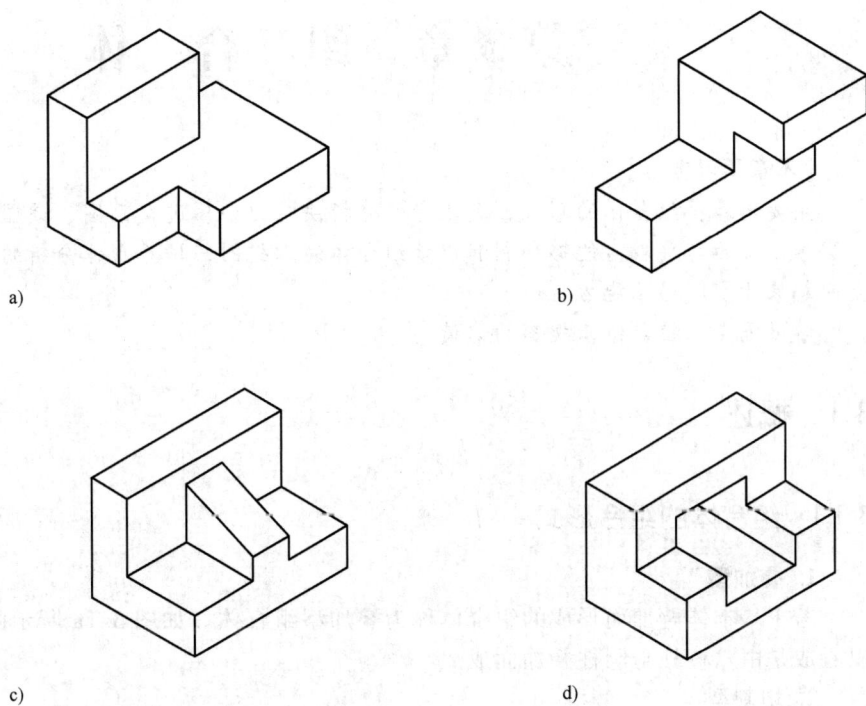

a)

b)

c)

d)

图 2-13　题 2-7 图

# 第3章 组 合 体

【本章学习要点】
主要内容：组合体的形式；利用形体分析法对组合体进行画图、读图及尺寸标注。
学习目的与要求：能够绘制和识读组合体的三视图，培养形体分析的能力，进一步发展空间想象及空间思维能力。
学习重点：组合体三视图的识读。

## 3.1 概述

### 3.1.1 组合体的组合形式

**1. 叠加型**

若干基本体叠加而形成的组合体称为叠加型组合体。如图 3-1a 所示的螺栓（毛坯）可以看成是由六棱柱与圆柱叠加而成。

**2. 切割型**

一个基本体被切去某些部分后形成的组合体称为切割型组合体。如图 3-1b 所示的螺母（毛坯）可以看成是由一个六棱柱中间切去一个圆柱体而形成。

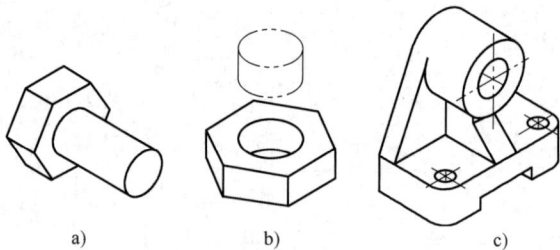

**3. 综合型**

既有"叠加"，又有"切割"而形成的组合体称为综合型组合体。它是组合体最常见的组合形式，如图 3-1c 所示的轴承座。

图 3-1 组合体的组合形式

a）叠加型组合体 b）切割型组合体 c）综合型组合体

### 3.1.2 组合体的表面连接关系

**1. 不平齐**

两形体表面不平齐时，要画出两表面的分界线，如图 3-2 所示。

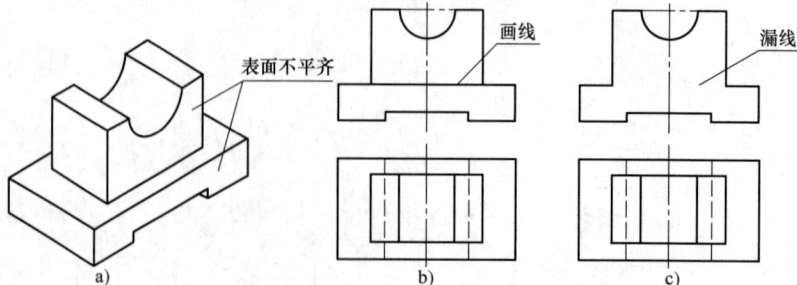

图 3-2 表面不平齐

a）立体图 b）正 c）误

## 2. 平齐

两形体表面平齐时，连成一个完整的平面，结合处没有分界线，画图时不可用线隔开，如图 3-3 所示。

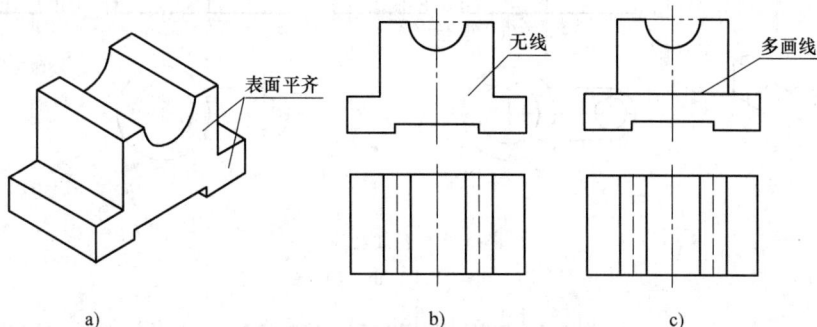

图 3-3　表面平齐

a）立体图　b）正　c）误

## 3. 相切

相切的两个形体表面光滑连接，相切处无分界线，视图上不应画线。如图 3-4 所示的组合体由耳板和圆筒组成，耳板与圆柱面相切，无分界线，故主视图和左视图相切处不画线，耳板上表面应按投影关系画至切点处。

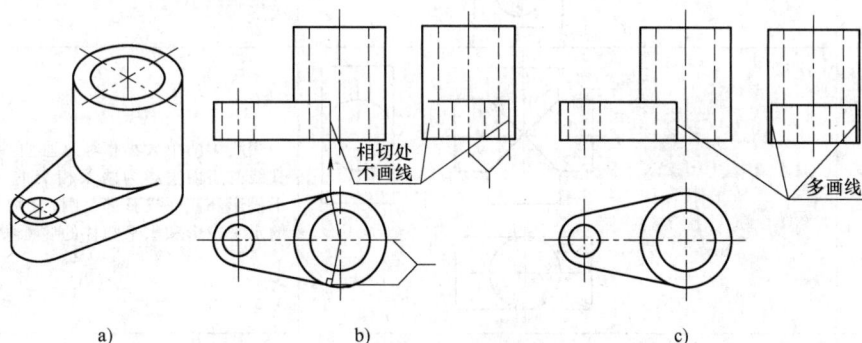

图 3-4　表面相切

a）立体图　b）正　c）误

## 4. 相交

两形体表面相交时，相交处有分界线，视图上应画出表面交线的投影。

如图 3-5 所示的组合体，耳板与圆柱面相交，相交处有分界线，故主视图和左视图应按投影关系画出表面交线的投影。

形体两表面之间的交线比较复杂，表 3-1 列举了形体上常见表面交线的投影。

## 3.1.3　形体分析法

由于组合体是由两个或两个以上的基本体组成，因此在对组合体画图、读图及尺寸标注时，通常假想将组合体分解成若干个简单形体，然后搞清楚各形体的形状、相对位置、组合形式及表面连接关系，这种分析的方法称为形体分析法。

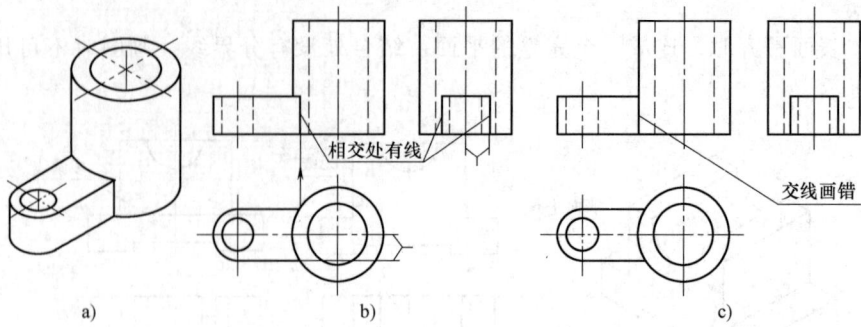

图 3-5　表面相交
a）立体图　b）正　c）误

表 3-1　形体上常见表面交线的投影

| 相交情况 | 三　视　图 | 说　明 |
|---|---|---|
| 直径不相等两圆柱正交 |  | 交线为封闭的空间曲线。交线的水平投影积聚在小圆柱的水平投影圆周上，侧面投影积聚在大圆柱的侧面投影圆周上，交线的正面投影采用近似画法：以相交两圆柱体中大圆柱的半径为半径画圆弧。注意圆弧的圆心在小圆柱的轴线上，凸起方向朝向大圆柱的轴线 |
| 直径相等两圆柱正交 |  | 交线为两个大小相等且垂直相交的椭圆。交线的正面投影为两条相交的 45° 斜线，水平投影和侧面投影都是圆，分别与竖直圆柱的水平投影和水平圆柱的侧面投影重合 |
| 圆柱、圆球同轴 |  | 交线为圆，该圆的正面投影积聚为一条直线，水平投影为圆，且与圆柱的水平投影重合 |
| 圆柱开槽 |  | 交线为圆弧和直线。左视图的轮廓线在开槽部位向内"收缩"，其"收缩"程度与槽宽有关。注意区分槽底侧面投影的可见性 |

（续）

| 相交情况 | 三　视　图 | 说　明 |
|---|---|---|
| 半圆球开槽 |  | 槽侧壁和槽底与半圆球的交线均为圆弧。作图的关键在于确定圆弧的半径 $R_1$ 和 $R_2$，具体作法如图所示 |

如图 3-1 所示的轴承座，可以想象分解成底座、圆筒、支承板、肋板四个形体，如图 3-6 所示。底座可以看成在一个带有两个圆角的四棱柱中切去一个四棱柱凹槽和两个圆柱体形成的，其组合形式为综合型。

形体间的相对位置：轴承座左右对称；支承板与肋板在底座上面，圆筒在支承板与肋板上面；支承板、圆筒与底座后面平齐，肋板在支承板前面。

形体间的表面连接关系：支承板的左、右侧面与圆筒表面相切，前表面与圆筒相交；肋板左、右侧面及前表面与圆筒相交；交线由圆弧和直线组成。

由此可见，通过由繁到简的分析，使复杂问题简单化。形体分析法是组合体画图、读图及尺寸标注的基本方法。

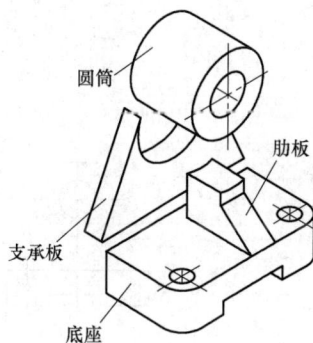

图 3-6　轴承座的形体分析

## 3.2　组合体三视图的画法

下面以图 3-1c 所示的轴承座为例，说明组合体三视图的画法。

**1. 形体分析**

画组合体三视图之前，应先对组合体进行形体分析，清楚各形体间的组合形式及相邻表面的连接关系，才能不多线、不漏线。

**2. 选择主视图**

一般应选择能较全面反映组合体各形体形状特征和相对位置的一面作为主视图的投射方向；还应使物体主要平面和投影面平行，以便获得投影实形，便于作图；同时考虑组合体的正常位置；并要兼顾其他两个视图表达的清晰性，尽量减少虚线。

如图 3-7 所示的轴承座，在箭头所指的各个投射方向中，选择 A 向作为主视图的投射方向，并按照如图所示放置轴承座最为合理。主视图选定后，俯视图和左视图也就随之确定。

**3. 选比例、定图幅**

视图确定后，应根据物体大小和复杂程度，按照国家标准规定选择比例和图幅。图幅的大小不但要考虑绘图所占的面积，还

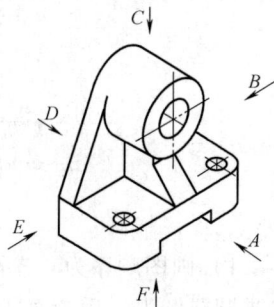

图 3-7　主视图的选择

应留足标注尺寸和标题栏的位置。

**4. 布置视图，画出作图基准线**

作图基准线是指物体的对称中心线、主要回转体的轴线、底面及重要端面的位置线等，如图 3-8a 所示。

**5. 绘制底稿**

具体画图步骤如图 3-8b、c、d、e 所示。

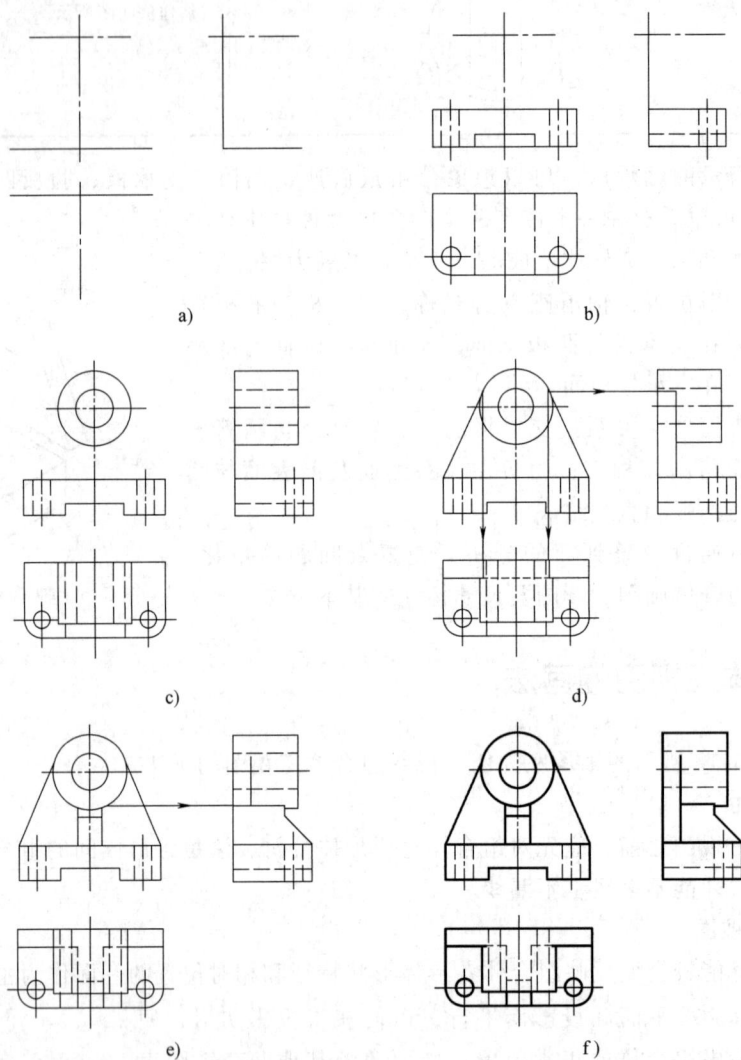

图 3-8 轴承座的画图步骤

a) 布置视图，画出作图基准线 b) 画底座，从俯视图入手，凹槽部分先画主视图
c) 画圆筒，从主视图入手 d) 画支承板，从主视图入手
e) 画肋板，主、左视图配合先画 f) 检查、描深

1) 画图顺序为：先画主要部分，后画次要部分；先画看得见部分，后画看不见部分；先画圆或圆弧，后画直线。

2) 画图时，组合体的每一个部分最好是三个视图配合画，每个形体应从反映形状特征最明显的视图入手，然后通过投影关系，画出其他两面投影。而不是先画完一个视图，再画另一个视图。这样，可以避免多线、漏线，也能提高画图速度。

**6. 检查、描深**

底稿完成后，应认真检查，尤其应考虑各形体之间表面连接处的投影是否正确，而且还要从整体出发处理衔接处图线的变化。确认无误后，按照国家标准规定描深图线，完成全图，如图 3-8f 所示。

# 3.3 组合体的尺寸标注

组合体尺寸标注的基本要求有以下几个。

**1. 正确**

标注尺寸符合国家标准规定。

**2. 完整**

标注的尺寸既不重复，也不遗漏。

**3. 清晰**

尺寸布局整齐、清楚，便于标注和读图。

本节主要介绍如何完整、清晰地标注尺寸。

## 3.3.1 尺寸完整

要完整地标注尺寸，应正确选择尺寸基准，注全三类尺寸。

**1. 尺寸种类**

（1）定形尺寸　确定组合体中各形体大小的尺寸称为定形尺寸。如图 3-9 所示的轴承座可分为底座、立板、肋板三个形体，各部分的定形尺寸如图 3-9c 所示：底座长 32、宽 24、高 7，两圆孔直径 $\phi6$，圆弧半径 $R6$；肋板长 11、宽 4、高 8；立板长 5，宽 11、18，高 6、24，圆孔直径 $\phi9$。

（2）定位尺寸　确定组合体中各形体之间相对位置的尺寸称为定位尺寸。如图 3-9b 所示，俯视图中的 26 和 12 分别是底座上两圆孔在长度和宽度方向的定位尺寸，即钻孔的位置。左视图中的 22 是立板上圆孔轴线在高度方向的定位尺寸。由于立板与肋板位于底座的上方并相接触，三者前后对称平面重合，肋板右面与立板接触，立板与底座右面平齐，位置已完全确定，不需注出定位尺寸。

（3）总体尺寸　确定组合体外形大小的总长、总宽和总高的尺寸称为总体尺寸。如图 3-9b 中底座的定形尺寸 32、24 也是轴承座的总长和总宽尺寸，总高尺寸为 31。标注了总高尺寸之后，原来标注的立板高度尺寸 24 就可以省略不注。组合体的一端或两端为回转体时，通常只需标注回转体轴线的定位尺寸和外端圆柱面的半径，而不直接注出总体尺寸，否则，就会出现重复尺寸，如图 3-10 所示。

**2. 尺寸基准**

标注尺寸的起点即为尺寸基准。组合体的长、宽、高三个方向，每个方向都至少应有一个尺寸基准。基准的确定应体现组合体的结构特点，一般选择组合体的对称平面、底面、重要端面、回转体的轴线等。基准一旦确定，组合体的主要尺寸就应从基准出发进行标注。如

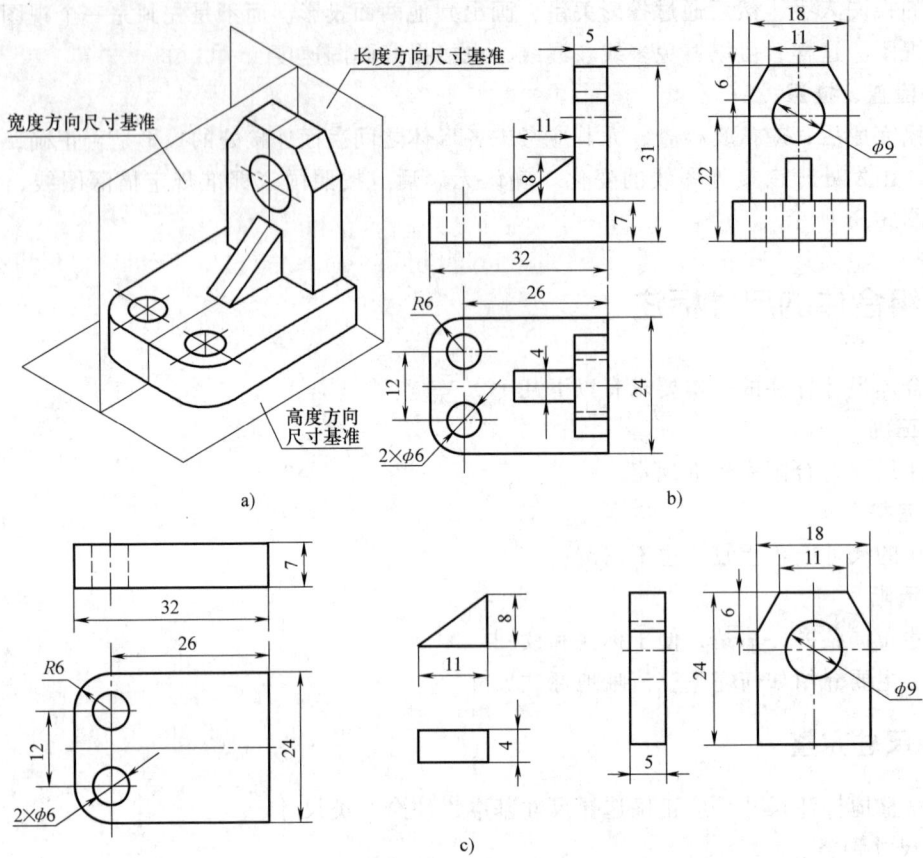

图 3-9 轴承座的尺寸分析

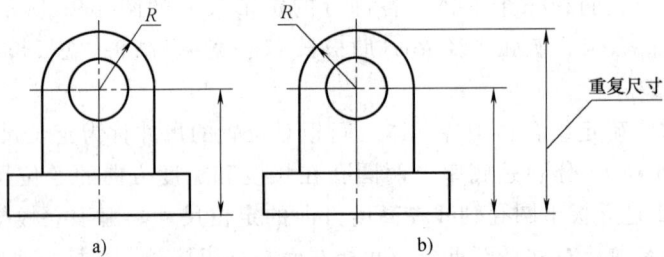

图 3-10 总体尺寸的注法

a）正确注法 b）错误注法

图 3-9b 所示，图中的尺寸 5、26、32 是以底座右端面作为长度方向的尺寸基准进行标注的；尺寸 4、11、12、18、24 是以轴承座前后对称平面作为宽度方向的尺寸基准进行标注的；尺寸 7、22、31 是以底座底面作为高度方向的尺寸基准进行标注的。

### 3.3.2 尺寸清晰

为了保证尺寸标注的清晰，应注意以下几个方面。

1) 同一形体定形尺寸和定位尺寸要集中，并尽量标注在反映该形体形状特征和位置特征较为明显的视图上，便于读图时查找。

如图 3-9b 所示，底座上圆孔的定形尺寸 $\phi6$、定位尺寸 12、26 均集中标注在俯视图上；肋板的定形尺寸长 11、高 18 集中在主视图上；立板的定形尺寸 11、18、6 和立板上圆孔的定形尺寸 $\phi9$、定位尺寸 22 集中在左视图上。

2）尽量将尺寸标注在视图外面，保证图形的清晰，如图 3-9b 所示。与两视图有关的尺寸最好注在两视图之间，以便于对照，如图 3-9b 中的 26、32、24、7、31、22、6。

3）同方向平行并列尺寸，应使小尺寸在内，大尺寸在外，间隔均匀，以免尺寸界线与尺寸线相交，影响读图，如图 3-11a 中的 $\phi12$ 和 $\phi15$。同一方向串联尺寸，应排列在同一直线上，箭头首尾相连，即整齐，又便于标注，如图 3-11a 中的 10 和 8。

4）圆的直径一般注在非圆视图上，圆弧半径必须标注在投影为圆弧的视图上，如图 3-11a中的 $\phi12$、$\phi15$ 和 $R10$，图 3-11b 中的 $R10$ 为错误注法。

5）尺寸应尽量避免标注在虚线上，如图 3-11a 中孔径 $\phi7$ 注在左视图上就是为避免标注在主视图的虚线上。

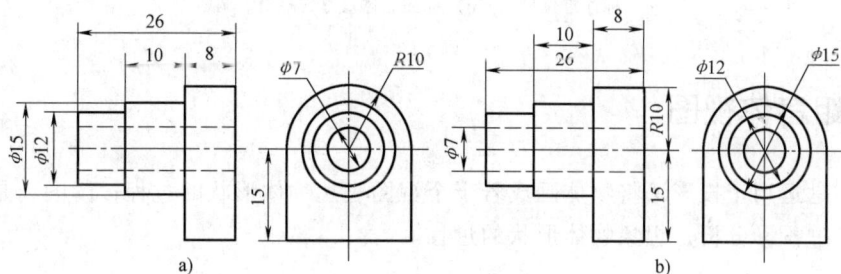

图 3-11　尺寸标注的清晰性
a）清晰　b）不清晰和错误注法

### 3.3.3　尺寸标注的方法与步骤

标注组合体的尺寸时，首先也应使用形体分析法进行形体分析，正确选择尺寸基准，然后依次注出定形尺寸、定位尺寸，再根据组合体的结构特点注出总体尺寸，最后进行核对、调整，所标注的尺寸要正确、完整、清晰。具体步骤如图 3-12 中轴承座的尺寸标注。

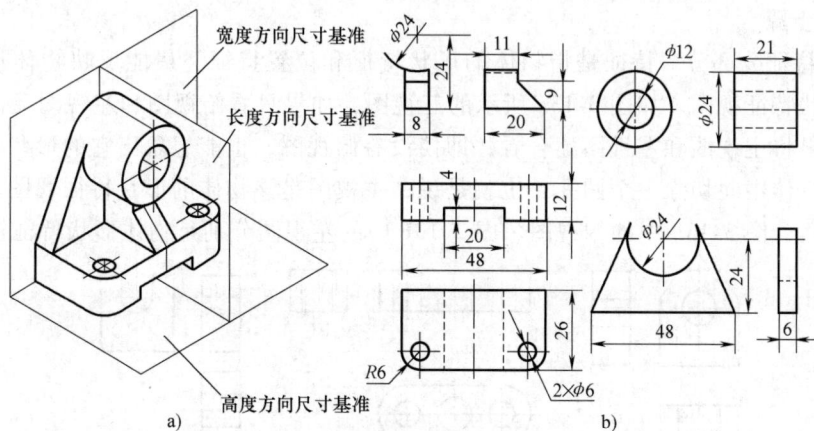

图 3-12　轴承座的尺寸标注
a）形体分析，选择尺寸基准　b）标注各形体的定形尺寸

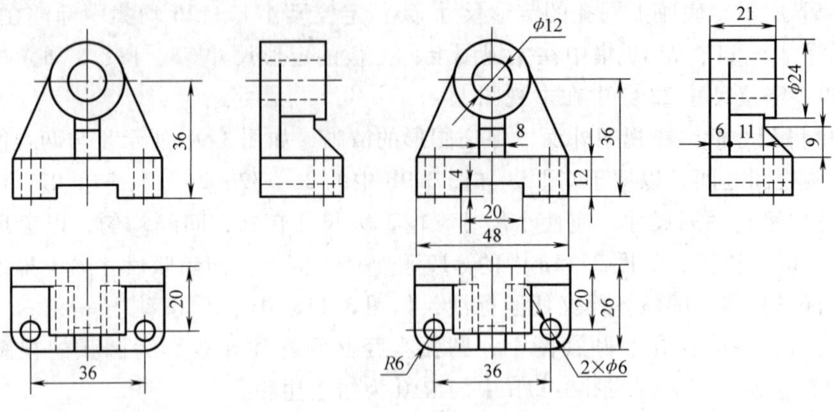

图 3-12　轴承座的尺寸标注（续）

c）标注定位尺寸　d）标注总体尺寸，核对、调整

# 3.4　读组合体视图

　　画图，是运用正投影法将物体画成若干个视图表达物体形状的过程；读图，是根据已给的视图，经过投影分析，想象物体形状的过程。

## 3.4.1　读图的方法与步骤

### 1. 读图的方法

　　读图的基本方法与画图和标注尺寸一样，主要也是应用形体分析法，就是在读图时通过形体分析，将物体分解成几个简单部分，再经过投影分析，想象出物体每部分形状，并确定各部分之间的相对位置和表面连接关系，最后经过归纳、综合得出物体的完整形状。形体分析法的核心是分部分，分部分是为了将复杂的图形分解为几组简单的图形来处理，从而起到化繁为简的目的，以便于读图。

### 2. 读图步骤

　　（1）抓特征分部分　特征是指物体的形状特征和位置特征。最能反映物体形状特征的视图称为形状特征视图。如图 3-13a 所示的三视图，如果只看俯视图和左视图无法确定物体的形状。如果将主视图和左视图配合看，即使没有俯视图，也能想象出它的形状，即为切掉两个角的长方体中间切除一个圆孔，也就是说，主视图是该物体的形状特征视图。用同样的方法进行分析，图 3-13b 中的俯视图、图 3-13c 中的左视图分别是物体形状特征视图。

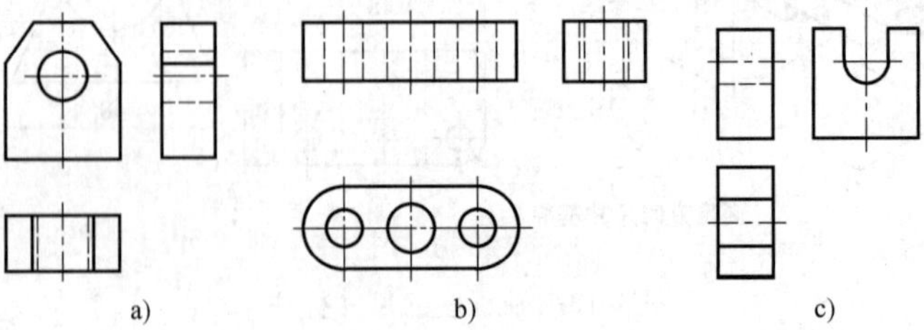

图 3-13　形状特征视图

反映各组成部分之间相对位置最为明显的视图称为位置特征视图。如图 3-14a，如果只看主视图和俯视图，Ⅰ、Ⅱ两个形体哪个凸出，哪个凹入，无法判别，有可能会是图 3-14b或 3-14c 两种情况。如果将主视图和左视图配合看，即使没有俯视图，也能确定形体Ⅰ凸、形体Ⅱ凹的位置关系，如图 3-14c 所示，即左视图是该物体的位置特征视图。

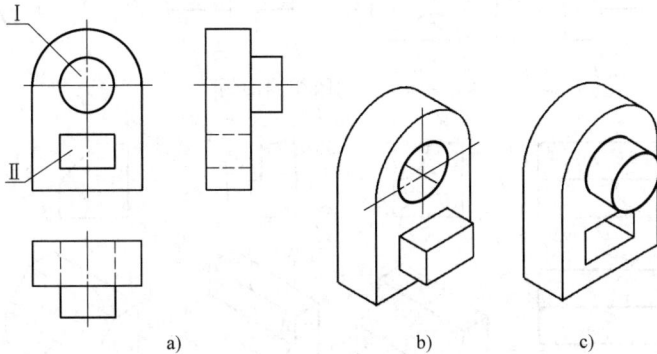

图 3-14　位置特征视图

读图时，要善于抓住物体的形状特征视图，并从它们入手，将物体分解成几个组成部分。

一般而言，主视图较明显地反映物体各部分的形状特征，分部分时通常先从主视图入手。但是，物体各组成部分的特征并非总是全部集中在同一个视图上，因此不能只盯住一个视图，无论哪个视图的哪个部分，只要其形状特征明显，就应从该部分入手，将物体的各组成部分一个一个地"分离"出来。如图 3-15 所示，俯视图反映了形体Ⅰ的形状特征，左视图反映了形体Ⅱ的形状特征，而主视图反映了它们之间的相对位置，通过以上分析，可将物体分解成两部分。

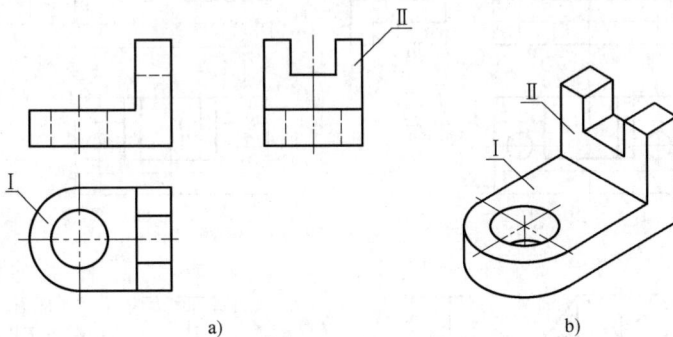

图 3-15　抓特征分部分

（2）对投影想形状　从体现每部分特征的视图出发，依据投影关系，在其他视图中找出对应投影，经过分析，想象出每部分的形状。

由于每个视图都只是从物体的某一个方向投射得到的图形，因而一般情况下，一个视图无法确定物体的形状。如图 3-16 所示的一组视图中，虽然主视图都相同，但由于俯视图不同，所表达的物体形状也就不同。有时，即使已有两个视图，物体的形状也不能唯一确定。如图 3-17 所示的一组视图中，主视图和俯视图完全相同，但由于左视图不同，所表达的物体形状也不相同。因此，读图时切不可盲目得出结论，应将几个视图联系起来，互相对照分

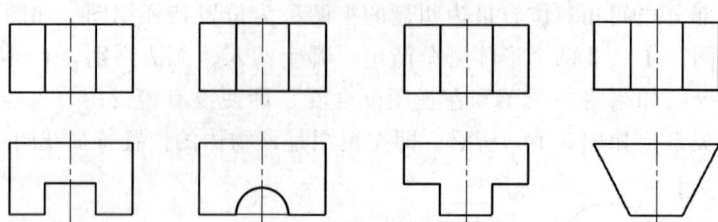

图 3-16　主视图相同的物体

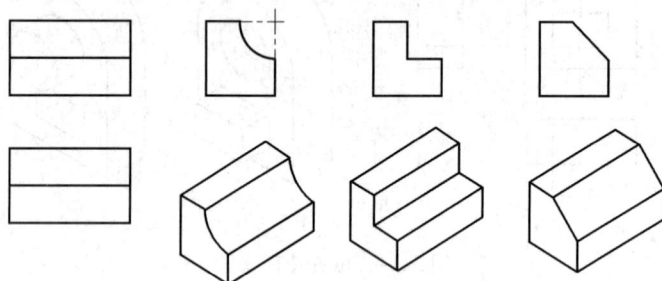

图 3-17　几个视图联系起来分析

析，才可能想象出物体的真实形状。

（3）**按位置想整体**　从物体的位置特征视图入手，根据投影关系，搞清楚各部分间的相对位置，并分析各形体间的表面连接关系等，综合想出物体的完整形状。

**例 3-1**　如图 3-18 所示，读轴承座的三视图。

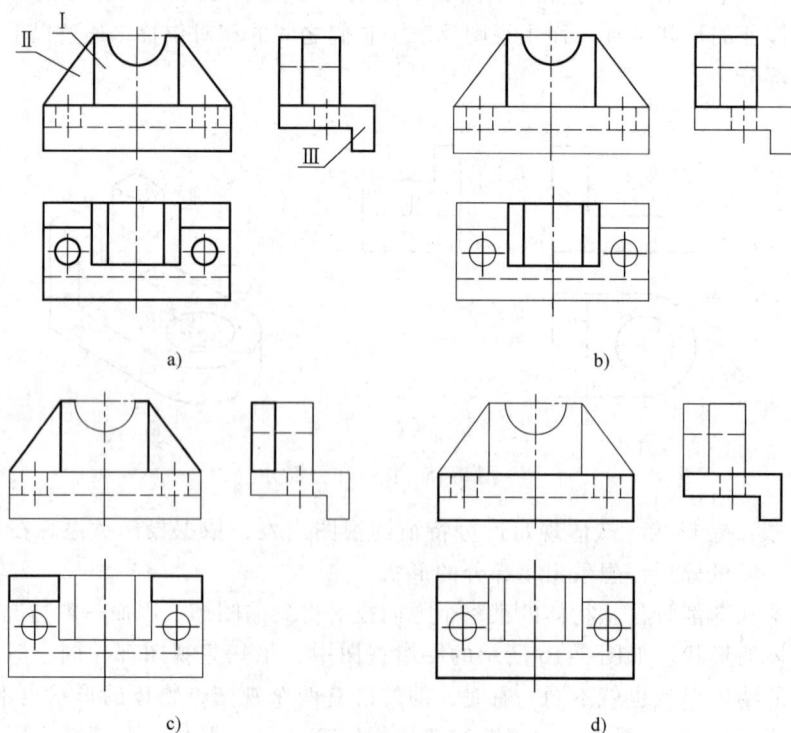

a)　　　　　　　　　　　　　　　b)

c)　　　　　　　　　　　　　　　d)

图 3-18　轴承座的读图过程

根据主视图较明显地反映形体Ⅰ、Ⅱ的形状特征，左视图较明显地反映形体Ⅲ的形状特征，可将轴承座大致分为三部分，如图3-18a所示。

形体Ⅰ、Ⅱ从主视图出发，根据投影关系，分别在其他两视图中找出对应投影，如图3-18b中的粗实线，可知形体Ⅰ为长方体上部切掉一个半圆柱，而由图3-18c中的粗实线，可知形体Ⅱ为三棱柱。形体Ⅲ从左视图出发，结合主视图和俯视图中的对应投影，如图3-18d所示，可知形体Ⅲ为L形板上钻两个圆柱孔。

再通过对三视图的分析，可知形体Ⅰ在形体Ⅲ上方，左右对称平面重合，形体Ⅱ在形体Ⅰ左右两侧，三个形体后面均平齐，如图3-19所示。

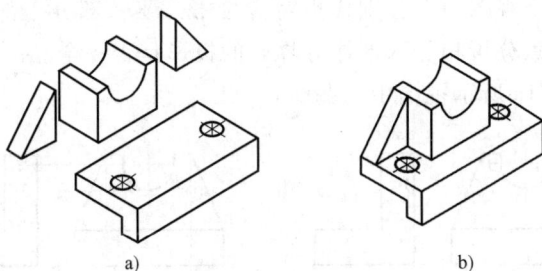

a)　　　　　　　　　　　　　b)

图 3-19　轴承座

## 3.4.2　读图训练

在读图训练中，常常要求由已知的两个视图补画第三个视图，或补画视图中所缺的图线，这是检验和提高读图能力的一种有效方法，也是发展空间想象和思维能力的有效途径。

**1. 补画第三视图**

其实质是读图与画图的综合训练，一般可分两部分进行：首先根据已给出的两视图，利用形体分析法将图读懂，并想象出物体的形状；然后在想出形状的基础上补画第三视图。作图时，要按照物体的各组成部分逐个作出第三投影，作图中应充分利用投影规律，可先补画主要部分，后补画次要部分，每部分先画外形，再画细节，从而完成整个物体的第三视图。

**例 3-2**　补画图3-20所示的左视图。

根据已知的主视图和俯视图，可以看出该物体由三部分组成，Ⅰ为单圆头的L形板，

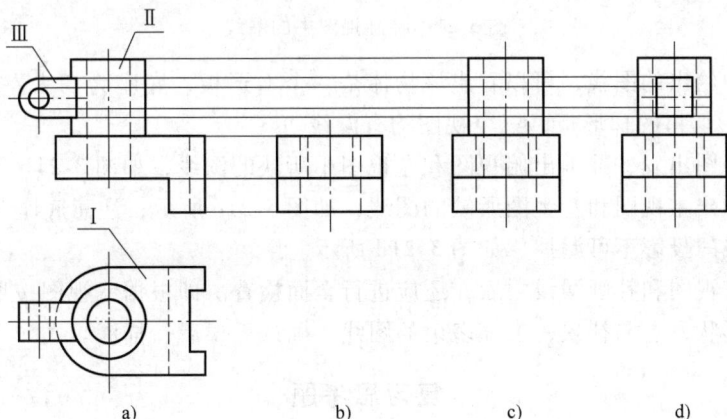

a)　　　　　　　　b)　　　　　　　　c)　　　　　　　　d)

图 3-20　补画左视图

切掉一个四棱柱通槽及圆孔；Ⅱ为圆筒；Ⅲ为带圆孔的单圆头长方体。其中形体Ⅱ在形体Ⅰ之上，二者圆孔同轴，形体Ⅲ在形体Ⅱ左方并且相交，三个形体的前后对称平面重合。然后在想出形状的基础上，分别按形体Ⅰ、Ⅱ、Ⅲ的顺序，利用投影关系补画左视图，如图3-20所示。

### 2. 补画视图中的漏线

补画漏线时，视图虽然缺线，但表达的物体通常是确定的。因此，补画视图中的漏线实质也是读图与画图的综合训练，通常也分两步进行：首先根据视图当中的已知图线，想象出物体的形状，找出漏线的视图；然后在读懂图的基础上，从视图中的特征鲜明之处出发，依据投影规律，在另外两个视图中，分别找出对应投影，要一部分一部分地分析，漏画一处，补画一处，还要特别注意分析相邻两形体分界处的投影是否齐全。

**例3-3**　补画图3-21a所示视图中的漏线。

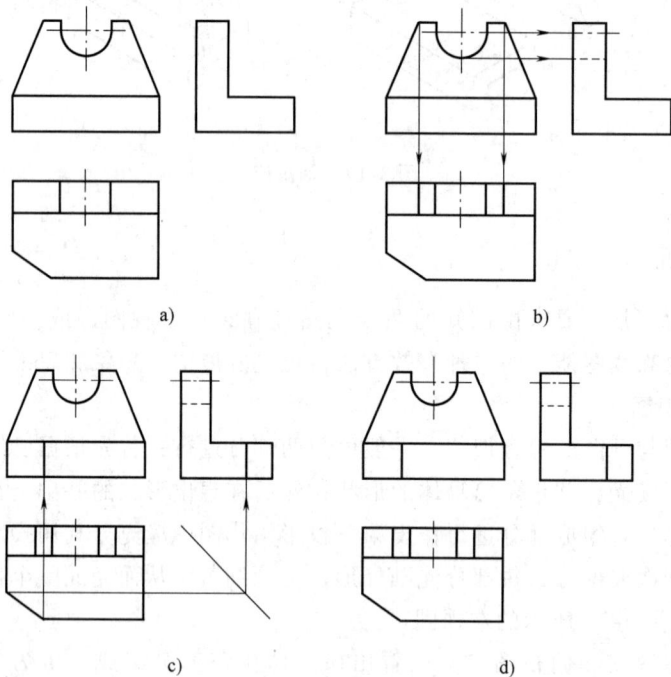

图 3-21　补画视图中的漏线

根据视图中给出的图线，可以看出该物体是一个L形板，底座为切去左前角的长方体，立板为带有U形切口的梯形板，三个视图均有漏线。

立板从主视图出发，补画出俯视图和左视图中所缺的图线，如图3-21b所示；底座从俯视图出发，补画出主视图和左视图所缺的图线，如图3-21c所示；注意底座与立板左、右两侧不平齐，交线的投影不可漏掉，如图3-21d所示。

补画完第三视图和补画漏线之后，还应进行全面检查。即根据三视图按照读图的方法重新想象物体的形状，查漏补缺，去掉多余的图线，确认无误后，描深。

## 复习思考题

3-1　补画图3-22视图中的漏线。

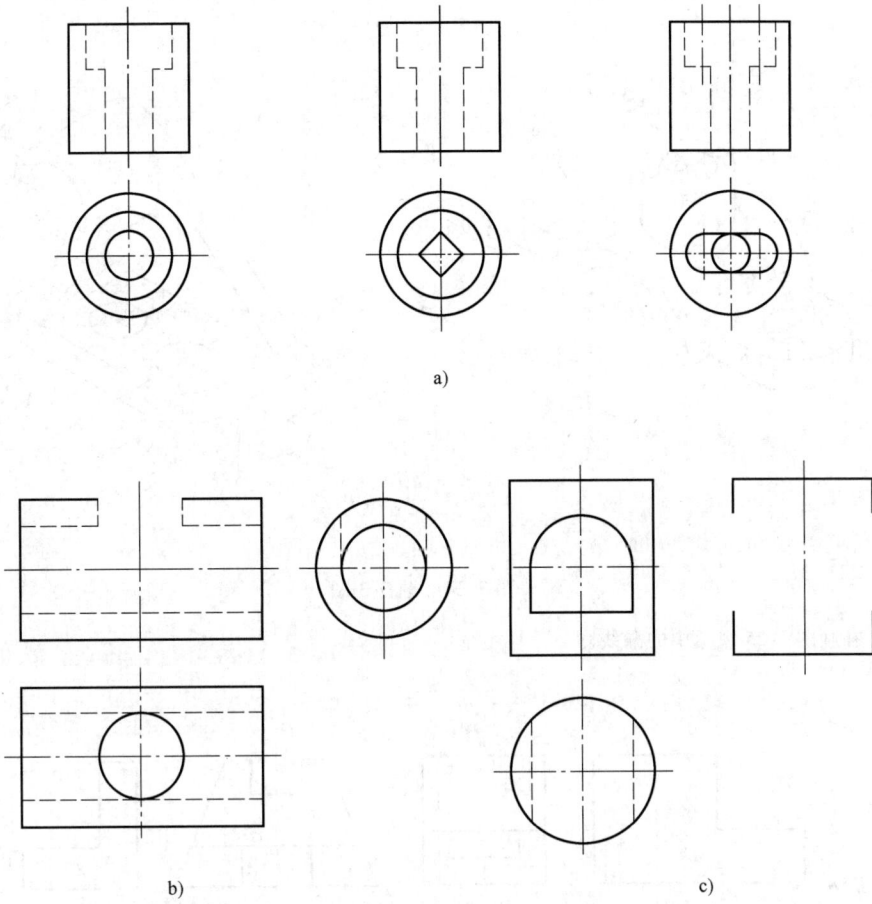

a)

b)                                                    c)

图 3-22  题 3-1 图

3-2  标注图 3-23 中视图尺寸（尺寸数值按 1:1 从图中量取整数）。

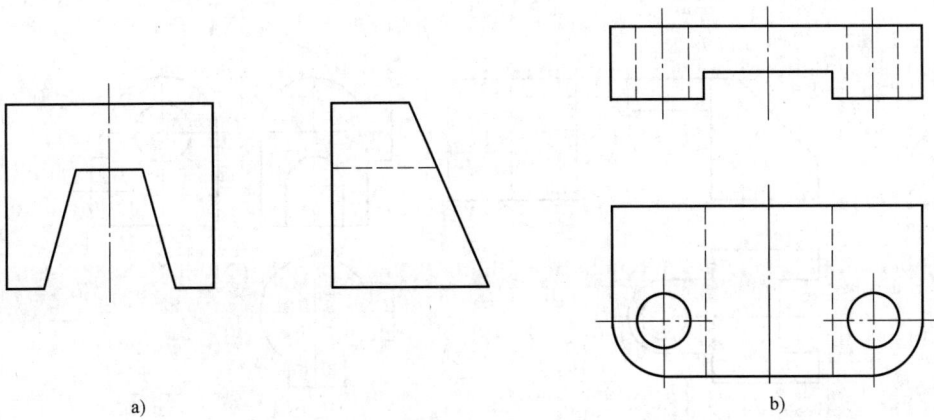

a)                                    b)

图 3-23  题 3-2 图

3-3　A4 图纸横放，绘图比例自定，根据轴测图画图 3-24 中视图的三视图，并标注尺寸。

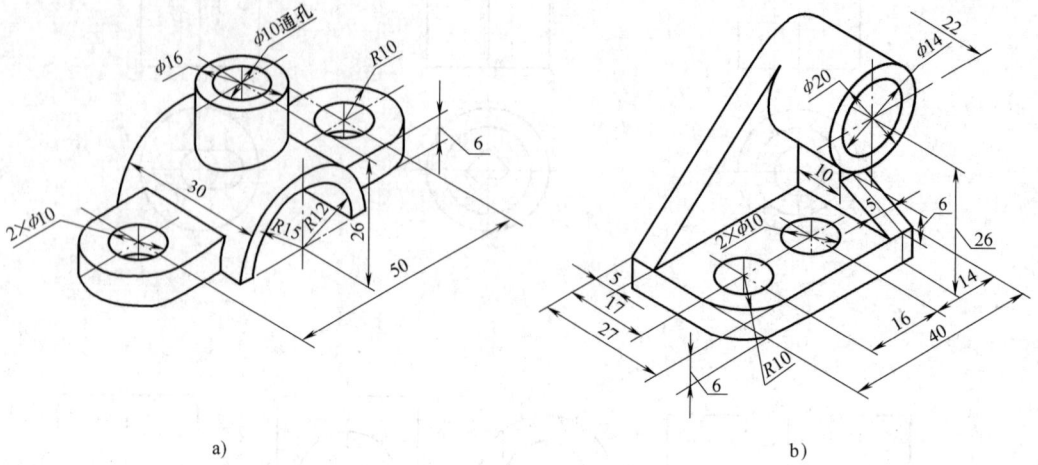

a)　　　　　　　　　　　　　　　　　b)

图 3-24　题 3-3 图

3-4　补画图 3-25 视图中的漏线。

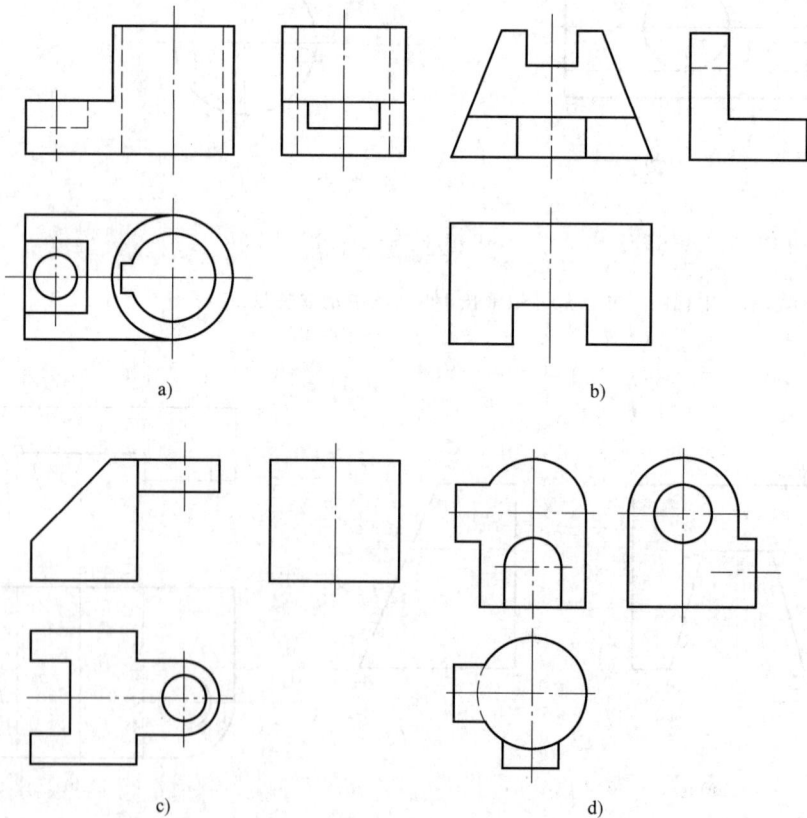

a)　　　　　　　　　　　　　　　　　b)

c)　　　　　　　　　　　　　　　　　d)

图 3-25　题 3-4 图

3-5 由已知的两视图补画图 3-26 中的第三视图。

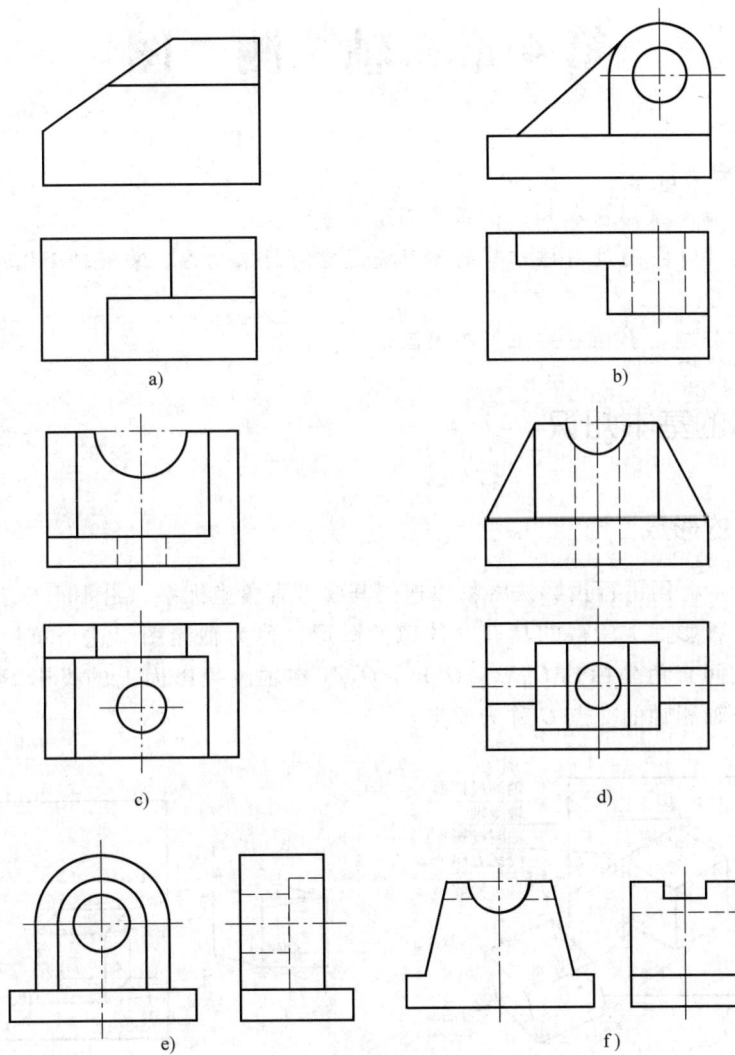

图 3-26 题 3-5 图

# 第4章 轴 测 图

**【本章学习要点】**

主要内容：轴测投影基本知识；正等测绘制方法。

学习目的与要求：通过对该章节的学习提高空间想象能力，掌握轴测投影的性质；掌握正等测画法。

学习重点：轴测投影性质；正等测图画法。

## 4.1 轴测图的基本知识

### 4.1.1 轴测图的形成

如图 4-1 所示，用平行投影法将物体连同其参考直角坐标系，沿不平行于任一坐标面的方向投射在单一投影面上所得的具有立体感的图形，称为轴测图。这个单一投影面 $P$ 称为轴测投影面，空间直角坐标轴 $O_0X_0$、$O_0Y_0$、$O_0Z_0$ 在轴测投影面上的投影 $OX$、$OY$、$OZ$ 称为轴测轴，三条轴测轴的交点 $O$ 称为原点。

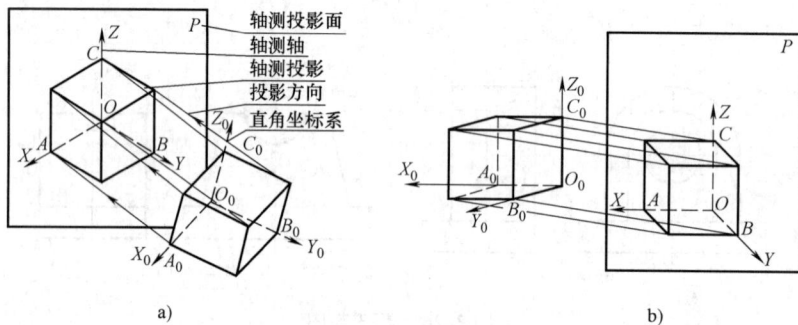

图 4-1 轴测图的形成

a）正轴测图 b）斜轴测图

### 4.1.2 轴间角和轴向伸缩系数

**1. 轴间角**

轴测投影中，任意两根轴测轴之间的夹角，称为轴间角。如图 4-1 中的 $\angle XOY$、$\angle XOZ$、$\angle YOZ$。

**2. 轴向伸缩系数**

轴测轴的单位长度与相应直角坐标轴上的单位长度的比值，称为轴向伸缩系数。$OX$、$OY$、$OZ$ 轴的轴向伸缩系数分别用 $p$、$q$ 和 $r$ 表示。

### 4.1.3 轴测投影的分类

根据投射线与投影面的相对位置，轴测投影可分两种。

**1. 正轴测图**

用正投影法得到的轴测投影叫正轴测图，如图 4-1a 所示。根据轴向伸缩系数的不同，正轴测图又分为正等测（$p = q = r$）、正二测（两个轴向伸缩系数相等）、正三测（三个轴向伸缩系数都不等）。

**2. 斜轴测图**

用斜投影法得到的轴测投影叫斜轴测图，如图 4-1b 所示。根据轴向伸缩系数的不同，斜轴测图又分为斜等测（$p = q = r$）、斜二测（两个轴向伸缩系数相等）、斜三测（三个轴向伸缩系数都不等）。

### 4.1.4 轴测投影的特性

1）空间相互平行的直线，其轴测投影也相互平行。

2）空间平行于坐标轴的线段，其轴测投影的伸缩系数与该坐标轴的伸缩系数相等。

3）所谓"轴测"即"沿轴测量"，指物体上凡是与坐标轴平行的直线段，可以沿轴进行测量和作图。

## 4.2 正等测图

### 4.2.1 轴间角和轴向伸缩系数

**1. 轴间角**

在正等测中，轴间角 $\angle XOY = \angle XOZ = \angle YOZ = 120°$，作图时，通常将 $OZ$ 轴画成铅垂位置，然后画出 $OX$、$OY$ 轴，如图 4-2 所示。

**2. 轴向伸缩系数**

在正等测图中，空间直角坐标系的三根轴与轴测投影面的倾角为 $35°16'$，轴向伸缩系数为 $p = q = r = \cos 35°16' \approx 0.82$。实际作图时，为了简便，通常采用 $p = q = r = 1$ 的简化伸缩系数，即沿各轴向的所有尺寸均按物体的实际大小绘制。这样画出的轴测图比实际物体放大了 $1/0.82 \approx 1.22$ 倍，但形状并没有改变，如图 4-3 所示。

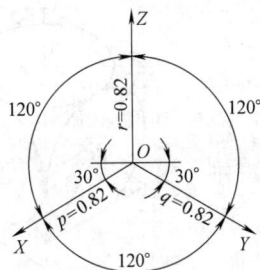

图 4-2  正等测的轴间角和轴向伸缩系数

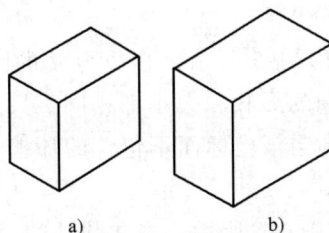

图 4-3  两种不同轴向伸缩系数的正等测

a）$p = q = r = 0.82$ 的正等测  b）$p = q = r = 1$ 的正等测

### 4.2.2 正等测画法

轴测图的基本绘制方法是坐标法。画图时,先确定坐标原点和坐标轴,并画出轴测轴,再按照物体上各线段端点的空间坐标,画出它们的轴测投影,然后依次连线,即得物体的轴测图。

**1. 正六棱柱的正等测**

(1) 分析 如图 4-4a 所示,正六棱柱前后、左右对称,因此将坐标原点 $O$ 定在上底面六边形的中心,以六边形的中心线作为 $X$ 轴和 $Y$ 轴。这样有助于直接作出上底面六边形。

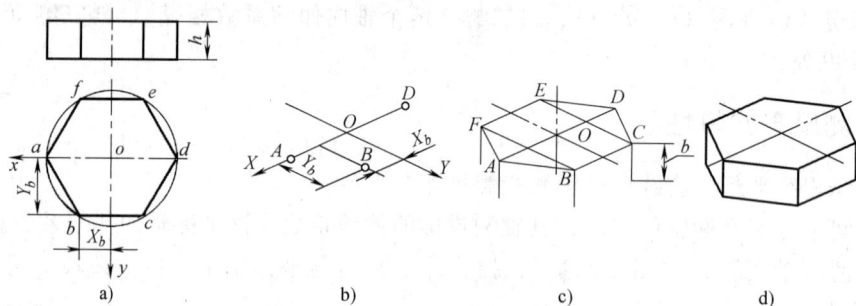

图 4-4 正六棱柱的正等测

(2) 作图

1) 在视图上确定坐标原点和坐标轴,如图 4-4a 所示。

2) 画出轴测轴。由于 $a$、$d$ 在 $ox$ 轴上,因而可以直接量取并在轴测轴上作出 $A$、$D$。由顶点 $b$ 的坐标值定出其轴测投影 $B$,如图 4-4b 所示。

3) 根据平行、对称关系,由 $B$ 点可作出 $C$、$E$、$F$ 点。依次连接 $ABCDEF$ 即为六棱柱上底面的正等测。由顶点 $A$、$B$、$C$、$F$ 向下沿 $OZ$ 轴量取高度 $h$,得下底面的各可见点,如图 4-4c 所示。

4) 连接下底面各可见点,擦去多余图线,整理、描深,即完成正六棱柱正等测图,如图 4-4d 所示。

画轴测图时,不可见轮廓线一般不必画出。所以画图时常先画顶面,后画底面;先画前面,后画后面;先画左面,后画右面,这样可以直接画出可见轮廓线,避免多余图线的出现,使作图过程简化。

**2. 圆柱的轴测图**

(1) 分析

1) 如图 4-5 所示,直径为 $d$ 的圆,不论它平行于哪个坐标面,其椭圆的形状和大小都相同,只是长短轴方向不同而已。椭圆长轴方向与该坐标面不包含的那根轴测轴垂直,短轴则平行于该轴测轴。

2) 如图 4-6 所示,直立圆柱的上、下两底均平行于水平面,在轴测图中为大小相等的两个椭圆。为了简化作图,通常采用菱形法近似画椭圆。根据圆的直径 $d$ 作出两个形状、大小相同,中

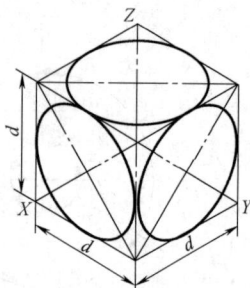

图 4-5 平行于坐标面的圆的正等测图

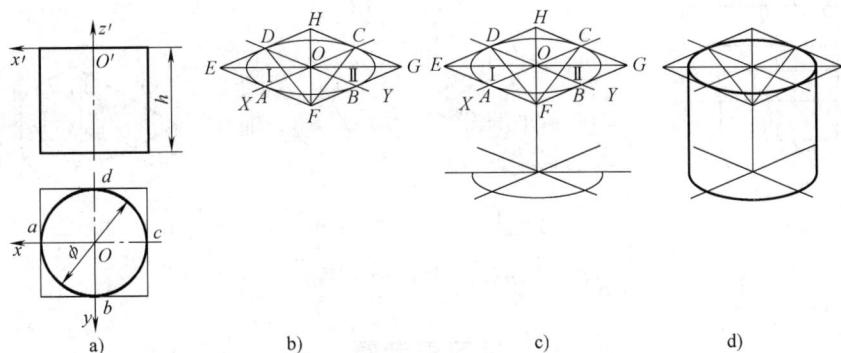

图 4-6　平圆柱的正等测图

心距为 $h$ 的椭圆，然后画出两椭圆的公切线即可。

（2）作图

1）在视图上确定坐标原点，画出坐标轴，如图 4-6a 所示。

2）过圆心 $O$ 作坐标轴和圆的外切正方形，切点为 $a$、$b$、$c$、$d$，如图 4-6a 所示。

3）绘出轴测轴，沿轴量取确定切点 $A$、$B$、$C$、$D$ 的位置，分别过 $A$、$C$ 点作 $Y$ 轴的平行线，过 $B$、$D$ 点作 $X$ 轴的平行线，即得菱形 $EFGH$，连接菱形对角线 $EG$、$FH$，如图 4-6b 所示。

4）连接 $FD$、$FC$ 与 $EG$ 交于 Ⅰ、Ⅱ，则 $F$、$H$、Ⅰ、Ⅱ 为四个圆心，如图 4-6b 所示。

5）分别以 $F$、$H$ 为圆心，以 $FD$（或 $FC$、$HA$、$HB$）为半径，画大圆弧 $DC$ 和 $AB$，如图 4-6b 所示。

6）分别以 Ⅰ、Ⅱ 为圆心，以 Ⅰ$A$（或 Ⅰ$D$、Ⅱ$B$、Ⅱ$C$）为半径画小圆弧 $AD$ 和 $BC$，如图 4-6b 所示。

7）用移心法画下底椭圆，即将上底椭圆四段圆弧的四个圆心分别沿 $Z$ 轴方向下移圆柱高度 $h$，得下底椭圆四段圆弧的圆心，分别以相应的半径画圆弧，得下底椭圆，如图 4-6c 所示。

8）作两椭圆公切线，擦去多余图线，描深，完成圆柱体的正等测，如图 4-6d 所示。

**3. 圆角正等测图**

（1）分析　平行于坐标面的圆角可以看成四分之一的圆，因此其正等测图恰是椭圆四段圆弧中的一段。

（2）作图

1）如图 4-7a 所示，画出平板的正等测。根据圆角半径 $R$，在平板上底面相应棱线上作出切点 Ⅰ、Ⅱ、Ⅲ、Ⅳ，如图 4-7b 所示。

2）过切点 Ⅰ、Ⅱ 分别作相应棱线的垂线，交于 $O_1$ 点，过切点 Ⅲ、Ⅳ 作相应棱线的垂线，交于 $O_2$ 点。以 $O_1$ 为圆心，$O_1$Ⅰ（或 $O_1$Ⅱ）为半径作大弧；以 $O_2$ 为圆心，$O_2$Ⅲ（或 $O_1$Ⅳ）为半径作小弧，如图 4-7c 所示。

3）利用移心法，将圆心 $O_1$、$O_2$ 及切点下移高度 $h$，得下底面圆角的圆心和切点，然后画底面圆弧。在平板右端作上、下两小圆弧的公切线。擦去多余图线，描深，即为圆角平板的正等测，如图 4-7d 所示。

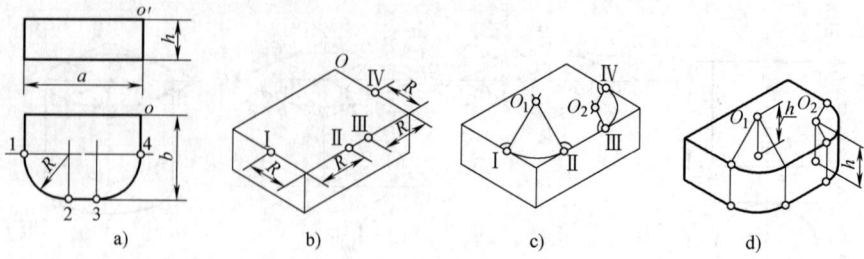

图 4-7　圆角的正等测

# 复习思考题

4-1　根据投射线与投影面的相对位置，轴测投影可分为：_____和_____。

4-2　在正等测图中，轴间角均为_____；轴向伸缩系数简化为_____。

4-3　根据视图，绘制正等测图如图 4-8 所示。

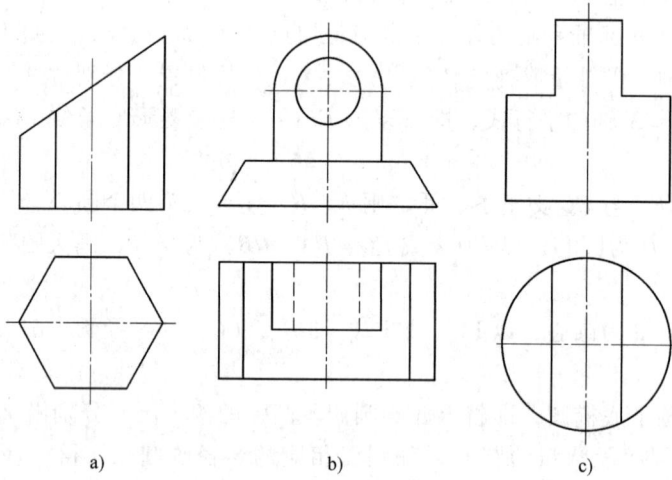

图 4-8　题 4-3 图

# 第 5 章　机件的表达方法

**【本章学习要点】**

主要内容：基本视图及其他视图的概念；剖视图的概念及各种剖视图的应用；剖切面的种类及应用；断面图的概念及应用；常用的规定画法和简化画法。

学习目的与要求：学习二维表达方法，以便准确、完整、清晰地表达机件的内外结构形状。

学习重点：视图、剖视图、断面图的画法和标注。

## 5.1　视图

机件向投影面投射所得到的图形叫视图。视图一般只画机件的可见部分，必要时才画出其不可见部分。

### 5.1.1　基本视图

国家标准《机械制图》规定：用正六面体的六个面作为基本投影面，机件向这六个投影面投射所得的视图叫基本视图，如图 5-1a 所示。

主视图——由前向后投影所得的视图。

俯视图——由上向下投影所得的视图。

左视图——由左向右投影所得的视图。

右视图——由右向左投影所得的视图。

仰视图——由下向上投影所得的视图。

后视图——由后向前投影所得的视图。

基本投影面的展开方法如图 5-1b 所示。基本视图的配置关系如图 5-1c 所示。

在同一张图纸内按图 5-1c 配置视图时，一律不标注视图名称。

六个基本视图的投影度量关系，仍然保持"三等"投影关系；六个基本视图的"六方位"对应关系，除后视图外，其他视图远离主视图的一侧均表示机件的前面，靠近主视图的一侧表示机件的后面，如图 5-1c 所示。

### 5.1.2　向视图

向视图是位置可以自由配置的视图，是基本视图的一种表示形式。

为不致引起误解必须予以明确标注。通常在向视图的上方用大写拉丁字母"×"表示视图名称，在相应视图附近用箭头指明投射方向，并标注相同字母。为了便于读图，表示投射方向的箭头应尽可能配置在主视图上，只有表示后视图投射方向的箭头才标注在左、右视图上，如图 5-2 所示。

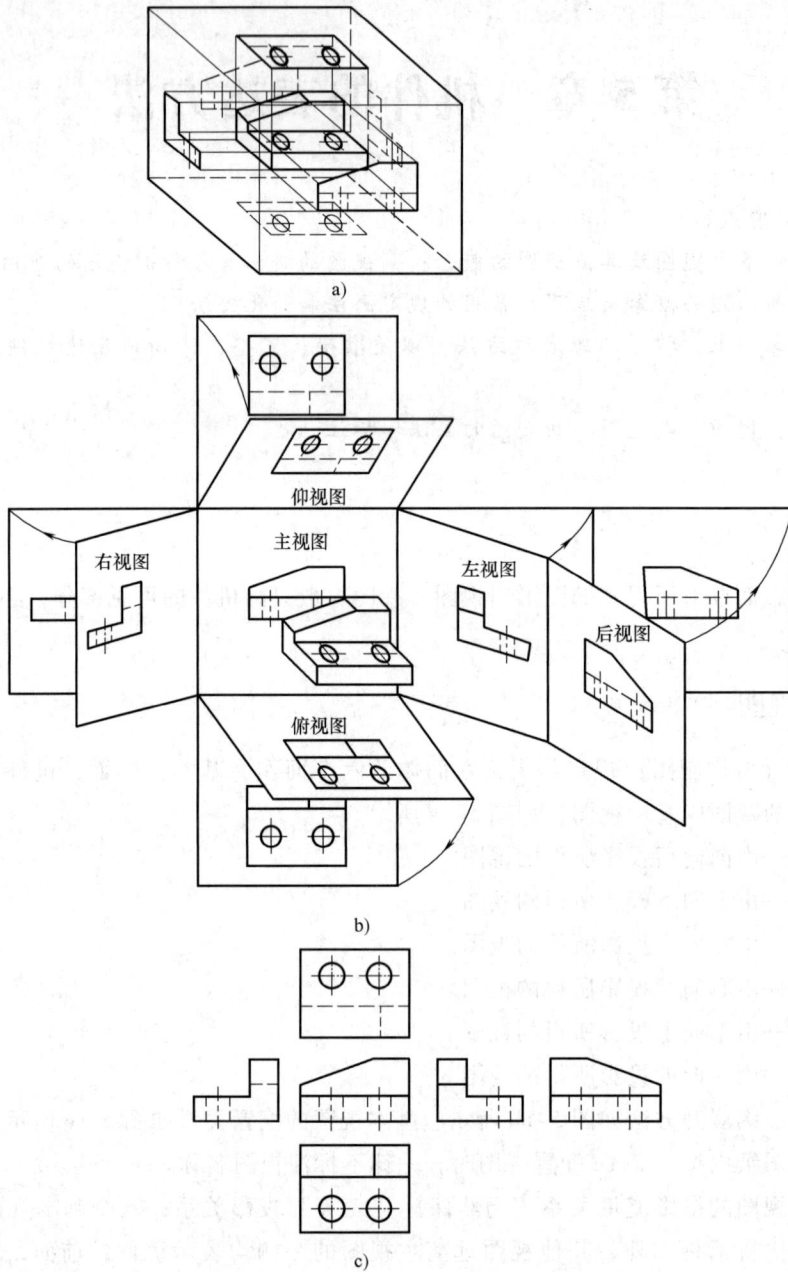

图 5-1  六个基本视图的形成与配置

a）六个基本投影面  b）六个基本投影面的展开方式  c）视图的配置

### 5.1.3  局部视图

当机件主体形状已表达清楚，而只有部分结构不清楚时，可以将机件的某一部分向基本投影面投射，所得到的视图称为局部视图，如图 5-3 所示。

画局部视图时，一般在局部视图上方标出视图名称"×"，在相应视图附近用箭头指明投影方向，并注上同样的字母，如图 5-3 所示的 A、B。

当局部视图按投影关系配置，中间又无图形相隔时，可以省略标注，如图 5-4 所示的俯视图。

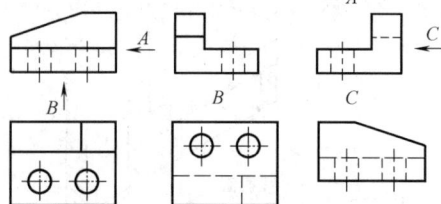

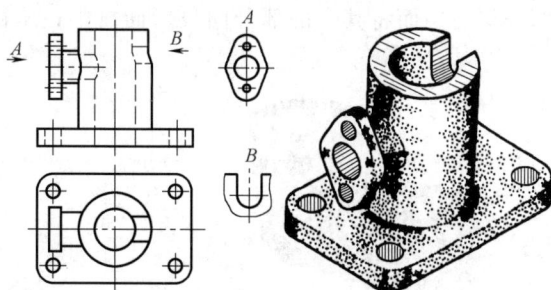

图 5-2　向视图　　　　　　　　　　　　图 5-3　局部视图

局部视图的断裂边界应以波浪线表示，如图 5-3 所示的 *B*。

当局部结构完整，并且外轮廓又成封闭时，波浪线可以省略不画，如图 5-3 所示的 *A*。

### 5.1.4　斜视图

当机件上有倾斜结构时，在基本视图上就不能反映该部分的实形，这时可设置一个倾斜投影面（此投影面与倾斜结构平行，又与某基本投影面垂直），将机件的倾斜结构投射在这个倾斜投影面上，从而得到倾斜部分的实形。这种机件向不平行于任何基本投影面的平面投射所得到的视图，称为斜视图，如图 5-4 所示。

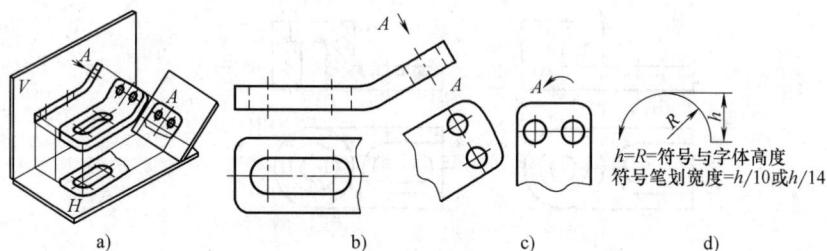

图 5-4　斜视图

画斜视图时，必须在视图上方用大写拉丁字母标出视图名称"×"，在相应视图附近用箭头指明投影方向，并注上同样的字母，如图 5-4b 所示。注意箭头必须与倾斜部分垂直，字体要水平书写。

斜视图一般按投影关系配置，必要时也可以配置在其他适当位置。在不致引起误解时，允许将图形旋转，并标注"×⌒"，如图 5-4c 所示。字母靠近箭头端，旋转符号箭头的指向为视图的旋转方向。旋转符号画法如图 5-4d 所示。

## 5.2　剖视图

### 5.2.1　剖视图的基本知识

#### 1. 概念

当机件内部结构比较复杂时，图上虚线就增多，甚至互相重叠，给画图和读图带来困难。

为了清楚表达机件的内部形状，可假想用剖切面剖开机件，将处在观察者和剖切面之间的部分移去，而将其余的部分向投影面投影，所得的图形称为剖视图，如图 5-5 所示。

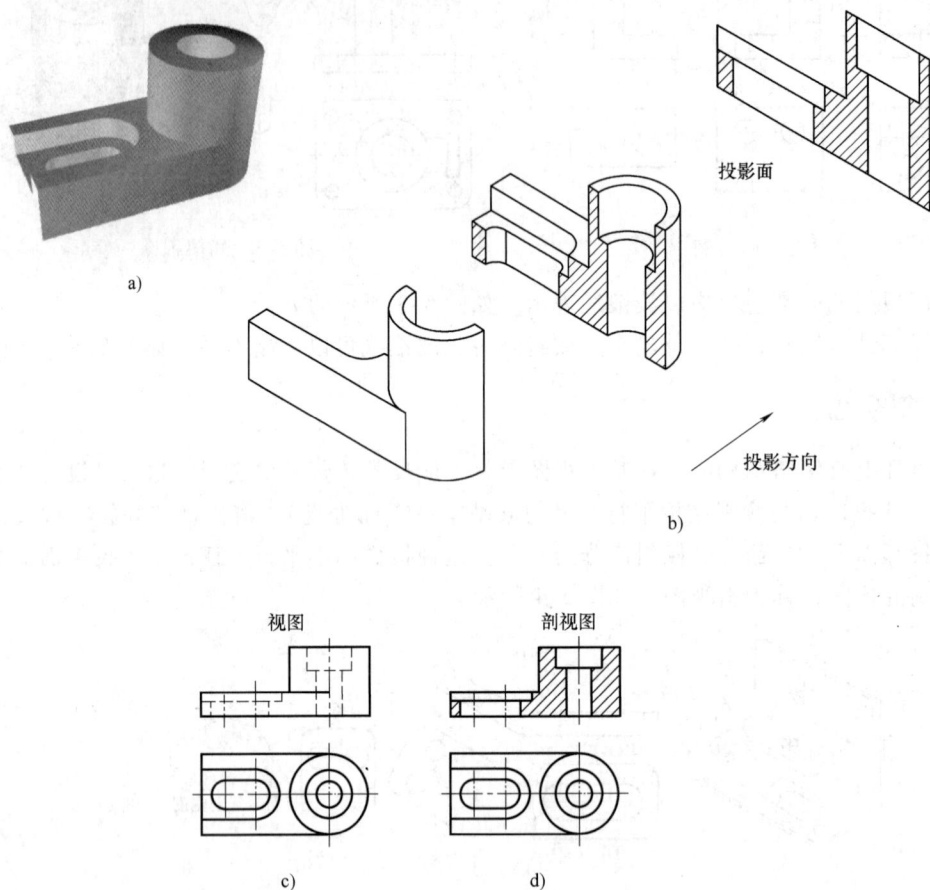

图 5-5 剖视图

**2. 剖视图的画法**

（1）确定剖切面位置　画剖视图时，首先要考虑剖开机件的位置，才能简明、真实地表达清楚机件的内部形状。

一般情况下剖切面应通过机件的对称平面、轴线或中心线。如图 5-5a 所示，剖切面即通过机件的前后对称面。

（2）画出剖切面后的可见轮廓线　凡机件的剖面轮廓线及剖面后面的可见轮廓线都要画出。如图 5-5b 所示，主视图中各孔后半部轮廓线必须画出。

（3）在剖面部分画出剖面符号　在剖视图中，剖切面与机件相互接触部分应画出剖面符号。各种材料的剖面符号见表 5-1。

表示同一金属零件剖视图的剖面线应画成间隔相等、方向相同、且与水平呈 45°的平行细实线，如图 5-5 所示。

当图形的主要轮廓线与水平呈 45°时，剖面线应画成与水平呈 30°或 60°的平行线，其倾斜方向仍与其他图形的剖面线方向一致，如图 5-6 所示。

（4）剖视图的虚线一般不画　如图 5-5 所示的主视图中圆柱后面底板的虚线未画。必要时可画少量虚线，以便表达某些部分形状，如图 5-7 所示。

（5）剖视是一个假想的作图过程，不是将机件真的切去某一部分，因此一个视图画成剖视，其他视图仍应完整画出，如图 5-5 所示的俯视图仍应完整画出。

表 5-1　剖面符号

| 金属材料<br>（已有规定剖面符号者除外） |  | 胶合板<br>（不分层数） |  |
|---|---|---|---|
| 线圈绕组元件 | | 基础周围的混凝土 | |
| 转子、电枢、变压器、电抗器等的叠钢片 | | 混凝土 | |
| 非金属材料<br>（已有规定剖面符号者除外） | | 钢筋混凝土 | |
| 型砂、填砂、粉末冶金、砂轮、陶瓷刀片、硬质合金刀片等 | | 砖 | |
| 玻璃及供观察用的其他透明材料 | | 格网<br>（筛网、过滤网等） | |
| 木材　纵剖面 | | 液体 | |
| 木材　横剖面 | | | |

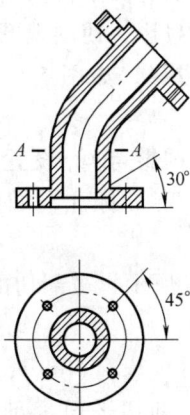

图 5-6　剖切面方向

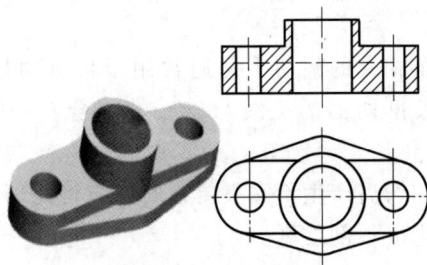

图 5-7　剖视图中的虚线

**3. 剖切位置及剖视图的标注**

1）一般应在剖视图的上方用大写拉丁字母标出剖视图的名称"×—×"，在相应视图上用剖切符号（线宽约 $1 \sim 1.5d$，长约 $5 \sim 10mm$ 的断开粗实线）表示剖切位置。用箭头表示投影方向，并注上同样字母，如图 5-8 所示。

2）当单一剖切面通过机件的对称面或基本对称的平面，且剖视图按照投影关系配置，中间又无其他图形隔开时，可省略标注，如图 5-6 所示。

3）当剖视图按投影关系配置，中间又无其他视图隔开时，可以省略箭头，如图 5-5 所示。

## 5.2.2 剖切面

剖视图能否清楚地表达机件的结构和形状，与剖切面的选择有很大关系。常用的剖切面有单一剖切面、两相交的剖切面、几个平行的剖切面、组合的剖切面、不平行于任何基本投影面的剖切面等。

**1. 单一剖切面**

用一个剖切面剖开机件的方法称单一剖。如图 5-5、图 5-6 所示。这种剖切方法也可用于柱面剖开机件，采用柱面剖切机件时，剖视图应按展开形式绘制。

当机件需要表达具有倾斜结构时，可以采用不平行于任何基本投影面的剖切平面剖开机件。必要时允许将图形转正，并加注旋转符号，如图 5-8 所示。

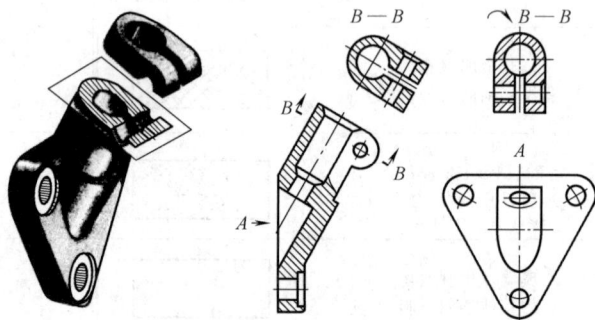

图 5-8 不平行于任何基本投影面的剖切平面

**2. 几个相交的剖切平面**（交线垂直于某一投影面）

当机件的内部形状用单一剖切面不能完整表达时，可采用两个（或两个以上）相交的剖切面剖开机件，如图 5-9 所示。

采用这种剖切方法画剖视图时，先假想按剖切位置剖开机件，然后将其中被倾斜剖切平面剖开的结构及其有关部分旋转到与选定的基本投影面平行，再进行投影，使剖视图既反映实形，又便于画图。剖切平面后面的其他结构一般仍按原来位置投影，如图 5-9 所示的油孔。

几个相交的剖切平面通常用于具有明显旋转轴的机件（盘盖、摇臂等），设置剖切面时，应使剖切面的交线与旋转轴重合，一般应用剖切符号、箭头、字母标注，如图 5-10 所示。

当剖切后产生不完整要素时，应将此部分按不剖绘制，如图 5-11 所示，被剖切的部分，主视图仍按不剖绘制。

**3. 几个平行的剖切平面**

当机件的内部结构位于几个平行平面上时，可采用几个平行的剖切平面来剖切。如图 5-12a、b 所示。

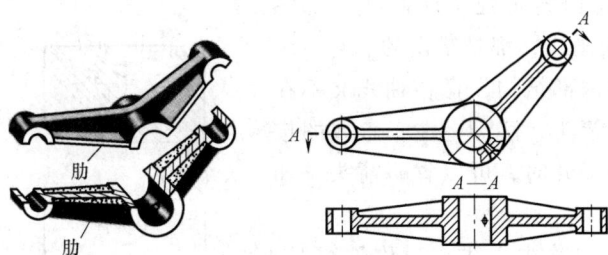

图 5-9　几个相交的剖切平面

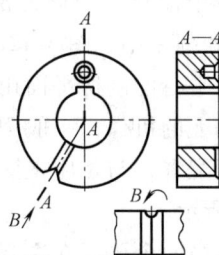

图 5-10　几个相交的剖切平面

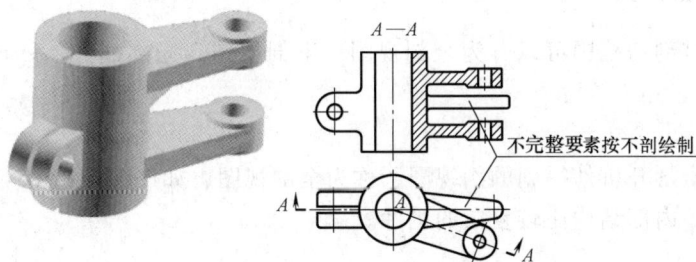

不完整要素按不剖绘制

图 5-11　几个相交的剖切平面

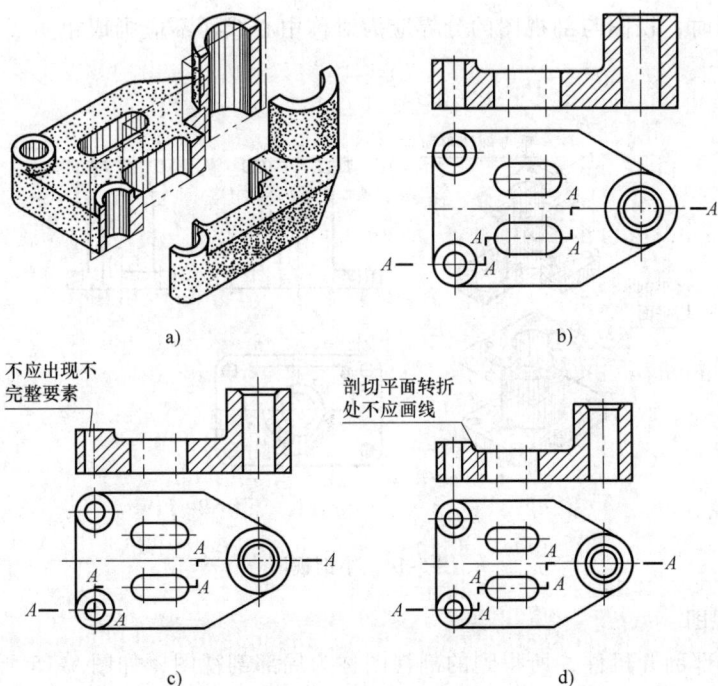

a)

b)

不应出现不
完整要素

剖切平面转折
处不应画线

c)

d)

图 5-12　几个平行的剖切平面

　　几个平行的剖切平面用于机件内部结构的各中心线排列在两个或多个互相平行平面内的
情况，采用这种方法画剖视图时，在图形内不应画出不完整的要素，且各剖切面剖切后的剖视图是一个图形，因此，剖视图上剖切面转折处不应画线。如图5-12d将孔剖一半，图5-12c剖切转折处画线，都是错误的。

几个平行的剖切平面用于具有较多内部结构，且各轴线又不在同一平面上的机件，一般用剖切符号、箭头、字母标注。若视图按规定位置配置，与相应视图间又无图形隔开时，可以省略箭头，如图5-12所示。

只有当两个要素在图形上具有公共对称中心线或对称轴线时，可以各画一半。此时应以对称中心线或轴线为界，如图5-13所示。

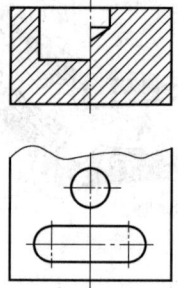

图5-13　几个平行的剖切平面

### 5.2.3　剖视图的种类

剖视图按其被剖切范围可以分为全剖视图、半剖视图、局部剖视图三种。

**1. 全剖视图**

用剖切面完全剖开机件得到的剖视图，称为全剖视图，如图5-5～图5-13所示。一般用于外形比较简单、内部结构比较复杂的机件。

**2. 半剖视图**

当机件具有对称平面时，在垂直于对称平面的投影面上投射所得的图形，可以对称中心线为界，一半画成剖视图，另一半画成视图，这种组合的图形称为半剖视图。如图5-14所示，半剖视图主要用于内、外形都需要表达的对称机件。

画半剖视图时，视图与剖视图的分界应为对称中心线而不应画成粗实线，也不应与轮廓线重合。

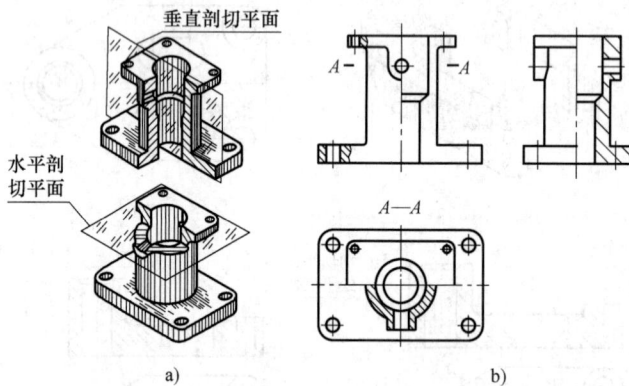

图5-14　半剖视图

**3. 局部剖视图**

用剖切面局部剖开机件，所得到的剖视图称为局部剖视图，如图5-15所示。

局部剖视图适用于只需部分表达内部结构的机件，或取全剖视图影响外形表达，但又不宜采用半剖视图的机件，如图5-15和图5-16所示。

画局部剖视图时，剖切面的位置和剖切范围都应根据实际机件的实际形状而定。但是，在一个视图中局部剖视数量不可过多，以免图形支离破碎。

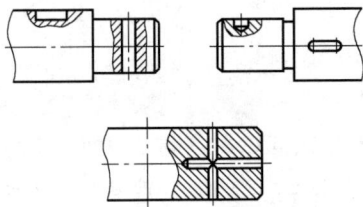

图 5-15 局部剖视图

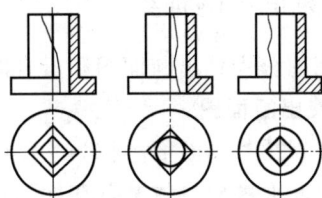

图 5-16 局部剖视图

局部剖视图一般用波浪线分界。波浪线表示机件断裂处边界线的投影，因此波浪线应画在机件的实体部分，不能超出实体的轮廓线，也不能穿孔而过，如图 5-17a、b 所示。波浪线不应画在轮廓线的延长线上，也不能用轮廓线代替或与其他图线重合，如图 5-17c、d 所示。

当单一剖切面的剖切位置明显时，局部剖视图的标注可以省略。

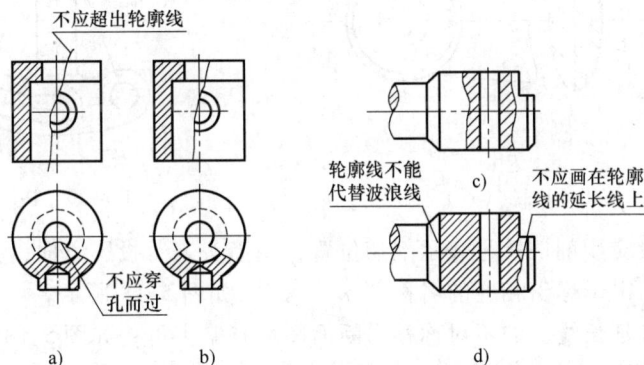

图 5-17 局部剖视图中波浪线的画法
a) 错误 b) 正确 c) 正确 d) 错误

## 5.3 断面图

### 5.3.1 断面图的基本概念

假想用剖切面将机件的某处切断，仅画出断面的图形，称为断面图。如图 5-18 所示。

断面图和剖视图的区别在于断面图只画机件上剖切处断面的形状，而剖视图除画出断面的形状外，还要画出机件在剖切平面后面部分的投影。

断面图一般用于表达机件某一部分的断面形状或轴、杆上的孔、槽等结构。

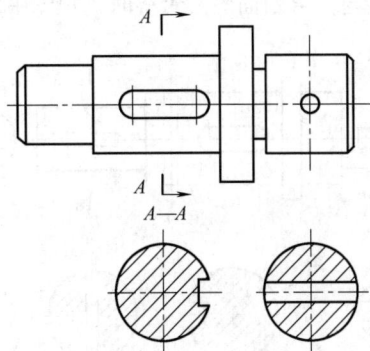

图 5-18 断面图

### 5.3.2 断面图的种类

断面图分为移出断面图和重合断面图两种。

**1. 移出断面图**

画在视图外的断面图称为移出断面图，其轮廓线用粗实线绘制。

移出断面图应尽量配置在剖切符号或剖切平面迹线的延长线上（剖切平面迹线是剖切平面与投影面的交线，用细点画线表示），如图 5-18 所示。

断面图图形对称时，也可画在视图中断处，如图 5-19 所示。

必要时可将移出断面图配置在其他适当位置，在不致引起误解时，允许将图形旋转，如图 5-20 所示。

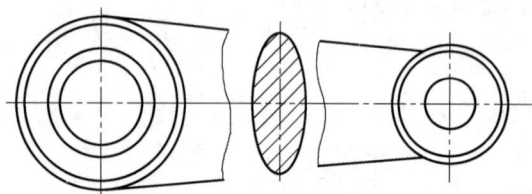

图 5-19 移出断面图（一）

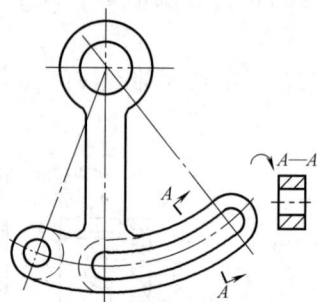

图 5-20 移出断面图（二）

移出断面图一般应用剖切符号表示剖切位置，用箭头表示投影方向，并注上字母，在断面图的上方用同样的字母标出相应的名称" × — × "，如图 5-18 所示。

配置在剖切符号延长线上的不对称移出断面图可省略字母，如图 5-18 中 A—A 断面图的标注可以省略。不配置在剖切符号延长线上的对称移出断面图，如图 5-21 中的 A—A 以及按投影关系配置的不对称移出断面图，如图 5-21 中 B—B 均可省略箭头。

当移出断面图对称，又在断面迹线延长线上，或在视图中断处时，可不标注，如图 5-19 及图 5-21 中左端断面图。

**2. 重合断面图**

画在视图内的断面图称为重合断面图，其轮廓线用细实线绘制，如图 5-22 所示。当视图中的轮廓线与重合断面图形重叠时，视图中的轮廓线仍应连续画出，不可间断，如图 5-23 所示。

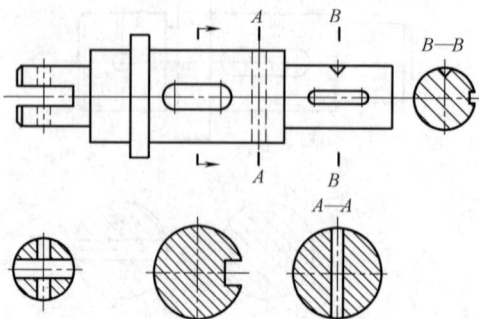

图 5-21 移出断面图（三）

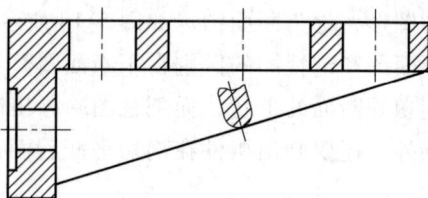

图 5-22 重合断面图（一）

由于重合断面图是直接画在视图内的剖切位置处，标注时应省略字母。对称的重合断面图不必标注，如图 5-23a 所示。不对称的重合断面图只需画出剖切符号与箭头，如图 5-23b 所示。

**3. 断面图注意事项**

1) 当剖切平面通过回转面形成的孔或凹坑的轴线时，如图 5-21 中的 $A—A$、$B—B$ 或剖切平面通过非圆孔，会导致出现完全分离的两个断面时，如图 5-20 和图 5-21 左端断面图，则这些结构应按剖视绘制。

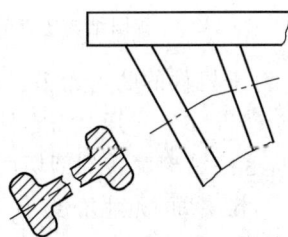

2) 由两个或多个相交的剖切平面剖切得出的移出断面，中间一般应断开，如图 5-24 所示。

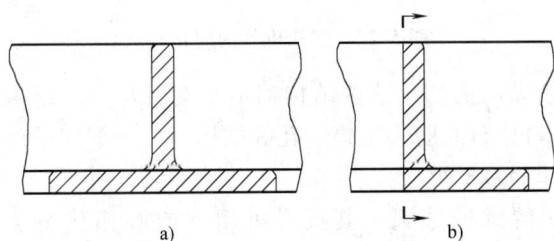

图 5-23 重合断面图（二）　　　　　　图 5-24 两个剖切平面剖得的移出断面图

# 5.4 局部放大图及简化画法

## 5.4.1 局部放大图

将机件的部分结构，用大于原图形所采用比例画出的图形称为局部放大图，如图 5-25 所示。

局部放大图用于表达机件上的细小结构形状，应尽量放在被放大部位附近，它可以画成视图、剖视图、断面图的形式，与被放大部分的表达形式无关。

画局部放大图时，用细实线圈出被放大的部分，并在局部放大图上方标出所采用的比例。

当同一机件上有几个放大部分时，必须用罗马数字依次标注，并在局部放大图上方标注相应的罗马数字和采用的比例。

图 5-25 局部放大图

局部放大图所采用的比例是指放大图形中机件要素的线性尺寸与实际机件相应要素的线性尺寸之比，不是与原图形所采用的比例之比。同一视图各处也可以用不统一的放大比例。

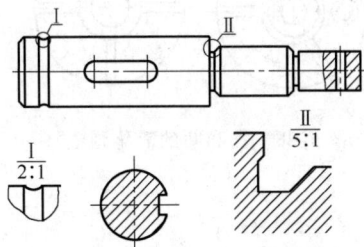

## 5.4.2 简化画法

1) 当机件具有若干相同结构（如齿、槽等），并按一定规律分布时，只需画出几个完整的结构，其余用细实线连接并在零件图中注明该结构的总数，如图5-26所示。

2）若干直径相同且成规律分布的孔（圆孔、螺孔、沉孔），可以仅画出一个或少量几个。其余只需用细点画线表示其中心位置，并在零件图中注明孔的总数，如图5-27所示。

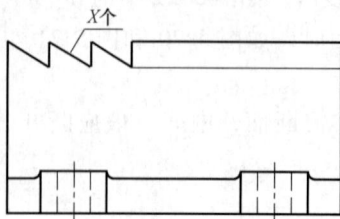

图5-26 相同结构要素的简化画法

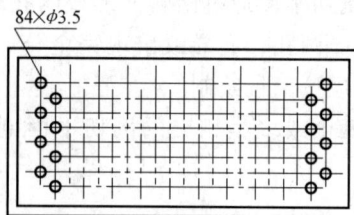

图5-27 多孔机件的简化画法

3）对于机件的肋、轮辐、薄壁等，如按纵向剖切，这些结构都不画剖面符号，用粗实线将它与邻近部分分开。当零件回转体上均匀分布的肋、轮辐、孔等结构不处于剖切平面上时，可将这些结构旋转到剖切面上画出，如图5-28所示。

4）与投影面倾斜角度小于或等于30°的圆或圆弧，其投影可用圆或圆弧代替，如图5-29所示。

5）在不致引起误解时，对于对称机件的视图可只画出一半或四分之一，并在对称中心线的两端画出两条与其垂直的平行细实线，如图5-30所示。

6）在不致引起误解时，图形中的相贯线、过渡线可以简化，例如用圆弧或直线代替非圆曲线，如图5-31所示。

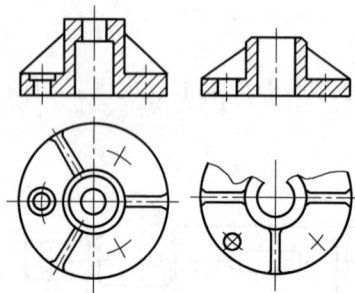

图5-28 孔和肋的简化画法

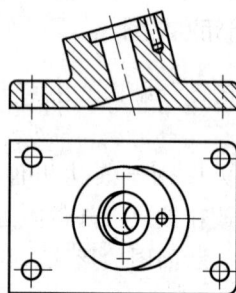

图5-29 小于30°斜面上圆或圆弧的简化画法

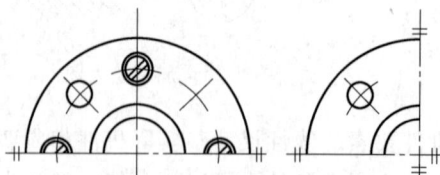

图5-30 对称机件的简化画法

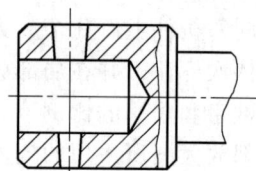

图5-31 相贯线的简化画法

7）当回转体零件上的平面在图形中不能充分表达时，可用两条相交的细实线表示这些平面，如图5-32所示。

8）较长的机件（轴、杆、型材、连杆等）沿长度方向形状一致或按一定规律变化时，可断开后缩短绘制，如图 5-33 所示。

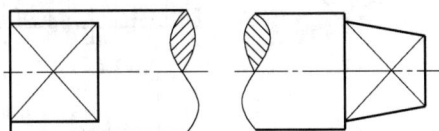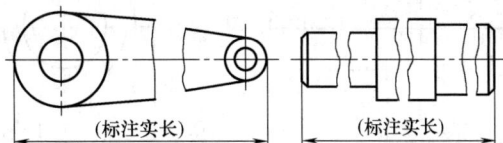

（标注实长）　　　　　　（标注实长）

图 5-32　回转体上平面的简化画法　　　　　图 5-33　折断画法

## 复习思考题

5-1　投影的要素分为：投射线、_____ 和 _____。

5-2　基本视图包括：_____、_____、_____、_____、_____ 和 _____。

5-3　剖视图的种类：_____、_____ 和 _____。

5-4　剖切面的种类：_____、_____ 和 _____。

5-5　断面图的种类：_____ 和 _____。

5-6　根据图 5-34 中已知的主、俯视图，补画另外四个基本视图。

5-7　画出图 5-35 的 A 向斜视图（位置自定，尺寸按图中量取）。

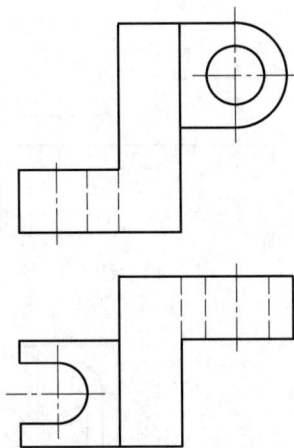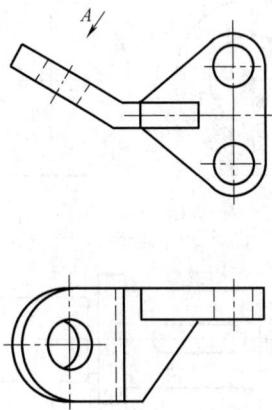

图 5-34　题 5-6 图　　　　　　　　　　图 5-35　题 5-7 图

5-8　将图 5-36 中主视图画成全剖视图。

5-9　绘制图 5-37 的 A—A 全剖视图。

5-10　将图 5-38 中主视图画成半剖视图。

5-11　改正图 5-39 中局部剖视图中的错误。

5-12　将图 5-40 中主视图改成旋转剖视图。

5-13　选择图 5-41 中正确的断面图。

5-14　用简化画法画出图 5-42 中零件的剖视图，并改正重合断面的错误。

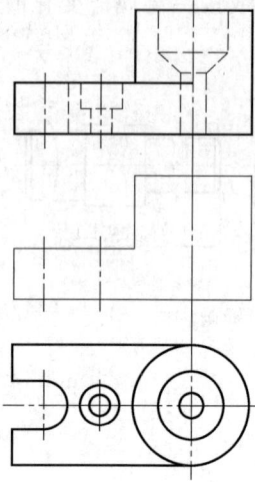

图 5-36　题 5-8 图

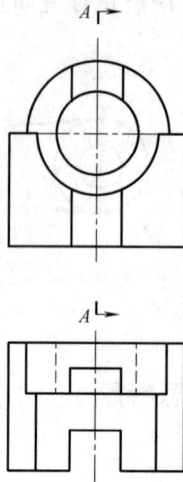

图 5-37　题 5-9 图

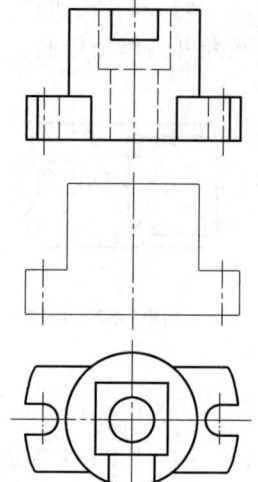

图 5-38　题 5-10 图

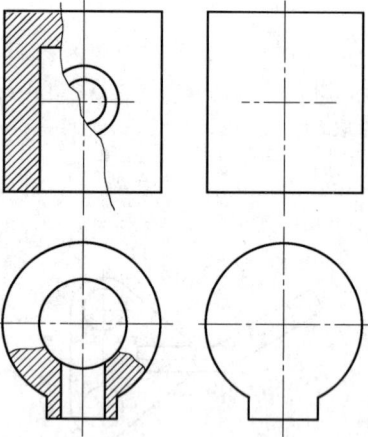

图 5-39　题 5-11 图

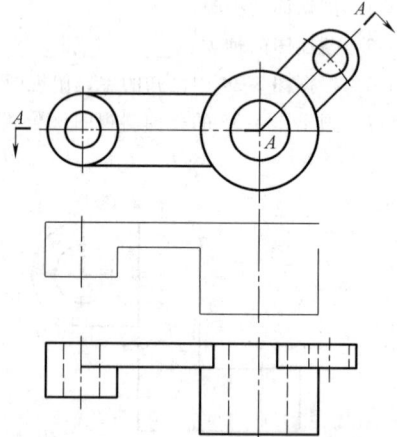

图 5-40　题 5-12 图

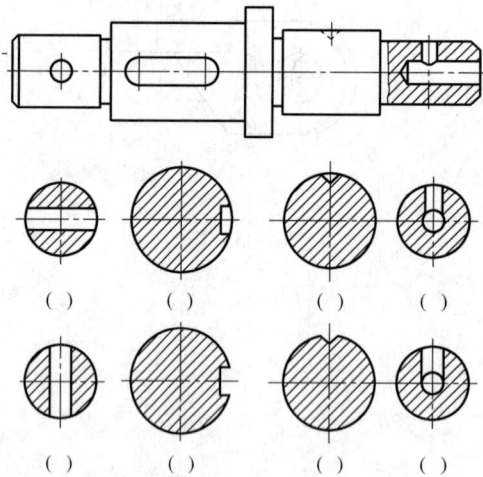

图 5-41　题 5-13 图

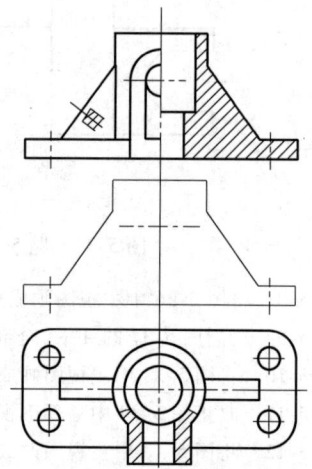

图 5-42　题 5-14 图

# 第6章 零 件 图

【本章学习要点】
主要内容：零件图的作用与内容；零件图上的技术要求；读零件图的方法与步骤。
学习目的与要求：掌握极限与配合、表面结构、几何公差的识读及零件图的识读。
学习重点：零件图上的技术要求与零件图的识读。

## 6.1 零件图的作用与内容

表示零件结构、大小、技术要求等设计、制造和检验信息的图样，称为零件图，如图 6-1 所示。

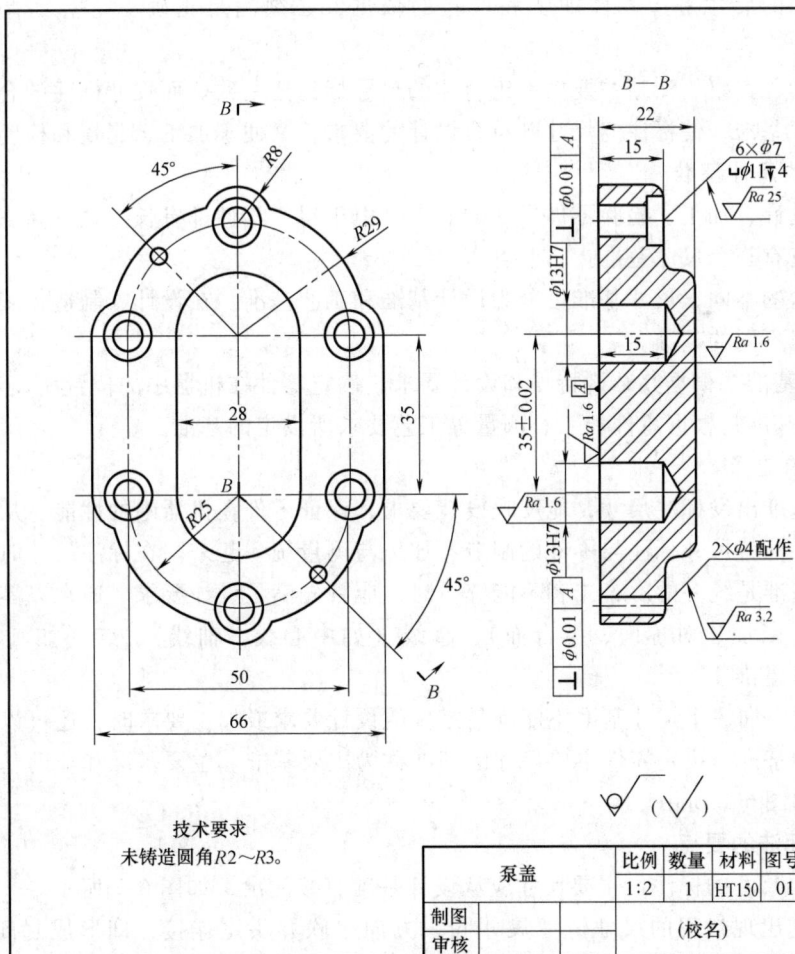

图 6-1 泵盖零件图

零件图是加工制造零件的主要依据，是生产过程中进行加工制造与检查零件质量的重要技术文件。

一张完整的零件图应包括以下内容：一组视图、完整尺寸、技术要求和标题栏。

# 6.2 零件的视图和尺寸

## 6.2.1 零件视图的特点

零件的视图是根据零件的结构和形状特点及零件的复杂程度确定的。

主视图一般反映零件的主要结构和形状特征，同时还要符合零件的工作位置。

零件视图的数量和形式（视图、剖视、断面等），是由零件的复杂程度决定的。用较少的视图，能够清楚地表达零件的内外结构和形状，是视图表达方案的基本要求。

## 6.2.2 零件图的尺寸标注

零件图中的尺寸是指零件加工和检验的依据，必须满足正确、完整、清晰、合理的要求。

对于正确、完整、清晰的要求和组合体的尺寸标注法一致。而尺寸标注的合理性，是指正确选择尺寸基准，使标注的尺寸既符合设计的要求，又便于加工、测量和检验。

**1. 零件的尺寸基准**

基准是设计、加工、检验零件尺寸的起点。由于每个零件都有长、宽、高三个方向，所以零件至少应有三个尺寸基准。

按照用途的不同，尺寸基准可分为设计基准和工艺基准。在设计、制造、测量等不同阶段，常会采用不同的基准。

1）设计基准是根据其结构特点和设计要求，确定零件在机器中的位置所设定的基准。

2）工艺基准是根据零件加工、测量等工艺要求所设定的基准。

**2. 基准的选择**

从设计基准出发标注尺寸，能反映设计要求，保证零件在机器中的性能。从工艺基准出发标注尺寸，能将尺寸标注与零件的制造、加工与测量统一起来。在标注尺寸时，一般设计基准与工艺基准是统一的。若二者不能统一时，应首先满足设计要求。通常以零件的主要平面（如底面、断面、对称面、结合面）、直线（如中心线、轴线）、点（如圆心、坐标原点）作为尺寸基准。

如果一个方向一个尺寸基准不能满足零件的设计要求或加工要求时，还可以增加一些基准，称为辅助基准。决定零件主要尺寸的基准称为主要基准。主要基准和辅助基准间一定有尺寸联系，如图6-2所示。

**3. 尺寸标注的要点**

（1）主要尺寸的标注  主要尺寸应从设计基准直接注出，如图6-2所示。

（2）避免出现封闭的尺寸链  尺寸同一方向串联并头尾连接，即形成封闭的尺寸链，如图6-3a所示，这是错误的标注方法，按照这样的尺寸进行加工，可能出现累计加工误差过大，超过设计许可要求。正确标注应如图6-3b所示。

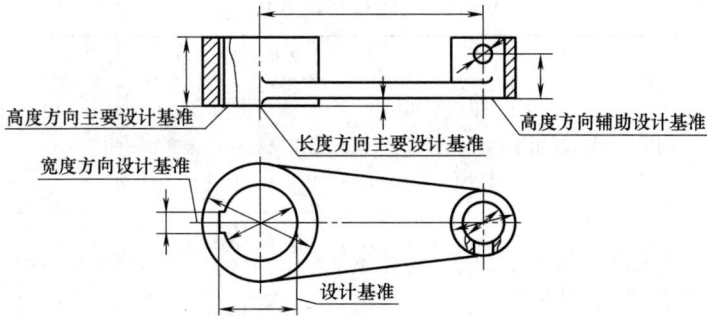

图 6-2　正确选择尺寸基准

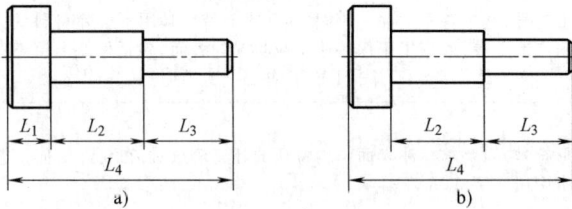

图 6-3　尺寸链

## 6.3　零件图上的技术要求

零件图上除了视图和尺寸外，还应标注制造和检验零件时所需要的全部技术要求。技术要求主要包含表面结构、极限与配合、形状和位置公差代号、热处理和表面处理等内容。它对于保证零件具有互换性，满足机器对零件的功能要求具有重要的作用。这些项目凡是有规定代号的，应用代号直接标注在图样上，无规定代号的，用文字书写在标题栏上方或左侧。

### 6.3.1　表面结构

**1. 表面结构**

零件加工表面上具有的较小间距和峰谷所组成的微观几何形状特性就称为表面结构，如图 6-4 所示。

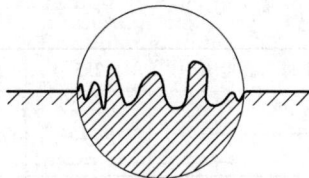

图 6-4　表面结构示意图

表面结构是评定零件质量的标准之一。它对零件的耐磨性、耐蚀性、配合质量等都有影响，所以必须有一个合理的要求。

**2. 表面结构的代号**

表面结构的代号包括符号、参数和有关规定。

（1）表面结构的符号及意义　表面结构的符号及意义见表 6-1。

（2）表面结构符号的画法　表面结构符号的画法如图 6-5 所示。

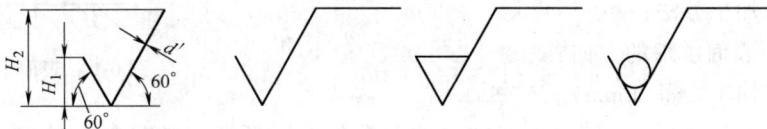

图 6-5　表面结构符号的画法

表6-1 表面结构符号及意义

| 基本符号 | 意义及说明 |
|---|---|
|  | 基本图形符号,仅用于简化代号标注,没有补充说明时不能单独使用 |
|  | 扩展图形符号,基本符号上加一短横,表示表面特征是用去除材料的方法获得,如车、铣、钻、磨、抛光、腐蚀、电火花加工等 |
|  | 扩展图形符号,基本符号上加一小圆,表示表面特征是用不去除材料的方法获得,如铸、锻、冲压、热轧、冷轧、粉末冶金等,或是用于保持原供应状况的表面(包括保持上道工序形成的表面) |
|  | 完整图形符号,当要求标注表面结构特征的补充信息时,在允许任何工艺图形符号的长边上加一横线。在文本中用文字 APA 表示 |
|  | 完整图形符号,当要求标注表面结构特征的补充信息时,在去除材料图形符号的长边上加一横线。在文本中用文字 MRR 表示 |
|  | 完整图形符号,当要求标注表面结构特征的补充信息时,在不去除材料图形符号的长边上加一横线。在文本中用文字 NMR 表示 |

（3）表面结构符号的尺寸　表面结构符号的尺寸见表6-2。

表6-2 表面结构符号的尺寸

| 数字和字母的高度 $h$ | 2.5 | 3.5 | 5 | 7 | 10 | 14 | 20 |
|---|---|---|---|---|---|---|---|
| 符号线宽 $d'$<br>字母线宽 | 0.25 | 0.35 | 0.5 | 0.7 | 1 | 1.4 | 2 |
| 高度 $H_1$ | 3.5 | 5 | 7 | 10 | 14 | 20 | 28 |
| 高度 $H_2$（最小值）[①] | 7.5 | 10.5 | 15 | 21 | 30 | 42 | 60 |

① $H_2$ 取决于标注内容

（4）表面结构的数值及有关规定在符号中注写的位置　表面结构的数值及有关规定在符号中注写的位置如图6-6所示。

$a$——注写表面结构的单一要求；

$a$ 和 $b$——标注两个或多个表面结构要求；

$c$——注写加工方法；

$d$——注写表面纹理的方向；

$e$——注写加工余量（mm）。

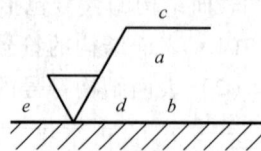

图6-6 表面结构符号的画法

（5）表面结构的参数　评定表面结构的参数很多,最常用的是轮廓算术平均偏差 $Ra$,

以数值大小表示，反映零件加工后，表面应达到的光滑程度，即在放大镜下，表面峰、谷的平均高、深程度。数值越小，表面光滑程度越高；反之，光滑程度越低。

常用的 $Ra$ 值为：25、12.5、6.3、3.2、1.6、0.8 等（单位为 μm）。

（6）表面结构符号、代号的标注

1）零件表面具有不同的表面结构要求时，应分别标出表面结构的代号。代号一般注在可见轮廓线、尺寸界线、引出线或其延长线上。同一图样上，每一表面一般只标注一次代号。表面结构的注写和读取方向与尺寸的注写和读取方向一致，如图6-7所示。

2）表面结构要求可标注在轮廓线上，其符号应从材料外指向并接触表面。必要时，表面结构符号也可用带箭头或黑点的指引线引出标注，如图6-8、图6-9所示。

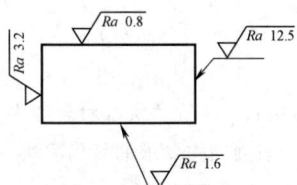

图6-7　表面结构要素的注写方法

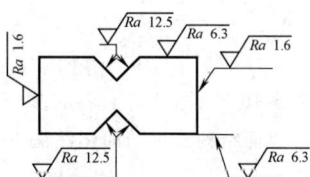

图6-8　表面结构在轮廓线上的标注

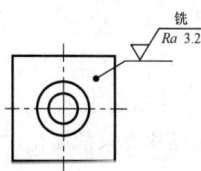

图6-9　用指引线引出标注表面结构

3）在不致引起误解时，表面结构要求可以标注在给定的尺寸线上，如图6-10所示。

4）表面结构要求可标注在几何公差框格的上方，如图6-11所示。

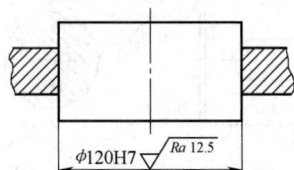

图6-10　表面结构要求注在尺寸线上

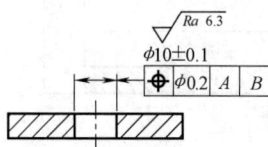

图6-11　表面结构要求可标注在几何公差框格的上方

5）如果在工件的多数（包括全部）表面有相同的表面结构要求，则其表面结构要求可统一标注在图样的标题栏附近。此时（除全部表面有相同要求的情况外），表面结构要求的符号后面应：

在圆括号内给出无任何其他标注的基本符号，如图6-12所示；

在圆括号内给出不同的表面结构要求，如图6-13所示。

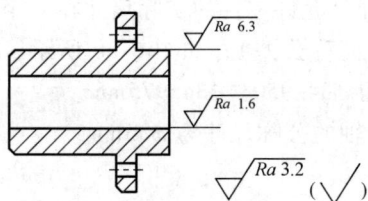

图6-12　大多数表面有相同表面结构要求的简化注法（一）

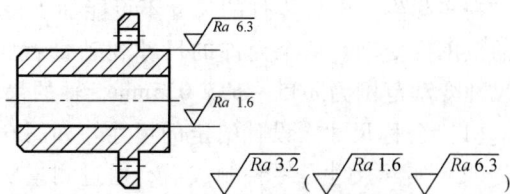

图6-13　大多数表面有相同表面结构要求的简化注法（二）

6）当多个表面具有相同的表面结构要求或图纸空间有限时，可以采用简化注法。用带字母的完整符号，以等式的形式，在图形或标题栏附近，对有相同表面结构要求的表面进行简化标注，如图6-14所示。

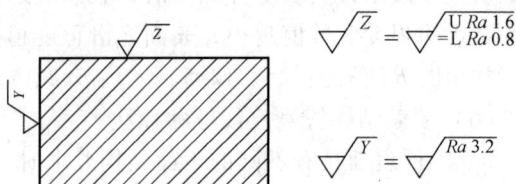

7）可以用表面结构符号，以等式的形式给出多个表面共同的表面结构要求，如图6-15～图6-17所示。

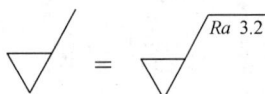

图 6-14　在图纸空间有限时的简化注法

图 6-15　未指定工艺方法的多个表面结构要求的简化注法

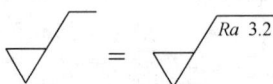

图 6-16　要求去除材料的多个表面结构要求的简化注法

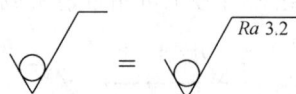

图 6-17　不允许去除材料的多个表面结构要求的简化注法

8）由几种不同的工艺方法获得的同一表面，当需要明确每种工艺方法表面结构要求时的标注方法，如图6-18所示。

9）键槽、倒角表面结构的标注方法，如图6-19所示。

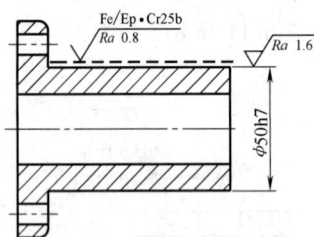

图 6-18　同时给出镀覆前后的表面结构要求的注法

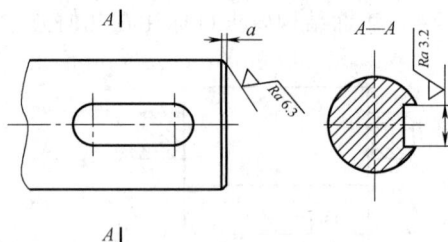

图 6-19　键槽、倒角表面结构的注法

### 6.3.2　极限与配合

**1. 零件的互换性**

现代工业生产要求机器零件具有互换性，即从一批相同的零件中任取一件，不经选配，就能立即装到机器上去，并能保证使用的性能要求，这种情况说明这批零件具有互换性。

**2. 尺寸公差的概念**

在实际生产中，零件的尺寸不可能加工得绝对准确，而是允许零件的实际尺寸在一个合理的范围内变动。这个允许的尺寸变动量就叫尺寸公差（简称公差），如图6-20所示，孔的尺寸变动范围为 $\phi35 \sim \phi35.025$mm，轴的尺寸变动范围为 $\phi34.950 \sim \phi34.975$mm。

（1）公称尺寸　设计给定的尺寸。如图6-20所示孔和轴的公称尺寸为 $\phi35$mm。

（2）实际尺寸　零件制成后，通过测量所得的尺寸。

（3）极限尺寸　允许零件实际尺寸变化的两个极限值，其中较大的一个称为上极限尺寸，如图6-20所示孔的上极限尺寸为 $\phi35.025$mm，轴的上极限尺寸为 $\phi34.975$mm。较小的一个称为下极限尺寸，如图6-20所示孔的下极限尺寸为 $\phi35$mm，轴的下极限尺寸为

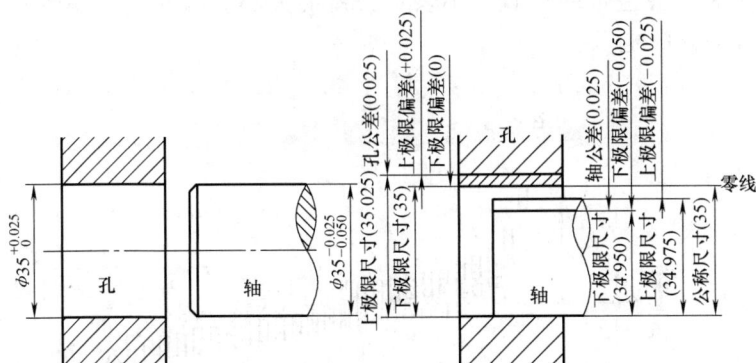

图 6-20　极限与配合示意图

$\phi 34.950$mm。实际尺寸在这两个尺寸之间才算合格。

（4）尺寸偏差（简称偏差）　某一尺寸减去基本尺寸所得的代数差。尺寸偏差有上极限偏差、下极限偏差，统称为极限偏差。偏差可以是正值、负值，也可以为零。

上极限偏差 = 上极限尺寸 - 公称尺寸，如图 6-20 所示：

孔的上极限偏差为 35.025mm - 35mm = +0.025mm；

轴的上极限偏差为 34.975mm - 35mm = -0.025mm。

下极限偏差 = 下极限尺寸 - 公称尺寸，如图 6-20 所示：

孔的下极限偏差为 35mm - 35mm = 0；

轴的下极限偏差为 34.950mm - 35mm = -0.050mm。

国家标准规定用代号 ES 表示孔的上极限偏差，用 es 表示轴的上极限偏差；用 EI 表示孔的下极限偏差，用 ei 表示轴的下极限偏差。

（5）尺寸公差（简称公差）　允许尺寸的变动量，即

公差 = 上极限尺寸 - 下极限尺寸 = 上极限偏差 - 下极限偏差

如图 6-20 所示，孔的公差为 0.025mm，轴的公差也是 0.025mm。公差总为正值。

### 3. 尺寸公差带代号

（1）尺寸公差带（简称公差带）　在公差带图中，由代表上、下极限偏差的两条直线所限定的一个区域称尺寸公差带，如图 6-21 所示。

（2）零线　在公差带图中确定偏差的一条基准直线，即零偏差线，通常表示基本尺寸。

（3）基本偏差　基本偏差是指在标准的极限与配合制中，确定公差带相对零线位置的那个极限偏差。它可以是上极限偏差或下极限偏差，一般指靠近零线的那个偏差。

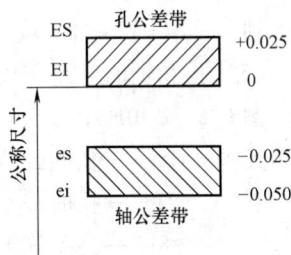

图 6-21　公差带图

当公差带在零线上方时，基本偏差为下极限偏差；反之，则为上极限偏差。基本偏差代号用拉丁字母表示，大写为孔，小写为轴，各 28 个。

基本偏差系列如图 6-22 所示，从该图中可以看出：孔的基本偏差 A ~ H 为下极限偏差，J ~ ZC 为上极限偏差；轴的基本偏差 a ~ h 为上极限偏差，j ~ zc 为下极限偏差；JS 和 js 的公差带对称分布于零线两侧，孔和轴的上、下极限偏差分别都是 + IT/2、- IT/2。基

本偏差系列图只表示公差带的位置，不表示公差的大小。因此，公差带一端开口，开口的另一端由标准公差限定。

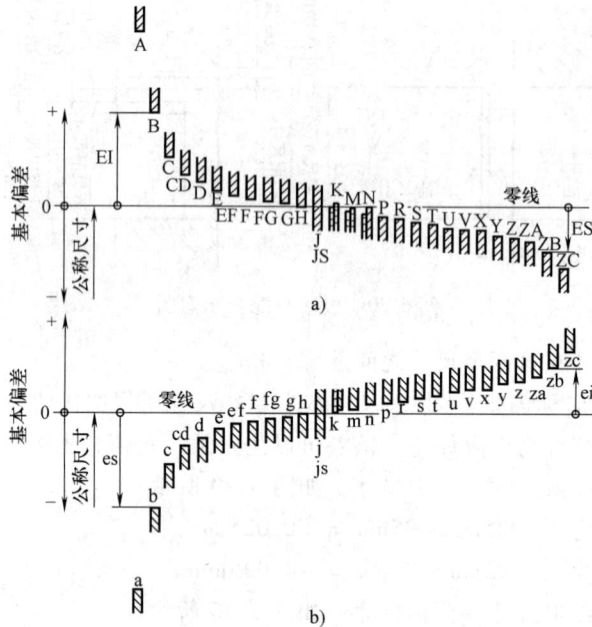

图 6-22　基本偏差系列

a）孔的基本偏差示意图　b）轴的基本偏差示意图

（4）标准公差（IT）　标准公差的数值由公称尺寸和公差等级来决定。其中公差等级确定尺寸精度。标准公差分为 20 个等级，即 IT01，IT0，IT1，…，IT18。其尺寸精确程度从 IT01 到 IT18 依次降低。

根据尺寸公差的意义，基本偏差和标准公差有以下计算公式：

孔　　$ES = EI + IT$　　或　　$EI = ES - IT$

轴　　$es = ei + IT$　　或　　$ei = es - IT$

（5）孔和轴的公差带代号　孔和轴的公差带代号用基本偏差代号与公差等级代号组成。

**例 6-1**　$\phi 30H8$。

其中：H8——孔的公差带代号；

　　　　H——孔的基本偏差代号；

　　　　8——公差等级代号。

公称尺寸 30 属于 >24 ~ 30mm 尺寸段，由表 6-4 可查表得标准公差 8 级的孔的公差值为 33μm。在表 6-6 中，基本尺寸 30 属于 >24 ~ 30mm 尺寸段，可查表得到 H8 极限偏差值，上偏差为 +33μm，下偏差为 0μm。

**例 6-2**　$\phi 50f7$。

其中：f7——轴的公差带代号；

　　　　f——轴的基本偏差代号；

　　　　7——公差等级代号。

公称尺寸 50 属于 >30~50mm 尺寸段，由表 6-3 可查表得标准公差 7 级的轴的公差值为 25μm。在表 6-5 中，基本尺寸 50 属于 >40~50mm 尺寸段，可查表得到 f7 极限偏差值，上偏差为 -25μm，下偏差为 -50μm。

**表 6-3　标准公差数值表**

| 公称尺寸 /mm | | 标准公差等级 | | | | | | | | | | | | | | | | |
|---|---|---|---|---|---|---|---|---|---|---|---|---|---|---|---|---|---|---|
| | | IT1 | IT2 | IT3 | IT4 | IT5 | IT6 | IT7 | IT8 | IT9 | IT10 | IT11 | IT12 | IT13 | IT14 | IT15 | IT16 | IT17 | IT18 |
| 大于 | 至 | μm | | | | | | | | | | | mm | | | | | | |
| — | 3 | 0.8 | 1.2 | 2 | 3 | 4 | 6 | 10 | 14 | 25 | 40 | 60 | 0.1 | 0.14 | 0.25 | 0.4 | 0.6 | 1 | 1.4 |
| 3 | 6 | 1 | 1.5 | 2.5 | 4 | 5 | 8 | 12 | 18 | 30 | 48 | 75 | 0.12 | 0.18 | 0.3 | 0.48 | 0.75 | 1.2 | 1.8 |
| 6 | 10 | 1 | 1.5 | 2.5 | 4 | 6 | 9 | 15 | 22 | 36 | 58 | 90 | 0.15 | 0.22 | 0.36 | 0.58 | 0.9 | 1.5 | 2.2 |
| 10 | 18 | 1.2 | 2 | 3 | 5 | 8 | 11 | 18 | 27 | 43 | 70 | 110 | 0.18 | 0.27 | 0.43 | 0.7 | 1.1 | 1.8 | 2.7 |
| 18 | 30 | 1.5 | 2.5 | 4 | 6 | 9 | 13 | 21 | 33 | 52 | 84 | 130 | 0.21 | 0.33 | 0.52 | 0.84 | 1.3 | 2.1 | 3.3 |
| 30 | 50 | 1.5 | 2.5 | 4 | 7 | 11 | 16 | 25 | 39 | 62 | 100 | 160 | 0.25 | 0.39 | 0.62 | 1 | 1.6 | 2.5 | 3.9 |
| 50 | 80 | 2 | 3 | 5 | 8 | 13 | 19 | 30 | 46 | 74 | 120 | 190 | 0.3 | 0.46 | 0.74 | 1.2 | 1.9 | 3 | 4.6 |
| 80 | 120 | 2.5 | 4 | 6 | 10 | 15 | 22 | 35 | 54 | 87 | 140 | 220 | 0.35 | 0.54 | 0.87 | 1.4 | 2.2 | 3.5 | 5.4 |
| 120 | 180 | 3.5 | 5 | 8 | 12 | 18 | 25 | 40 | 63 | 100 | 160 | 250 | 0.4 | 0.63 | 1 | 1.6 | 2.5 | 4 | 6.3 |
| 180 | 250 | 4.5 | 7 | 10 | 14 | 20 | 29 | 46 | 72 | 115 | 185 | 290 | 0.46 | 0.72 | 1.15 | 1.85 | 2.9 | 4.6 | 7.2 |
| 250 | 315 | 6 | 8 | 12 | 16 | 23 | 32 | 52 | 81 | 130 | 210 | 320 | 0.52 | 0.81 | 1.3 | 2.1 | 3.2 | 5.2 | 8.1 |
| 315 | 400 | 7 | 9 | 13 | 18 | 25 | 36 | 57 | 89 | 140 | 230 | 360 | 0.57 | 0.89 | 1.4 | 2.3 | 3.6 | 5.7 | 8.9 |
| 400 | 500 | 8 | 10 | 15 | 20 | 27 | 40 | 63 | 97 | 155 | 250 | 400 | 0.63 | 0.97 | 1.55 | 2.5 | 4 | 6.3 | 9.7 |
| 500 | 630 | 9 | 11 | 16 | 22 | 32 | 44 | 70 | 110 | 175 | 280 | 440 | 0.7 | 1.1 | 1.75 | 2.8 | 4.4 | 7 | 11 |
| 630 | 800 | 10 | 13 | 18 | 25 | 36 | 50 | 80 | 125 | 200 | 320 | 500 | 0.8 | 1.25 | 2 | 3.2 | 5 | 8 | 12.5 |
| 800 | 1000 | 11 | 15 | 21 | 28 | 40 | 56 | 90 | 140 | 230 | 360 | 560 | 0.9 | 1.4 | 2.3 | 3.6 | 5.6 | 9 | 14 |

注：1. 公称尺寸大于 500mm 的 IT1~IT5 的标准公差数值为试行的。

　　2. 公称尺寸小于或等于 1mm 时，无 IT14~IT18。

**4. 配合**

基本尺寸相同的、相互结合的孔和轴公差带之间的关系，称为配合。

根据使用要求不同，孔和轴之间的配合有松有紧，因而国家标准规定配合分为三种，即间隙配合、过盈配合和过渡配合。

（1）配合种类

1）间隙配合。孔和轴装配时有间隙（包括最小间隙等于零）的配合称间隙配合，如图 6-23 所示，孔的公差带在轴的公差带之上。

2）过盈配合。孔和轴装配时有过盈（包括最小过盈等于零）的配合称过盈配合，如图 6-24 所示，孔的公差带在轴的公差带之下。

3）过渡配合。孔和轴装配时可能有间隙或过盈的配合称过渡配合，如图 6-25 所示，孔的公差带与轴的公差带相互交叠。

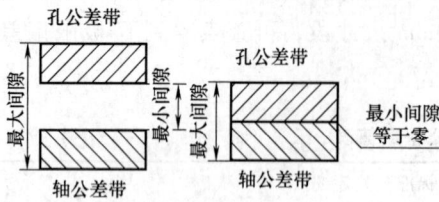

图 6-23 间隙配合

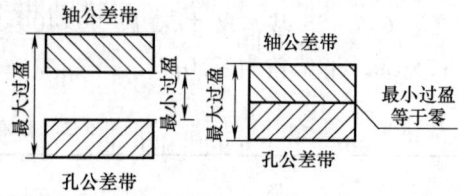

图 6-24 过盈配合

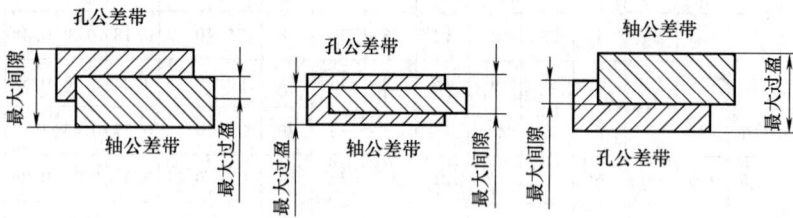

图 6-25 过渡配合

（2）配合制度　国家标准根据生产的需要，以孔或轴作为基准件，规定了两种配合制度，即基孔制和基轴制。

1）基孔制。基本偏差一定的孔的公差带与不同基本偏差的轴的公差带形成的各种配合的一种制度，如图 6-26 所示。

基孔制配合中的孔称为基准孔，其基本偏差代号为 H，基本偏差为下极限偏差，且偏差值 EI = 0，所以公差带偏置在零线上侧。基孔制中，a ~ h 用于间隙配合，j ~ zc 用于过渡配合和过盈配合。

2）基轴制。基本偏差一定的轴的公差带与不同基本偏差的孔的公差带形成的各种配合的一种制度，如图 6-27 所示。

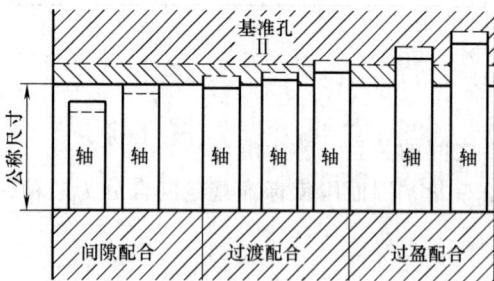

图 6-26 基孔制配合

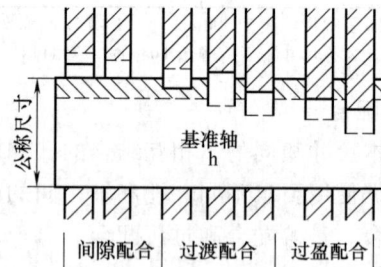

图 6-27 基轴制配合

基轴制配合中的轴称为基准轴，其基本偏差代号为 h，基本偏差为上极限偏差，且偏差值 ei = 0，所以公差带偏置在零线下侧。基轴制中，A ~ H 用于间隙配合，J ~ ZC 用于过渡配合和过盈配合。

优先配合中孔和表的极限偏差值见表 6-4、表 6-5，供参考。

表 6-4　优先配合中孔的极限偏差表

| 公称尺寸/mm | | 公差带 | | | | | | | | | | | | |
|---|---|---|---|---|---|---|---|---|---|---|---|---|---|---|
| | | C | D | F | G | H | | | | K | N | P | S | U |
| 大于 | 至 | 11 | 9 | 8 | 7 | 7 | 8 | 9 | 11 | 7 | 7 | 7 | 7 | 7 |
| — | 3 | +120<br>+60 | +45<br>+20 | +20<br>+6 | +12<br>+2 | +10<br>0 | +14<br>0 | +25<br>0 | +60<br>0 | 0<br>-10 | -4<br>-14 | -6<br>-16 | -14<br>-24 | -18<br>-28 |
| 3 | 6 | +145<br>+70 | +60<br>+30 | +28<br>+10 | +16<br>+4 | +12<br>0 | +18<br>0 | +30<br>0 | +75<br>0 | +3<br>-9 | -4<br>-16 | -8<br>-20 | -15<br>-27 | -19<br>-31 |
| 6 | 10 | +170<br>+80 | +76<br>+40 | +35<br>+13 | +20<br>+5 | +15<br>0 | +22<br>0 | +36<br>0 | +90<br>0 | +5<br>-10 | -4<br>-19 | -9<br>-24 | -17<br>-32 | -22<br>-37 |
| 10 | 14 | +205<br>+95 | +93<br>+50 | +43<br>+16 | +24<br>+6 | +18<br>0 | +27<br>0 | +43<br>0 | +110<br>0 | +6<br>-12 | -5<br>-23 | -11<br>-29 | -21<br>-39 | -26<br>-44 |
| 14 | 18 | +205<br>+95 | +93<br>+50 | +43<br>+16 | +24<br>+6 | +18<br>0 | +27<br>0 | +43<br>0 | +110<br>0 | +6<br>-12 | -5<br>-23 | -11<br>-29 | -21<br>-39 | -26<br>-44 |
| 18 | 24 | +240<br>+110 | +117<br>+65 | +53<br>+20 | +28<br>+7 | +21<br>0 | +33<br>0 | +52<br>0 | +130<br>0 | +6<br>-15 | -7<br>-28 | -14<br>-35 | -27<br>-48 | -33<br>-54 |
| 24 | 30 | +240<br>+110 | +117<br>+65 | +53<br>+20 | +28<br>+7 | +21<br>0 | +33<br>0 | +52<br>0 | +130<br>0 | +6<br>-15 | -7<br>-28 | -14<br>-35 | -27<br>-48 | -40<br>-61 |
| 30 | 40 | +280<br>+120 | +142<br>+80 | +64<br>+25 | +34<br>+9 | +25<br>0 | +39<br>0 | +62<br>0 | +160<br>0 | +7<br>-18 | -8<br>-33 | -17<br>-42 | -34<br>-59 | -51<br>-76 |
| 40 | 50 | +290<br>+130 | +142<br>+80 | +64<br>+25 | +34<br>+9 | +25<br>0 | +39<br>0 | +62<br>0 | +160<br>0 | +7<br>-18 | -8<br>-33 | -17<br>-42 | -34<br>-59 | -61<br>-86 |
| 50 | 65 | +330<br>+140 | +174<br>+100 | +76<br>+30 | +40<br>+10 | +30<br>0 | +46<br>0 | +74<br>0 | +190<br>0 | +9<br>-21 | -9<br>-39 | -21<br>-51 | -42<br>-72 | -76<br>-106 |
| 65 | 80 | +340<br>+150 | +174<br>+100 | +76<br>+30 | +40<br>+10 | +30<br>0 | +46<br>0 | +74<br>0 | +190<br>0 | +9<br>-21 | -9<br>-39 | -21<br>-51 | -48<br>-78 | -91<br>-121 |
| 80 | 100 | +390<br>+170 | +207<br>+120 | +90<br>+36 | +47<br>+12 | +35<br>0 | +54<br>0 | +87<br>0 | +220<br>0 | +10<br>-25 | -10<br>-45 | -24<br>-59 | -58<br>-93 | -111<br>-146 |
| 100 | 120 | +400<br>+180 | +207<br>+120 | +90<br>+36 | +47<br>+12 | +35<br>0 | +54<br>0 | +87<br>0 | +220<br>0 | +10<br>-25 | -10<br>-45 | -24<br>-59 | -66<br>-101 | -131<br>-166 |
| 120 | 140 | +450<br>+200 | +245<br>+145 | +106<br>+43 | +54<br>+14 | +40<br>0 | +63<br>0 | +100<br>0 | +250<br>0 | +12<br>-28 | -12<br>-52 | -28<br>-68 | -77<br>-117 | -155<br>-195 |
| 140 | 160 | +460<br>+210 | +245<br>+145 | +106<br>+43 | +54<br>+14 | +40<br>0 | +63<br>0 | +100<br>0 | +250<br>0 | +12<br>-28 | -12<br>-52 | -28<br>-68 | -85<br>-125 | -175<br>-215 |
| 160 | 180 | +480<br>+230 | +245<br>+145 | +106<br>+43 | +54<br>+14 | +40<br>0 | +63<br>0 | +100<br>0 | +250<br>0 | +12<br>-28 | -12<br>-52 | -28<br>-68 | -93<br>-133 | -195<br>-235 |
| 180 | 200 | +530<br>+240 | +285<br>+170 | +122<br>+50 | +61<br>+15 | +46<br>0 | +72<br>0 | +115<br>0 | +290<br>0 | +13<br>-33 | -14<br>-60 | -33<br>-79 | -105<br>-151 | -219<br>-265 |
| 200 | 225 | +550<br>+260 | +285<br>+170 | +122<br>+50 | +61<br>+15 | +46<br>0 | +72<br>0 | +115<br>0 | +290<br>0 | +13<br>-33 | -14<br>-60 | -33<br>-79 | -113<br>-159 | -241<br>-287 |
| 225 | 250 | +570<br>+280 | +285<br>+170 | +122<br>+50 | +61<br>+15 | +46<br>0 | +72<br>0 | +115<br>0 | +290<br>0 | +13<br>-33 | -14<br>-60 | -33<br>-79 | -123<br>-167 | -267<br>-313 |

**表 6-5　优先配合中轴的极限偏差表**

| 公称尺寸 /mm | | 公差带 | | | | | | | | | | | |
|---|---|---|---|---|---|---|---|---|---|---|---|---|---|
| | | c | d | f | g | h | | | | k | n | p | s | u |
| 大于 | 至 | 11 | 9 | 7 | 6 | 6 | 7 | 9 | 11 | 6 | 6 | 6 | 6 | 6 |
| — | 3 | −60<br>−120 | −20<br>−45 | −6<br>−16 | −2<br>−8 | 0<br>−6 | 0<br>−10 | 0<br>−25 | 0<br>−60 | +6<br>0 | +10<br>+4 | +12<br>+6 | +20<br>+14 | +24<br>+18 |
| 3 | 6 | −70<br>−145 | −30<br>−60 | −10<br>−22 | −4<br>−12 | 0<br>−8 | 0<br>−12 | 0<br>−30 | —<br>−75 | +9<br>+1 | +16<br>+8 | +20<br>+12 | +27<br>+19 | +31<br>+23 |
| 6 | 10 | −80<br>−170 | −40<br>−76 | −13<br>−28 | −5<br>−14 | 0<br>−9 | 0<br>−15 | 0<br>−36 | 0<br>−90 | +10<br>+1 | +19<br>+10 | +24<br>+15 | +32<br>+23 | +37<br>+28 |
| 10 | 14 | −95<br>−205 | −50<br>−93 | −16<br>−34 | −6<br>−17 | 0<br>−11 | 0<br>−18 | 0<br>−43 | 0<br>−110 | +12<br>+1 | +23<br>+12 | +29<br>+18 | +39<br>+28 | +44<br>+33 |
| 14 | 18 | | | | | | | | | | | | | |
| 18 | 24 | −110<br>−240 | −65<br>−117 | −20<br>−41 | −7<br>−20 | 0<br>−13 | 0<br>−21 | 0<br>−52 | 0<br>−130 | +15<br>+2 | +28<br>+15 | +35<br>+22 | +48<br>+35 | +54<br>+41 |
| 24 | 30 | | | | | | | | | | | | | +61<br>+48 |
| 30 | 40 | −120<br>−280 | −80<br>−142 | −25<br>−50 | −9<br>−25 | 0<br>−16 | 0<br>−25 | 0<br>−62 | 0<br>−160 | +18<br>+2 | +33<br>+17 | +42<br>+26 | +59<br>+43 | +76<br>+60 |
| 40 | 50 | −130<br>−290 | | | | | | | | | | | | +86<br>+70 |
| 50 | 65 | −140<br>−330 | −100<br>−174 | −30<br>−60 | −10<br>−29 | 0<br>−19 | 0<br>−30 | 0<br>−74 | 0<br>−190 | +21<br>+2 | +39<br>+20 | +51<br>+32 | +72<br>+53 | +106<br>+87 |
| 65 | 80 | −150<br>−340 | | | | | | | | | | | +78<br>+59 | +121<br>+102 |
| 80 | 100 | −170<br>−390 | −120<br>−207 | −36<br>−71 | −12<br>−34 | 0<br>−22 | 0<br>−35 | 0<br>−87 | 0<br>−220 | +25<br>+3 | +45<br>+23 | +59<br>+37 | +93<br>+71 | +146<br>+124 |
| 100 | 120 | −180<br>−400 | | | | | | | | | | | +101<br>+79 | +166<br>+144 |
| 120 | 140 | −200<br>−450 | −145<br>−245 | −43<br>−83 | −14<br>−39 | 0<br>−25 | 0<br>−40 | 0<br>−100 | 0<br>−250 | +28<br>+3 | +52<br>+27 | +68<br>+43 | +117<br>+92 | +195<br>+170 |
| 140 | 160 | −210<br>−460 | | | | | | | | | | | +125<br>+100 | +215<br>+190 |
| 160 | 180 | −230<br>−480 | | | | | | | | | | | +133<br>+108 | +235<br>+210 |
| 180 | 200 | −240<br>−530 | −170<br>−285 | −50<br>−96 | −15<br>−44 | 0<br>−29 | 0<br>−46 | 0<br>−115 | 0<br>−290 | +33<br>+4 | +60<br>+31 | +79<br>+50 | +151<br>+122 | +265<br>+236 |
| 200 | 225 | −260<br>−550 | | | | | | | | | | | +159<br>+130 | +287<br>+258 |
| 225 | 250 | −280<br>−570 | | | | | | | | | | | +169<br>+140 | +313<br>+284 |

**5. 公差、配合在图样上的标注**

（1）在零件图上的标注　标注方法有三种形式：只注公差带代号，如图 6-28a 所示；只注极限偏差数值，如图 6-28b 所示；注出公差带代号及极限偏差数值，如图 6-28c 所示。

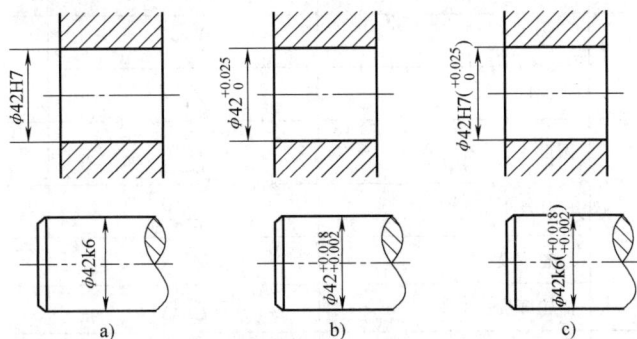

图 6-28　零件图中一般标注方法

（2）在装配图上的标注　一般是在基本尺寸右边标出配合代号。配合代号由孔和轴的公差带代号组成，用分式表示，如图 6-29 所示。

凡分子中含有 H 的为基孔制配合，分母中含有 h 的为基轴制配合。

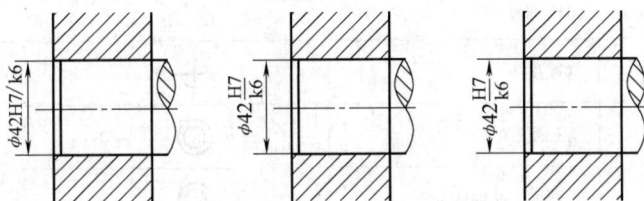

图 6-29　装配图中一般标注方法

## 6.3.3　几何公差

**1. 几何公差的作用**

零件在加工过程中，不仅会形成尺寸误差，还会形成形状、方向、位置等误差，如图 6-30 和图 6-31 所示。

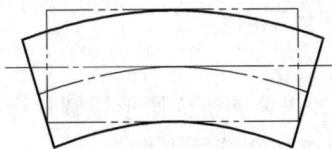

图 6-30　形状误差示意图　　　　图 6-31　位置误差示意图

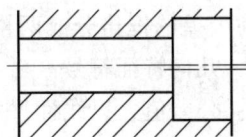

几何公差包括形状、方向、位置、跳动公差，就是指零件的实际形状和实际位置，相对于理想形状和理想位置的允许变动量。

**2. 几何公差的代号**

几何公差的代号包括几何公差有关项目的符号、几何公差的框格和指引线、几何公差的数值和其他有关符号、基准代号。

1）几何公差各项目的符号见表 6-6。

**表 6-6　几何公差的项目、符号**

| 公差类型 | 特征项目 | 符　号 | 有无基准要求 |
|---|---|---|---|
| 形状公差 | 直线度 | —— | 无 |
| | 平面度 | ▱ | 无 |
| | 圆度 | ○ | 无 |
| | 圆柱度 | ⌭ | 无 |
| | 线轮廓度 | ⌒ | 无 |
| | 面轮廓度 | ⌓ | 无 |
| 方向公差 | 平行度 | // | 有 |
| | 垂直度 | ⊥ | 有 |
| | 倾斜度 | ∠ | 有 |
| | 线轮廓度 | ⌒ | 有 |
| | 面轮廓度 | ⌓ | 有 |
| 位置公差 | 位置度 | ⊕ | 有或无 |
| | 同心度（对中心点） | ◎ | 有 |
| | 同轴度（对轴线） | ◎ | 有 |
| | 对称度 | ═ | 有 |
| | 线轮廓度 | ⌒ | 有 |
| | 面轮廓度 | ⌓ | 有 |
| 跳动公差 | 圆跳动 | ↗ | 有 |
| | 全跳动 | ⌰ | 有 |

2）几何公差的框格分成两格或多格，自左至右写以下内容：

第一格：几何特征符号。

第二格：公差值，以线性尺寸单位表示的量值。如果公差带为圆形或圆柱形，公差值前应加注符号 "$\phi$"；如果公差带为圆球形，公差带值前应加注符号 "$S\phi$"。

第三格和以后各格：基准，用一个字母表示单个基准或用几个字母表示基准体系或公共基准，如图 6-32a 所示。

以单个要素作基准时，用一个大写字母表示，如图 6-32b 所示。以两个要素建立公共基准时，用中间加连字符的两个大写字母表示，如图 6-32c 所示。以两个或三个基准建立基准体系（即采用多基准）时，表示基准的大写字母按基准的优先顺序自左至右填写在各框格内，如图 6-32d、e 所示。

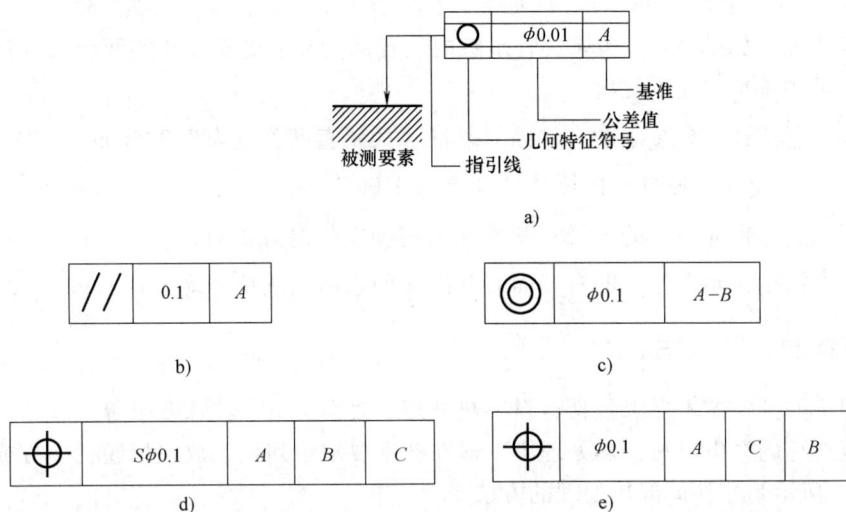

图 6-32 几何公差标注代号

3）基准符号，与被测要素相关的基准用一个大写字母表示。字母标注在基准方格内，与一个涂黑的或空白的三角形相连接以表示基准；表示基准的字母还应标注在公差框格内。涂黑的和空白的基准三角形含义相同，如图 6-33 所示。

**3. 几何公差的标注与识读示例**

图 6-34 所示为一气门阀杆。

几何公差标注时应注意，当公差涉及轮廓线或轮廓面时，箭头

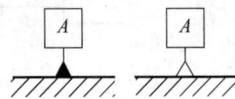

图 6-33 基准符号

指向该要素的轮廓线或其延长线，并应与尺寸线明显错开，如杆身 $\phi16$ 的圆柱度注法。箭头也可以指向引出线的水平线，引出线引自被测面。当公差涉及要素的中心线、中心面或中心点时，箭头应位于相应尺寸线的延长线上，如 M8 × 1 轴线的同轴度注法。

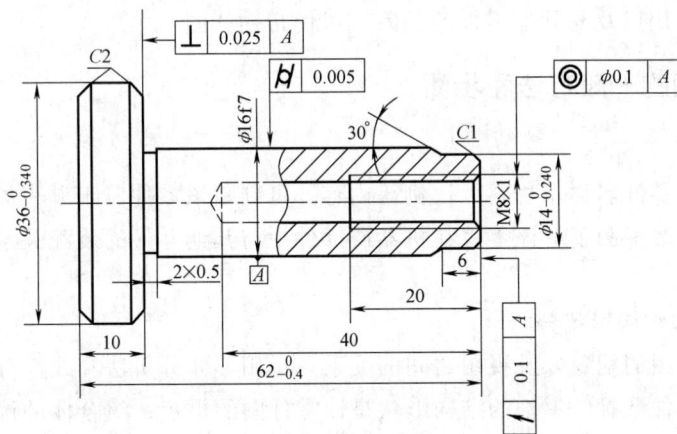

图 6-34 几何公差标注示例

带基准字母的基准三角形标注时应注意，当基准要素是轮廓面时，基准三角形放置在要素的轮廓线或其延长线上（与尺寸线明显错开）；基准三角形也可放置在该轮廓面引出线的

水平线上。当基准是尺寸要素确定的轴线、中心平面或中心点时，基准三角形应放置在该尺寸线的延长线上，如基准 A。如果没有足够的位置标注基准要素尺寸的两个尺寸箭头，则其中一个箭头可用基准三角形代替。

$\boxed{\perp\ |\ 0.025\ |\ A}$ 表示 $\phi36\,{}^{0}_{-0.340}$ 的右端面对基准 A 的垂直度公差为 0.025mm。

$\boxed{H\ |\ 0.005}$ 表示 $\phi16f7$ 圆柱面的圆柱度公差为 0.005mm。

$\boxed{\odot\ |\ \phi0.1\ |\ A}$ 表示 M8 × 1 的轴线对基准 A 的同轴度公差为 0.1mm。

$\boxed{/\ |\ 0.1\ |\ A}$ 表示 $\phi14\,{}^{0}_{-0.240}$ 的右端面对基准 A 的端面圆跳动公差为 0.1mm。

### 6.3.4　材料及文字说明

零件图上的其他技术要求包括材料、热处理、表面镀涂、特殊要求等。

材料应在标题栏中填写，热处理等一般在技术要求中列出，放在标题栏上方或左边。图 6-35 所示为零件局部热处理的方法。

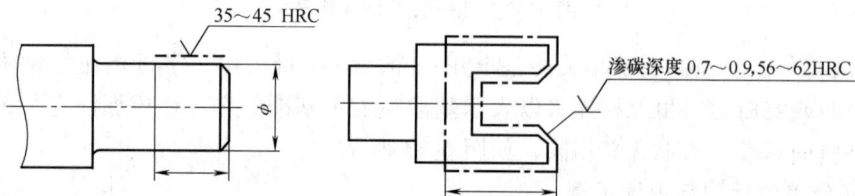

图 6-35　零件局部热处理的方法

## 6.4　读零件图

零件图是表达设计思想和加工制造、检验零件的依据。阅读零件图的目的就是根据零件图想象零件的结构形状、了解零件的尺寸和技术要求。阅读零件图时，应联系零件在机器或部件中的位置、作用以及与其他零件的关系，以便帮助读图。

### 6.4.1　读零件图的一般方法和步骤

**1. 概括了解**

看标题栏了解零件名称、材料、比例等内容。可判断该零件属于哪一类零件，零件的实际大小，然后对照装配图了解该零件在机器或部件中与其他零件的装配关系等，从而对零件有初步的了解。

**2. 视图表达和结构形状分析**

分析零件各视图的配置以及视图之间的关系。运用形体分析法和线面分析法读懂零件各部分结构，想象零件形状。零件的结构形状是读零件图的重点，组合体的读图方法，仍适用于读零件图。读图的一般顺序是先整体、后局部，先主体结构、后局部结构，先读懂简单部分，再分析复杂部分，以解决难点。

**3. 尺寸和技术要求分析**

分析零件的长、宽、高三个方向的尺寸基准，从基准出发查找各部分的定形和定位尺寸。分析尺寸的加工精度要求及其作用，必要时还要联系与该零件有关的零件一起分析，以便深入理解尺寸之间的关系以及所标注的尺寸公差、几何公差、表面结构等技术要求的设计意图。

### 6.4.2　读齿轮轴零件图

**1. 读标题栏**

从标题栏可知，该零件叫齿轮轴，如图 6-36 所示。齿轮轴是用来传递动力和运动的，其材料为 45 钢，属于轴类零件。最大直径 60mm，总长 228mm，属于较小的零件。

**2. 根据表达方案，想象出底座的结构和形状**

分析表达方案和形体结构，表达方案由主视图和移出断面图组成，轮齿部分作了局部剖。主视图（结合尺寸）已将齿轮轴的主要结构表达清楚了，由几段不同直径的回转体组成，最大圆柱上制有轮齿，最右端圆柱上有一键槽，零件两端及轮齿两端有倒角，C、D 两端面处有砂轮越程槽。移出断面图用于表达键槽深度和进行有关标注。

**3. 分析尺寸和技术要求**

分析零件图上的尺寸，首先要找出三个方向的尺寸基准，然后从基准出发，按形体分析法，找出各组成部分的定形尺寸、定位尺寸及总体尺寸。分析技术要求时，关键是弄清楚哪些部位的要求比较高，以便考虑在加工时采取相应措施予以保证。

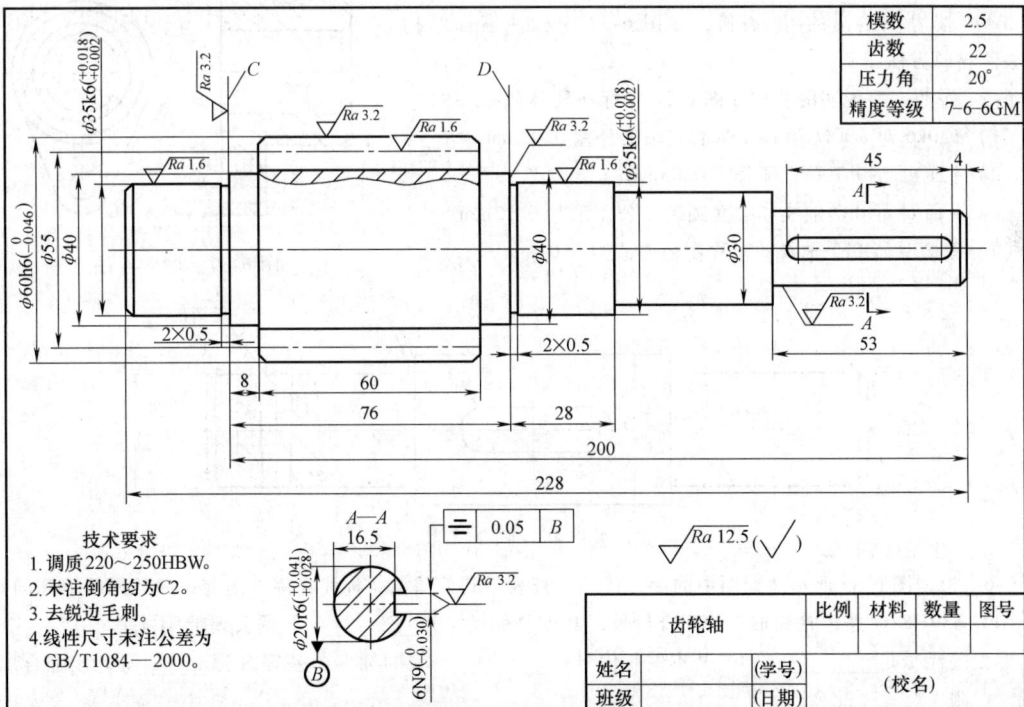

图 6-36　齿轮轴零件图

（1）分析尺寸　齿轮轴中两 φ35k6 轴段及 φ20r6 轴段用来安装滚动轴承及联轴器，径向尺寸的基准为齿轮轴的轴线。端面 C 用于安装挡油环及轴向定位，所以端面 C 为长度方向的主要尺寸基准，注出了尺寸 2、8、76 等。端面 D 为长度方向的第一辅助尺寸基准，注出了尺寸 2、28。齿轮轴的右端面为长度方向尺寸的另一辅助基准，注出了尺寸 4、53 等。键槽长度 45、齿轮宽度 60 等为轴向的重要尺寸，已直接注出。

（2）分析技术要求　两个 $\phi35$ 及 $\phi20$ 的轴颈处有配合要求，尺寸精度较高，均为 6 级公差，相应的表面结构要求也较高，分别为 $Ra1.6\mu m$ 和 $Ra3.2\mu m$。对键槽提出了对称度要求。对热处理、倒角、未注尺寸公差等提出了四项文字说明要求。

**4. 综合归纳**

通过以上几方面的分析，将获得的全部信息和资料在头脑里进行一次综合、归纳，即可得到对该零件的全面了解和认识。

通过上述看图分析，对齿轮轴的作用、结构形状、尺寸大小、主要加工方法及加工中的主要技术指标要求，就有了较清楚的认识。综合起来，即可得出齿轮轴的总体印象。

# 复习思考题

6-1　一张完整的零件图应包括：_____、_____、_____和_____。

6-2　根据使用要求的不同，孔和轴之间的配合有松有紧，因而国家标准规定配合分为三种，即_____、_____和_____。

| 表面 | A | B | C | D | 其余 |
|------|-----|------|-----|-----|------|
| Ra/μm | 6.3 | 12.5 | 3.2 | 6.3 | 25 |

6-3　国家标准根据生产的需要，根据以孔或轴作为基准件，规定了两种配合制度，即_____和_____。

6-4　按表中给出的 $Ra$ 数值，在图 6-37 中标注表面结构（按去除材料方法得到）。

6-5　按照文字说明的要求在图 6-38 中标注几何公差。

（1）$\phi30k6$ 对 $\phi30f7$ 和 $\phi40h7$ 的同轴度公差 0.02mm。

（2）$A$ 面对 $\phi40h7$ 垂直度公差 0.05mm。

（3）$B$ 面对 $\phi40h7$ 轴线和端面圆跳动公差值为 0.12mm。

（4）键槽对 $\phi40h7$ 轴线的对称度公差值为 0.01mm。

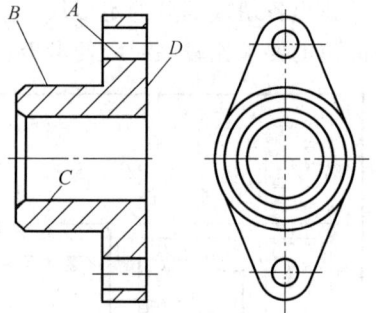

图 6-37　题 6-4 图

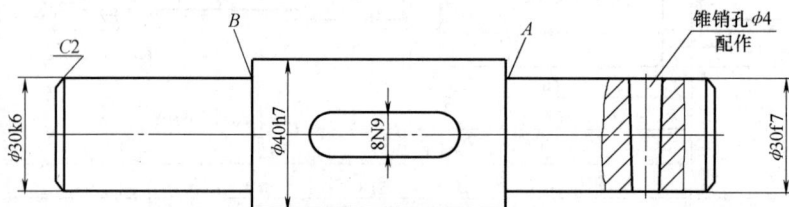

图 6-38　题 6-5 图

6-6　根据图 6-39 所示装配图中的配合代号，查表得到偏差值，标注在零件图上，并且回答下列问题。

（1）$\phi39H8/f7$ 是齿轮和轴套的配合代号，其中公称尺寸为_____，孔的公差带代号是_____，孔的基本偏差代号是_____；轴的基本偏差代号是_____，轴的标准公差等级为_____，该配合属于_____制_____配合。

（2）$\phi19H7/k6$ 是轴和轴套的配合代号，其中公称尺寸为_____，孔的公差带代号是_____，孔的基本偏差代号是_____；轴的基本偏差代号是_____，轴的标准公差等级为_____，该配合属于_____制_____配合。

6-7　读图 6-40 所示零件图，并回答下列问题。

（1）指出轴向与径向主要尺寸基准。

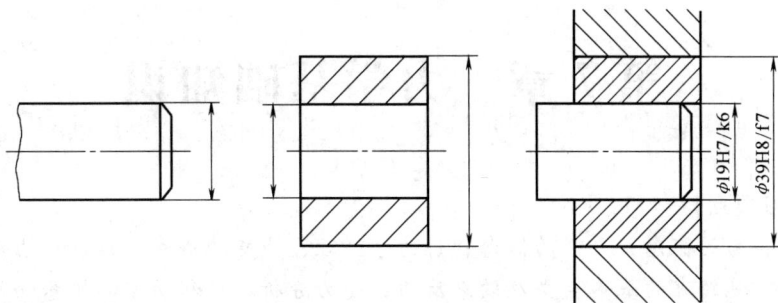

图 6-39　题 6-6 图

（2）图中标有①的部位，两条虚线间的距离为_____，图中标有②的直径为_____。

（3）图中标有③的线框，其定形尺寸为_____，定位尺寸为_____。

（4）局部放大图中④所指位置的表面结构为_____。

（5）图中标有⑤的曲线是由_____与_____相交而形成的_____线。

（6）最左端和最右端的表面结构分别为_____。

（7）外圆柱面 $\phi(132 \pm 0.2)$ mm 最大可加工成_____，最小_____，公差为_____。

（8）补画 $B$ 向局部视图。

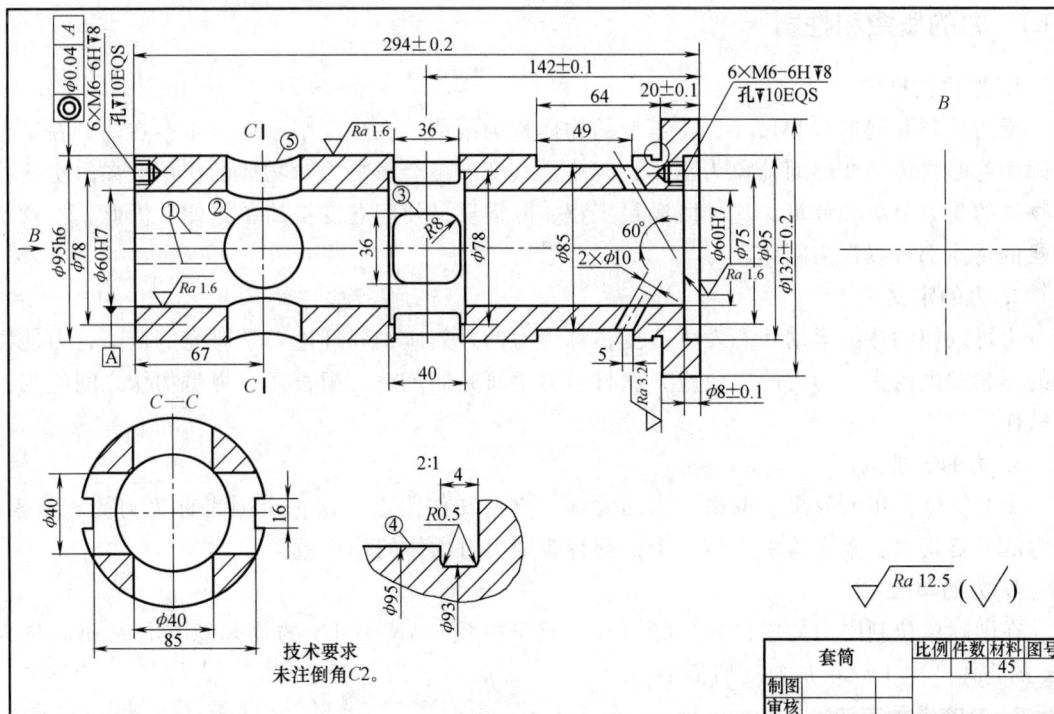

图 6-40　题 6-7 图

# 第7章　力学基础知识

**【本章学习要点】**

主要内容：力的概念；平衡的概念；静力学公理；力矩的概念和计算；力偶的概念；力的平移定理；常见约束的基本类型及约束反力、受力分析；功和功率的概念和计算。

学习目的与要求：通过本章学习，为从事城市轨道交通等专业技术人员解决在工程实际运用中常见的受力分析、电动机和发动机牵引功率的分析和计算等力学问题提供必要的理论基础和分析计算方法。

学习重点：掌握物体受力分析的方法及受力图的画法、电动机和发动机牵引功率的计算，初步建立基本的力学素养。

## 7.1　力和平衡的概念

### 7.1.1　力的概念和性质

**1. 刚体的概念**

受力后其几何形状和尺寸保持不变的物体称为刚体。在现实中刚体是不存在的，在工程实际中忽略物体的变形而抽象为刚体；忽略这些变形不会影响力对物体的作用效果，也简化了物体的受力分析和计算，这样既满足工程实际需要又使问题变得简单方便。因此，本章所涉及的物体都可以视为刚体。

**2. 力的定义**

力可以使物体的运动状态发生改变，称为力的外效应，属理论力学研究的范畴；力使物体的形状发生改变，为力的内效应，属材料力学研究的范畴。简言之，力是物体之间的相互机械作用。

**3. 力的三要素**

力对物体作用的效果，取决于力的大小、方向和作用点。这三个因素称为力的三要素。在力的三要素中，改变其中任何一个，都将改变力对物体的作用效果。

**4. 力的单位**

在国际单位制中力的单位为牛顿（N）或千牛顿（kN）。1N 的物理意义是：使质量为 1kg 的物体产生 $1m/s^2$ 加速度所需的力。

**5. 力的表示方法**

力是一个既有大小又有方向的矢量。一般有两种表示方法：

1）用加粗的字母"$F$"表示（表示力的大小时用不加粗的字母"$F$"表示，如 $F = 100N$）。

2）用一条带有箭头的线段来表示，如图 7-1 所示。线段的起点或终点表示力的作用点，按一定比例绘制的线段长度代表力的大小，线段所在的作用线位置表示力的方位，箭头的指向表示力的指向。即带有箭头的线段就可以表示力的三要素。

**6. 力的分类**

按物体间相互作用的接触面分为集中力和分布力两种。

（1）集中力　力作用的面积很小或与受力物体的面积相比很小，可以忽略力的作用面积抽象为一个点，认为力集中作用于这一点，如推力、拉力等。

（2）分布力（载荷）　力作用的面积很大或与受力物体的面积相比不能忽略，而是在一定范围内连续分布于物体上的。如风对墙面的作用力、水对船壳的作用力等。其大小用载荷集度 $q$（表示载荷在单位作用长度上的大小）来表示。若力在一定范围内连续均匀分布于物体上，则称之为均布载荷，即 $q$ = 常数。载荷集度的单位是 N/m 或 kN/m。图 7-2 所示为沿梁轴线均匀、连续分布的载荷，在进行受力分析计算时常将均布载荷简化为一个集中力 $F$，其大小为 $F = ql$（$l$ 为载荷作用的长度），作用线通过作用长度的中点。

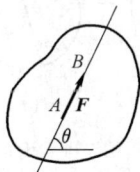

图 7-1　力的图示方法　　　　　　图 7-2　梁受均布载荷

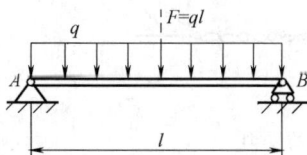

**7. 力系**

作用在物体上的多个力总称为力系。对同一物体产生相同效果的两个力系互称为等效力系，因此，等效力系之间可以相互替换。如果一个力系与单个力等效，则此单个力称为该力系的合力，而力系中的各力则称为合力的分力。

## 7.1.2　平衡的概念

**1. 物体的平衡状态**

物体相对于地面保持静止或做匀速直线运动。

**2. 平衡力系**

作用于物体上使之保持平衡状态的力系。平衡力系中的各个力对物体的作用效果相互抵消，因此，物体处于平衡状态。

**3. 平衡条件和平衡方程**

静力学研究物体的平衡问题，实际上就是研究作用于物体上力系的平衡条件，即：$F_R = 0$。平衡力系的合力为零，建立平衡条件的投影式和力矩式就得到了平衡方程，利用平衡条件或平衡方程就可以解决具体平衡问题。

## 7.1.3　静力学公理

**1. 二力平衡公理**

作用于刚体上的两个力，使刚体处于平衡状态的充分和必要条件是：这两个力的大小相等、方向相反、作用在同一直线上（简称等值、反向、共线）。

这个公理揭示了作用于刚体上的最简单力系在平衡时所必须满足的条件，它是静力学中最基本的平衡条件。对同一刚体而言，这个条件既是充分的又是必要的；但对于非刚体，这个条件是不充分的。如图 7-3 所示，软绳受两个等值、反向、共线的拉力作用可以平衡，而受两个等值、反向、共线的压力作用就不能平衡。因此，该公理只适用于同一刚体。在工程实际中，一般将满足二力平衡原理的物体称为二力构件或二力杆。

**2. 加减平衡力系公理**

在作用于刚体上的已知力系中，可以任意增加或减去一个平衡力系，所构成的新力系与原力系等效。

这是因为平衡力系对刚体的作用总效应等于零，因此，它不会改变刚体的原有状态。常被用来简化已知力系或推导某些静力学定理，是力系等效替换的重要理论依据。

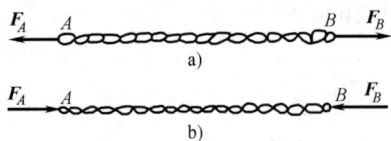

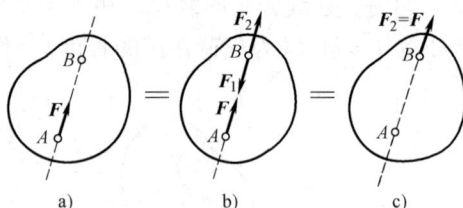

图 7-3　绳的受力　　　　　　　　　　　　图 7-4　力的可传性

推论：力的可传性原理　作用在刚体上任意点的力，可沿其作用线移动到刚体内任一点，而不改变该力对刚体的作用效果。

证明：如图 7-4 所示，在刚体的 $A$ 点上作用有力 $F$，现在作用线 $B$ 点上添加一对平衡力 $F_1$ 和 $F_2(F_1 = F_2 = F)$，则 $F_1$ 和 $F$ 也构成一对平衡力可以除去，这样就剩下力 $F_2(F_2 = F)$，因此，力 $F$ 就由 $A$ 点移动到了 $B$ 点。

例如，如图 7-5 所示，用小车运送物品时，不论在车后 $A$ 点用力 $F$ 推车，或是在车前同一直线上的 $B$ 点用力 $F$ 拉车，对于车的运动而言，其效果都是一样的。

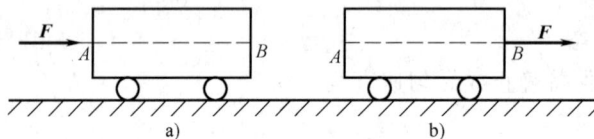

图 7-5　小车受力

由此可见，就力对于刚体的运动效果而言，力的作用点已不再是重要因素。力的大小、方向和作用线为力的三要素。

加减平衡力系公理和力的可传性原理，只适用于同一刚体，即只有在研究同一刚体的平衡或运动时才是正确的。

**3. 力的平行四边形公理**

作用在物体上同一点的两个力，可以合成为作用于该点的一个合力，合力的大小和方向由这两力为邻边所构成的平行四边形的对角线来表示，如图 7-6a 所示。此公理对应的是一个向量合成式

$$F_R = F_1 + F_2 \tag{7-1}$$

式中　$F_R$——合力，单位为 N 或 kN；

　　　$F_1$——分力，单位为 N 或 kN；

$F_2$——分力，单位为 N 或 kN。

力的平行四边形公理是研究力系简化问题的重要根据。其逆定理也成立，若不附加其他条件，一个力分解为相交的两个分力有无穷多个解。在工程问题中，一般将一个力沿两垂直方向分解为两个互相垂直的分力。力的平行四边形公理适用于所有物体求两汇交力的合力。

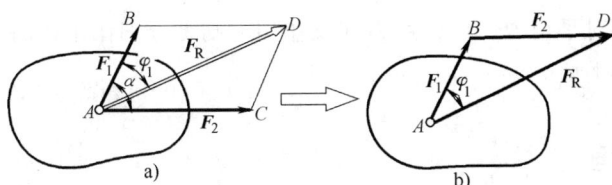

图 7-6　力的平行四边形公理和力的三角形法则

**推论 1：求两汇交力合力的三角形法则**　用平行四边形公理作图求两汇交力的合力可以得到，通常只需画出半个平行四边形（三角形），如图 7-6b 所示。因此，两汇交力的合力可以用以这两个力为边依次首尾相接所做出的力三角形的封闭边表示。

**推论 2：求平面汇交力系合力的力多边形法则**　如图 7-7 所示，多次应用力的三角形法则最终作出平面汇交力系的合力。平面汇交力系的合力用以力系中的各个力为边依次首尾相接，所得到的力多边形封闭边表示。作力多边形时各个力的顺序可以任意。

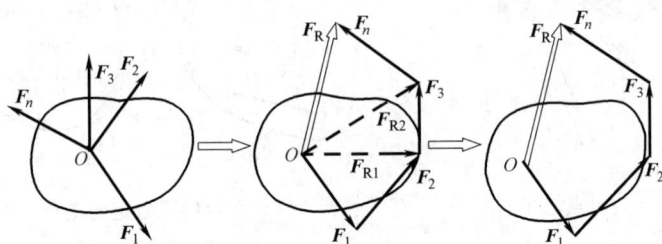

图 7-7　力的多边形法则

**推论 3：三力平衡汇交定理**　刚体受到同一平面内不平行的三个力作用而平衡时，这三个力的作用线必定交于同一点。

证明：如图 7-8 所示，应用力的可传性原理将力 $F_1$、$F_2$ 移到两力作用线的交点 $O$ 处，再应用力的平行四边形公理作出 $F_1$、$F_2$ 的合力 $F_R$，这样刚体可以看成在 $F_R$、$F_3$ 两个力作用下平衡，满足二力平衡公理，力 $F_3$ 就一定通过 $F_1$、$F_2$ 的交点 $O$。

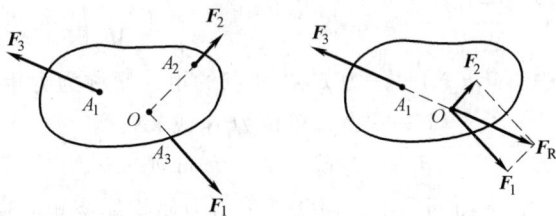

图 7-8　三力平衡汇交定理

三力平衡汇交定理只适用于刚体，常常应用它来确定第三个力作用线的方位。三力平衡汇交定理的逆定理不成立，即：交于一点的三个力不一定平衡。

**4. 作用与反作用公理**

两个物体间的作用力与反作用力总是大小相等、方向相反、作用在同一条直线上，但分别作用在两个不同的物体上。这个公理指出，力总是成对出现的，有一作用力必有一反作用力，这是分析物体之间相互作用力的一条重要规律。

作用力与反作用力，一般用同一字母表示。为了便于区别，在其中一个字母的右上角加一小撇"′"，如 $F$ 表示作用力，则 $F'$ 便表示反作用力。

力的作用与反作用公理无论对刚体或变形都是适用的。对二力平衡条件而言，两个力作用在同一刚体上是一对平衡力，而作用力和反作用力则是分别作用在两个不同的物体上，作用力和反作用力不能平衡。

## 7.2 力矩和力偶

### 7.2.1 力矩及计算

力除了能使物体移动外，还能使物体产生绕某一点的转动。力使物体绕某一点的转动效果，不仅与力的大小有关，还与力的作用线到这点的垂直距离有关。例如，用扳手拧螺母，如图 7-9 所示。将转动中心（见图 7-10 中的 $O$ 点）称为矩心，矩心到力 $F$ 作用线的垂直距离称为力臂，用符号 $d$ 表示。

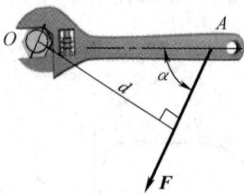

图 7-9　力对点之矩

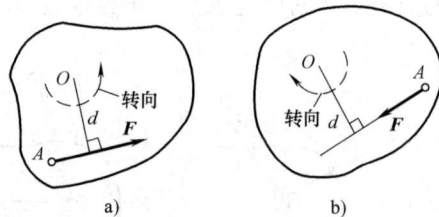

图 7-10　力矩的正负
a) 力矩为正　b) 力矩为负

力使物体的转动效果与力 $F$ 的大小有关，也与力臂的长短有关。力的大小与力臂长短的乘积，称为力矩。力矩衡量力 $F$ 使物体绕某点 $O$ 的转动效果，称为力 $F$ 对 $O$ 点的矩，简称为力矩，用 $M_O(F)$ 表示

$$M_O(F) = \pm Fd \tag{7-2}$$

式中　$M_O(F)$——力 $F$ 对 $O$ 点的矩，简称为力矩，单位为 N·m 或 kN·m；

　　　　$F$——力，单位为 N 或 kN；

　　　　$d$——力臂，单位为 m 或 mm。

在平面问题中，通常规定：力使物体绕矩心逆时针方向转动时力矩为正，反之为负，如图 7-10 所示。

由力矩的定义可知：

1）力沿其作用线移动作用点时不会改变力对已知点的矩（力的可传性原理）。

2）力的作用线若通过矩心，则力矩为零。反之，如果一个大小不为零的力，对某点的力矩为零，则这个力的作用线必过该点。

3）相互平衡的两力，对同一点力矩的代数和为零。

**例 7-1**　如图 7-11 所示，已知皮带紧边的拉力 $F_{T1} = 2000N$，松边的拉力 $F_{T2} = 1000N$，轮子的直径 $D = 500mm$。试分别求皮带两边拉力对轮心 $O$ 的矩。

**解**　由于皮带拉力沿着轮缘的切线，所以轮的半径就是拉力对轮心 $O$ 的力臂，即

$d = D/2 = 250mm = 0.25m$，于是有

$$M_O(F_{T1}) = F_{T1}d = 2000N \times 0.25m = 500N \cdot m$$

$$M_O(F_{T2}) = -F_{T2}d = -1000N \times 0.25m = -250N \cdot m$$

拉力 $F_{T1}$ 使轮逆时针转动，故其力矩为正；$F_{T2}$ 使轮顺时针转动，故其力矩为负。

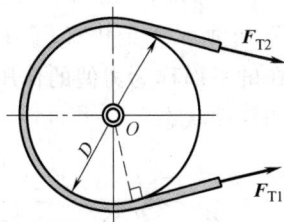

图 7-11　带轮的受力

### 7.2.2　合力矩定理

在有些计算力矩的实际问题中，力臂不易求出，用力矩的定义来求力矩比较麻烦。这时可以将这个力分解成两个力臂容易求出的分力，再由这两个分力的力矩来计算合力的矩。分力力矩与合力力矩间的关系由合力矩定理给出。

**合力矩定理**　平面汇交力系的合力对平面上任一点之矩，等于所有分力对同一点力矩的代数和。即

$$M_O(F_R) = M_O(F_1) + M_O(F_2) + \cdots + M_O(F_n) = \sum M_O(F_i) \tag{7-3}$$

式中　$M_O(F_R)$——合力对 $O$ 点之矩，单位为 $N \cdot m$ 或 $kN \cdot m$；

$\sum M_O(F_i)$——力系中各分力对 $O$ 点矩的代数和，单位为 $N \cdot m$ 或 $kN \cdot m$。

合力矩定理是一个普遍定理，对于有合力的其他力系，合力矩定理仍然适用。

**例 7-2**　如图 7-12 所示，在 $ABO$ 直角弯杆上 $A$ 点作用一力 $F$，已知 $a = 180mm$，$b = 400mm$，$\alpha = 60°$，$F = 100N$。求力 $F$ 对 $O$ 点之矩。

**解**　$M_O(F) = -Fd$

因为力臂 $d$ 值不便计算，可将力 $F$ 分解为 $F_x$ 和 $F_y$ 两个分力，应用合力矩定理则可以较方便地计算出结果：

$$M_O(F) = M_O(F_x) + M_O(F_y)$$

$$F_x = F\cos\alpha = 100N \times \cos60° = 50N$$

$$F_y = F\sin\alpha = 100N \times \sin60° = 86.6N$$

$$M_O(F_x) = F_x a = 50N \times 0.18m = 9N \cdot m$$

$$M_O(F_y) = -F_y b = -86.6N \times 0.4m = -34.6N \cdot m$$

图 7-12　直角弯杆受力

所以　$M_O(F) = M_O(F_x) + M_O(F_y) = 9N \cdot m + (-34.6N \cdot m) = -25.6N \cdot m$

负号表示力 $F$ 使 $ABD$ 杆绕 $O$ 点顺时针转动。

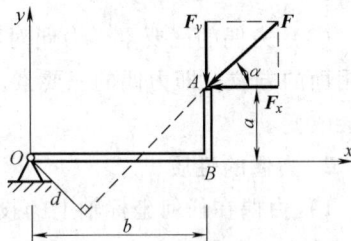

### 7.2.3　力偶及其性质

**1. 力偶的概念**

在日常生活和生产实践中，我们还经常遇到同时施加两个大小相等、方向相反、作用线平行且不重合的力来使物体转动。例如，用双手转动汽车的转向盘、用丝锥攻螺纹、用手开

龙头、用钥匙开锁等，如图 7-13 所示。

（1）力偶　由两个大小相等、方向相反、不重合的平行力组成的力系，称为力偶，如图 7-14 所示，记作（$\boldsymbol{F}$，$\boldsymbol{F}'$）。力偶中两力作用线之间的距离称为力偶臂，用 $d$ 表示。力偶所在的平面称为力偶的作用面，实践证明，力偶只对物体产生纯转动效果，因此，只改变物体的转动状态。

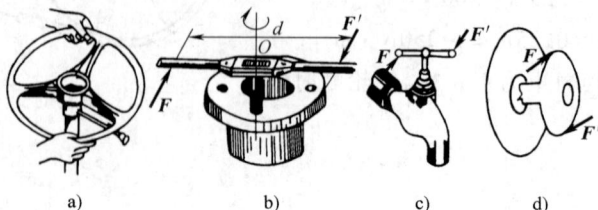

图 7-13　力偶的实例　　　　　　图 7-14　力偶

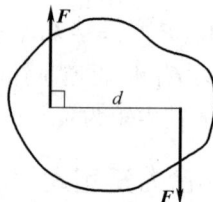

（2）力偶矩　实践证明，力偶对物体产生转动的效果，不但与力偶中力的大小有关，还与力偶臂的长短有关。因此，在同一平面内可以用力与力偶臂的乘积加上区分力偶不同转向的正负号，即力偶矩来度量力偶的作用效果，记作 $M(\boldsymbol{F}, \boldsymbol{F}')$，简记为 $M$

$$M(\boldsymbol{F}, \boldsymbol{F}') = \pm Fd \quad 或 \quad M = \pm Fd \tag{7-4}$$

式中　$M(\boldsymbol{F}, \boldsymbol{F}')$ 或 $M$——力偶矩，单位为 N·m 或 kN·m；

　　　　$F$——力，单位为 N 或 kN；

　　　　$d$——力偶臂，单位为 m 或 mm。

通常规定：在同一平面内，逆时针方向转动的力偶矩为正，顺时针方向转动的力偶矩为负。

（3）力偶的三要素　力偶对物体的转动效果取决于力偶矩的大小、力偶的转向和力偶作用面的方位，即力偶的三要素。三要素中的任何一个发生了改变，力偶对物体的转动效果就会改变。

**2. 力偶的性质**

1）力偶在任何坐标轴上的投影为零。

推论：力偶无合力，故力偶不能与一个力等效或平衡。

既然力偶在任何坐标轴上的投影为零，那么力偶的合力就为零，一个力偶就不能与一个力等效，也不可能与一个力平衡，力偶只能用力偶来平衡。因此力偶对物体只产生转动效果，不产生移动效果，即力偶只能改变物体的转动状态。力和力偶是构成力系的两种基本元素。

2）力偶对其作用面内任意点的力矩恒等于此力偶的力偶矩，而与矩心的位置无关。

如图 7-15 所示，力偶由 $\boldsymbol{F}$ 和 $\boldsymbol{F}'$ 组成，力偶对同平面内任一点 $O$ 的矩，根据力矩的定义有

$$M_O(\boldsymbol{F}, \boldsymbol{F}') = M_O(\boldsymbol{F}) + M_O(\boldsymbol{F}') = F(d+x) - F'x = F(d+x-x) = Fd = M(\boldsymbol{F}, \boldsymbol{F}')$$

3）力偶的等效条件：如果两个力偶三要素相同，则这两个力偶的作用效果相同。

**推论 1**：力偶可以在其作用面内任意移动和转动，还可以在刚体内移动到与原作用面平行的平面内，而不改变对刚体的作用效果。

**推论 2**：只要保持力偶矩的大小和转向不变，在其作用面内可以同时改变力偶中力的大

小和力偶臂的长短，而不改变力偶对刚体的转动效果。

力偶对物体的转动效果完全取决于力偶的三要素。因此，表示平面力偶时，可以用一带箭头的弧线表示（弧线所在的平面表示力偶的作用面），并标出力偶矩的值即可。图 7-16 所示为力偶的几种等效表示方法。

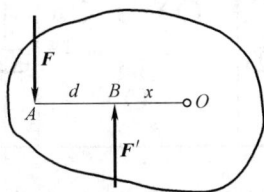

图 7-15　力偶对其作用面内任意点的力矩

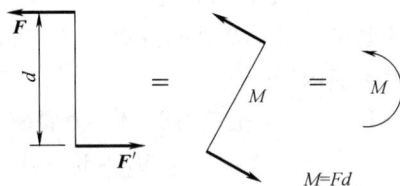

图 7-16　力偶的表示法

### 7.2.4　平面力偶系的合成与平衡

作用在同一平面内的两个或两个以上力偶组成的力系，称为**平面力偶系**。

**1. 平面力偶系的合成**

设在同平面内有 $n$ 个力偶 $M(F_1, F_1')$、$M(F_2, F_2')$、$\cdots$、$M(F_n, F_n')$，它们的力偶臂分别为 $d_1$、$d_2$、$\cdots$、$d_n$，如图 7-17a 所示，则它们的力偶矩分别为

$$M_1 = F_1 d_1, \ M_2 = -F_2 d_2, \ \cdots, \ M_n = F_n d_n$$

应用力偶等效条件推论 1 和推论 2，在力偶作用面内任取一线段 $AB = d$，在力偶矩不变的条件下，同时改变这些力偶中力的大小和力偶臂的长度，使它们具有相同的力偶臂 $d$，并将它们在其作用面内转动和移动，使力的作用线重合，如图 7-17b 所示。于是得到与原力偶等效的新力偶，并有以下关系

$$M_1 = F_1 d_1 = F_3 d, \ M_2 = -F_2 d_2 = -F_4 d, \ \cdots, \ M_n = F_n d_n = F_m d$$

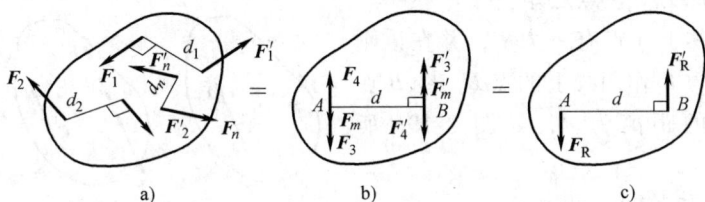

图 7-17　平面力偶系的合成

分别将作用在 $A$ 点的 $n$ 个力和 $B$ 点的 $n$ 个力进行合成，可得

$$F_R = F_3 - F_4 + \cdots + F_m$$

$$F_R' = F_3' - F_4' + \cdots + F_m'$$

$F_R$ 与 $F_R'$ 相等，于是构成了一个新的力偶 $M(F_R, F_R')$，如图 7-17c 所示。这就是原来 $n$ 个力偶的合力偶，以 $M$ 表示其力偶矩，得

$$M = F_R d = (F_3 - F_4 + \cdots + F_m) d = M_1 + M_2 + \cdots + M_n = \sum M_i \tag{7-5}$$

即：平面力偶系可以合成为一个合力偶，合力偶矩等于力偶系中各分力偶矩的代数和。

**2. 平面力偶系的平衡**

平面力偶系平衡的充分与必要条件是：所有各分力偶矩的代数和等于零，即

$$\sum M_i = 0 \tag{7-6}$$

这就是平面力偶系的平衡方程，应用该方程可以求解一个未知量。

**例7-3** 多头钻床在水平工件上钻孔如图7-18所示，设每个钻头作用于工件上的切削力在水平面上构成一个力偶。$M_1 = M_2 = 13.5\text{N} \cdot \text{m}$，$M_3 = 17\text{N} \cdot \text{m}$。求工件受到的合力偶矩。如果工件在 $A$、$B$ 两处用螺栓固定，$A$ 和 $B$ 之间的距离 $l = 0.2\text{m}$，试求两螺栓在工件平面内所受的力。

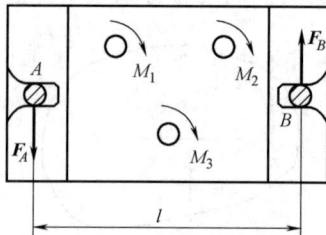

**解** （1）求三个主动力偶的合力偶矩

$$\begin{aligned} M &= \sum M_i = -M_1 - M_2 - M_3 \\ &= -13.5 - 13.5 - 17 = -44\text{N} \cdot \text{m} \end{aligned}$$

负号表示合力偶矩为顺时针方向。

（2）求两个螺栓所受的力

选工件为研究对象，工件受三个主动力偶作用和两个螺栓的反力作用而平衡，故两个螺栓的反力 $F_A$ 与 $F_B$ 必然组成一力偶，设其方向如图7-18所示，由平面力偶系的平衡条件，有

$$\sum M_i = 0$$

$$F_A l - M_1 - M_2 - M_3 = 0$$

解得

$$F_A = (M_1 + M_2 + M_3)/l = 220\text{N}$$

所以 $F_A = F_B = 220\text{N}$，方向如图7-18所示。

图 7-18　多头钻床钻孔

## 7.2.5　力的平移定理

**定理**　作用在刚体上某点的力 $\boldsymbol{F}$，可平行移动到刚体内任一点，但同时需附加一力偶，附加力偶矩等于原力对该点之矩。

**证明**　在刚体上 $A$ 点有一力 $\boldsymbol{F}$，并在该刚体上任取一不在力 $\boldsymbol{F}$ 作用线上的点 $B$。令 $B$ 点到力 $\boldsymbol{F}$ 作用线的距离为 $d$，如图7-19a所示，有

$$M_B(\boldsymbol{F}) = Fd$$

在 $B$ 点加一对等值、反向、共线的力 $\boldsymbol{F}'$ 和 $\boldsymbol{F}''$，使

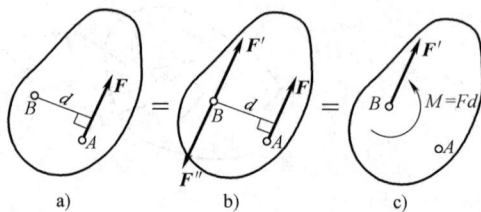

图 7-19　力的平移

$$\boldsymbol{F} = \boldsymbol{F}' = -\boldsymbol{F}''$$

由加减平衡力系原理，力系 $(\boldsymbol{F}, \boldsymbol{F}', \boldsymbol{F}'')$ 与力 $\boldsymbol{F}$ 等效（见图7-19a、b）。

力系 $(\boldsymbol{F}, \boldsymbol{F}', \boldsymbol{F}'')$ 可以看成一个作用在 $B$ 点的力 $\boldsymbol{F}'$ 和一个力偶 $M(\boldsymbol{F}, \boldsymbol{F}'')$。于是作用在 $A$ 点的力 $\boldsymbol{F}$，被一个作用在 $B$ 点的力 $\boldsymbol{F}'$ 和一个力偶 $M(\boldsymbol{F}, \boldsymbol{F}'')$ 等效代替，如图7-19c所示。也就是说，可以将作用在 $A$ 点的力 $\boldsymbol{F}$ 平行移动到 $B$ 点，但必须同时附加一个相应的力偶。附加力偶矩为

$$M = Fd = M_B(\boldsymbol{F})$$

证毕。

力的平移定理，可以理解为一个力分解为一个与其等值的平行力 $F'$ 和一个位于平移平面内的力偶 $M$。反之，也可以将位于同平面内的一个力 $F$ 和一个力偶 $M$，合成为一个合力 $F_R$。合力 $F_R$ 的大小和方向与力 $F$ 的大小和方向相同，作用线距力 $F$ 作用线的距离

$$d = \left| \frac{M}{F} \right|$$

合力 $F_R$ 作用线的具体位置由力 $F$ 的方向和力偶 $M$ 的转向确定。

力的平移定理常用在生产和生活实际中物体的受力分析。例如，用扳手和丝锥攻螺纹时，如果只用一只手在扳手的一端 $A$ 加力 $F$，由力的平移定理可知，等效于在转轴 $O$ 处加一个与 $F$ 等值平行的力 $F'$ 和一附加力偶 $M$，附加力偶矩的大小 $Fd = M_O(F)$（↺），如图 7-20 所示。附加力偶可以使丝锥转动，但力 $F'$ 却使丝锥弯曲，影响攻螺纹精度，甚至使丝锥折断，因此这样操作是不允许的，实际操作中必须双手在扳手的两端垂直施力。

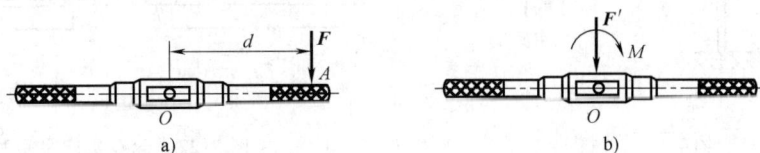

图 7-20　攻螺纹扳手单手施力受力分析

## 7.3　受力分析和受力图

### 7.3.1　约束与约束反力

**1. 约束**

在工程结构中，每一零件一般都根据工作要求以一定方式和周围其他零件联系，它的运动会因此而受到一定限制。例如，桥梁因受到桥墩的限制而不能向下运动；轨道车辆受到铁轨的限制，只能沿轨道行驶；电机转子受到轴承的限制，只能绕轴线转动等。

凡是限制物体运动的周围其他物体，称为该物体的约束。上面所述桥墩、铁轨、轴承分别是桥梁、轨道车辆、电机转子的约束。

**2. 约束反力**

约束既然限制物体的运动，它就必须承受该物体对它的作用力，根据作用与反作用定理，约束也对该物体产生反作用力。将约束对研究物体的反作用力称为约束反作用力，简称约束反力或约束力。

**3. 约束反力的方向**

既然约束是用来限制物体某些运动的，那么约束反力的方向必与该约束所能限制的运动方向相反。例如，当研究放在桌面上重力为 $G$ 的物体 $A$ 时，桌面便是物体 $A$ 的约束，桌面限制物体 $A$ 向下运动，必然给它一个向上的约束反力 $F_N$，如图 7-21 所示。

**4. 主动力**

主动力是使物体主动产生运动或运动趋势的力，如物体的重力、对物体的推力、拉力等，一般为已知力。

### 7.3.2 工程中常见的约束类型及其约束反力

#### 1. 柔索约束

柔软的绳索、皮带、链条等可变形物体构成的约束统称为柔索约束。其特点是只能承受拉力而不能抵抗其他方向的受力。所以柔索约束的约束反力一定是通过柔索与物体的连接点，沿着柔索中心线而背离物体的拉力，通常用符号 $F_T$ 表示。图 7-22a 所示为用钢绳悬挂一重物，重物的受力如图 7-22b 所示。

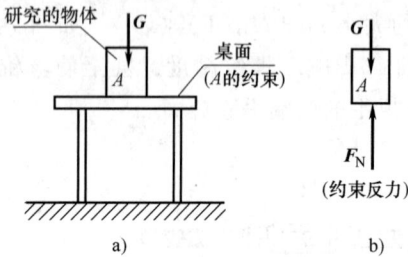

图 7-21 约束反力分析

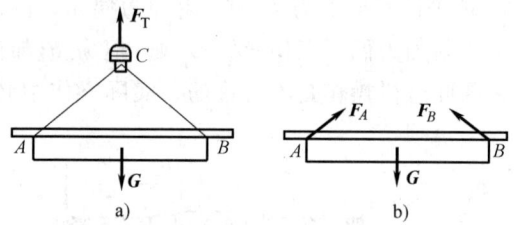

图 7-22 起重机起吊重物

#### 2. 光滑面约束

两物体相互接触，如果可以忽略接触面间的摩擦，这种约束称为光滑面约束。其特点是只能限制物体沿接触面公法线压入接触面的运动，而不限制被约束物体沿接触面的切线方向运动。要保证两物体相互接触，接触面间只能是压力，而不能是拉力。因此，光滑面约束的约束反力是过接触点，沿接触面的公法线，并指向受力物体的压力。这种约束反力也常称作法向反力，一般用符号 $F_N$ 表示，如图 7-23、图 7-24 所示。

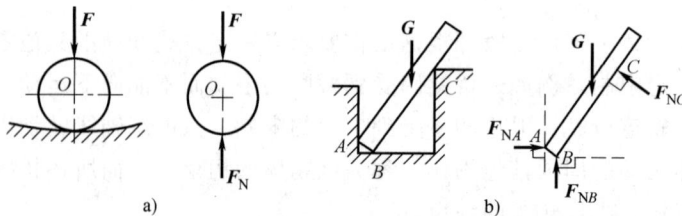

图 7-23 光滑面约束实例

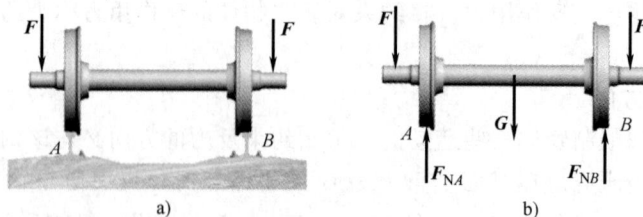

图 7-24 轨道车辆车轮受力

#### 3. 光滑圆柱形铰链约束

将两个带有圆孔的物体用一圆柱形销钉连接，并忽略连接处的摩擦，一般有以下三种形式。

（1）中间铰约束 将两个或更多构件在其连接处各钻一直径相同的孔，然后用一直径相同的圆柱形销钉将它们穿起来连接在一起。图 7-25a、b 即表示 A、B 两个构件用销钉 C 连接在一起。这种铰链应用比较广泛，如门、窗的合页，折叠式升降机及装载机铲臂等。中间铰约束常画成图 7-26 所示的简图。

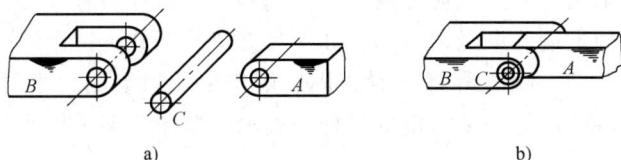

图 7-25 中间铰约束原型

如果销钉与圆孔的接触面是光滑的，其特点是销钉只能限制物体间在垂直于销钉轴线平面内的相对移动，而不能限制物体间绕销钉转动或沿其轴线方向移动。因此，铰链的约束反力作用在圆孔与销钉的某一接触点 K，通过销钉中心，作用线沿接触点处的公法线，如图 7-27a 所示的反力 $F_C$。由于接触点 K 的位置一般不能预先确定，因此 $F_C$ 的方向也不能预先确定。但知道 $F_C$ 一定通过销钉中心 C，在实际分析中，通常用过铰链中心的两个互相垂直的分力 $F_{Cx}$、$F_{Cy}$ 来代替 $F_C$，如图 7-27b 所示。

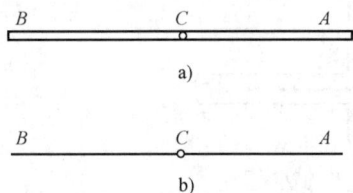

图 7-26 中间铰约束简图

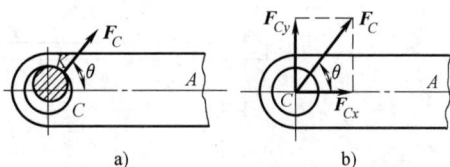

图 7-27 中间铰受力

（2）固定铰链支座约束 当中间铰约束中有一构件为固定件，其结构和简图分别如图 7-28a、b 所示。显然固定铰链支座约束是圆柱铰链的一种特殊情况，其特点是只能限制物体的移动，不能限制物体间的转动，故其约束反力的分析方法和确定原则与中间铰约束相同，约束反力为一个过销钉中心、方向未定的力，一般用两个正交分力 $F_{Ax}$、$F_{Ay}$ 表示，如图 7-28c 所示。

（3）活动铰链支座约束 将固定铰链支座中的固定支座下放几个圆柱形滚子，改为支座可以在滚子上沿支承面移动，其构造如图 7-29a 所示。在大型桥梁、屋架等结构中，为保证被支承构件在温度变化和载荷作用下能自由伸缩并绕支座转动，常常一端使用这种约束。

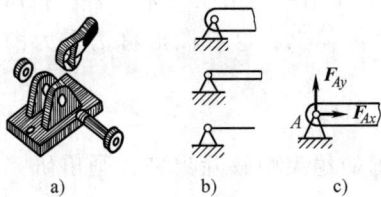

图 7-28 固定铰链支座约束

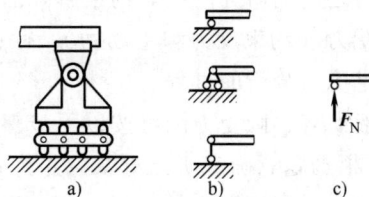

图 7-29 活动铰链支座约束

在力学计算中，常用图 7-29b 所示的简图来表示活动铰链支座约束。这种约束的特点是只限制过销钉中心垂直于支承面的运动。因此，其约束反力是一个过铰链中心垂直于支承面的力，常用符号 $F_N$ 表示，如图 7-29c 所示。

**4. 固定端约束**

如图 7-30 所示，夹紧在刀架上的车刀和楼房的阳台，都是固定不动的。其特点是对物体一端起固定作用，限制物体向任何方向的转动和移动，这种约束称为固定端约束或固定端支座。工程实际中，固定端约束经常可见，如卡盘夹持的工件、镗床的刀杆、埋入地基中的电杆、跳水运动中的跳台、跳板等都可看成固定端约束。固定端约束可用一简化的力学模型，即一端插入固定端面内另一端自由的直杆来表示，如图 7-31a 所示。

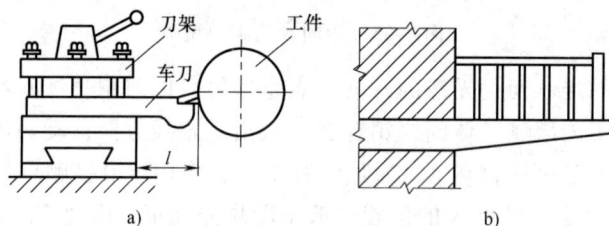

图 7-30　固定端约束实例

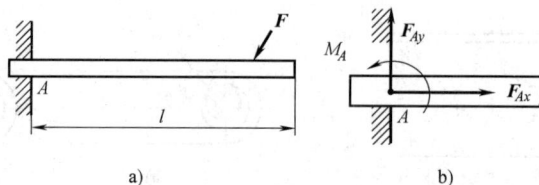

图 7-31　固定端约束受力

固定端约束的约束反力一般可简化为两个垂直的约束反力 $F_{Ax}$、$F_{Ay}$ 和一个约束反力偶 $M_A$，如图 7-31b 所示。其中 $F_{Ax}$、$F_{Ay}$ 限制物体的移动，$M_A$ 限制物体的转动。$F_{Ax}$、$F_{Ay}$ 的指向和 $M_A$ 的旋向可任意假定，是否正确可通过计算确定。

## 7.3.3　零件的受力图

在研究物体的力学问题时，为了便于分析、计算，还应将所研究物体的受力情况用图形表示出来。为此，必须将研究对象从与它相连的周围约束中"分离"出来，单独画出。这种从周围约束和受力中分离出来的研究对象，称为分离体。实际上，分离体就是解除了周围约束和力之后的研究对象。约束解除后，约束对物体的作用用约束反力来代替。将研究对象的全部受力（约束反力和主动力）无一遗漏地画在分离体上，这种图形称为受力图，这个过程就是受力分析的过程。

一般而言，画受力图可按以下步骤进行：

1）根据题意确定研究对象，并将研究对象从周围的约束中解除出来，画出研究对象的简单轮廓图（即取分离体）。

2）在分离体上画出研究对象的全部主动力。

　　3）分析分离体所受约束的类型，在分离体上的
解除约束处画出相应的约束反力。

　　4）检查。

　　**例 7-4**　圆球 $O$ 重力为 $G$，用 $BC$ 绳系住并悬挂
在与水平面成角 $\alpha$ 的光滑斜面上，如图 7-32a 所示。
试画球 $O$ 的受力图。

　　**解**　（1）取分离体　单独画出圆球 $O$。

　　（2）画球 $O$ 的主动力　圆球 $O$ 的主动力只有重
力 $G$。

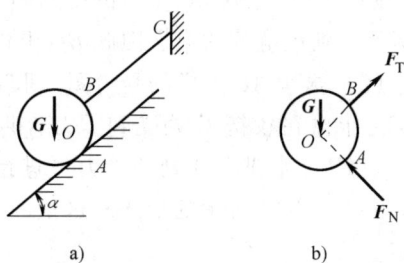

图 7-32　圆球

　　（3）画球 $O$ 的约束反力　圆球 $O$ 的约束有 $B$ 点的柔索约束和 $A$ 点的光滑接触面约束，
对应有两个约束反力。

　　球 $O$ 的受力图如图 7-32b 所示。

　　（4）检查　分离体上所画之力正确、齐全。

　　**例 7-5**　匀质杆 $AB$ 的重力为 $G$，$A$ 端为光滑的固定铰链支座，$B$ 端靠在光滑的墙面上，
在 $D$ 处受有与杆垂直的 $F$ 力作用，如图 7-33a
所示。画 $AB$ 杆的受力图。

　　**解**　（1）取分离体　单独画出 $AB$ 杆。

　　（2）画 $AB$ 杆的主动力　$AB$ 杆的主动力为
重力 $G$ 和载荷 $F$。

　　（3）画 $AB$ 杆的约束反力　$AB$ 杆的约束有
$B$ 点的光滑接触面约束和 $A$ 点的固定铰链约
束，对应有两个约束反力。由于 $A$ 点的反力方
向不能确定，故只能进行正交分解，方向可任
意假定。$AB$ 杆的受力如图 7-33b 所示。

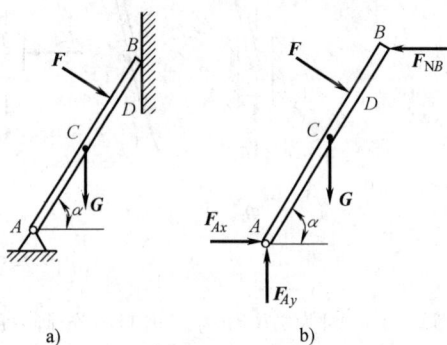

图 7-33　匀质斜杆

　　**例 7-6**　如图 7-34a 所示的三铰拱桥，由
左、右两个半拱铰接而成。设拱桥自重不计，在 $AC$ 半拱上作用有载荷 $F$，试分别画出 $AC$
和 $CB$ 半拱的受力图。

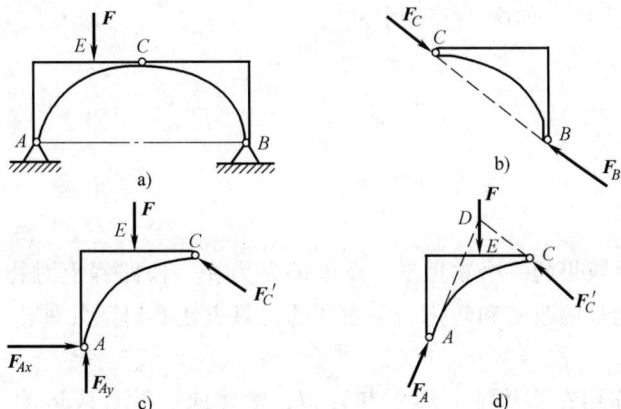

图 7-34　三铰拱桥

**解** （1）先画 $BC$ 半拱的受力图　取 $BC$ 半拱为分离体。由于 $BC$ 自重不计，且只在 $B$、$C$ 两处受到铰链的约束，因此 $BC$ 半拱为二力构件，其受力图如图 7-34b 所示。

（2）再画 $AC$ 半拱的受力图　取 $AC$ 半拱为分离体。由于自重不计，因此主动力只有载荷 $F$。半拱在铰链 $C$ 处受到 $BC$ 半拱给它的约束反力 $F_C'$ 的作用。根据作用与反作用定律，$F_C' = -F_C$。半拱在 $A$ 处的受力可进行正交分解，如图 7-34c 所示，也可按三力平衡汇交定理画成图 7-34d 所示的形式。这里的 $F$、$F_{Ax}$、$F_{Ay}$ 指向可随意假定，是否正确则需通过计算确定。

**例 7-7**　图 7-35a 所示为曲柄压力机简图，由轮 $I$、连杆 $AB$ 和冲头 $B$ 组成，$O$、$A$、$B$ 三处均可看做光滑铰链，如忽略摩擦和物体的自重，试画出图标位置轮 $I$、连杆 $AB$、冲头 $B$ 和整体受力图。

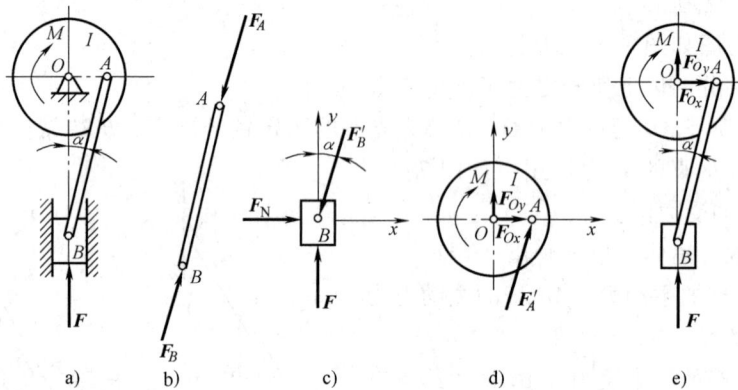

图 7-35　曲柄压力机

**解**　1）因为 $AB$ 杆为二力杆，先画 $AB$ 杆的受力图，如图 7-35b 所示。

2）然后画冲头 $B$ 的受力图，因为冲头 $B$ 可在竖直滑道中滑动，图标位置中只有左侧导轨对冲头 $B$ 产生光滑面约束，右侧导轨与冲头 $B$ 间让出了间隙，冲头 $B$ 的受力图如图 7-35c 所示。

3）再画轮 $I$ 的受力图，取出轮 $I$ 画主动力偶 $M$，按作用与反作用定律相应画出 $A$ 点的受力，再画出固定铰链支座 $O$ 处的约束反力，如图 7-35d 所示。

4）再画整体受力图，如图 7-35e 所示。

## 7.4　功和功率

### 7.4.1　功的概念

功是度量力作用效果的一个物理量。反映的是力在一段路程上对物体作用的累积效果，其结果是引起物体能量的改变和转化。一般功的计算方法有以下几种。

**1. 常力的功**

设有一常力 $F$ 作用在物体上，作用点为 $M$，物体向右做直线运动。在某段时间内，$M$ 点的位移 $s = \overrightarrow{M_1 M_2}$，如图 7-36 所示。则此常力 $F$ 在位移方向的投影 $F\cos\varphi$ 与位移大小 $s$ 的

乘积即为力 $F$ 在位移 $s$ 上所做的功，即

$$W = Fs\cos\varphi \tag{7-7}$$

式中　$W$——常力对物体所做的功，单位为 J；

　　　$F$——常力，单位为 N；

　　　$s$——力作用点的位移，单位为 m；

　　　$\varphi$——力 $F$ 与作用点位移 $s$ 之间的夹角，单位为 (°)。

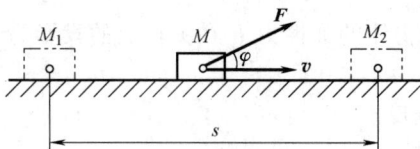

图 7-36　常力做功　　　　　　图 7-37　变力做功

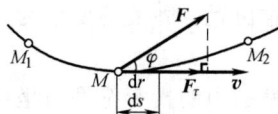

根据功的定义，功是代数量。由式 (7-7) 可知，当 $\varphi < 90°$、$\varphi > 90°$、$\varphi = 90°$ 时，功分别为正、负和零。

**2. 变力的功**

设变力 $F$ 作用在物体上，在某段时间内，力的作用点 $M$ 沿曲线轨迹从 $M_1$ 运动到 $M_2$，如图 7-37 所示。在整个过程中，变力 $F$ 沿曲线 $M_1 M_2$ 所做的功等于其切向分力的元（微）功 $\delta W = F_\tau \mathrm{d}s$ 沿路程的积分。即

$$W = \int_{M_1}^{M_2} \delta W = \int_{M_1}^{M_2} F_\tau \mathrm{d}s \tag{7-8}$$

**3. 合力的功**

若物体上同时有几个力作用，则合力在任一路程上所做的功等于各分力在同一路程上所做功的代数和，即

$$W = W_1 + W_2 + \cdots + W_n = \sum W_i \tag{7-9}$$

下面来推导一些常见力所做功的计算公式。

## 7.4.2　常见力的功

**1. 重力的功**

重力 $G$ 所做的功等于重力乘以物体重心的高度变化值 $h$，即

$$W = \pm Gh \tag{7-10}$$

式中　$W$——物体重力做的功，单位为 J；

　　　$G$——物体的重力，单位为 N；

　　　$h$——物体重心高度的变化值，单位为 m。

当物体重心下降时，重力做正功；当物体重心上升时，重力做负功。由此可见：重力的功只与物体的重量和其重心始末位置的高度差有关，而与物体在其间运动的轨迹无关。

**2. 弹性力的功**

设物体 $M$ 连接于弹簧的一端，如图 7-38 所示，弹簧原长为 $l_0$，当弹簧在弹性范围内工作时，它作用于物体上的弹性力 $F$ 的大小与弹簧的变形 $\delta$（伸长或缩短）成正比，即 $F = k\delta$；比例系数 $k$ 就是弹簧的刚度系数，其单位为牛顿/米（N/m）。弹性力 $F$ 的方位沿弹簧的

轴线，指向变形恢复的一方。

现计算物体由位置 $M_1$ 运动到位置 $M_2$ 的过程中，作用于物体上的弹性力所做的功。取弹簧在自然长度 $l_0$ 时物体 $M$ 的位置为坐标原点 $O$，使 $Ox$ 坐标轴与弹簧的中心线重合，在运动过程始末，弹簧分别有初变形 $\delta_1$ 和末变形 $\delta_2$。在运动

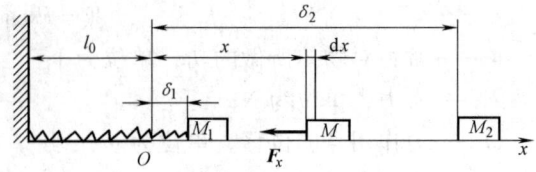

图 7-38　弹性力做功

过程中的任意位置，弹簧的变形为 $x$，作用于物体的弹性力 $\boldsymbol{F}$ 在 $x$ 轴上的投影为

$$F_x = -kx$$

式中，负号表示力的投影符号与坐标符号恒相反。

弹性力在 $dx$ 段微小位移上的元功为

$$\delta W = F_x dx = -kx dx$$

将上式积分，可得物体从位置 $M_1$ 到位置 $M_2$ 过程中弹性力所做的功为

$$W = -\int_{\delta_1}^{\delta_2} kx dx = -\frac{1}{2}k(\delta_2^2 - \delta_1^2) = \frac{1}{2}k(\delta_1^2 - \delta_2^2) \tag{7-11}$$

式中　$W$——弹性力做的功，单位为 J；

　　　$k$——弹簧的刚度系数，单位为 N/m；

　　　$\delta_1$——弹簧的初变形，单位为 m；

　　　$\delta_2$——弹簧的末变形，单位为 m。

式 (7-11) 表明，弹性力对质点所做的功只与起始位置和终止位置有关，而与路径无关，并等于起始位置和终止位置弹簧变形量的平方差与弹簧的刚度系数乘积的一半。由此可知，若变形减小，弹性力的功为正；反之则为负。

**3. 作用于转动刚体上的常力矩和常力偶的功**

（1）常力矩做的功

$$W = M_z \varphi \tag{7-12}$$

式中　$W$——常力矩做的功，单位为 J；

　　　$M_z$——常力矩，单位为 N·m；

　　　$\varphi$——刚体转过的角度，单位为 rad。

式 (7-12) 表明，作用于定轴转动刚体上常力矩的功，等于力矩与转角大小的乘积。当力矩与刚体转向一致时做正功，相反时做负功。

（2）常力偶做的功

$$W = M\varphi \tag{7-13}$$

式中　$W$——常力偶做的功，单位为 J；

　　　$M$——常力偶矩，单位为 N·m；

　　　$\varphi$——刚体转过的角度，单位为 rad。

当力偶矩与刚体转向一致时做正功，相反时做负功。

## 7.4.3　功率和效率

### 1. 功率

在实际工作中，常常需要计算力在单位时间内所做的功，即功率。对机器而言，功率是

表示机器工作能力的一个重要指标，通常用 $P$ 表示。

设力 $F$ 在 $\Delta t$ 时间内所做的功为 $\Delta W$，则在这段时间内的平均功率为

$$P^* = \frac{\Delta W}{\Delta t}$$

令 $\Delta t \to 0$，$P^*$ 的极限即为力在瞬时 $t$ 的瞬时功率（简称功率）。于是

$$P = \lim_{\Delta t \to 0} \frac{\Delta W}{\Delta t} = \frac{\delta W}{\mathrm{d}t} = \frac{F_\tau \mathrm{d}s}{\mathrm{d}t} = F_\tau v \tag{7-14}$$

式中　$P$——瞬时功率，单位为 W；

　　　$F_\tau$——力在作用点速度方向的投影，单位为 N；

　　　$v$——瞬时速度大小，单位为 m/s。

同样可以得到作用在定轴转动刚体上的力矩或力偶做功的功率为

$$P = \frac{\delta W}{\mathrm{d}t} = \frac{M_z \mathrm{d}\varphi}{\mathrm{d}t} = M_z \omega \tag{7-15}$$

式中　$P$——瞬时功率，单位为 W；

　　　$M_z$——力矩（或力偶矩），单位为 N·m；

　　　$\omega$——刚体的角速度，单位为 rad/s。

在国际单位制中，功率的单位名称为瓦特（符号为 W），即 $1\mathrm{W} = 1\mathrm{J/s}$。有时还常用 kW，$1\mathrm{kW} = 10^3 \mathrm{W}$。

由式（7-14）和式（7-15）可知，当机器的功率一定时，降低速度或转速，可增大力矩或转矩，用以克服阻力。这就是上坡时车辆减速以增加牵引力的道理。

若转速 $n$ 的单位用 r/min（转/分钟），功率 $P$ 的单位用 kW（千瓦），转矩（力矩或力偶矩）$M$ 的单位用 N·m（牛顿·米），则式（7-15）可写成

$$P = \frac{M\omega}{1000} = \frac{M}{1000} \frac{\pi n}{30} = \frac{Mn}{9549} \tag{7-16}$$

或

$$M = 9549 \frac{P}{n} \tag{7-17}$$

式中　$M$——机器的转矩，单位为 Nm；

　　　$P$——机器的功率，单位为 kW；

　　　$n$——机器的转速，单位为 r/min。

式（7-16）和式（7-17）就是计算电动机和发动机牵引功率或牵引力矩的常用公式。

**2. 机械效率**

任何机器在工作时，必须输入一定的功率，克服有用阻力与摩擦阻力所消耗的功率。用于克服有用阻力的功率称为有用功率，用于克服摩擦阻力的功率称为无用功率。当机器稳定运转时，其有用功率 $P_1$ 与输入功率 $P_0$ 之比称为机械效率，用 $\eta$ 表示，即

$$\eta = \frac{P_1}{P_0} \times 100\% \tag{7-18}$$

式中　$\eta$——机械效率，$\eta < 1$；

　　　$P_1$——有用功率（输出功率），单位为 W 或 kW；

$P_0$——总功率（输入功率），单位为 W 或 kW。

有用功率永远小于总功率，所以永远有 $\eta < 1$。$\eta$ 越接近于 1，则意味着机器的工作性能越好。因此，机械效率表明机器对输入功率的有效利用程度，它是评定机器质量好坏的指标之一。

当 $n$ 个机械相互串联工作时，各部分的功率和效率是不相同的，串联机组的总效率为

$$\eta = \eta_1 \eta_2 \cdots \eta_n \tag{7-19}$$

即总效率等于各部分机械效率的连乘积。

**例 7-8**  图 7-39 所示为一起重装置，已知吊起重物的重力 $G = 100\text{kN}$，上升速度 $v = 15\text{m/min}$，齿轮减速箱的机械效率为 $\eta_1 = 0.94$，滑轮组的机械效率为 $\eta_2 = 0.90$，试选择电动机的功率。

**解**  起重装置的输出功率为吊起重物的功率，输入功率为电机的输出功率，其效率取决于变速箱和滑轮装置的效率。

吊起重物所需的功率

$$P_1 = Gv = 100 \times 10^3 \text{N} \times 15\text{m/min}/60$$
$$= 25 \times 10^3 \text{W} = 25\text{kW}$$

图 7-39  起重装置

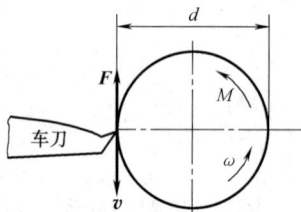

总效率为

$$\eta = \eta_1 \eta_2 = 0.94 \times 0.90 = 0.846$$

故电动机的功率为

$$P_0 = \frac{P_1}{\eta} = \frac{25\text{kW}}{0.846} = 29.6\text{kW}$$

根据 $P_0$ 值查机械设计手册，选用适合的电动机型号。

**例 7-9**  在车床上车削直径 $d = 0.2\text{m}$ 的零件外圆，如图 7-40 所示，车床齿轮的传动效率 $\eta = 0.8$，主轴的转矩 $M = 250\text{N} \cdot \text{m}$，主轴以 $n = 180\text{r/min}$ 做匀速转动。求切削力和电动机的输出功率。

**解**  以零件为研究对象，其受力与运动情况如图 7-40 所示。图中未表示零件的约束反力，因为它们通过旋转中心，对中心不产生力矩。

先求切削力

$$F = \frac{M}{d/2} = \frac{250\text{N} \cdot \text{m}}{0.1\text{m}} = 2500\text{N}$$

再求车削时消耗的有用功率

图 7-40  车削工件

$$P_1 = \frac{Mn}{9549} = \frac{250\text{N} \cdot \text{m} \times 180\text{r/min}}{9549} = 4.71\text{kW}$$

电动机的输出功率（即车床的输入功率）为

$$P_0 = \frac{P_1}{\eta} = \frac{4.71\text{kW}}{0.8} = 5.89\text{kW}$$

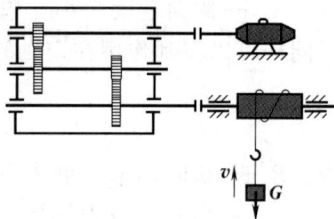

## 复习思考题

7-1  一刚体在两个力作用下平衡的充分和必要条件是_____。

7-2  作用于刚体上的力等效平移时，必须附加一个_____，它的值等于_____。

7-3  物体的重心降低时，重力做_____功，重心升高时，重力做_____功。

7-4  在给定的时间内机器所做的功越多，则机器的_____就越大。

7-5　机车的牵引功率为 3000kW 效率为 0.8，当列车的时速为 54km/h 时，列车所受到的牵引力为_____。

7-6　当两个汇交力的大小与其合力相等时，则这两个力必须（　　　）。

A. 共线同向　　　　　B. 共线反向　　　　　C. 夹角 60°　　　　　D. 夹角 120°

7-7　约束反力取决于（　　　）。

A. 约束本身的性质　　　　　　　　　B. 约束体与物体间的接触

C. 约束所能阻止的运动方向　　　　　D. 约束本身的性质，主动力和物体的运动或运动趋势

7-8　关于固定端约束的约束反力以下说法正确的是（　　　）。

A. 固定端约束的约束反力可由两个垂直的分力来表示

B. 固定端约束的约束反力可由一个约束力和一个约束力偶来表示

C. 固定端约束的约束反力可由两个垂直的分力和一个约束力偶来表示

D. 由于固定端约束处的受力非常复杂，因此固定端约束处的约束反力不能简单表示

7-9　图 7-4 所示均为平面汇交力系的多边形，其中表示平衡的是（　　　）。

A. a 图　　　　　　　B. b 图　　　　　　　C. c 图　　　　　　　D. d 图

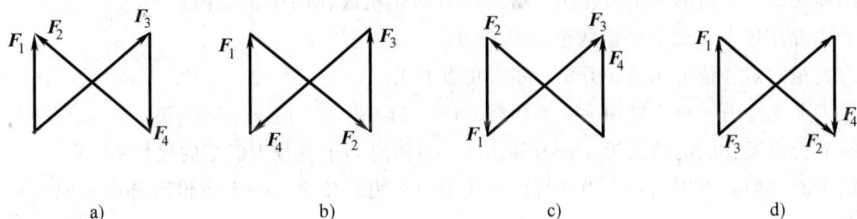

图 7-41　题 7-9 图

7-10　在同一平面内的两个力偶只要（　　　），则这两个力偶就彼此等效。

A. 力偶中二力大小相等　　　　　　　B. 力偶相等

C. 力偶的方向完全一样　　　　　　　D. 力偶矩大小相等、转向相同

7-11　图 7-42 所示的力 $F$ 对 $O$ 点的矩为（　　　）。

A. $F\sqrt{a^2+b^2}\cos\alpha$

B. $F\sqrt{a^2+b^2}\sin\alpha$

C. $F\sqrt{a^2+b^2}(\sin\alpha-\cos\alpha)$

D. $F(b\sin\alpha-a\cos\alpha)$

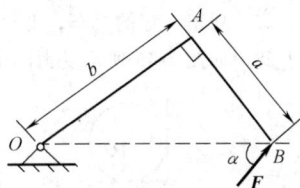

图 7-42　题 7-11 图

7-12　如图 7-43 所示轮子的四种情况，轮的转动效果是（　　　）。

A. 相同的　　　　　　　　　　B. 不相同的

C. 不一定相同　　　　　　　　D. 一定不相同

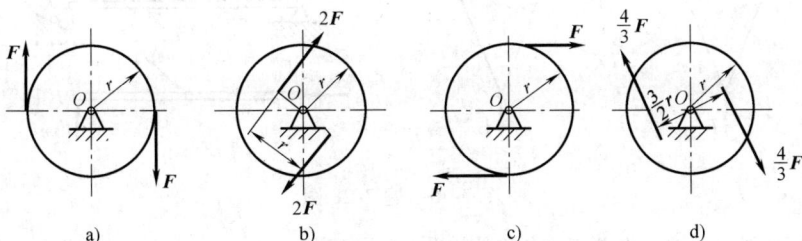

图 7-43　题 7-12 图

7-13 如图 7-44 所示，质量为 $m$ 的物块沿半径为 $r$ 的圆弧从 $A$ 点滑到 $B$ 点时，重力所做的功为（　　）。

A. $mgr$

B. $-mgr$

C. $\sqrt{2}mgr$

D. $-\sqrt{2}mg$

7-14 两个力等效的条件是二力大小相等、方向相反，且作用在同一物体上的同一点。（　　）

7-15 作用在物体上某点的力，可沿其作用线移到物体内任一点，而不改变其作用效果。（　　）

7-16 作用力与反作用力大小相等、方向相反，沿着同一直线，所以作用力与反作用力相互平衡。（　　）

7-17 在作用着已知力系的物体上，加上或减去任意的平衡力系，并不改变力系对物体的作用效果。（　　）

7-18 刚体受到不平行的三个力作用，这三个力的作用线在同一平面内且汇交于一点，则此刚体一定处于平衡状态。（　　）

7-19 力偶矩与矩心位置无关，力矩与矩心位置有关。（　　）

7-20 因力偶无合力，故不能用一个力代替。（　　）

7-21 平面力偶系合成的结果为一合力偶，此合力偶矩等于各分力偶矩的代数和。（　　）

7-22 同平面内的一个力和一个力偶可以合成为一个力，反之，一个力也可分解为同一平面内的一个力和一个力偶。（　　）

7-23 约束反力的方向总是与物体的运动方向或运动趋势方向相反。（　　）

7-24 受约束物体在主动力作用下处于平衡，若将部分或全部约束撤去，代之以相应的约束反力，则刚体的平衡不受影响。（　　）

7-25 在弹性范围内，将弹簧伸长加倍，则拉力的功也加倍。（　　）

7-26 功率大的机器，机械效率也高。（　　）

7-27 功率一定的机车，低速行驶时，牵引力增大。（　　）

7-28 如图 7-45 所示受力图中是否有错误？如有，试改正。

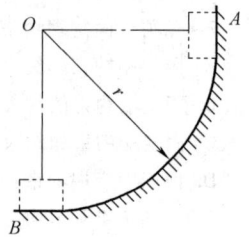

图 7-44 题 7-13 图

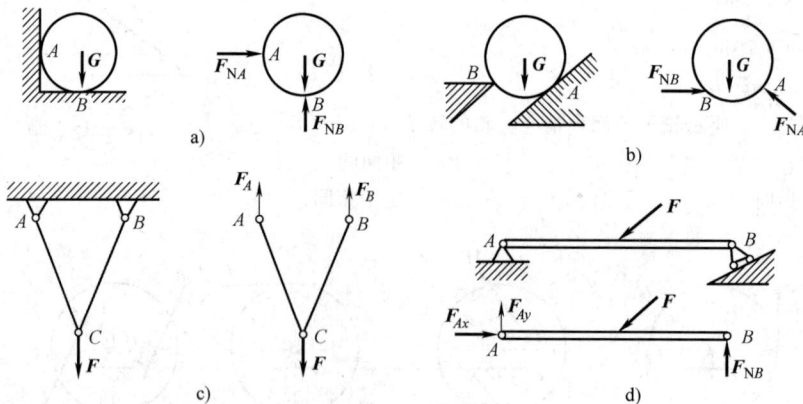

图 7-45 题 7-28 图

7-29 画出如图 7-46 所示各托架中各构件的受力图。

7-30 如图 7-47 所示，试画出厂房立柱的受力图。

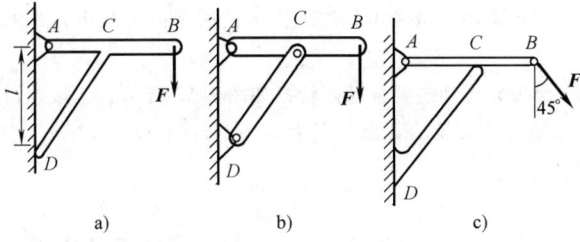

图 7-46　题 7-29 图

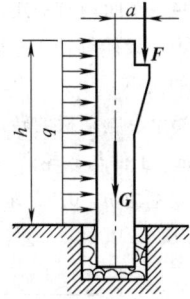

图 7-47　题 7-30 图

**7-31**　如图 7-48 所示合梯，试画出各构件及整体的受力图。

**7-32**　画出如图 7-49 所示物体系中各构件的受力图。未画重力的物体，均不计重力，所有接触处均为光滑接触。

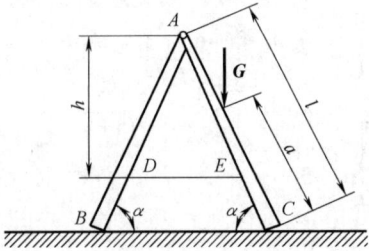

图 7-48　题 7-31 图

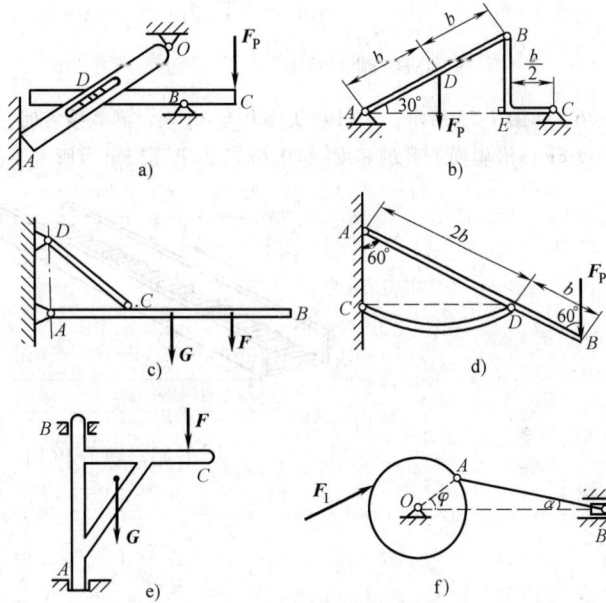

图 7-49　题 7-32 图

**7-33**　计算图 7-50a ~ h 中力 **F** 对 O 点的矩。

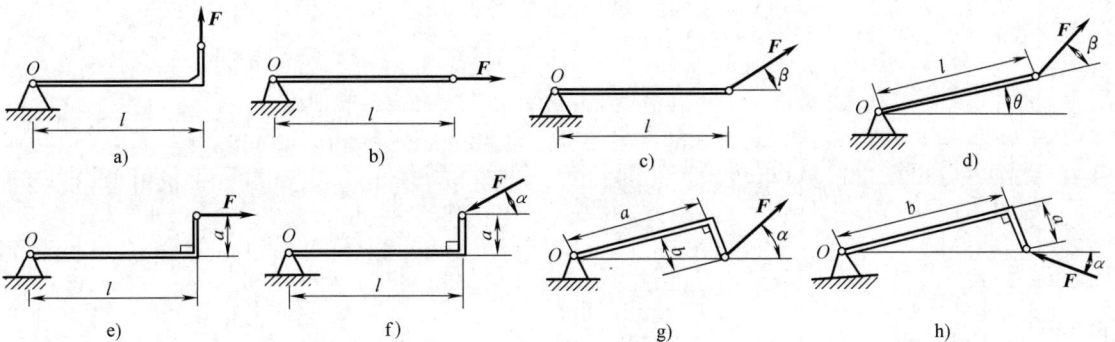

图 7-50　题 7-33 图

7-34　车间内有一矩形钢板，如图 7-51 所示，长 $a=4\mathrm{m}$，宽 $b=3\mathrm{m}$。为使钢板转动一角度，顺着长边加两个力。设能够使钢板转动时所需的力 $F=F'=200\mathrm{N}$，试考虑如何加力可使所费的力最小，并求出这个最小力的大小。

7-35　一电动机的转速为 $n=1125\mathrm{r/min}$，经带轮传动装置带动砂轮，如图 7-52 所示。已知砂轮的直径 $d=30\mathrm{cm}$，工件与砂轮间的切向摩擦力为 $F=20\mathrm{N}$，两带轮的直径分别为 $d_1=24\mathrm{cm}$ 和 $d_2=12\mathrm{cm}$，传动装置的机械效率为 $\eta=0.9$，求电动机的输出功率。

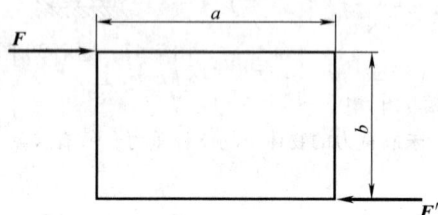

图 7-51　题 7-34 图

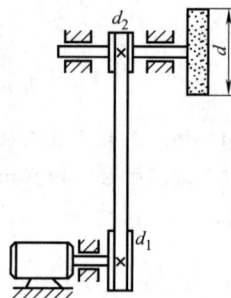

图 7-52　题 7-35 图

7-36　如图 7-53 所示，一自动扶梯共有 32 级，满载乘客时，每一级承受的质量为 150kg，扶梯高 4m，水平长度 8m，沿斜面上升的速度 $v=0.6\mathrm{m/s}$，求克服重力所需要的功率。

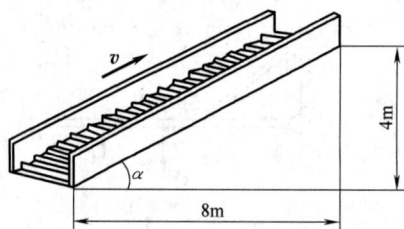

图 7-53　题 7-36 图

# 第 8 章　金属的力学性能

**【本章学习要点】**

主要内容：材料力学性能中的强度、塑性、硬度、冲击韧度、金属的疲劳等内容。

学习目的与要求：通过学习，掌握力学性能的基本知识和测试技能；为正确、经济、合理地选材打下必要基础。

学习重点：掌握强度、塑性、硬度、冲击韧度和金属的疲劳的测试技能。

在机械制造业中，为设计和制造产品，必须了解和掌握材料的各种性能。材料的性能通常分为使用性能和工艺性能。使用性能是指材料在使用过程中所表现出来的特性，它是为保证机械零件或工具正常工作应具备的性能。使用性能包括物理性能、化学性能和力学性能。工艺性能是指金属在加工、制造机械零件和工具过程中所表现出来的特性，也就是材料采用某种加工方法制成成品的难易程度。它包括铸造性能、锻造性能、焊接性能、热处理性能、切削加工性能等。

材料的力学性能是指材料在外力作用下所表现出来的性能，主要有强度、塑性、硬度、冲击韧度、疲劳强度等。

## 8.1　强度和塑性

强度是指材料抵抗塑性变形和断裂的能力。金属材料的强度和塑性指标可以通过拉伸试验获得。

### 8.1.1　拉伸试验

根据国家标准 GB/T 228—2002 规定，拉伸试验是指沿试样轴向用静拉伸力进行拉伸，并测量拉伸力和相应的伸长量，来确定其力学性能的试验。拉伸时，一般要将拉伸试样拉至断裂，试验一般在室温 10 ~ 35℃ 范围内进行。

**1. 拉伸试样**

通常采用圆柱形试样，其尺寸按照国家标准金属拉伸试验试样中的有关规定进行制作。试样分为短试样和长试样两种。拉伸试样如图 8-1 所示，图 8-1a 所示为标准试样，图 8-1b 所示为拉断后的试样。$d$ 为标准试样的原始直径。$d_u$ 为试样断口处的直径。$L_0$ 为标准试样的原始标距长度，称为原始标距。$L_u$ 为拉断试样对接后测出的标距长度，称为断后标距。

**2. 试验方法**

试验在拉伸试验机上进行。图 8-2 所示为拉伸试验机示意图。将试样装在拉伸试验机的上、下夹头上，起动拉伸试验机，在轴向拉力的作用下，试样受到拉伸。同时，记录装置记录下拉伸过程中的力-伸长曲线。

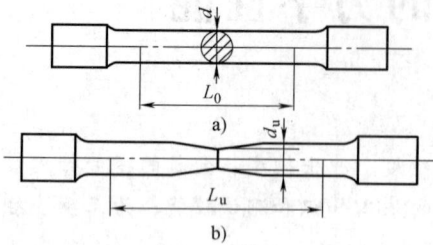

图 8-1 圆柱形拉伸试样

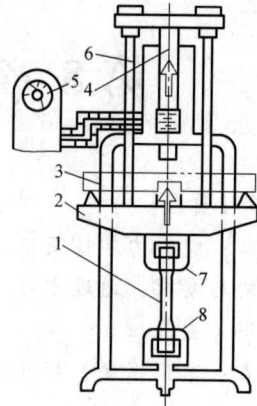

图 8-2 拉伸试验机示意图

1—试样 2—工作台 3—立柱 4—工作活塞
5—表盘 6—拉杆 7—上夹头 8—下夹头

### 3. 力-伸长曲线

在拉伸试验中，拉伸力 $F$ 和试样伸长量 $\Delta L$ 之间的关系曲线，称为力-伸长曲线。图 8-3 所示为退火低碳钢的力-伸长曲线图。

观察拉伸试验和力-伸长曲线可知，在拉伸试验的 $Op$ 阶段，试样的伸长量 $\Delta L$ 与拉伸力 $F$ 之间成正比关系。在 $Op$ 阶段，随拉伸力 $F$ 的增加，试样伸长量 $\Delta L$ 也呈正比增加。当去除拉伸力后试样恢复其原始形状，表现为弹性变形。图 8-3 中 $F_p$ 是试样保持弹性变形时的最大拉伸力。

随着拉伸力的不断增加，当拉伸力超过 $F_p$ 时，试样开始产生塑性变形，即使去除拉伸力后，变形也不能完全恢复，塑性伸长将被保留下来。当拉伸力继续增加到 $F_e$ 时，力-伸长曲线在 $e$ 点之后出现一个平台，即拉伸力不再增加，试样也会明显伸长，这种现象称为"屈服"，$F_e$ 称为屈服拉伸力。

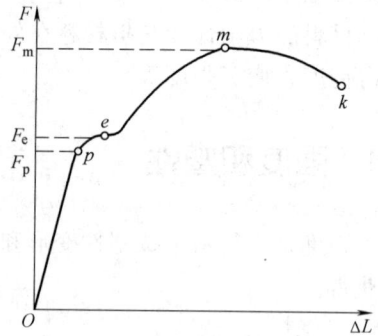

图 8-3 退火低碳钢的力-伸长曲线

当拉伸力超过屈服拉伸力后，试样抵抗变形的能力将会增加，此现象为冷变形强化，即抗力增加现象。在力-伸长曲线上表现为一段上升曲线 $em$。即随着塑性变形量的增大，试样变形抗力也会逐渐增大。

当拉伸力达到 $F_m$ 时，试样的局部截面开始收缩，产生了"缩颈"现象。由于缩颈而使试样局部截面迅速减小，直至试样被拉断。缩颈现象在力-伸长曲线上表现为一段下降的曲线 $mk$。试样拉断前能承受的最大拉伸力，称为极限拉伸力 $F_m$。

从完整的拉伸试验和力-伸长曲线可以看出，试样从开始拉伸到断裂要经过弹性变形、屈服、冷变形强化、缩颈与断裂几个阶段。

## 8.1.2 强度指标

金属材料强度指标常用的有屈服强度、规定残余延伸强度、抗拉强度等。

**1. 屈服强度**

当金属材料呈现屈服现象时，在试验期间达到塑性变形发生而力不增加的应力点，应区分上屈服强度和下屈服强度。屈服强度是工程技术上极为重要的力学性能指标之一，也是大多数机械零件选材和设计的依据。

如图 8-4 所示，上屈服强度（$R_{eH}$）是指试样发生屈服而力首次下降前的最高应力。下屈服强度（$R_{eL}$）是指在屈服期间不计初始瞬时效应时的最低应力。

**2. 规定残余延伸强度**

工业上常使用的一些金属材料，如高碳钢、铸铁等，在进行拉伸试验时并没有明显的屈服现象，也不会产生缩颈现象，这就需要人为规定一个相当于屈服强度的强度指标，即规定残余延伸强度。

规定残余延伸强度是指试样去除拉伸力后，残余伸长率等于规定的引伸计标距百分率时对应的应力，用 $R_r$ 表示，如图 8-5 所示。例如，$R_{r0.2}$ 表示规定残余伸长率为 0.2% 时对应的应力。

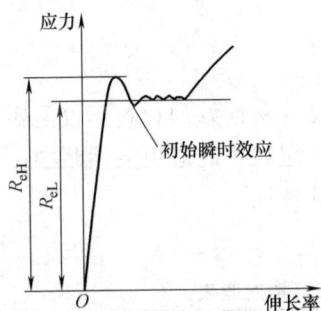

图 8-4　上屈服强度与下屈服强度　　　　　　图 8-5　规定残余延伸强度

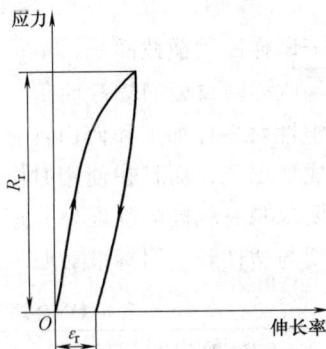

**3. 抗拉强度**

抗拉强度是指试样拉断前承受的最大标称拉应力，用符号 $R_m$ 表示，单位为 MPa。$R_m$ 可用下式计算

$$R_m = \frac{F_m}{S_0} \tag{8-1}$$

式中　$F_m$——试样承受的最大拉伸力，单位为 N；

$S_0$——试样原始横截面积，单位为 $mm^2$。

$R_m$ 是金属由均匀塑性变形向局部集中塑性变形过渡的临界值，也是金属在静拉伸条件下的最大承载能力。对于塑性金属来说，拉伸试样在承受最大拉应力之前，变形是均匀一致的。但超过 $R_m$ 后，金属开始出现缩颈现象，产生集中变形。

### 8.1.3　塑性指标

金属材料的塑性指标主要有断后伸长率和断面收缩率，用拉断试样时的最大相对变形量来表示。

**1. 断后伸长率**

在进行拉伸试验时，拉伸试样在力的作用下产生塑性变形，原始试样中的标距长度会不断伸长。试样拉断后断后标距的残余伸长与原始标距之比的百分率为断后伸长率，用符号 $A$ 表示。$A$ 可用下式计算

$$A = \frac{L_u - L_0}{L_0} \times 100\% \tag{8-2}$$

式中　$L_u$——拉断试样对接后测出的标距长度，单位为 mm；

　　　$L_0$——试样原始标距，单位为 mm。

**2. 断面收缩率**

试样拉断后横截面积的最大缩减量与原始横截面积的百分率称为断面收缩率。断面收缩率用符号 $Z$ 表示。$Z$ 值可用下式计算

$$Z = \frac{S_0 - S_u}{S_0} \times 100\% \tag{8-3}$$

式中　$S_0$——试样原始横截面积，单位为 $mm^2$；

　　　$S_u$——试样断口处的横截面积，单位为 $mm^2$。

金属的塑性对零件加工和使用具有重要的实际意义。塑性好的材料不仅能顺利地进行锻压、轧制等成形工艺，而且在使用时由于塑性好，万一超载，能避免突然断裂。所以大多数机械零件除要求具有较高的强度外，还必须具有一定的塑性。

金属强度与塑性新、旧标准对照见表 8-1。

表 8-1　金属强度与塑性新、旧标准对照表

| 新标准 GB/T 228—2002 | | 旧标准 GB/T 228—1987 | |
|---|---|---|---|
| 性　能 | 符　号 | 性　能 | 符　号 |
| 断面收缩率 | $Z$ | 断面收缩率 | $\psi$ |
| 断后伸长率 | $A$ | 断后伸长率 | $\delta_5$ |
| | $A_{11.3}$ | | $\delta_{10}$ |
| 屈服强度 | — | 屈服点 | $\sigma_s$ |
| 上屈服强度 | $R_{eH}$ | 上屈服点 | $\sigma_{sU}$ |
| 下屈服强度 | $R_{eL}$ | 下屈服点 | $\sigma_{sL}$ |
| 规定残余延伸强度 | $R_r$ | 规定残余伸长应力 | $\sigma_r$ |
| | 例如：$R_{r0.2}$ | | 例如：$\sigma_{r0.2}$ |
| 抗拉强度 | $R_m$ | 抗拉强度 | $\sigma_b$ |

## 8.2　硬度

硬度是衡量金属软硬程度的一种力学性能。硬度的大小通过硬度试验测定。

硬度试验和拉伸试验都是在静态力作用下测定材料力学性能的方法。由于硬度试验不需要制作专门试样，方法简便迅速，基本上不损伤试样，而且可以直接在工件上进行测试，因

而在生产中被广泛应用。硬度是一项综合的力学性能指标，从金属表面的局部压痕即可反映出材料的强度和塑性，因此在零件图上常常标注各种硬度指标来作为技术要求。硬度值的高低直接影响机械零件的耐磨性，一般情况下硬度值越高，耐磨性也越好。

　　硬度测定方法有压入法、划痕法、回弹法等，其中应用最为普遍的是压入法。

　　压入法是在规定的静态试验力作用下，将一定规格的压头压入金属材料表面层，然后根据产生的压痕面积大小或深度来确定其硬度值。目前，常用的有布氏硬度和洛氏硬度。

## 8.2.1　布氏硬度

　　根据 GB/T 231.1—2002 的规定，布氏硬度是在布氏硬度计上进行的一项硬度试验方法。它是在规定的试验力作用下，将一定直径的硬质合金球压入试样表面，保持一定的时间后去除试验力，测量试样表面的压痕直径 $d$，然后根据压痕直径 $d$ 计算其硬度值或从表 8-2 中查出该材料的布氏硬度值。原理如图 8-6 所示。

　　布氏硬度值是指压痕单位表面积上所承受的平均压力，用符号 HBW 表示。布氏硬度值可用下式计算

$$HBW = 0.102 \times \frac{2F}{\pi D (D - \sqrt{D^2 - d^2})} \qquad (8\text{-}4)$$

式中，只有 $d$ 是变数，因此试验时只要测量出压痕直径 $d(\text{mm})$，即可通过计算或查表得出 HBW 值。布氏硬度值一般都不标出单位，只写明硬度的数值。

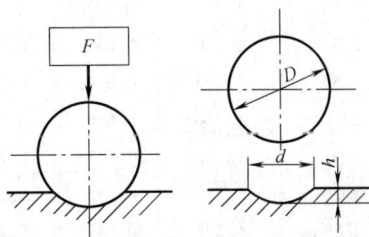

图 8-6　布氏硬度试验原理图

表 8-2　金属布氏硬度数值表（摘自 GB/T 231.1—2002）

| 球直径 D/mm | | | | 试验力-压头球直径平方的比率 0.102F/D² | | | | | |
| --- | --- | --- | --- | --- | --- | --- | --- | --- | --- |
| | | | | 30 | 15 | 10 | 5 | 2.5 | 1 |
| | | | | 试验力 F/N | | | | | |
| 10 | | | | 29420 | 14710 | 9807 | 4903 | 2452 | 980.7 |
| | 5 | | | 7355 | — | 2452 | 1226 | 612.9 | 245.2 |
| | | 2.5 | | 1839 | — | 612.9 | 306.5 | 153.2 | 61.29 |
| | | | 1 | 294.2 | — | 98.07 | 49.03 | 24.52 | 9.807 |
| 压痕平均直径 d/mm | | | | 布氏硬度 HBW | | | | | |
| 2.40 | 1.200 | 0.6000 | 0.240 | 653 | 327 | 218 | 109 | 54.5 | 21.8 |
| 2.41 | 1.205 | 0.6024 | 0.241 | 648 | 324 | 216 | 108 | 54.0 | 21.6 |
| 2.42 | 1.210 | 0.6050 | 0.242 | 643 | 321 | 214 | 107 | 53.5 | 21.4 |
| 2.43 | 1.215 | 0.6075 | 0.243 | 637 | 319 | 212 | 106 | 53.1 | 21.2 |
| 2.44 | 1.220 | 0.6100 | 0.244 | 632 | 316 | 211 | 105 | 52.7 | 21.1 |
| 2.45 | 1.225 | 0.6125 | 0.245 | 627 | 313 | 209 | 104 | 52.2 | 20.9 |
| 2.46 | 1.230 | 0.6150 | 0.246 | 621 | 311 | 207 | 104 | 51.8 | 20.7 |
| 2.47 | 1.235 | 0.6175 | 0.247 | 616 | 308 | 205 | 103 | 51.4 | 20.5 |
| 2.48 | 1.240 | 0.6200 | 0.248 | 611 | 306 | 204 | 102 | 50.9 | 20.4 |
| 2.49 | 1.245 | 0.6225 | 0.249 | 606 | 303 | 202 | 101 | 50.5 | 20.2 |
| 2.50 | 1.250 | 0.6250 | 0.250 | 601 | 301 | 200 | 100 | 50.1 | 20.0 |

（续）

| 球直径 D/mm | | | | 试验力-压头球直径平方的比率 0.102$F/D^2$ | | | | | |
| --- | --- | --- | --- | --- | --- | --- | --- | --- | --- |
| | | | | 30 | 15 | 10 | 5 | 2.5 | 1 |
| | | | | 试验力 F/N | | | | | |
| 10 | | | | 29420 | 14710 | 9807 | 4903 | 2452 | 980.7 |
| | 5 | | | 7355 | — | 2452 | 1226 | 612.9 | 245.2 |
| | | 2.5 | | 1839 | — | 612.9 | 306.5 | 153.2 | 61.29 |
| | | | 1 | 294.2 | — | 98.07 | 49.03 | 24.52 | 9.807 |
| 压痕平均直径 d/mm | | | | 布氏硬度 HBW | | | | | |
| 2.51 | 1.255 | 0.6275 | 0.251 | 597 | 298 | 199 | 99.4 | 49.7 | 19.9 |
| 2.52 | 1.260 | 0.6300 | 0.252 | 592 | 296 | 197 | 98.6 | 49.3 | 19.7 |
| 2.53 | 1.265 | 0.6325 | 0.253 | 587 | 294 | 196 | 97.8 | 48.9 | 19.6 |
| 2.54 | 1.270 | 0.6350 | 0.254 | 582 | 291 | 194 | 97.1 | 48.5 | 19.4 |
| 2.55 | 1.275 | 0.6375 | 0.255 | 578 | 289 | 193 | 96.3 | 48.1 | 19.3 |
| 2.56 | 1.280 | 0.6400 | 0.256 | 573 | 287 | 191 | 95.5 | 47.8 | 19.1 |
| 2.57 | 1.285 | 0.6425 | 0.257 | 569 | 284 | 190 | 94.8 | 47.4 | 19.0 |
| 2.58 | 1.290 | 0.6450 | 0.258 | 564 | 282 | 188 | 94.0 | 47.0 | 18.8 |
| 2.59 | 1.295 | 0.6475 | 0.259 | 560 | 280 | 187 | 93.3 | 46.6 | 18.7 |
| 2.60 | 1.300 | 0.6500 | 0.260 | 555 | 278 | 185 | 92.6 | 46.3 | 18.5 |
| 2.61 | 1.305 | 0.6525 | 0.261 | 551 | 276 | 184 | 91.8 | 45.9 | 18.4 |
| 2.62 | 1.310 | 0.6550 | 0.262 | 547 | 273 | 182 | 91.1 | 45.6 | 18.2 |
| 2.63 | 1.315 | 0.6575 | 0.263 | 543 | 271 | 181 | 90.4 | 45.2 | 18.1 |
| 2.64 | 1.320 | 0.6600 | 0.264 | 538 | 269 | 179 | 89.7 | 44.9 | 17.9 |
| 2.65 | 1.325 | 0.6625 | 0.265 | 534 | 267 | 178 | 89.0 | 44.5 | 17.8 |
| 2.66 | 1.330 | 0.6650 | 0.266 | 530 | 265 | 177 | 88.4 | 44.2 | 17.7 |
| 2.67 | 1.335 | 0.6675 | 0.267 | 526 | 263 | 175 | 87.7 | 43.8 | 17.5 |
| 2.68 | 1.340 | 0.6700 | 0.268 | 522 | 261 | 174 | 87.0 | 43.5 | 17.4 |
| 2.69 | 1.345 | 0.6725 | 0.269 | 518 | 259 | 173 | 86.4 | 43.2 | 17.3 |
| 2.70 | 1.350 | 0.6750 | 0.270 | 514 | 257 | 171 | 85.7 | 42.9 | 17.1 |
| 2.71 | 1.355 | 0.6775 | 0.271 | 510 | 255 | 170 | 85.1 | 42.5 | 17.0 |
| 2.72 | 1.360 | 0.6800 | 0.272 | 507 | 253 | 169 | 84.4 | 42.2 | 16.9 |
| 2.73 | 1.365 | 0.6825 | 0.273 | 503 | 251 | 168 | 83.8 | 41.9 | 16.8 |
| 2.74 | 1.370 | 0.6850 | 0.274 | 499 | 250 | 166 | 83.2 | 41.6 | 16.6 |
| 2.75 | 1.375 | 0.6875 | 0.275 | 495 | 248 | 165 | 82.6 | 41.3 | 16.5 |
| 2.76 | 1.380 | 0.6900 | 0.276 | 492 | 246 | 164 | 81.9 | 41.0 | 16.4 |
| 2.77 | 1.385 | 0.6925 | 0.277 | 488 | 244 | 163 | 81.3 | 40.7 | 16.3 |
| 2.78 | 1.390 | 0.6950 | 0.278 | 485 | 242 | 162 | 80.8 | 40.4 | 16.2 |
| 2.79 | 1.395 | 0.6975 | 0.279 | 481 | 240 | 160 | 80.2 | 40.1 | 16.0 |
| 2.80 | 1.400 | 0.7000 | 0.280 | 477 | 239 | 159 | 79.6 | 39.8 | 15.9 |
| 2.81 | 1.405 | 0.7025 | 0.281 | 474 | 237 | 158 | 79.0 | 39.5 | 15.8 |
| 2.82 | 1.410 | 0.7050 | 0.282 | 471 | 235 | 157 | 78.4 | 39.2 | 15.7 |
| 2.83 | 1.415 | 0.7075 | 0.283 | 467 | 234 | 156 | 77.9 | 38.9 | 15.6 |
| 2.84 | 1.420 | 0.7100 | 0.284 | 464 | 232 | 155 | 77.3 | 38.7 | 15.5 |
| 2.85 | 1.425 | 0.7125 | 0.285 | 461 | 230 | 154 | 76.8 | 38.4 | 15.4 |

（续）

| 球直径 $D$/mm | | | | 试验力-压头球直径平方的比率 $0.102F/D^2$ | | | | | |
|---|---|---|---|---|---|---|---|---|---|
| | | | | 30 | 15 | 10 | 5 | 2.5 | 1 |
| | | | | 试验力 $F$/N | | | | | |
| 10 | | | | 29420 | 14710 | 9807 | 4903 | 2452 | 980.7 |
| | 5 | | | 7355 | — | 2452 | 1226 | 612.9 | 245.2 |
| | | 2.5 | | 1839 | — | 612.9 | 306.5 | 153.2 | 61.29 |
| | | | 1 | 294.2 | — | 98.07 | 49.03 | 24.52 | 9.807 |
| 压痕平均直径 $d$/mm | | | | 布氏硬度 HBW | | | | | |
| 2.86 | 1.430 | 0.7150 | 0.286 | 457 | 229 | 152 | 76.2 | 38.1 | 15.2 |
| 2.87 | 1.435 | 0.7175 | 0.287 | 454 | 227 | 151 | 75.7 | 37.8 | 15.1 |
| 2.88 | 1.440 | 0.7200 | 0.288 | 451 | 225 | 150 | 75.1 | 37.6 | 15.0 |
| 2.89 | 1.445 | 0.7225 | 0.289 | 448 | 224 | 149 | 74.6 | 37.3 | 14.9 |
| 2.90 | 1.450 | 0.7250 | 0.290 | 444 | 222 | 148 | 74.1 | 37.0 | 14.8 |
| 2.91 | 1.455 | 0.7275 | 0.291 | 441 | 221 | 147 | 73.6 | 36.8 | 14.7 |
| 2.92 | 1.460 | 0.7300 | 0.292 | 438 | 219 | 146 | 73.0 | 36.5 | 14.6 |
| 2.93 | 1.465 | 0.7325 | 0.293 | 435 | 218 | 145 | 72.5 | 36.3 | 14.5 |
| 2.94 | 1.470 | 0.7350 | 0.294 | 432 | 216 | 144 | 72.0 | 36.0 | 14.4 |
| 2.95 | 1.475 | 0.7375 | 0.295 | 429 | 215 | 143 | 71.5 | 35.8 | 14.3 |
| 2.96 | 1.480 | 0.7400 | 0.296 | 426 | 213 | 142 | 71.0 | 35.5 | 14.2 |
| 2.97 | 1.485 | 0.7425 | 0.297 | 423 | 212 | 141 | 70.5 | 35.3 | 14.1 |
| 2.98 | 1.490 | 0.7450 | 0.298 | 420 | 210 | 140 | 70.1 | 35.0 | 14.0 |
| 2.99 | 1.495 | 0.7475 | 0.299 | 417 | 209 | 139 | 69.6 | 34.8 | 13.9 |
| 3.00 | 1.500 | 0.7500 | 0.300 | 415 | 207 | 138 | 69.1 | 34.6 | 13.8 |
| 3.01 | 1.505 | 0.7525 | 0.301 | 412 | 206 | 137 | 68.6 | 34.3 | 13.7 |
| 3.02 | 1.510 | 0.7550 | 0.302 | 409 | 205 | 136 | 68.2 | 34.1 | 13.6 |
| 3.03 | 1.515 | 0.7575 | 0.303 | 406 | 203 | 135 | 67.7 | 33.9 | 13.5 |
| 3.04 | 1.520 | 0.7600 | 0.304 | 404 | 202 | 135 | 67.3 | 33.6 | 13.5 |
| 3.05 | 1.525 | 0.7625 | 0.305 | 401 | 200 | 134 | 66.8 | 33.4 | 13.4 |
| 3.06 | 1.530 | 0.7650 | 0.306 | 398 | 199 | 133 | 66.4 | 33.2 | 13.3 |
| 3.07 | 1.535 | 0.7675 | 0.307 | 395 | 198 | 132 | 65.9 | 33.0 | 13.2 |
| 3.08 | 1.540 | 0.7700 | 0.308 | 393 | 196 | 131 | 65.5 | 32.7 | 13.1 |
| 3.09 | 1.545 | 0.7725 | 0.309 | 390 | 195 | 130 | 65.0 | 32.5 | 13.0 |
| 3.10 | 1.550 | 0.7750 | 0.310 | 388 | 194 | 129 | 64.6 | 32.3 | 12.9 |
| 3.11 | 1.555 | 0.7775 | 0.311 | 385 | 193 | 128 | 64.2 | 32.1 | 12.8 |
| 3.12 | 1.560 | 0.7800 | 0.312 | 383 | 191 | 128 | 63.8 | 31.9 | 12.8 |
| 3.13 | 1.565 | 0.7825 | 0.313 | 380 | 190 | 127 | 63.3 | 31.7 | 12.7 |
| 3.14 | 1.570 | 0.7870 | 0.314 | 378 | 189 | 126 | 62.9 | 31.5 | 12.6 |
| 3.15 | 1.575 | 0.7875 | 0.315 | 375 | 188 | 125 | 62.5 | 31.3 | 12.5 |
| 3.16 | 1.580 | 0.7900 | 0.316 | 373 | 186 | 124 | 62.1 | 31.1 | 12.4 |
| 3.17 | 1.585 | 0.7925 | 0.317 | 370 | 185 | 123 | 61.7 | 30.9 | 12.3 |
| 3.18 | 1.590 | 0.7950 | 0.318 | 368 | 184 | 123 | 61.3 | 30.7 | 12.3 |
| 3.19 | 1.595 | 0.7975 | 0.319 | 366 | 183 | 122 | 60.9 | 30.5 | 12.2 |
| 3.20 | 1.600 | 0.8000 | 0.320 | 363 | 182 | 121 | 60.5 | 30.3 | 12.1 |

（续）

| 球直径 D/mm | | | | 试验力-压头球直径平方的比率 0.102 F/D² | | | | | |
|---|---|---|---|---|---|---|---|---|---|
| | | | | 30 | 15 | 10 | 5 | 2.5 | 1 |
| | | | | 试验力 F/N | | | | | |
| 10 | | | | 29420 | 14710 | 9807 | 4903 | 2452 | 980.7 |
| | 5 | | | 7355 | — | 2452 | 1226 | 612.9 | 245.2 |
| | | 2.5 | | 1839 | — | 612.9 | 306.5 | 153.2 | 61.29 |
| | | | 1 | 294.2 | — | 98.07 | 49.03 | 24.52 | 9.807 |
| 压痕平均直径 d/mm | | | | 布氏硬度 HBW | | | | | |
| 3.21 | 1.605 | 0.8025 | 0.321 | 361 | 180 | 120 | 60.1 | 30.1 | 12.0 |
| 3.22 | 1.610 | 0.8050 | 0.322 | 359 | 179 | 120 | 59.8 | 29.9 | 12.0 |
| 3.23 | 1.615 | 0.8075 | 0.323 | 356 | 178 | 119 | 59.4 | 29.7 | 11.9 |
| 3.24 | 1.620 | 0.8100 | 0.324 | 354 | 177 | 118 | 59.0 | 29.5 | 11.8 |
| 3.25 | 1.625 | 0.8125 | 0.325 | 352 | 176 | 117 | 58.6 | 29.3 | 11.7 |
| 3.26 | 1.630 | 0.8150 | 0.326 | 350 | 175 | 117 | 58.3 | 29.1 | 11.7 |
| 3.27 | 1.635 | 0.8175 | 0.327 | 347 | 174 | 116 | 57.9 | 29.0 | 11.6 |
| 3.28 | 1.640 | 0.8200 | 0.328 | 345 | 173 | 115 | 57.5 | 28.8 | 11.5 |
| 3.29 | 1.645 | 0.8225 | 0.329 | 343 | 172 | 114 | 57.2 | 28.6 | 11.4 |
| 3.30 | 1.650 | 0.8250 | 0.330 | 341 | 170 | 114 | 56.8 | 28.4 | 11.4 |
| 3.31 | 1.655 | 0.8275 | 0.331 | 339 | 169 | 113 | 56.5 | 28.2 | 11.3 |
| 3.32 | 1.660 | 0.8300 | 0.332 | 337 | 168 | 112 | 56.1 | 28.1 | 11.2 |
| 3.33 | 1.665 | 0.8325 | 0.333 | 335 | 167 | 112 | 55.8 | 27.9 | 11.2 |
| 3.34 | 1.670 | 0.8350 | 0.334 | 333 | 166 | 111 | 55.4 | 27.7 | 11.1 |
| 3.35 | 1.675 | 0.8375 | 0.335 | 331 | 165 | 110 | 55.1 | 27.5 | 11.0 |
| 3.36 | 1.680 | 0.8400 | 0.336 | 329 | 164 | 110 | 54.8 | 27.4 | 11.0 |
| 3.37 | 1.685 | 0.8425 | 0.337 | 326 | 163 | 109 | 54.4 | 27.2 | 10.9 |
| 3.38 | 1.690 | 0.8450 | 0.338 | 325 | 162 | 108 | 54.1 | 27.0 | 10.8 |
| 3.39 | 1.695 | 0.8475 | 0.339 | 323 | 161 | 108 | 53.8 | 26.9 | 10.8 |
| 3.40 | 1.700 | 0.8500 | 0.340 | 321 | 160 | 107 | 53.4 | 26.7 | 10.7 |
| 3.41 | 1.705 | 0.8525 | 0.341 | 319 | 159 | 106 | 53.1 | 26.6 | 10.6 |
| 3.42 | 1.710 | 0.8550 | 0.342 | 317 | 158 | 106 | 52.8 | 26.4 | 10.6 |
| 3.43 | 1.715 | 0.8575 | 0.343 | 315 | 157 | 105 | 52.5 | 26.2 | 10.5 |
| 3.44 | 1.720 | 0.8600 | 0.344 | 313 | 156 | 104 | 52.2 | 26.1 | 10.4 |
| 3.45 | 1.725 | 0.8625 | 0.345 | 311 | 156 | 104 | 51.8 | 25.9 | 10.4 |
| 3.46 | 1.730 | 0.8650 | 0.346 | 309 | 155 | 103 | 51.5 | 25.8 | 10.3 |
| 3.47 | 1.735 | 0.8675 | 0.347 | 307 | 154 | 102 | 51.2 | 25.6 | 10.2 |
| 3.48 | 1.740 | 0.8700 | 0.348 | 306 | 153 | 102 | 50.9 | 25.5 | 10.2 |
| 3.49 | 1.745 | 0.8725 | 0.349 | 304 | 152 | 101 | 50.6 | 25.3 | 10.1 |
| 3.50 | 1.750 | 0.8750 | 0.350 | 302 | 151 | 101 | 50.3 | 25.2 | 10.1 |
| 3.51 | 1.755 | 0.8775 | 0.351 | 300 | 150 | 100 | 50.0 | 25.0 | 10.0 |
| 3.52 | 1.760 | 0.8800 | 0.352 | 298 | 149 | 99.5 | 49.7 | 24.9 | 9.95 |
| 3.53 | 1.765 | 0.8825 | 0.353 | 297 | 148 | 98.9 | 49.4 | 24.7 | 9.89 |
| 3.54 | 1.770 | 0.8850 | 0.354 | 295 | 147 | 98.3 | 49.2 | 24.6 | 9.83 |
| 3.55 | 1.775 | 0.8875 | 0.355 | 293 | 147 | 97.7 | 48.9 | 24.4 | 9.77 |

（续）

| 球直径 $D$/mm | | | | 试验力-压头球直径平方的比率 $0.102F/D^2$ | | | | | |
|---|---|---|---|---|---|---|---|---|---|
| | | | | 30 | 15 | 10 | 5 | 2.5 | 1 |
| | | | | 试验力 $F$/N | | | | | |
| 10 | | | | 29420 | 14710 | 9807 | 4903 | 2452 | 980.7 |
| | 5 | | | 7355 | — | 2452 | 1226 | 612.9 | 245.2 |
| | | 2.5 | | 1839 | — | 612.9 | 306.5 | 153.2 | 61.29 |
| | | | 1 | 294.2 | — | 98.07 | 49.03 | 24.52 | 9.807 |
| 压痕平均直径 $d$/mm | | | | 布氏硬度 HBW | | | | | |
| 3.56 | 1.780 | 0.8900 | 0.356 | 292 | 146 | 97.2 | 48.6 | 24.3 | 9.72 |
| 3.57 | 1.785 | 0.8925 | 0.357 | 290 | 145 | 96.6 | 48.3 | 24.2 | 9.66 |
| 3.58 | 1.790 | 0.8950 | 0.358 | 288 | 144 | 96.1 | 48.0 | 24.0 | 9.61 |
| 3.59 | 1.795 | 0.8975 | 0.359 | 286 | 143 | 95.5 | 47.7 | 23.9 | 9.55 |
| 3.60 | 1.800 | 0.9000 | 0.360 | 285 | 142 | 95.0 | 47.5 | 23.7 | 9.50 |
| 3.61 | 1.805 | 0.9025 | 0.361 | 283 | 142 | 94.4 | 47.2 | 23.6 | 9.44 |
| 3.62 | 1.810 | 0.9050 | 0.362 | 282 | 141 | 93.9 | 46.9 | 23.5 | 9.39 |
| 3.63 | 1.815 | 0.9075 | 0.363 | 280 | 140 | 93.3 | 46.7 | 23.3 | 9.33 |
| 3.64 | 1.820 | 0.9100 | 0.364 | 278 | 139 | 92.8 | 46.4 | 23.2 | 9.28 |
| 3.65 | 1.825 | 0.9125 | 0.365 | 277 | 138 | 92.3 | 46.1 | 23.1 | 9.23 |
| 3.66 | 1.830 | 0.9150 | 0.366 | 275 | 138 | 91.8 | 45.9 | 22.9 | 9.18 |
| 3.67 | 1.835 | 0.9175 | 0.367 | 274 | 137 | 91.2 | 45.6 | 22.8 | 9.12 |
| 3.68 | 1.840 | 0.9200 | 0.368 | 272 | 136 | 90.7 | 45.4 | 22.7 | 9.07 |
| 3.69 | 1.845 | 0.9225 | 0.369 | 271 | 135 | 90.2 | 45.1 | 22.6 | 9.02 |
| 3.70 | 1.850 | 0.9250 | 0.370 | 269 | 135 | 89.7 | 44.9 | 22.4 | 8.97 |
| 3.71 | 1.855 | 0.9275 | 0.371 | 268 | 134 | 89.2 | 44.6 | 22.3 | 8.92 |
| 3.72 | 1.860 | 0.9300 | 0.372 | 266 | 133 | 88.7 | 44.4 | 22.2 | 8.87 |
| 3.73 | 1.865 | 0.9325 | 0.373 | 265 | 132 | 88.2 | 44.1 | 22.1 | 8.82 |
| 3.74 | 1.870 | 0.9350 | 0.374 | 263 | 132 | 87.7 | 43.9 | 21.9 | 8.77 |
| 3.75 | 1.875 | 0.9375 | 0.375 | 262 | 131 | 87.2 | 43.6 | 21.8 | 8.72 |
| 3.76 | 1.880 | 0.9400 | 0.376 | 260 | 130 | 86.8 | 43.4 | 21.7 | 8.68 |
| 3.77 | 1.885 | 0.9425 | 0.377 | 259 | 129 | 86.3 | 43.1 | 21.6 | 8.63 |
| 3.78 | 1.890 | 0.9450 | 0.378 | 257 | 129 | 85.8 | 42.9 | 21.5 | 8.58 |
| 3.79 | 1.895 | 0.9475 | 0.379 | 256 | 128 | 85.3 | 42.7 | 21.3 | 8.53 |
| 3.80 | 1.900 | 0.9500 | 0.380 | 255 | 127 | 84.9 | 42.4 | 21.2 | 8.49 |
| 3.81 | 1.905 | 0.9525 | 0.381 | 253 | 127 | 84.4 | 42.2 | 21.1 | 8.44 |
| 3.82 | 1.910 | 0.9550 | 0.382 | 252 | 126 | 83.9 | 42.0 | 21.0 | 8.39 |
| 3.83 | 1.915 | 0.9575 | 0.383 | 250 | 125 | 83.5 | 41.7 | 20.9 | 8.35 |
| 3.84 | 1.920 | 0.9600 | 0.384 | 249 | 125 | 83.0 | 41.5 | 20.8 | 8.30 |
| 3.85 | 1.925 | 0.9625 | 0.385 | 248 | 124 | 82.6 | 41.3 | 20.6 | 8.26 |
| 3.86 | 1.930 | 0.9650 | 0.386 | 246 | 123 | 82.1 | 41.1 | 20.5 | 8.21 |
| 3.87 | 1.935 | 0.9675 | 0.387 | 245 | 123 | 81.7 | 40.9 | 20.4 | 8.17 |
| 3.88 | 1.940 | 0.9700 | 0.388 | 244 | 122 | 81.3 | 40.6 | 20.3 | 8.13 |
| 3.89 | 1.945 | 0.9725 | 0.389 | 242 | 121 | 80.8 | 40.4 | 20.2 | 8.08 |
| 3.90 | 1.950 | 0.9750 | 0.390 | 241 | 121 | 80.4 | 40.2 | 20.1 | 8.04 |

（续）

| 球直径 D/mm | | | | 试验力-压头球直径平方的比率 0.102F/D² | | | | | |
|---|---|---|---|---|---|---|---|---|---|
| | | | | 30 | 15 | 10 | 5 | 2.5 | 1 |
| | | | | 试验力 F/N | | | | | |
| 10 | | | | 29420 | 14710 | 9807 | 4903 | 2452 | 980.7 |
| | 5 | | | 7355 | — | 2452 | 1226 | 612.9 | 245.2 |
| | | 2.5 | | 1839 | — | 612.9 | 306.5 | 153.2 | 61.29 |
| | | | 1 | 294.2 | — | 98.07 | 49.03 | 24.52 | 9.807 |
| 压痕平均直径 d/mm | | | | 布氏硬度 HBW | | | | | |
| 3.91 | 1.955 | 0.9775 | 0.391 | 240 | 120 | 80.0 | 40.0 | 20.0 | 8.00 |
| 3.92 | 1.960 | 0.9800 | 0.392 | 239 | 119 | 79.5 | 39.8 | 19.9 | 7.95 |
| 3.93 | 1.965 | 0.9825 | 0.393 | 237 | 119 | 79.1 | 39.6 | 19.8 | 7.91 |
| 3.94 | 1.970 | 0.9850 | 0.394 | 236 | 118 | 78.7 | 39.4 | 19.7 | 7.87 |
| 3.95 | 1.975 | 0.9875 | 0.395 | 235 | 117 | 78.3 | 39.1 | 19.6 | 7.83 |
| 3.96 | 1.980 | 0.9900 | 0.396 | 234 | 117 | 77.9 | 38.9 | 19.5 | 7.79 |
| 3.97 | 1.985 | 0.9925 | 0.397 | 232 | 116 | 77.5 | 38.7 | 19.4 | 7.75 |
| 3.98 | 1.990 | 0.9950 | 0.398 | 231 | 116 | 77.1 | 38.5 | 19.3 | 7.71 |
| 3.99 | 1.995 | 0.9975 | 0.399 | 230 | 115 | 76.7 | 38.3 | 19.2 | 7.67 |
| 4.00 | 2.000 | 1.0000 | 0.400 | 229 | 114 | 76.3 | 38.1 | 19.1 | 7.63 |
| 4.01 | 2.005 | 1.0025 | 0.401 | 228 | 114 | 75.9 | 37.9 | 19.0 | 7.59 |
| 4.02 | 2.010 | 1.0050 | 0.402 | 226 | 113 | 75.5 | 37.7 | 18.9 | 7.55 |
| 4.03 | 2.015 | 1.0075 | 0.403 | 225 | 113 | 75.1 | 37.5 | 18.8 | 7.51 |
| 4.04 | 2.020 | 1.0100 | 0.404 | 224 | 112 | 74.7 | 37.3 | 18.7 | 7.47 |
| 4.05 | 2.025 | 1.0125 | 0.405 | 223 | 111 | 74.3 | 37.1 | 18.6 | 7.43 |
| 4.06 | 2.030 | 1.0150 | 0.406 | 222 | 111 | 73.9 | 37.0 | 18.5 | 4.39 |
| 4.07 | 2.035 | 1.0175 | 0.407 | 221 | 110 | 73.5 | 36.8 | 18.4 | 7.35 |
| 4.08 | 2.040 | 1.0200 | 0.408 | 219 | 110 | 73.2 | 36.6 | 18.3 | 7.32 |
| 4.09 | 2.045 | 1.0225 | 0.409 | 218 | 109 | 72.8 | 36.4 | 18.2 | 7.28 |
| 4.10 | 2.050 | 1.0250 | 0.410 | 217 | 109 | 72.4 | 36.2 | 18.1 | 7.24 |
| 4.11 | 2.055 | 1.0275 | 0.411 | 216 | 108 | 72.0 | 36.0 | 18.0 | 7.20 |
| 4.12 | 2.060 | 1.0300 | 0.412 | 215 | 108 | 71.7 | 35.8 | 17.9 | 7.17 |
| 4.13 | 2.065 | 1.0325 | 0.413 | 214 | 107 | 71.3 | 35.7 | 17.8 | 7.13 |
| 4.14 | 2.070 | 1.0350 | 0.414 | 213 | 106 | 71.0 | 35.5 | 17.7 | 7.10 |
| 4.15 | 2.075 | 1.0375 | 0.415 | 212 | 106 | 70.6 | 35.3 | 17.6 | 7.06 |
| 4.16 | 2.080 | 1.0400 | 0.416 | 211 | 105 | 70.3 | 35.1 | 17.6 | 7.02 |
| 4.17 | 2.085 | 1.0425 | 0.417 | 210 | 105 | 69.9 | 34.9 | 17.5 | 6.99 |
| 4.18 | 2.090 | 1.0450 | 0.418 | 209 | 104 | 69.5 | 34.8 | 17.4 | 6.95 |
| 4.19 | 2.095 | 1.0475 | 0.419 | 208 | 104 | 69.2 | 34.6 | 17.3 | 6.92 |
| 4.20 | 2.100 | 1.0500 | 0.420 | 207 | 103 | 68.8 | 34.4 | 17.2 | 6.88 |
| 4.21 | 2.105 | 1.0525 | 0.421 | 205 | 103 | 68.5 | 34.2 | 17.1 | 6.85 |
| 4.22 | 2.110 | 1.0550 | 0.422 | 204 | 102 | 68.2 | 34.1 | 17.0 | 6.82 |
| 4.23 | 2.115 | 1.0575 | 0.423 | 203 | 102 | 67.8 | 33.9 | 17.0 | 6.78 |
| 4.24 | 2.120 | 1.0600 | 0.424 | 202 | 101 | 67.5 | 33.7 | 16.9 | 6.75 |
| 4.25 | 2.125 | 1.0625 | 0.425 | 201 | 101 | 67.1 | 33.6 | 16.8 | 6.71 |

（续）

| 球直径 $D$/mm | | | | 试验力-压头球直径平方的比率 $0.102F/D^2$ | | | | | |
|---|---|---|---|---|---|---|---|---|---|
| | | | | 30 | 15 | 10 | 5 | 2.5 | 1 |
| | | | | 试验力 $F$/N | | | | | |
| 10 | | | | 29420 | 14710 | 9807 | 4903 | 2452 | 980.7 |
| | 5 | | | 7355 | — | 2452 | 1226 | 612.9 | 245.2 |
| | | 2.5 | | 1839 | — | 612.9 | 306.5 | 153.2 | 61.29 |
| | | | 1 | 294.2 | — | 98.07 | 49.03 | 24.52 | 9.807 |
| 压痕平均直径 $d$/mm | | | | 布氏硬度 HBW | | | | | |
| 4.26 | 2.130 | 1.0650 | 0.426 | 200 | 100 | 66.8 | 33.4 | 16.7 | 6.68 |
| 4.27 | 2.135 | 1.0675 | 0.427 | 199 | 99.7 | 66.5 | 33.2 | 16.6 | 6.65 |
| 4.28 | 2.140 | 1.0700 | 0.428 | 198 | 99.2 | 66.2 | 33.1 | 16.5 | 6.62 |
| 4.29 | 2.145 | 1.0725 | 0.429 | 198 | 98.8 | 65.8 | 32.9 | 16.5 | 6.58 |
| 4.30 | 2.150 | 1.0750 | 0.430 | 197 | 98.3 | 65.5 | 32.8 | 16.4 | 6.55 |
| 4.31 | 2.155 | 1.0775 | 0.431 | 196 | 97.8 | 65.2 | 32.6 | 16.3 | 6.52 |
| 4.32 | 2.160 | 1.0800 | 0.432 | 195 | 97.3 | 64.9 | 32.4 | 16.2 | 6.49 |
| 4.33 | 2.165 | 1.0825 | 0.433 | 194 | 96.8 | 64.6 | 32.3 | 16.1 | 6.46 |
| 4.34 | 2.170 | 1.0850 | 0.434 | 193 | 96.4 | 64.2 | 32.1 | 16.1 | 6.42 |
| 4.35 | 2.175 | 1.0875 | 0.435 | 192 | 95.9 | 63.9 | 32.0 | 16.0 | 6.39 |
| 4.36 | 2.180 | 1.0900 | 0.436 | 191 | 95.4 | 63.6 | 31.8 | 15.9 | 6.36 |
| 4.37 | 2.185 | 1.0925 | 0.437 | 190 | 95.0 | 63.3 | 31.7 | 15.8 | 6.33 |
| 4.38 | 2.190 | 1.0950 | 0.438 | 189 | 91.5 | 63.0 | 31.5 | 15.8 | 6.30 |
| 4.39 | 2.195 | 1.0975 | 0.439 | 188 | 94.1 | 62.7 | 31.4 | 15.7 | 6.27 |
| 4.40 | 2.200 | 1.1000 | 0.440 | 187 | 93.6 | 62.4 | 31.2 | 15.6 | 6.24 |
| 4.41 | 2.205 | 1.1025 | 0.441 | 186 | 93.2 | 62.1 | 31.1 | 15.5 | 6.21 |
| 4.42 | 2.210 | 1.1050 | 0.442 | 185 | 92.7 | 61.8 | 30.9 | 15.5 | 6.18 |
| 4.43 | 2.215 | 1.1075 | 0.443 | 185 | 92.3 | 61.5 | 30.8 | 15.4 | 6.15 |
| 4.44 | 2.220 | 1.1100 | 0.444 | 184 | 91.8 | 61.2 | 30.6 | 15.3 | 6.12 |
| 4.45 | 2.225 | 1.1125 | 0.445 | 183 | 91.4 | 60.9 | 30.5 | 15.2 | 6.09 |
| 4.46 | 2.230 | 1.1150 | 0.446 | 182 | 91.0 | 60.6 | 30.3 | 15.2 | 6.06 |
| 4.47 | 2.235 | 1.1175 | 0.447 | 181 | 90.5 | 60.4 | 30.2 | 15.1 | 6.04 |
| 4.48 | 2.240 | 1.1200 | 0.448 | 180 | 90.1 | 60.1 | 30.0 | 15.0 | 6.01 |
| 4.49 | 2.245 | 1.1225 | 0.449 | 179 | 89.7 | 59.8 | 29.9 | 14.9 | 5.98 |
| 4.50 | 2.250 | 1.1250 | 0.450 | 179 | 89.3 | 59.5 | 29.8 | 14.9 | 5.95 |
| 4.51 | 2.255 | 1.1275 | 0.451 | 178 | 88.9 | 59.2 | 29.6 | 14.8 | 5.92 |
| 4.52 | 2.260 | 1.1300 | 0.452 | 177 | 88.4 | 59.0 | 29.5 | 14.7 | 5.90 |
| 4.53 | 2.265 | 1.1325 | 0.453 | 176 | 88.0 | 58.7 | 29.3 | 14.7 | 5.87 |
| 4.54 | 2.270 | 1.1350 | 0.454 | 175 | 87.6 | 58.4 | 29.2 | 14.6 | 5.84 |
| 4.55 | 2.275 | 1.1375 | 0.455 | 174 | 87.2 | 58.1 | 29.1 | 14.5 | 5.81 |
| 4.56 | 2.280 | 1.1400 | 0.456 | 174 | 86.8 | 57.9 | 28.9 | 14.5 | 5.79 |
| 4.57 | 2.285 | 1.1425 | 0.457 | 173 | 86.4 | 57.6 | 28.8 | 14.4 | 5.76 |
| 4.58 | 2.290 | 1.1450 | 0.458 | 172 | 86.0 | 57.3 | 28.7 | 14.3 | 5.73 |
| 4.59 | 2.295 | 1.1475 | 0.459 | 171 | 85.6 | 57.1 | 28.5 | 14.3 | 5.71 |
| 4.60 | 2.300 | 1.1500 | 0.460 | 170 | 85.2 | 56.8 | 28.4 | 14.2 | 5.68 |

（续）

| 球直径 D/mm | | | | 试验力-压头球直径平方的比率 0.102F/D² | | | | | |
|---|---|---|---|---|---|---|---|---|---|
| | | | | 30 | 15 | 10 | 5 | 2.5 | 1 |
| | | | | 试验力 F/N | | | | | |
| 10 | | | | 29420 | 14710 | 9807 | 4903 | 2452 | 980.7 |
| | 5 | | | 7355 | — | 2452 | 1226 | 612.9 | 245.2 |
| | | 2.5 | | 1839 | — | 612.9 | 306.5 | 153.2 | 61.29 |
| | | | 1 | 294.2 | — | 98.07 | 49.03 | 24.52 | 9.807 |
| 压痕平均直径 d/mm | | | | 布氏硬度 HBW | | | | | |
| 4.61 | 2.305 | 1.1525 | 0.461 | 170 | 84.8 | 56.5 | 28.3 | 14.1 | 5.65 |
| 4.62 | 2.310 | 1.1550 | 0.462 | 169 | 84.4 | 56.3 | 28.1 | 14.1 | 5.63 |
| 4.63 | 2.315 | 1.1575 | 0.463 | 168 | 84.0 | 56.0 | 28.0 | 14.0 | 5.60 |
| 4.64 | 2.320 | 1.1600 | 0.464 | 167 | 83.6 | 55.8 | 27.9 | 13.9 | 5.58 |
| 4.65 | 2.325 | 1.1625 | 0.465 | 167 | 83.3 | 55.5 | 27.8 | 13.9 | 5.55 |
| 4.66 | 2.330 | 1.1650 | 0.466 | 166 | 82.9 | 55.3 | 27.6 | 13.8 | 5.53 |
| 4.67 | 2.335 | 1.1675 | 0.467 | 165 | 82.5 | 55.0 | 27.5 | 13.8 | 5.50 |
| 4.68 | 2.340 | 1.1700 | 0.468 | 164 | 82.1 | 54.8 | 27.4 | 13.7 | 5.48 |
| 4.69 | 2.345 | 1.1725 | 0.469 | 164 | 81.8 | 54.5 | 27.3 | 13.6 | 5.45 |
| 4.70 | 2.350 | 1.1750 | 0.470 | 163 | 81.4 | 54.3 | 27.1 | 13.6 | 5.43 |
| 4.71 | 2.355 | 1.1775 | 0.471 | 162 | 81.0 | 54.0 | 27.0 | 13.5 | 5.40 |
| 4.72 | 2.360 | 1.1800 | 0.472 | 161 | 80.7 | 53.8 | 26.9 | 13.4 | 5.38 |
| 4.73 | 2.365 | 1.1825 | 0.473 | 161 | 80.3 | 53.5 | 26.8 | 13.4 | 5.35 |
| 4.74 | 2.370 | 1.1850 | 0.474 | 160 | 79.9 | 53.3 | 26.6 | 13.3 | 5.33 |
| 4.75 | 2.375 | 1.1875 | 0.475 | 159 | 79.6 | 53.0 | 26.5 | 13.3 | 5.30 |
| 4.76 | 2.380 | 1.1900 | 0.476 | 158 | 79.2 | 52.8 | 26.4 | 13.2 | 5.28 |
| 4.77 | 2.385 | 1.1925 | 0.477 | 158 | 78.9 | 52.6 | 26.3 | 13.1 | 5.26 |
| 4.78 | 2.390 | 1.1950 | 0.478 | 157 | 78.5 | 52.3 | 26.2 | 13.1 | 5.23 |
| 4.79 | 2.395 | 1.1975 | 0.479 | 156 | 78.2 | 52.1 | 26.1 | 13.0 | 5.21 |
| 4.80 | 2.400 | 1.2000 | 0.480 | 156 | 77.8 | 51.9 | 25.9 | 13.0 | 5.19 |
| 4.81 | 2.405 | 1.2025 | 0.481 | 155 | 77.5 | 51.6 | 25.8 | 12.9 | 5.16 |
| 4.82 | 2.410 | 1.2050 | 0.482 | 154 | 77.1 | 51.4 | 25.7 | 12.9 | 5.14 |
| 4.83 | 2.415 | 1.2075 | 0.483 | 154 | 76.8 | 51.2 | 25.6 | 12.8 | 5.12 |
| 4.84 | 2.420 | 1.2100 | 0.484 | 153 | 76.4 | 51.0 | 25.5 | 12.7 | 5.10 |
| 4.85 | 2.425 | 1.2125 | 0.485 | 152 | 76.1 | 50.7 | 25.4 | 12.7 | 5.07 |
| 4.86 | 2.430 | 1.2150 | 0.486 | 152 | 75.8 | 50.5 | 25.3 | 12.6 | 5.05 |
| 4.87 | 2.435 | 1.2175 | 0.487 | 151 | 75.4 | 50.3 | 25.1 | 12.6 | 5.03 |
| 4.88 | 2.440 | 1.2200 | 0.488 | 150 | 75.1 | 50.1 | 25.0 | 12.5 | 5.01 |
| 4.89 | 2.445 | 1.2225 | 0.489 | 150 | 74.8 | 49.8 | 24.9 | 12.5 | 4.98 |
| 4.90 | 2.450 | 1.2250 | 0.490 | 149 | 74.4 | 49.6 | 24.8 | 12.4 | 4.96 |
| 4.91 | 2.455 | 1.2275 | 0.491 | 148 | 74.1 | 49.4 | 24.7 | 12.4 | 4.94 |
| 4.92 | 2.460 | 1.2300 | 0.492 | 148 | 73.8 | 49.2 | 24.6 | 12.3 | 4.92 |
| 4.93 | 2.465 | 1.2325 | 0.493 | 147 | 73.5 | 49.0 | 24.5 | 12.2 | 4.90 |
| 4.94 | 2.470 | 1.2350 | 0.494 | 146 | 73.2 | 48.8 | 24.4 | 12.2 | 4.88 |
| 4.95 | 2.475 | 1.2375 | 0.495 | 146 | 72.8 | 48.6 | 24.3 | 12.1 | 4.86 |

（续）

| 球直径 $D$/mm | | | | 试验力-压头球直径平方的比率 $0.102F/D^2$ | | | | | |
|---|---|---|---|---|---|---|---|---|---|
| | | | | 30 | 15 | 10 | 5 | 2.5 | 1 |
| | | | | 试验力 $F$/N | | | | | |
| 10 | | | | 29420 | 14710 | 9807 | 4903 | 2452 | 980.7 |
| | 5 | | | 7355 | — | 2452 | 1226 | 612.9 | 245.2 |
| | | 2.5 | | 1839 | — | 612.9 | 306.5 | 153.2 | 61.29 |
| | | | 1 | 294.2 | — | 98.07 | 49.03 | 24.52 | 9.807 |
| 压痕平均直径 $d$/mm | | | | 布氏硬度 HBW | | | | | |
| 4.96 | 2.480 | 1.2400 | 0.496 | 145 | 72.5 | 48.3 | 24.2 | 12.1 | 4.83 |
| 4.97 | 2.485 | 1.2425 | 0.497 | 144 | 72.2 | 48.1 | 24.1 | 12.0 | 4.81 |
| 4.98 | 2.490 | 1.2450 | 0.498 | 144 | 71.9 | 47.9 | 24.0 | 12.0 | 4.79 |
| 4.99 | 2.495 | 1.2475 | 0.499 | 143 | 71.6 | 47.7 | 23.9 | 11.9 | 4.77 |
| 5.00 | 2.500 | 1.2500 | 0.500 | 143 | 71.3 | 47.5 | 23.8 | 11.9 | 4.75 |
| 5.01 | 2.505 | 1.2525 | 0.501 | 142 | 71.0 | 47.3 | 23.7 | 11.8 | 4.73 |
| 5.02 | 2.510 | 1.2550 | 0.502 | 141 | 70.7 | 47.1 | 23.6 | 11.8 | 4.71 |
| 5.03 | 2.515 | 1.2575 | 0.503 | 141 | 70.4 | 46.9 | 23.5 | 11.7 | 4.69 |
| 5.04 | 2.520 | 1.2600 | 0.504 | 140 | 70.1 | 46.7 | 23.4 | 11.7 | 4.67 |
| 5.05 | 2.525 | 1.2625 | 0.505 | 140 | 69.8 | 46.5 | 23.3 | 11.6 | 4.65 |
| 5.06 | 2.530 | 1.2650 | 0.506 | 139 | 69.5 | 46.3 | 23.2 | 11.6 | 4.63 |
| 5.07 | 2.535 | 1.2675 | 0.507 | 138 | 69.2 | 46.1 | 23.1 | 11.5 | 4.61 |
| 5.08 | 2.540 | 1.2700 | 0.508 | 138 | 68.9 | 45.9 | 23.0 | 11.5 | 4.59 |
| 5.09 | 2.545 | 1.2725 | 0.509 | 137 | 68.6 | 45.7 | 22.9 | 11.4 | 4.57 |
| 5.10 | 2.550 | 1.2750 | 0.510 | 137 | 68.3 | 45.5 | 22.8 | 11.4 | 4.55 |
| 5.11 | 2.555 | 1.2775 | 0.511 | 136 | 68.0 | 45.3 | 22.7 | 11.3 | 4.53 |
| 5.12 | 2.560 | 1.2800 | 0.512 | 135 | 67.7 | 45.1 | 22.6 | 11.3 | 4.51 |
| 5.13 | 2.565 | 1.2825 | 0.513 | 135 | 67.4 | 45.0 | 22.5 | 11.2 | 4.50 |
| 5.14 | 2.570 | 1.2850 | 0.514 | 134 | 67.1 | 44.8 | 22.4 | 11.2 | 4.48 |
| 5.15 | 2.575 | 1.2875 | 0.515 | 134 | 66.9 | 44.6 | 22.3 | 11.1 | 4.46 |
| 5.16 | 2.580 | 1.2900 | 0.516 | 133 | 66.6 | 44.4 | 22.2 | 11.1 | 4.44 |
| 5.17 | 2.585 | 1.2925 | 0.517 | 133 | 66.3 | 44.2 | 22.1 | 11.1 | 4.42 |
| 5.18 | 2.590 | 1.2950 | 0.518 | 132 | 66.0 | 44.0 | 22.0 | 11.0 | 4.40 |
| 5.19 | 2.595 | 1.2975 | 0.519 | 132 | 65.8 | 43.8 | 21.9 | 11.0 | 4.38 |
| 5.20 | 2.600 | 1.3000 | 0.520 | 131 | 65.5 | 43.7 | 21.8 | 10.9 | 4.37 |
| 5.21 | 2.605 | 1.3025 | 0.521 | 130 | 65.2 | 43.5 | 21.7 | 10.9 | 4.35 |
| 5.22 | 2.610 | 1.3050 | 0.522 | 130 | 64.9 | 43.3 | 21.6 | 10.8 | 4.33 |
| 5.23 | 2.615 | 1.3075 | 0.523 | 129 | 64.7 | 43.1 | 21.6 | 10.8 | 4.31 |
| 5.24 | 2.620 | 1.3100 | 0.524 | 129 | 64.4 | 42.9 | 21.5 | 10.7 | 4.29 |
| 5.25 | 2.625 | 1.3125 | 0.525 | 128 | 64.1 | 42.8 | 21.4 | 10.7 | 4.28 |
| 5.26 | 2.630 | 1.3150 | 0.526 | 128 | 63.9 | 42.6 | 21.13 | 10.6 | 4.26 |
| 5.27 | 2.635 | 1.3175 | 0.527 | 127 | 63.6 | 42.4 | 21.2 | 10.6 | 4.24 |
| 5.28 | 2.640 | 1.3200 | 0.528 | 127 | 63.3 | 42.2 | 21.1 | 10.6 | 4.22 |
| 5.29 | 2.645 | 1.3225 | 0.529 | 126 | 63.1 | 42.1 | 21.0 | 10.5 | 4.21 |
| 5.30 | 2.650 | 1.3250 | 0.530 | 126 | 62.8 | 41.9 | 20.9 | 10.5 | 4.19 |

（续）

| 球直径 D/mm | | | | 试验力-压头球直径平方的比率 0.102F/D² | | | | | |
|---|---|---|---|---|---|---|---|---|---|
| | | | | 30 | 15 | 10 | 5 | 2.5 | 1 |
| | | | | 试验力 F/N | | | | | |
| 10 | | | | 29420 | 14710 | 9807 | 4903 | 2452 | 980.7 |
| | 5 | | | 7355 | — | 2452 | 1226 | 612.9 | 245.2 |
| | | 2.5 | | 1839 | — | 612.9 | 306.5 | 153.2 | 61.29 |
| | | | 1 | 294.2 | — | 98.07 | 49.03 | 24.52 | 9.807 |
| 压痕平均直径 d/mm | | | | 布氏硬度 HBW | | | | | |
| 5.31 | 2.655 | 1.3275 | 0.531 | 125 | 62.6 | 41.7 | 20.9 | 10.4 | 4.17 |
| 5.32 | 2.660 | 1.3300 | 0.532 | 125 | 62.3 | 41.5 | 20.8 | 10.4 | 4.15 |
| 5.33 | 2.665 | 1.3325 | 0.533 | 124 | 62.1 | 41.4 | 20.7 | 10.3 | 4.14 |
| 5.34 | 2.670 | 1.3350 | 0.534 | 124 | 61.8 | 41.2 | 20.6 | 10.3 | 4.12 |
| 5.35 | 2.675 | 1.3375 | 0.535 | 123 | 61.5 | 41.0 | 20.5 | 10.3 | 4.10 |
| 5.36 | 2.680 | 1.3400 | 0.536 | 123 | 61.3 | 40.9 | 20.4 | 10.2 | 4.09 |
| 5.37 | 2.685 | 1.3425 | 0.537 | 122 | 61.0 | 40.7 | 20.3 | 10.2 | 4.07 |
| 5.38 | 2.690 | 1.3450 | 0.538 | 122 | 60.8 | 40.5 | 20.3 | 10.1 | 4.05 |
| 5.39 | 2.695 | 1.3475 | 0.539 | 121 | 60.6 | 40.4 | 20.2 | 10.1 | 4.04 |
| 5.40 | 2.700 | 1.3500 | 0.540 | 121 | 60.3 | 40.2 | 20.1 | 10.1 | 4.02 |
| 5.41 | 2.705 | 1.3525 | 0.541 | 120 | 60.1 | 40.0 | 20.0 | 10.0 | 4.00 |
| 5.42 | 2.710 | 1.3550 | 0.542 | 120 | 59.8 | 39.9 | 19.9 | 9.97 | 3.99 |
| 5.43 | 2.715 | 1.3575 | 0.543 | 119 | 59.6 | 39.7 | 19.9 | 9.93 | 3.97 |
| 5.44 | 2.720 | 1.3600 | 0.544 | 119 | 59.3 | 39.6 | 19.8 | 9.89 | 3.96 |
| 5.45 | 2.725 | 1.3625 | 0.545 | 118 | 59.1 | 39.4 | 19.7 | 9.85 | 3.94 |
| 5.46 | 2.730 | 1.3650 | 0.546 | 118 | 58.9 | 39.2 | 19.6 | 9.81 | 3.92 |
| 5.47 | 2.735 | 1.3675 | 0.547 | 117 | 58.6 | 39.1 | 19.5 | 9.77 | 3.91 |
| 5.48 | 2.740 | 1.3700 | 0.548 | 117 | 58.4 | 38.9 | 19.5 | 9.73 | 3.89 |
| 5.49 | 2.745 | 1.3725 | 0.549 | 116 | 58.2 | 38.8 | 19.4 | 9.69 | 3.88 |
| 5.50 | 2.750 | 1.3750 | 0.550 | 116 | 57.9 | 38.6 | 19.3 | 9.66 | 3.86 |
| 5.51 | 2.755 | 1.3775 | 0.551 | 115 | 57.7 | 38.5 | 19.2 | 9.62 | 3.85 |
| 5.52 | 2.760 | 1.3800 | 0.552 | 115 | 57.5 | 38.3 | 19.2 | 9.58 | 3.83 |
| 5.53 | 2.765 | 1.3825 | 0.553 | 114 | 57.2 | 38.2 | 19.1 | 9.54 | 3.82 |
| 5.54 | 2.770 | 1.3850 | 0.554 | 114 | 57.0 | 38.0 | 19.0 | 9.50 | 3.80 |
| 5.55 | 2.775 | 1.3875 | 0.555 | 114 | 56.8 | 37.9 | 18.9 | 9.47 | 3.79 |
| 5.56 | 2.780 | 1.3900 | 0.556 | 113 | 56.6 | 37.7 | 18.9 | 9.43 | 3.77 |
| 5.57 | 2.785 | 1.3925 | 0.557 | 113 | 56.3 | 37.6 | 18.8 | 9.39 | 3.76 |
| 5.58 | 2.790 | 1.3950 | 0.558 | 112 | 56.1 | 37.4 | 18.7 | 9.35 | 3.74 |
| 5.59 | 2.795 | 1.3975 | 0.559 | 112 | 55.9 | 37.3 | 18.6 | 9.32 | 3.73 |
| 5.60 | 2.800 | 1.4000 | 0.560 | 111 | 55.7 | 37.1 | 18.6 | 9.28 | 3.71 |
| 5.61 | 2.805 | 1.4025 | 0.561 | 111 | 55.5 | 37.0 | 18.5 | 9.24 | 3.70 |
| 5.62 | 2.810 | 1.4050 | 0.562 | 110 | 55.2 | 36.8 | 18.4 | 9.21 | 3.68 |
| 5.63 | 2.815 | 1.4075 | 0.563 | 110 | 55.0 | 36.7 | 18.3 | 9.17 | 3.67 |
| 5.64 | 2.820 | 1.4100 | 0.564 | 110 | 54.8 | 36.5 | 18.3 | 9.14 | 3.65 |
| 5.65 | 2.825 | 1.4125 | 0.565 | 109 | 54.6 | 36.4 | 18.2 | 9.10 | 3.64 |

（续）

| 球直径 D/mm | | | | 试验力-压头球直径平方的比率 0.102F/D² | | | | | |
|---|---|---|---|---|---|---|---|---|---|
| | | | | 30 | 15 | 10 | 5 | 2.5 | 1 |
| | | | | 试验力 F/N | | | | | |
| 10 | | | | 29420 | 14710 | 9807 | 4903 | 2452 | 980.7 |
| | 5 | | | 7355 | — | 2452 | 1226 | 612.9 | 245.2 |
| | | 2.5 | | 1839 | — | 612.9 | 306.5 | 153.2 | 61.29 |
| | | | 1 | 294.2 | — | 98.07 | 49.03 | 24.52 | 9.807 |
| 压痕平均直径 d/mm | | | | 布氏硬度 HBW | | | | | |
| 5.66 | 2.830 | 1.4150 | 0.566 | 109 | 54.4 | 36.3 | 18.1 | 9.06 | 3.63 |
| 5.67 | 2.835 | 1.4175 | 0.567 | 108 | 54.2 | 36.1 | 18.1 | 9.03 | 3.61 |
| 5.68 | 2.840 | 1.4200 | 0.568 | 108 | 54.0 | 36.0 | 18.0 | 8.99 | 3.60 |
| 5.69 | 2.845 | 1.4225 | 0.569 | 107 | 53.7 | 35.8 | 17.9 | 8.96 | 3.58 |
| 5.70 | 2.850 | 1.4250 | 0.570 | 107 | 53.5 | 35.7 | 17.8 | 8.92 | 3.57 |
| 5.71 | 2.855 | 1.4275 | 0.571 | 107 | 53.3 | 35.6 | 17.8 | 8.89 | 3.56 |
| 5.72 | 2.860 | 1.4300 | 0.572 | 106 | 53.1 | 35.4 | 17.7 | 8.85 | 3.54 |
| 5.73 | 2.865 | 1.4325 | 0.573 | 106 | 52.9 | 35.3 | 17.6 | 8.82 | 3.53 |
| 5.74 | 2.870 | 1.4350 | 0.574 | 105 | 52.7 | 35.1 | 17.6 | 8.79 | 3.51 |
| 5.75 | 2.875 | 1.4375 | 0.575 | 105 | 52.5 | 35.0 | 17.5 | 8.75 | 3.50 |
| 5.76 | 2.880 | 1.4400 | 0.576 | 105 | 52.3 | 34.9 | 17.4 | 8.72 | 3.49 |
| 5.77 | 2.885 | 1.4425 | 0.577 | 104 | 52.1 | 34.7 | 17.4 | 8.68 | 3.47 |
| 5.78 | 2.890 | 1.4450 | 0.578 | 104 | 51.9 | 34.6 | 17.3 | 8.65 | 3.46 |
| 5.79 | 2.895 | 1.4475 | 0.579 | 103 | 51.7 | 34.5 | 17.2 | 8.62 | 3.45 |
| 5.80 | 2.900 | 1.4500 | 0.580 | 103 | 51.5 | 34.3 | 17.2 | 8.59 | 3.43 |
| 5.81 | 2.905 | 1.4525 | 0.581 | 103 | 51.3 | 34.2 | 17.1 | 8.55 | 3.42 |
| 5.82 | 2.910 | 1.4550 | 0.582 | 102 | 51.1 | 34.1 | 17.0 | 8.52 | 3.41 |
| 5.83 | 2.915 | 1.4575 | 0.583 | 102 | 50.9 | 33.9 | 17.0 | 8.49 | 3.39 |
| 5.84 | 2.920 | 1.4600 | 0.584 | 101 | 50.7 | 33.8 | 16.9 | 8.45 | 3.38 |
| 5.85 | 2.925 | 1.4625 | 0.585 | 101 | 50.5 | 33.7 | 16.8 | 8.42 | 3.37 |
| 5.86 | 2.930 | 1.4650 | 0.586 | 101 | 50.3 | 33.6 | 16.8 | 8.39 | 3.36 |
| 5.87 | 2.935 | 1.4675 | 0.587 | 100 | 50.2 | 33.4 | 16.7 | 8.36 | 3.34 |
| 5.88 | 2.940 | 1.4700 | 0.588 | 99.9 | 50.0 | 33.3 | 16.7 | 8.33 | 3.33 |
| 5.89 | 2.945 | 1.4725 | 0.589 | 99.5 | 49.8 | 33.2 | 16.6 | 8.30 | 3.32 |
| 5.90 | 2.950 | 1.4750 | 0.590 | 99.2 | 49.6 | 33.1 | 16.5 | 8.26 | 3.31 |
| 5.91 | 2.955 | 1.4775 | 0.591 | 98.8 | 49.4 | 32.9 | 16.5 | 8.23 | 3.29 |
| 5.92 | 2.960 | 1.4800 | 0.592 | 98.4 | 49.2 | 32.8 | 16.4 | 8.20 | 3.28 |
| 5.93 | 2.965 | 1.4825 | 0.593 | 98.0 | 49.0 | 32.7 | 16.3 | 8.17 | 3.27 |
| 5.94 | 2.970 | 1.4850 | 0.594 | 97.7 | 48.8 | 32.6 | 16.3 | 8.14 | 3.26 |
| 5.95 | 2.975 | 1.4875 | 0.595 | 97.3 | 48.7 | 32.4 | 16.2 | 8.11 | 3.24 |
| 5.96 | 2.980 | 1.4900 | 0.596 | 96.9 | 48.5 | 32.3 | 16.2 | 8.08 | 3.23 |
| 5.97 | 2.985 | 1.4925 | 0.597 | 96.6 | 48.3 | 32.2 | 16.1 | 8.05 | 3.22 |
| 5.98 | 2.990 | 1.4950 | 0.598 | 96.2 | 48.1 | 32.1 | 16.0 | 8.02 | 3.21 |
| 5.99 | 2.995 | 1.4975 | 0.599 | 95.9 | 47.9 | 32.0 | 16.0 | 7.99 | 3.20 |
| 6.00 | 3.000 | 1.5000 | 0.600 | 95.5 | 47.7 | 31.8 | 15.9 | 7.96 | 3.18 |

由于工件有厚有薄，金属有硬有软，在进行布氏硬度试验时，压头直径、试验力和保持时间应根据被测金属种类和厚度正确地进行选择。

根据 GB/T 231.1—2002 规定硬质合金球压头适用于测定布氏硬度值在 650HBW 以下的材料。需要注意的是旧国标 GB/T 231—1984 中规定的淬火钢球压头已经不再使用。

布氏硬度的标注方法是，在硬度符号的前面，应标注测定的硬度值，在硬度符号的后面用相应的数字注明压头球直径、试验力数字和与规定时间（10～15s）不同的试验力保持时间。一般试验力保持时间为 10～15s 时都不需注明。例如：

350HBW5/75 表示用直径 5mm 的硬质合金球在 7.355kN 试验力下保持 10～15s 时测定的布氏硬度值为 350。

600HBW1/30/20，表示用直径 1mm 的硬质合金球在 294.2N 试验力下保持 20s 时测定的布氏硬度值为 600。

布氏硬度的特点是试验时在金属表面产生的压痕较大，能在较大范围内反映材料的平均硬度，测得的硬度值较为准确，数据重复性较强。其缺点是由于压痕大，对金属表面的损伤也较大，因此不宜测定尺寸太小或厚度太薄的试样，也不宜用于成品件硬度的测试。

### 8.2.2 洛氏硬度

洛氏硬度是用锥角为 120°的金刚石圆锥体或直径为 1.588mm 的淬火钢球作为压头，在洛氏硬度计上进行的一项硬度试验方法，如图 8-7 所示。试验时，先加初试验力，然后再加主试验力，将压头压入试样表面之后，去除主试验力，在保留初试验力的情况下，根据试样压痕深度来确定金属的硬度大小。

在图 8-7 中，0—0 位置为金刚石压头还没有和试样接触时的原始位置。当加上初试验力 $F_0$ 后，压头压入试样中，深度为 $h_0$，处于 1—1 位置。然后再加主试验力 $F_1$，使压头进一步压入试样，深度为 $h_1$，处于图中 2—2 位置。保持一定时间后，去除主试验力，保持初试验力，此时压头因金属的弹性恢复在图中处于 3—3 位置。图中所示 $e$ 值，称为残余压痕深度增量，对于洛氏硬度试验，其数值单位为 0.002mm。标尺刻度满量程 $k$ 值与 $e/0.002$ 值之差，称为洛氏硬度值。洛氏硬度可按下式计算

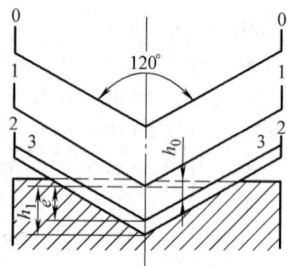

图 8-7 洛氏硬度试验原理图

$$HR = k - e = k - \frac{压痕深度}{0.002} \tag{8-5}$$

式中，压痕深度的单位为 mm。

对于使用金刚石圆锥体压头进行的洛氏硬度试验，其标尺刻度满量程 $k$ 为 100；对于使用淬火钢球压头进行的试验，其标尺刻度满量程 $k$ 为 130。

根据压头和试验力不同，洛氏硬度常用 A、B、C 三种标尺。洛氏硬度根据试验时选用的压头类型和试验力大小的不同分别采用不同的标尺进行标注。根据 GB/T 230—1991 规定，硬度数值写在符号 HR 的前面，HR 后面写使用的标尺，如 50HRC 表示用"C"标尺测定的洛氏硬度值为 50。当洛氏硬度值需要换算成其他硬度值时，应按表 8-3 进行换算。

**表 8-3　钢铁材料硬度及强度换算表**

| 硬　　度 | | | 碳钢抗拉强度 /MPa | 硬　　度 | | | 碳钢抗拉强度 /MPa |
|---|---|---|---|---|---|---|---|
| 洛　氏 | 维　氏 | 布　氏 | （kgf/mm²） | 洛　氏 | 维　氏 | 布　氏 | （kgf/mm²） |
| HRB | HV | HBW | | HRB | HV | HBW | |
| 100.0 | 233 | 244 | 803(80.3) | 80.0 | 146 | 133 | 508(50.8) |
| 99.5 | 230 | 240 | 793(79.3) | 79.5 | 145 | 132 | 503(50.3) |
| 99.0 | 227 | 235 | 783(78.3) | 79.0 | 143 | 130 | 498(49.8) |
| 98.5 | 225 | 231 | 773(77.3) | 78.5 | 142 | 129 | 494(49.4) |
| 98.0 | 222 | 230 | 763(76.3) | 78.0 | 140 | 128 | 489(48.9) |
| 97.5 | 219 | 226 | 754(75.4) | 77.5 | 139 | 127 | 485(48.5) |
| 97.0 | 216 | 223 | 744(74.4) | 77.0 | 138 | 126 | 480(48.0) |
| 96.5 | 208 | 212 | 735(73.5) | 76.5 | 136 | 125 | 476(47.6) |
| 96.0 | 211 | 215 | 726(72.6) | 76.0 | 135 | 124 | 472(47.2) |
| 95.5 | 208 | 212 | 717(71.7) | 75.5 | 134 | 123 | 468(46.8) |
| 95.0 | 206 | 210 | 708(70.8) | 75.0 | 132 | 122 | 464(46.4) |
| 94.5 | 203 | 207 | 700(70.0) | 74.5 | 131 | 121 | 460(46.4) |
| 94.0 | 201 | 203 | 691(69.1) | 74.0 | 130 | 120 | 456(45.6) |
| 93.5 | 199 | 200 | 683(68.3) | 73.5 | 129 | 119 | 452(45.2) |
| 93.0 | 196 | 197 | 675(67.5) | 73.0 | 128 | 118 | 449(44.9) |
| 92.5 | 194 | 195 | 667(66.7) | 72.5 | 126 | 117 | 445(44.5) |
| 92.0 | 191 | 193 | 659(65.9) | 72.0 | 125 | 116 | 442(44.2) |
| 91.5 | 187 | 191 | 651(65.1) | 71.5 | 124 | 115 | 435(43.5) |
| 91.0 | 187 | 189 | 644(64.4) | 71.0 | 123 | 115 | 435(43.5) |
| 90.5 | 185 | 186 | 636(63.6) | 70.5 | 122 | 114 | 432(43.2) |
| 90.0 | 183 | 184 | 629(62.9) | 70.0 | 121 | 113 | 429(42.9) |
| 89.5 | 180 | 181 | 621(62.1) | 69.5 | 120 | 112 | 426(42.6) |
| 89.0 | 178 | 179 | 614(61.4) | 69.0 | 119 | 112 | 423(42.3) |
| 88.5 | 176 | 177 | 607(60.7) | 68.5 | 118 | 111 | 420(42.0) |
| 88.0 | 174 | 176 | 601(60.1) | 68.0 | 117 | 110 | 418(41.8) |
| 87.5 | 172 | 174 | 594(59.4) | 67.5 | 116 | 110 | 415(41.5) |
| 87.0 | 170 | 172 | 587(58.7) | 67.0 | 115 | 109 | 412(41.2) |
| 86.5 | 168 | 170 | 581(58.1) | 66.5 | 115 | 108 | 410(41.0) |
| 86.0 | 166 | 169 | 575(57.5) | 66.0 | 114 | 108 | 407(40.7) |
| 85.5 | 165 | 167 | 568(56.8) | 65.5 | 113 | 107 | 405(40.5) |
| 85.0 | 163 | 164 | 562(56.2) | 65.0 | 112 | 107 | 403(40.3) |
| 84.5 | 161 | 162 | 556(55.6) | 64.5 | 111 | 106 | 400(40.0) |
| 84.0 | 159 | 161 | 550(55.0) | 64.0 | 110 | 106 | 398(39.8) |
| 83.5 | 157 | 159 | 545(54.5) | 63.5 | 110 | 105 | 396(39.6) |
| 83.0 | 156 | 157 | 539(53.9) | 63.0 | 109 | 105 | 394(39.4) |
| 82.5 | 154 | 140 | 534(53.4) | 62.5 | 108 | 104 | 392(39.2) |
| 82.0 | 152 | 138 | 528(52.8) | 62.0 | 108 | 104 | 390(39.0) |
| 81.5 | 151 | 137 | 523(52.3) | 61.5 | 107 | 103 | 388(38.8) |
| 81.0 | 149 | 136 | 518(51.8) | 61.0 | 106 | 103 | 386(38.6) |
| 80.5 | 148 | 134 | 513(51.3) | 60.5 | 105 | 102 | 385(38.5) |

（续）

| 硬 度 | | | | 碳钢抗拉强度 /MPa | 硬 度 | | | | 碳钢抗拉强度 /MPa |
|---|---|---|---|---|---|---|---|---|---|
| 洛 氏 | | 维氏 | 布氏 | | 洛 氏 | | 维氏 | 布氏 | |
| HRC | HRA | HV | HBW | （kgf/mm²） | HRC | HRA | HV | HBW | （kgf/mm²） |
| 64.0 | 83.5 | 825 | 670 | | 41.5 | 71.3 | 393 | 385 | 1348(134.8) |
| 63.5 | 83.3 | 810 | 665 | | 41.0 | 71.1 | 388 | 380 | 1331(133.1) |
| 63.0 | 83.0 | 795 | 659 | | 40.5 | 70.8 | 382 | 375 | 1313(131.3) |
| 62.5 | 82.5 | 780 | 651 | | 40.0 | 70.5 | 377 | 370 | 1296(129.6) |
| 62.0 | 82.2 | 766 | 643 | | 39.5 | 70.3 | 372 | 365 | 1279(127.9) |
| 61.5 | 82.0 | 752 | 635 | | 39.0 | 70.0 | 367 | 360 | 1263(126.3) |
| 61.0 | 81.5 | 739 | 627 | | 38.5 | | 362 | 355 | 1246(124.6) |
| 60.5 | 81.4 | 726 | 621 | | 38.0 | | 357 | 350 | 1231(123.1) |
| 60.0 | 81.2 | 713 | 616 | 2607(260.7) | 37.5 | | 352 | 345 | 1215(121.5) |
| 59.5 | 80.9 | 700 | 607 | 2551(255.1) | 37.0 | | 347 | 341 | 1200(120.0) |
| 59.0 | 80.6 | 688 | 601 | 2496(249.6) | 36.5 | | 342 | 336 | 1185(118.5) |
| 58.5 | 80.3 | 676 | 594 | 2443(244.3) | 36.0 | | 338 | 332 | 1170(117.0) |
| 58.0 | 80.1 | 664 | 587 | 2391(239.1) | 35.5 | | 333 | 327 | 1156(115.6) |
| 57.5 | 79.8 | 653 | 577 | 2341(234.1) | 35.0 | | 329 | 332 | 1141(114.1) |
| 57.0 | 79.5 | 642 | 573 | 2293(229.1) | 34.5 | | 324 | 318 | 1127(112.7) |
| 56.5 | 79.3 | 631 | 566 | 2246(224.6) | 34.0 | | 320 | 341 | 1113(111.3) |
| 56.0 | 79.0 | 620 | 560 | 2201(220.1) | 33.5 | | 316 | 310 | 1100(110.0) |
| 55.5 | 78.7 | 609 | 556 | 2157(215.7) | 33.0 | | 312 | 306 | 1086(108.6) |
| 55.0 | 78.5 | 599 | 547 | 2115(211.5) | 32.5 | | 308 | 302 | 1073(107.3) |
| 54.5 | 78.2 | 589 | 540 | 2074(207.4) | 32.0 | | 304 | 298 | 1060(106.0) |
| 54.0 | 77.9 | 579 | 534 | 2034(203.4) | 31.5 | | 300 | 294 | 1047(140.7) |
| 53.5 | 77.7 | 570 | 528 | 1995(199.5) | 31.0 | | 296 | 291 | 1034(103.4) |
| 53.0 | 77.4 | 561 | 522 | 1957(195.7) | 30.5 | | 292 | 287 | 1021(102.1) |
| 52.5 | 77.1 | 551 | 516 | 1921(192.1) | 30.0 | | 289 | 283 | 1009(100.9) |
| 52.0 | 76.9 | 543 | 507 | 1885(188.5) | 29.5 | | 285 | 280 | 997(99.7) |
| 51.5 | 76.6 | 534 | 503 | 1851(185.1) | 29.0 | | 281 | 276 | 984(98.4) |
| 51.0 | 76.3 | 525 | 501 | 1817(181.7) | 28.5 | | 278 | 273 | 972(97.2) |
| 50.5 | 76.1 | 517 | 494 | 1785(178.5) | 28.0 | | 274 | 269 | 961(96.1) |
| 50.0 | 75.8 | 509 | 488 | 1744(174.4) | 27.5 | | 271 | 269 | 949(94.9) |
| 49.5 | 75.5 | 501 | 481 | 1714(171.4) | 27.0 | | 268 | 263 | 937(93.7) |
| 49.0 | 75.3 | 493 | 474 | 1686(168.6) | 26.5 | | 264 | 260 | 926(92.6) |
| 48.5 | 75.0 | 485 | 468 | 1658(165.8) | 26.0 | | 261 | 257 | 914(91.4) |
| 48.0 | 74.7 | 478 | 461 | 1631(163.1) | 25.5 | | 258 | 254 | 903(90.3) |
| 47.5 | 74.5 | 470 | 455 | 1606(160.6) | 25.0 | | 255 | 251 | 892(89.2) |
| 47.0 | 74.2 | 463 | 449 | 1581(158.1) | 24.5 | | 252 | 248 | 881(88.1) |
| 46.5 | 73.9 | 456 | 442 | 1556(155.6) | 24.0 | | 249 | 245 | 870(87.0) |
| 46.0 | 73.7 | 449 | 436 | 1533(153.3) | 23.5 | | 246 | 242 | 860(86.0) |
| 45.5 | 73.4 | 433 | 430 | 1510(151.0) | 23.0 | | 243 | 240 | 849(84.9) |
| 45.0 | 73.2 | 436 | 424 | 1488(148.8) | 22.5 | | 240 | 234 | 839(83.9) |
| 44.5 | 72.9 | 429 | 418 | 1466(146.6) | 22.0 | | 237 | 237 | 829(82.9) |
| 44.0 | 72.6 | 423 | 413 | 1445(144.5) | 21.5 | | 234 | 232 | 819(81.9) |
| 43.5 | 72.4 | 417 | 407 | 1425(142.5) | 21.0 | | 231 | 229 | 809(80.9) |
| 43.0 | 72.1 | 411 | 401 | 1405(140.5) | 20.5 | | 229 | 227 | 799(79.9) |
| 42.5 | 71.8 | 405 | 396 | 1386(138.6) | 20.0 | | 226 | 225 | 767(76.7) |
| 42.0 | 71.6 | 399 | 391 | 1367(136.7) | | | | | |

注：本附表摘自 GB/T 1172—1999《黑色金属硬度及强度换算值》。有关部分适当调整和压缩。

　　洛氏硬度试验是生产实际中广泛应用的一种硬度试验。其特点是：对试样表面损伤较小，硬度试验压痕也较小，可直接用来检验成品或半成品的硬度；试验时直接从试验机上读取硬度值，试验操作简便，省去了烦琐的测量、计算、查表等工作。其缺点是由于压痕较小，硬度值的准确性、重复性不如布氏硬度试验，因此，在测试洛氏硬度时，通常选取不同位置的三点测出硬度值，用平均值作为被测金属的洛氏硬度值。

## 8.3　冲击韧度

　　强度、塑性、硬度等力学性能指标都是在静态力作用下测定的。但在实际生产过程中，有些零件受到的是动态力，如压力机的冲头、锻锤的锤杆等，这些工件除要求具有一定的强度、塑性、硬度等力学性能外，还必须具有足够的韧性，以满足实际性能的需要。

　　韧性是指金属材料在动态力作用下抵抗断裂的能力，也即金属在断裂前吸收变形能量的能力。动态力，特别是冲击载荷，比静态力的破坏性要大得多。因此，需要采用测定冲击载荷下的冲击吸收功来确定韧性，用冲击韧度表示。为了测定金属的冲击吸收功，通常都采用夏比冲击试验。

### 8.3.1　夏比冲击试验

**1. 试验原理**

　　夏比冲击试验是在摆锤式冲击试验机上进行的。试验时，将带有缺口的试样安放在试验机的机架上，使试样的缺口位于两固定支座中间，并背向摆锤的冲击方向，如图 8-8 所示。将一定质量的摆锤升高至 $h_1$，则摆锤具有势能 $A_{KV1}$（V 形缺口试样）。当摆锤落下冲断试样后，摆锤继续向前升高至 $h_2$，此时摆锤的剩余势能为 $A_{KV2}$。摆锤冲断试样所消耗的势能 $A_{KV}$（J）为

$$A_{KV} = A_{KV1} - A_{KV2} \qquad (8-6)$$

$A_{KV}$ 就是在冲击试验力一次作用下使规定形状和尺寸的试样折断时所吸收的功，称为冲击吸收功。$A_{KV}$ 可以从试验机的刻度盘上直接读出，是表示金属冲击韧度的主要性能指标。

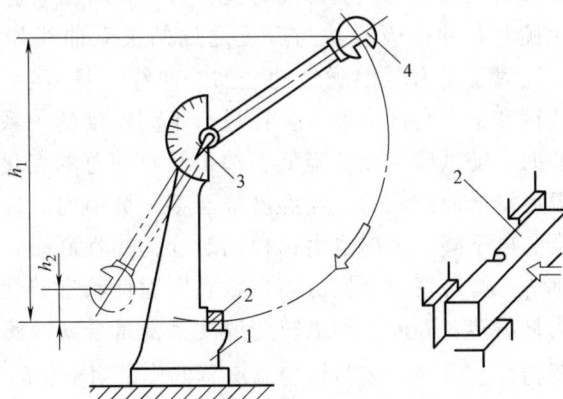

图 8-8　夏比冲击试验原理图

1—固定支座　2—带缺口的试样　3—刻度盘　4—摆锤

**2. 冲击试样**

　　为了使试验结果不受其他因素影响，冲击试样要根据国家标准制作，如图 8-9 所示。具有 V 形缺口的试样，称为夏比 V 形缺口试样；具有 U 形缺口的试样，称为夏比 U 形缺口试样。使用 U 形缺口试样进行冲击试验时，相应的冲击吸收功用符号 $A_{KU}$ 表示。

　　试样缺口的作用是：为正确测定出金属承受冲击载荷的能力，在试验时使缺口附近造成应力集中，塑性变形局限在缺口附近，保证试样在缺口处发生断裂。

**3. 冲击韧度**

　　用试样断口处截面面积去除冲击吸收功即得冲击韧度。以 V 形缺口试样为例，其计算

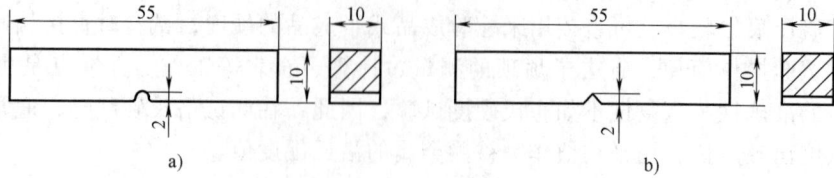

图 8-9　冲击试样

a) U 形缺口试样　b) V 形缺口试样

式为

$$a_{KV} = \frac{A_{KV}}{S_N} \qquad (8-7)$$

式中　$a_{KV}$——冲击韧度，单位为 J/cm²；

　　　$A_{KV}$——冲击吸收功，单位为 J；

　　　$S_N$——试样的断口处截面面积，单位为 cm²。

　　显然，冲击吸收功 $A_{KV}$ 和冲击韧度 $a_{KV}$ 越大，表示金属抵抗冲击试验力而不破坏的能力就越强。冲击吸收功和冲击韧度是评定金属力学性能的重要指标。冲击吸收功和冲击韧度对组织缺陷非常敏感，能有效检验金属材料在冶炼、加工、热处理工艺等方面的质量。此外，冲击吸收功和冲击韧度对温度非常敏感，通过一系列温度下的冲击试验即可测出金属的脆化趋势和韧脆转变温度。

**4. 冲击吸收功-温度关系曲线**

　　冲击吸收功与试验温度有关。有些金属在室温时并不显示脆性，而在较低温度下则可能发生脆断。冲击吸收功与温度之间的关系曲线如图 8-10 所示。对于具有低温脆性的金属，曲线上具有上平台区、过渡区和下平台区三部分。在进行不同温度的一系列冲击试验时，随试验温度的降低，冲击吸收功总的变化趋势是随温度降低而降低的。当温度降至某一数值时，冲击吸收功会急剧下降，金属也由韧性断裂变为脆性断裂，这种现象称为冷脆转变。金属由韧性状态向脆性状态转变的温度称为韧脆转变温度。韧脆转变温度是衡量金属冷脆倾向的

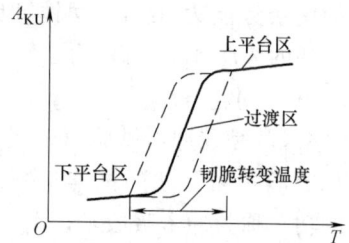

图 8-10　冲击吸收功-温度曲线

重要指标。金属的韧脆转变温度越低，说明金属的低温抗冲击性能就越好。非合金钢的韧脆转变温度约为 – 20℃，因此在较寒冷（低于 – 20℃）地区使用的非合金钢构件，如车辆、桥梁、运输管道等在冬天易发生脆断现象。在选择金属材料时，应充分考虑其工作条件的最低温度必须高于金属的韧脆转变温度。

## 8.3.2　多次冲击试验简介

　　在实际工作中，金属因一次冲击断裂的情况极少。许多零件在工作时都处在小能量多次冲击的环境中。由于在一次冲击条件下测得的冲击吸收功不能完全反映这些零件的实际工况，因此提出了小能量多次冲击试验。

　　金属在多次冲击下的破坏过程包括裂纹产生、裂纹扩张和瞬时断裂三个阶段，其破坏是

每次冲击损伤积累的结果，与一次冲击的破坏过程不同。

多次冲击弯曲试验如图 8-11 所示。试验时将试样放在试验机支座上，使试样受到试验机锤头的小能量多次冲击，在一定冲击能量下测定被测试样。记录开始出现裂纹和最后破裂的冲击次数，并以此作为其多次冲击抗力指标。

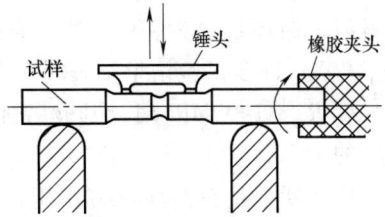

图 8-11　多次冲击弯曲试验示意图

研究结果表明：多次冲击抗力取决于金属的强度和塑性指标，随着条件的不同，其强度和塑性的作用和要求是不同的。小能量多次冲击的脆断问题，主要由金属的强度决定；大能量多次冲击的脆断问题，主要取决于金属的塑性。

## 8.4　金属的疲劳

### 8.4.1　金属的疲劳现象

许多零件如轴、齿轮、弹簧等大多是在循环应力和应变作用下工作的。循环应力和应变是指应力或应变的大小和方向都随时间发生周期性变化的一类应力和应变。较为常见的交变应力是对称循环应力，其最大值 $\sigma_{max}$ 和最小值 $\sigma_{min}$ 的绝对值相等，即 $\sigma_{max}/\sigma_{min} = -1$，如图 8-12 所示。许多零件工作时承受的应力值通常都低于材料的屈服强度或规定残余延伸强度，零件在这种循环载荷作用下，经过一定循环次数后仍会产生裂纹或发生突然断裂，这种现象称为金属的疲劳。

疲劳断裂与静态力作用下的断裂不同。在疲劳断裂前断裂是突然发生的，都不产生明显的塑性变形，因此具有很大的危险性，常常造成较为严重的事故。据统计，80% 以上损坏的机械零件都是由于疲劳造成的。因此，研究疲劳现象具有非常重要的意义。

研究表明：疲劳断裂首先是在零件局部区域产生应力集中造成的。首先，形成微小的裂纹核心，即微裂源。随后，在循环应力作用下，裂纹继续扩展长大。由于疲劳裂纹不断扩展，使零件的有效工作面逐渐减小，因此裂纹所在的断面上，零件所受应力不断增加。当应力超过材料的断裂强度时，就会形成最后瞬断区，发生疲劳断裂。疲劳断裂的断口如图8-13 所示。

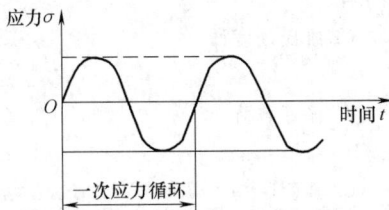

图 8-12　对称循环交变应力　　　　　　图 8-13　疲劳断裂的断口示意图

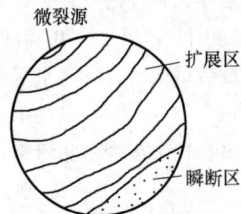

### 8.4.2　疲劳强度

金属在循环应力作用下经受无限次循环而不断裂的最大应力值，称为金属的疲劳强度。

在工程实践中，一般都是求疲劳极限，即对应于指定的循环基数下的中值疲劳强度。对于钢铁材料，循环基数为 $10^7$；对于非铁金属，循环基数为 $10^8$。对称循环应力的疲劳强度用 $\sigma_{-1}$ 表示。许多试验结果都表明：金属的疲劳强度随着抗拉强度的提高而增加，结构钢当抗拉强度 $R_m \leqslant 1400\text{MPa}$ 时，其疲劳强度 $\sigma_{-1}$ 约为抗拉强度的 1/2。

疲劳断裂是在循环应力作用下，经一定循环次数后发生的。在循环载荷作用下，金属承受一定的循环应力 $\sigma_{max}$ 和断裂时相应的循环次数 $N$ 之间的关系，可以用曲线来描述，这种曲线称为疲劳曲线，如图 8-14 所示。

由于大部分机械零件的损坏都是因疲劳造成的，因此减少或消除疲劳失效，对于提高零件的使用寿命具有极为重要的意义。通过减少缺口效应，

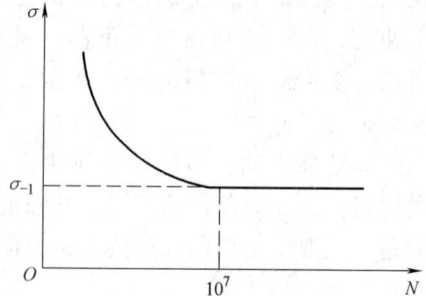

图 8-14　疲劳曲线示意图

可以提高疲劳强度，例如采用高频淬火、表面形变强化（喷丸、滚压、内孔挤压等）、化学热处理（渗碳、渗氮、碳氮共渗）等表面热处理，都可以用来改变零件表层的残余应力状态，提高零件的疲劳强度。

## 复习思考题

8-1　金属的性能分为_____性能和_____性能。

8-2　500HBW5/750 表示用直径为_____mm、材质为_____的压头，在_____N 压力下，保持_____s，测得的_____硬度值为_____。

8-3　冲击吸收功的符号是_____，其单位为_____。

8-4　衡量材料强度高低的主要指标有_____和_____。

8-5　衡量材料塑性好坏的主要指标有_____和_____。

8-6　HBW 的测试范围是_____，压头类型是_____，主要用于测定_____。

8-7　HRB 的测试范围是_____，压头类型是_____，主要用于测定_____。

8-8　HRC 的测试范围是_____，压头类型是_____，主要用于测定_____。

8-9　拉伸试验时，试样拉断前能承受的最大应力称为材料的（　　）。

A. 屈服强度　　　　　　　B. 抗拉强度　　　　　　　C. 弹性极限

8-10　测定淬火钢件的硬度，一般常选用（　　）来测试。

A. 布氏硬度计　　　　　　B. 洛氏硬度计　　　　　　C. 维氏硬度计

8-11　做疲劳试验时，试样承受的载荷为（　　）。

A. 静态力　　　　　　　　B. 冲击载荷　　　　　　　C. 循环载荷

8-12　金属抵抗永久变形和断裂的能力，称为（　　）。

A. 硬度　　　　　　　　　B. 塑性　　　　　　　　　C. 强度

8-13　金属的（　　）越好，则其锻造性能就越好。

A. 强度　　　　　　　　　B. 塑性　　　　　　　　　C. 硬度

8-14　塑性变形能随载荷的去除而消失。（　　　　）

8-15　所有金属在拉伸试验时都会出现显著的屈服现象。（　　　　）

8-16　当布氏硬度试验的试验条件相同时，压痕直径越小，则金属的硬度就越低。（　　　　）

8-17　洛氏硬度值是根据压头压入被测金属的残余深度来确定的。（　　　　）

8-18　小能量多次冲击抗力的大小主要取决于金属的强度高低。（　　　）

8-19　画出低碳钢力-伸长曲线，并简述拉伸变形的几个阶段。

8-20　下列硬度标注方法是否正确？如何改正？

HBW210 ~ 240　　　　　　　450 ~ 480HBW　　　　　　HRC15 ~ 20

8-21　布氏硬度试验有哪些优缺点？

8-22　有一钢试样，其直径为 10mm，标距长度为 50mm，当拉伸力达到 18840N 时试样产生屈服现象。拉伸力加至 36110N 时，试样产生缩颈现象，然后被拉断。拉断后标距长度为 73mm，断裂处直径为 6.7mm，求试样的 $R_m$、$A$ 和 $Z$。

# 第9章 常用金属材料

**【本章学习要点】**

主要内容：金属晶体结构与结晶；非合金钢、合金钢、非铁金属等常用金属材料的基本组织、牌号、性能特点和用途。

学习目的与要求：了解金属晶体结构的基础知识，掌握金属材料分类方法和常用金属材料的牌号、性能特点和用途。

学习重点：常用金属材料分类方法、牌号、性能特点和用途。

## 9.1 金属材料基础知识

### 9.1.1 金属的晶体结构

**1. 晶体与非晶体**

固态物质是由原子组成的。根据原子排列的特征，固态物质可分为晶体与非晶体两类。晶体是指组成原子呈规则排列的物质，其具有固定熔点和各向异性的特性。如金刚石、石墨、金属材料等都是晶体。晶体的原子规则排列如图 9-1a 所示。

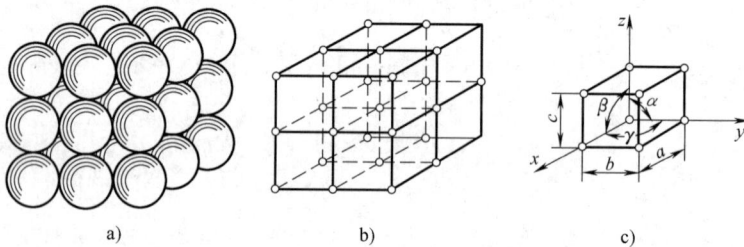

图 9-1 简单立方晶格与晶胞示意图

a）晶体中的原子排列　b）晶格　c）晶胞

非晶体是指组成原子无规则排列的物质，如玻璃、沥青、石蜡、松香等。

**2. 金属晶格类型**

（1）晶格　抽象地用于描述晶体中原子排列规律的几何空间格子，称为晶格，如图 9-1b 所示。

（2）晶胞　构成晶格的最小几何单元称为晶胞，如图 9-1c 所示。

（3）常见的晶格类型　在已知的 80 多种金属元素中，大部分金属的晶格都属于下面三种类型。

1）体心立方晶格。这种晶格的晶胞是立方体，立方体的八个顶角和中心各有一个原子，如图 9-2 所示。具有这种晶格的金属有钨（W）、钼（Mo）、铬（Cr）、钒（V）、$\alpha$-Fe 等。

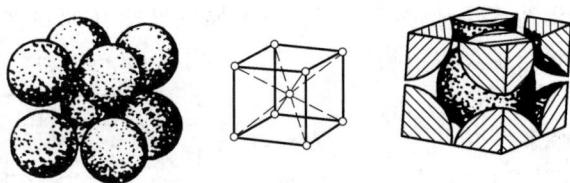

图 9-2　体心立方晶格示意图

2）面心立方晶格。这种晶格的晶胞是立方体，立方体的八个顶角和六个面的中心各有一个原子，如图 9-3 所示。具有这种晶格的金属有金（Au）、银（Ag）、铝（Al）、铜（Cu）、镍（Ni）、γ-Fe 等。

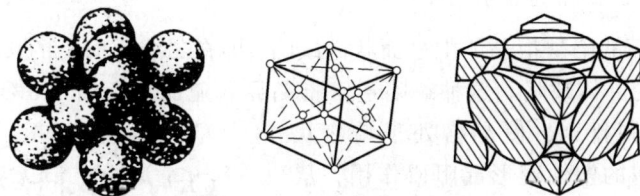

图 9-3　面心立方晶格示意图

3）密排六方晶格。这种晶格的晶胞是正六棱柱体，在正六棱柱体的十二个顶角和上下底面中心各有一个原子，另外在上下底面之间还有三个原子，如图 9-4 所示。具有此种晶格的金属有镁（Mg）、锌（Zn）、铍（Be）等。

**3. 晶体缺陷**

如果一块晶体内部的晶格位向（即原子排列的方向）完全一致，则这块晶体称为单晶体，如单晶硅、单晶锗等。如果一块晶体内部包含许多颗粒状的小晶体，且各小晶体中原子排列的方向不尽相同，则这块晶体称为多晶体，如图 9-5 所示。

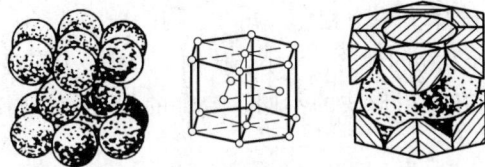

图 9-4　密排六方晶格示意图　　　　　图 9-5　金属的多晶体结构示意图

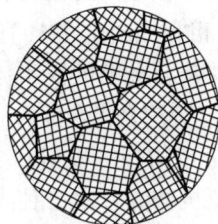

多晶体内部的颗粒状小晶体称为晶粒，晶粒之间的交界处称为晶界。

金属材料基本都属于多晶体。其内部原子大部分规则排列，但局部有原子不规则排列现象。这种晶体内部原子排列不规则的部位称为晶体缺陷。根据晶体缺陷的几何特征，可将晶体缺陷分为以下三种。

（1）点缺陷　点缺陷是晶体中呈点状的缺陷，即在三维空间三个方向上的尺寸都很小的晶体缺陷。最常见的点缺陷是晶格空位和间隙原子。晶格中原子空缺的位置叫空位；存在于晶格间隙的原子叫间隙原子，如图 9-6 所示。

（2）线缺陷　线缺陷是指在三维空间两个方向上的尺寸很小的晶体缺陷。这种缺陷主要指各种类型的位错，图 9-7 所示为刃型位错示意图。所谓位错是指晶格中一列或若干列原子发生的错排现象。位错造成金属晶格畸变，对金属的性能（如强度、塑性、疲劳）及原子扩散、相变过程等都将产生重要影响。

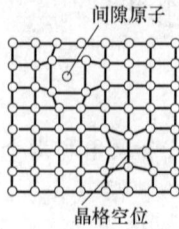

图 9-6　晶格空位和间隙原子示意图

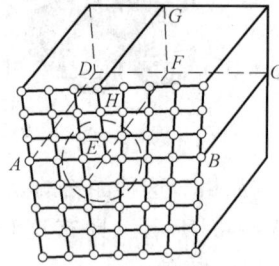

图 9-7　刃型位错示意图

（3）面缺陷　面缺陷是指晶体中呈面状的缺陷，即在二维方向上的尺寸很大、在第三维方向上的尺寸很小的晶体缺陷。这种缺陷通常指晶界和亚晶界。图 9-8 所示为晶界示意图。晶界处原子呈不规则排列，使晶格处于畸变状态，在常温下对金属的塑性变形起阻碍作用，从而引起金属材料强度和硬度的提高。

**4. 合金**

（1）合金及其相关概念

1）合金。合金是指由两种或两种以上金属元素（或金属元素与非金属元素）组成的具有金属性质的物质。机械生产中使用的金属材料大部分是合金材料。例如，钢铁是 Fe-C 合金，黄铜是 Cu-Zn 合金。

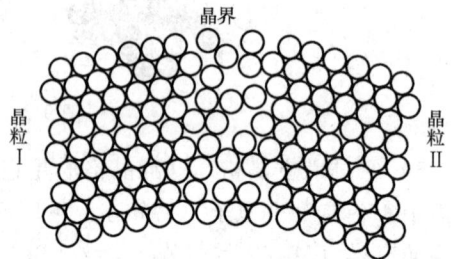

图 9-8　晶界示意图

2）组元。组成合金的最基本的独立物质称为合金的组元。组元可以是组成合金的元素，也可以是合金中的稳定化合物。

3）相。相是指合金中具有相同成分、相同结构并以界面相互分开的各个均匀组成部分。例如，铁碳合金中的铁素体为一个相，渗碳体为一个相。

4）组织。组织是指合金内部的具体状况，涉及相的种类、大小、比例、形状、分布等内容。

（2）合金中的相　根据合金中各组元间相互作用形式的不同，合金的相可分为固溶体、金属化合物及机械混合物三种类型。

1）固溶体。合金在固态下一种组元的晶格内溶解了另一种组元的原子而形成的晶体相，称为固溶体。固溶体中质量分数最多的组元是溶剂，其他的组元是溶质。固溶体的晶格与溶剂相同。

根据溶质原子在溶剂晶格中所占位置的不同，可将固溶体分为置换固溶体和间隙固溶体，如图 9-9 所示。

由于形成固溶体而使合金强度、硬度升高的现象称为固溶强化。固溶强化是强化金属材料的重要途径之一。

2）金属化合物。金属化合物是指合金组元间相互作用而生成的具有金属性质的一种新相，其晶

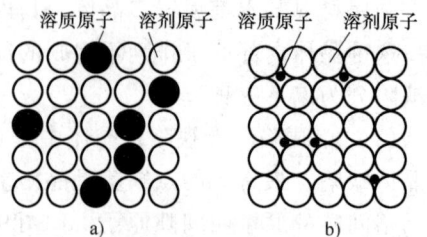

图 9-9　固溶体的两种类型

a）置换固溶体　b）间隙固溶体

格和性能不同于其任一组元，通常可以用分子式来表示。例如，铁碳合金中的渗碳体（$Fe_3C$）就是铁和碳形成的金属化合物。金属化合物具有熔点高、稳定性好、硬而脆等特点，是合金中的强化相；合金中出现适量的金属化合物时，通常能显著提高合金的强度和硬度，该现象称为合金的第二相强化。但第二相强化会降低材料的塑性和韧性。

3）机械混合物。由固溶体和金属化合物混合而成的复相组织，称为机械混合物。因为在机械混合物中各组成相仍保持着原有晶格的类型和性能，所以固溶体、金属化合物是组成合金的基本相，而机械混合物则是非基本相。机械混合物的性能则介于各组成相性能之间，其性能与各组成相的性能、数量、形态、大小、分布状况等密切相关。

## 9.1.2　金属的结晶

### 1. 结晶过程

由液体转变为晶体的过程称为结晶。金属的结晶过程可以用冷却曲线来描述，图 9-10 所示为纯金属冷却曲线。

如图 9-10b 所示，理论结晶温度 $T_0$ 和实际结晶温度 $T_1$ 之差 $\Delta T$ 称为过冷度。研究证明：金属结晶时的过冷度并不是一个恒定值，它与冷却速度有关，冷却速度越大，过冷度就越大，金属的实际结晶温度就越低。在实际生产中，金属结晶必须在一定的过冷度下进行，过冷是结晶的必要条件。

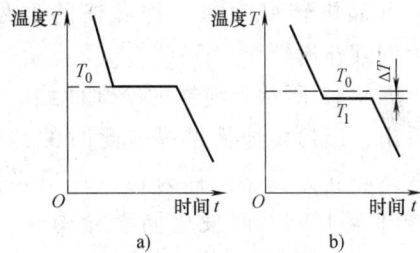

图 9-10　纯金属结晶时的冷却曲线

a）以极缓慢速度冷却　b）在实际条件下冷却

纯金属结晶的基本过程包括晶核的形成和晶核的长大两个过程。如图 9-11 所示，金属液在达到结晶温度时，首先形成一些极细小的微晶体——晶核，随后晶核不断吸收金属液中的原子而不断长大，直至金属液全部转变为晶体，形成由多晶粒组成的多晶体结构。

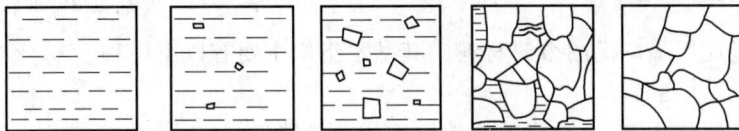

图 9-11　纯金属结晶过程示意图

### 2. 细化晶粒

常温下，晶粒越细小，金属的强度、硬度就越高，塑性、韧性就越好。因此，生产实践中总是希望使零件获得细晶组织。晶粒大小对纯铁力学性能的影响见表 9-1。

表 9-1　晶粒大小对纯铁力学性能的影响

| 晶粒平均直径 $d_{av} \times 100/mm$ | $R_m/MPa$ | $A(\%)$ |
|---|---|---|
| 9.70 | 168 | 28.8 |
| 7.00 | 184 | 30.6 |
| 2.50 | 215 | 39.6 |
| 0.20 | 268 | 48.8 |
| 0.16 | 270 | 50.7 |
| 0.10 | 284 | 50.0 |

在生产中，为了获得细晶组织，常采用以下措施。

（1）增大冷却速度　如铸造生产时降低浇注温度、采用蓄热大和散热快的金属铸型、铸型中局部加冷铁以及采用水冷铸型等。

（2）变质处理　所谓变质处理就是在浇注前，将少量粉末物质加入到金属液中，促进形核或控制晶核长大，从而细化晶粒。

（3）附加振动　在结晶过程中对金属液附加机械振动、超声波振动、电磁振动等，可使生长中的枝晶破碎，使晶核数增多，以细化晶粒。

### 9.1.3　金属的同素异构转变

固态下的大多数金属晶体，其晶格类型都不会随温度的变化而发生变化，但也有少数金属，如铁、锰、钛等，其晶格类型会随温度的变化而发生变化。金属在固态下由一种晶格转变为另一种晶格的过程，称为同素异构转变。

图 9-12 所示为纯铁的冷却曲线。可以看出，1538℃纯铁结晶，此时的纯铁具有体心立方晶格，称为 $\delta$-Fe；当 $\delta$-Fe 其冷却至 1394℃ 时发生同素异构转变，由体心立方晶格的 $\delta$-Fe 转变为面心立方晶格的 $\gamma$-Fe；$\gamma$-Fe 冷却至 912℃ 时发生同素异构转变，由面心立方晶格的 $\gamma$-Fe 转变为体心立方晶格的 $\alpha$-Fe。

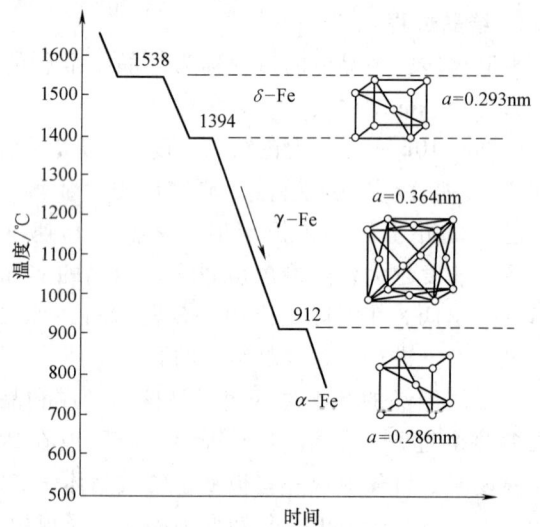

图 9-12　纯铁的冷却曲线

### 9.1.4　钢铁的基本组织

钢铁材料是应用最广泛的金属材料，其基本组织主要有以下几种。

**1. 铁素体**

铁素体是碳溶于 $\alpha$-Fe 中形成的间隙固溶体，用符号"F"表示。碳在 $\alpha$-Fe 中溶解度极小，在 727℃ 时最大溶解为 0.0218%（质量分数），而在室温时只有 0.0008%（质量分数）。铁素体的强度、硬度较低（$R_m = 180 \sim 280\mathrm{MPa}$，$50 \sim 80\mathrm{HBW}$），塑性、韧性较好（$A = 30\% \sim 50\%$、$a_{KU} = 160 \sim 200\mathrm{J/cm^2}$）。铁素体是工业纯铁的主要组织。

**2. 奥氏体**

奥氏体是碳溶于 $\gamma$-Fe 中形成的间隙固溶体，用符号"A"表示。$\gamma$-Fe 中碳的溶解度较大，在 1148℃ 时溶碳量最大，为 2.11%（质量分数）；在 727℃ 时溶碳量为 0.77%（质量分数）。奥氏体的强度、硬度较高（$R_m = 400\ \mathrm{MPa}$，$160 \sim 200\mathrm{HBW}$），塑性、韧性也较好（$A = 40\% \sim 50\%$）。奥氏体组织属于高温组织，具有良好的塑性和较小的变形抗力，是锻造的理想组织。

**3. 渗碳体**

渗碳体是一种具有复杂晶体结构的金属化合物，用符号"$Fe_3C$"表示，其晶格如图 9-13 所示。$Fe_3C$ 中碳的质量分数为 6.69%，熔点约为 1227℃，硬度极高（800HBW），塑性和韧性极低（$A \approx 0\%$、$a_{KU} \approx 0$）。

渗碳体主要作为强化相存在于钢铁中，它的数量、形态（片状、粒状、网状等）、大小和分布对钢铁材料的性能有重要影响。

**4. 珠光体**

珠光体组织是由铁素体和渗碳体组成的混合物，用符号"A"表示。珠光体中碳的质量分数为 0.77%，其强度较高（$R_m = 770MPa$），硬度适中（180HBW），有一定的塑性（$A = 20\% \sim 35\%$）和韧性（$a_{KU} = 40J/cm^2$），是一种综合力学性能较好的组织。

**5. 莱氏体**

莱氏体分为高温莱氏体和低温莱氏体。高温莱氏体是由奥氏体和渗碳体组成的机械混合物，用符号"Ld"表示。低温莱氏体是由珠光体和渗碳体组成的机械混合物，用符号"L'd"表示。

图 9-13　渗碳体的晶体结构

莱氏体组织中碳的质量分数高（$w_C = 4.3\%$），$Fe_3C$ 相对量也较多（质量分数大于 64%），故莱氏体的性能与渗碳体相似，即硬而脆。莱氏体是白口铸铁的主要组织。

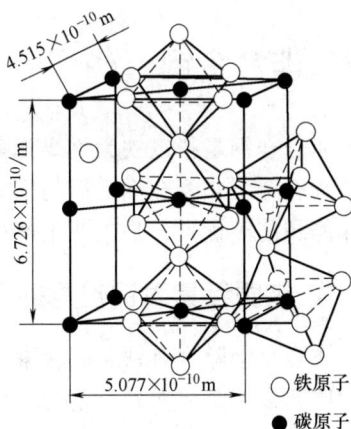

## 9.1.5　金属材料的分类

金属材料质量稳定，性价比具有一定的优势，目前仍占据着材料工业的主导地位，其分类见表 9-2。

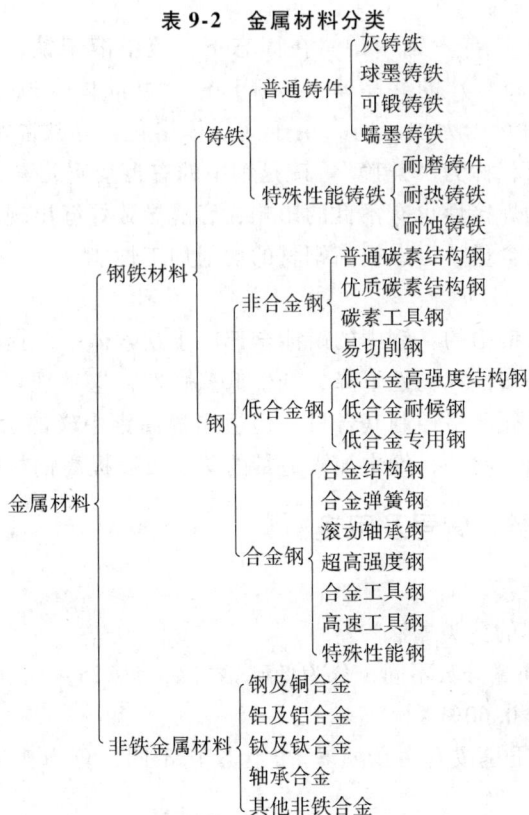

表 9-2　金属材料分类

| 金属材料 | 钢铁材料 | 铸铁 | 普通铸件 | 灰铸铁 |
| | | | | 球墨铸铁 |
| | | | | 可锻铸铁 |
| | | | | 蠕墨铸铁 |
| | | | 特殊性能铸铁 | 耐磨铸件 |
| | | | | 耐热铸铁 |
| | | | | 耐蚀铸铁 |
| | | 钢 | 非合金钢 | 普通碳素结构钢 |
| | | | | 优质碳素结构钢 |
| | | | | 碳素工具钢 |
| | | | | 易切削钢 |
| | | | 低合金钢 | 低合金高强度结构钢 |
| | | | | 低合金耐候钢 |
| | | | | 低合金专用钢 |
| | | | 合金钢 | 合金结构钢 |
| | | | | 合金弹簧钢 |
| | | | | 滚动轴承钢 |
| | | | | 超高强度钢 |
| | | | | 合金工具钢 |
| | | | | 高速工具钢 |
| | | | | 特殊性能钢 |
| | 非铁金属材料 | | | 钢及铜合金 |
| | | | | 铝及铝合金 |
| | | | | 钛及钛合金 |
| | | | | 轴承合金 |
| | | | | 其他非铁合金 |

## 9.2 非合金钢

非合金钢是指以铁为主要元素、碳的平均质量分数小于 2%、并含有其他少量杂质元素的铁碳合金。非合金钢在旧的国家标准中称碳素钢。非合金钢具有价格低、工艺性能好、力学性能较高等优点，是工业生产中应用广泛的金属材料之一。

### 9.2.1 杂质元素对钢性能的影响

非合金钢除含有铁和碳元素之外，还含有少量的硅（Si）、锰（Mn）、硫（S）、磷（P）等杂质元素。杂质元素对钢的组织和性能都有一定的影响。

**1. 硅的影响**

硅主要是随脱氧剂进入钢中的，它是非合金钢中的有益元素，可以溶解于铁素体中，强化铁素体，提高钢的强度和硬度。但硅会降低钢的塑性和韧性。炼钢时不要求严格控制硅的含量，但其含量一般不超过 0.5%。

**2. 锰的影响**

锰主要是随脱氧剂进入钢中的，它是非合金钢中的有益元素，可以溶解于铁素体中，强化铁素体，提高钢的强度和硬度，还可以与硫化合形成 MnS，以减小硫的有害作用，改善钢的热加工性能。非合金钢中锰的平均质量分数一般在 0.25% ~ 0.80% 之间，最高可达 1.2%。

**3. 硫的影响**

硫是炼钢时由炼钢生铁带入钢中的。在固态下，硫不溶于铁，而以 FeS 的形式存在，FeS 与 Fe 形成低熔点（985℃）的共晶体（Fe + FeS）。共晶体（Fe + FeS）分布在晶界上，当钢材在 1000 ~ 1200℃ 进行压力加工时，由于共晶体熔化，导致晶界开裂。这种金属材料在高温时出现脆裂的现象，称为"热脆"。硫是钢中的有害杂质元素，炼钢时必须严格控制其含量。此外，硫对钢的焊接性也有不良的影响，容易导致焊缝出现裂纹、气孔、疏松等缺陷。但适当提高钢中硫的含量，可以提高钢材的切削加工性能。

**4. 磷的影响**

磷是由炼钢生铁带入钢中的。钢中的磷能全部溶于铁素体中，提高了铁素体的强度和硬度。但在室温下磷使钢的塑性和韧性下降，产生低温脆性，这种现象称为"冷脆"。磷是钢中的有害元素，炼钢时必须严格控制其含量。但适当提高钢中磷的含量，可以脆化铁素体，改善钢材的切削加工性能。此外，钢中加入适量的磷还可以提高钢材的耐大气腐蚀性能。

### 9.2.2 非合金钢的分类、牌号及用途

**1. 非合金钢的分类**

（1）我国多年来采用的分类方法

1）按钢中碳的平均质量分数不同，分为低碳钢（$w_C \leq 0.25\%$）、中碳钢（$w_C = 0.25\%$ ~ 0.60%）和高碳钢（$w_C > 0.60\%$）。

2）按钢的品质（实质是按有害杂质 S、P 含量）不同，分为普通质量碳钢、优质碳钢和高级优质碳钢。

3）按钢的用途不同，分为碳素结构钢和碳素工具钢。

4）按冶炼方法不同，分为平炉钢、转炉钢和电炉钢。

5）按炼钢时所用脱氧方法不同，分为沸腾钢、镇静钢和半镇静钢。

（2）我国新实施的金属材料的分类方法 GB/T 13304—2008 规定，按照主要质量等级和主要性能及使用性能，非合金钢分为普通质量非合金钢、优质非合金钢和特殊质量非合金钢三类。

**2. 非合金钢牌号及用途**

（1）碳素结构钢 碳素结构钢的牌号由代表屈服强度的字母、屈服强度数值、质量等级符号、脱氧方法符号等四部分组成。牌号中"Q"表示钢材屈服强度"屈"字汉语拼音首位字母；质量等级分 A、B、C、D 四级，按顺序质量依次提高；脱氧方法用 F、Z、TZ 表示，分别表示沸腾钢、镇静钢、特殊镇静钢。在牌号组成表示方法中，"Z""TZ"可以省略。例如，Q235AF 表示屈服强度不低于 235MPa、质量为 A 级的碳素结构钢，属沸腾钢。

Q195、Q215 等钢材，塑性较好，有一定的强度，用于制造受力不大的零件，如螺钉、螺母、垫圈、焊接件、冲压件及桥梁建筑等金属结构件。Q275 钢材，用于制造承受中等载荷的零件，如小轴、销子、连杆、农机零件等。

碳素结构钢的牌号和化学成分及力学性能见表 9-3 与表 9-4。

**表 9-3 碳素结构钢的牌号和化学成分**

| 牌号 | 统一数字代号[①] | 等级 | 厚度或直径/mm | 脱氧方法 | 化学成分（质量分数，%，不大于） | | | | |
|------|------|------|------|------|------|------|------|------|------|
| | | | | | C | Si | Mn | P | S |
| Q195 | U11952 | — | — | F、Z | 0.12 | 0.30 | 0.50 | 0.035 | 0.040 |
| Q215 | U12152 | A | — | F、Z | 0.15 | 0.35 | 1.20 | 0.045 | 0.050 |
| | U12155 | B | | | | | | | 0.045 |
| Q235 | U12352 | A | — | F、Z | 0.22 | 0.30 ~ 0.65 | 1.40 | 0.045 | 0.050 |
| | U12355 | B | | | 0.20[②] | 0.35 | | | 0.045 |
| | U12358 | C | | Z | 0.17 | | | 0.040 | 0.040 |
| | U12359 | D | | TZ | | | | 0.035 | 0.035 |
| Q275 | U12752 | A | — | F、Z | 0.24 | 0.35 | 1.50 | 0.045 | 0.050 |
| | U12755 | B | ≤40 | Z | 0.21 | | | 0.045 | 0.045 |
| | | | >40 | | 0.22 | | | | |
| | U12758 | C | | Z | 0.20 | | | 0.040 | 0.040 |
| | U12759 | D | | TZ | | | | 0.034 | 0.035 |

注：本表节选自 GB/T 700—2006。

① 表示为镇静钢、特殊镇静钢牌号的统一数字，沸腾钢牌号的统一数字如下：Q195F—U11950；Q215AF—U12150，Q215BF—U12153；Q235AF—U12350，Q235BF—U12353；Q275AF—U12353。

② 表示经需方同意，Q235B 中碳的质量分数可不大于 0.22%。

（2）优质碳素结构钢 优质碳素结构钢的牌号用两位数字表示，两位数字表示钢中碳平均质量分数的万分数；若钢中锰的平均质量分数较高时（达到 0.70% ~ 1.00%），则在其牌号后面标出元素符号"Mn"；若为沸腾钢，则在数字后加"F"。例如，45 表示碳的平均质量分数为 0.45% 的优质碳素结构钢；08F 表示碳的平均质量分数为 0.08% 的优质碳素结构钢，属沸腾钢；65Mn 表示碳的平均质量分数为 0.65%、锰的平均质量分数较高的优质碳素结构钢。

表 9-4　碳素结构钢的力学性能

| 牌号 | 质量等级 | 屈服强度① $Re_H$/(N/mm²)(不小于) 厚度或直径/mm | | | | | | 抗拉强度② $R_m$/(N/mm²) | 断后伸长率 $A$(%) 钢材厚度(直径)/mm | | | | | 冲击试验(V形缺口) | |
|---|---|---|---|---|---|---|---|---|---|---|---|---|---|---|---|
| | | ≤16 | >16~40 | >40~60 | >60~100 | >100~150 | >150~200 | | ≤40 | >40~60 | >60~100 | >100~150 | >150~200 | 温度/℃ | 冲击吸收功(纵向)/J(不小于) |
| Q195 | — | 195 | 185 | — | — | — | — | 315~430 | 33 | — | — | — | — | — | — |
| Q215 | A | 215 | 205 | 195 | 185 | 175 | 165 | 335~450 | 31 | 30 | 29 | 27 | 26 | — | — |
| | B | | | | | | | | | | | | | +20 | 27 |
| Q235 | A | 235 | 225 | 215 | 215 | 195 | 185 | 370~500 | 26 | 25 | 24 | 22 | 21 | — | — |
| | B | | | | | | | | | | | | | +20 | 27③ |
| | C | | | | | | | | | | | | | 0 | |
| | D | | | | | | | | | | | | | -20 | |
| Q275 | A | 275 | 265 | 255 | 245 | 225 | 215 | 410~540 | 22 | 21 | 20 | 18 | 17 | — | — |
| | B | | | | | | | | | | | | | +20 | 27 |
| | C | | | | | | | | | | | | | 0 | |
| | D | | | | | | | | | | | | | -20 | |

注：本表节选自 GB/T 700—2006。
① Q195 的屈服强度值仅供参考，不作交货条件。
② 厚度大于 100mm 的钢材，抗拉强度下限允许降低 20N/mm²。宽带钢（包括剪切钢板）抗拉强度上限不作交货条件。
③ 厚度小于 25mm 的 Q235B 级钢材，如供方能保证冲击吸收功值合格，经需方同意，可不作检验。

　　不同牌号的优质碳素结构钢，其碳质量分数和性能差异较大。因此，不同牌号的优质碳素结构钢有不同的应用。牌号为 08、10 的优质碳素结构钢，碳的平均质量分数低，塑性好、强度低、焊接性能好，用于制造冷冲压件和焊接件，属于冷冲压钢。牌号为 15、20、25 的优质碳素结构钢属于渗碳钢，经渗碳淬火后，表面硬度可达 60HRC 以上，耐磨性好，而心部具有一定的强度和韧性，可用于制造要求表面硬度高、耐磨并承受冲击载荷的渗碳件；此外，这类钢强度较低，但塑性、韧性较高，冲压性能和焊接性能很好，可以制造各种受力不大但要求高韧性的零件，如焊接容器、螺钉、杆件、轴套、冷冲压件等。牌号为 30、35、40、45、50、55 的优质碳素结构钢属于调质钢，经过热处理后具有良好的综合力学性能，主要用于制作要求强度、韧性都较高的零件，如齿轮、套筒、轴类零件等，这类钢在机械制造中应用非常广泛，特别是 40、45 钢应用最广泛。牌号为 60、65、70、75、80、85 的优质碳素结构钢属于弹簧钢，经过热处理后可获得高弹性极限、高强度和高硬度，主要用于制造尺寸较小的弹性零件及耐磨零件。

　　（3）碳素工具钢　碳素工具钢是指用于制造刃具、模具和量具的碳钢。由于大多数工具都要求高硬度和高耐磨性，故碳素工具钢中碳的平均质量分数都不小于 0.70%，而且此类钢都是优质钢或特殊质量钢。

　　碳素工具钢的牌号用"T + 数字"表示。"T"是汉字"碳"的汉语拼音字首；数字表示钢中碳的平均质量分数的千分数；牌号末尾标字母"A"，表示该钢是特殊质量钢。例如，T8 表示碳的平均质量分数为 0.80% 的碳素工具钢；T12A 表示碳的平均质量分数为 1.20% 的特殊质量碳素工具钢。

不同牌号的碳素工具钢有不同的用途。T7、T9 一般用于制造韧性要求稍高的工具，如冲头、錾子、简单模具、木工工具等；T10 用于制造中等韧性要求、高硬度的工具，如手工锯条、丝锥、板牙等，也可用做要求不高的模具；T12、T13 具有高的硬度及耐磨性，但韧性低，用于制造量具、锉刀、钻头、刮刀等。特殊质量碳素工具钢含杂质和非金属夹杂物少，适于制造重要的、要求较高的工具。

（4）工程用铸造碳钢　形状复杂且承受载荷较大的零件，因为铸铁难以满足其力学性能要求，所以其材料通常选用铸造碳钢。工程用铸造碳钢中碳的平均质量分数一般都在 0.20%～0.60% 之间，具有较好的铸造性能和较高的强度，广泛用于制造重型机械中的某些零件，如轧钢机机架、水压机横梁、锻锤砧座等。

工程用铸造碳钢的牌号用"ZG ＋数字—数字"表示，"ZG"是"铸钢"两字的汉语拼音字首，第一组数字代表屈服强度最低值，第二组数字代表抗拉强度最低值。例如，ZG200—400 表示屈服强度不小于 200MPa、抗拉强度不小于 400MPa 的工程用铸造碳钢。

# 9.3　合金钢

为了改善钢的某些性能或使之具有某些特殊性能，在炼钢时有意加入钢中的元素，称为合金元素，用"Me"表示。钢中加入的合金元素主要有：Si、Mn、Cr、Ni、W、Mo、V、Ti、Al、B、RE 等。根据我国资源条件，在合金钢中主要使用 Si、Mn、B、W、Mo、V、Ti、RE 等合金元素。

含有一种或几种合金元素的钢，称为合金钢。

## 9.3.1　合金元素在钢中的作用

### 1. 合金元素对钢中基本相的影响

（1）强化铁素体　大多数合金元素都能不同程度地溶入铁素体中。溶有合金元素的铁素体称为合金铁素体。合金元素溶入铁素体，引起晶格畸变，产生固溶强化，使铁素体的强度和硬度提高，韧性和塑性降低。与铁素体有相同晶格类型的合金元素，如 Cr、Mo、W、V、Nb 等，强化铁素体的作用较弱；而与铁素体具有不同晶格类型的合金元素，如 Si、Mn、Ni 等，强化铁素体的作用较强。

（2）形成特殊碳化物　按与碳的亲和力不同，合金元素可分为碳化物形成元素和非碳化物形成元素两类。非碳化物形成元素，如 Si、Mn、Ni、Co 等，溶解于铁素体或奥氏体中，不形成碳化物；碳化物形成元素，按它们与碳结合的能力不同，由强到弱的次序为：Ti、Zr、Nb、V、W、Mo、Cr、Mn，它们和碳形成的碳化物有：TiC、VC、WC、MoC、$Cr_7C_3$、$(Fe、Cr)_3C$、$(Fe、Mn)_3C$ 等，这些碳化物本身都有很高的硬度，在合金钢中起强化相的作用，使钢的强度、硬度提高，韧性和塑性降低。

### 2. 合金元素对热处理的影响

（1）合金元素对热处理加热转变的影响　合金钢的奥氏体化过程，基本上与非合金钢相同。但是，合金钢的奥氏体化过程中，因为合金元素的扩散速度较慢，合金碳化物比渗碳体更难溶入奥氏体，所以合金钢的奥氏体化过程缓慢，热处理加热时需要加热到较高的温度并需要较长时间的保温。

细小颗粒状的合金碳化物分散在奥氏体内，能够阻止奥氏体晶粒长大，所以，合金钢热处理加热时不易出现过热和过烧缺陷。

（2）合金元素对淬火的影响　除 Co 外，大部分合金元素都能提高过冷奥氏体的稳定性，降低淬火临界冷却速度，从而提高钢的淬透性，所以，合金钢的淬透性优于非合金钢。

（3）合金元素对回火的影响

1）提高钢的耐回火性。钢回火时抵抗硬度下降的能力，称为耐回火性（也称作回火稳定性）。合金元素扩散速度慢，阻碍马氏体的分解，将回火的组织转变过程推迟到更高的温度，因此，合金钢有较好的耐回火性。合金钢（如 9SiCr）与非合金钢（如 T10）回火后的硬度与回火温度的关系如图 9-14 所示。

2）产生二次硬化。含有 W、Mo、V、Cr、Ti 元素的高合金钢，在 500～600℃ 高温回火时，高硬度的碳化物（$W_2C$、$Mo_2C$、VC、$Cr_7C_3$、TiC 等）以微小颗粒状弥散在钢的回火组织中，使钢的硬度升高；同时，残留奥氏体在回火时转变为马氏体，使钢的硬度显著提高。这种钢在一次或多次回火后硬度提高的现象称为二次硬化。合金元素钼对钢回火硬度的影响如图 9-15 所示。

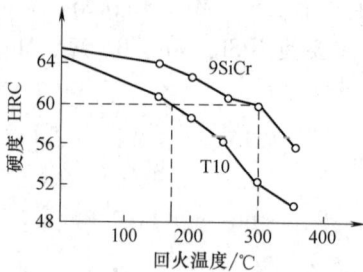

图 9-14　合金钢和非合金钢
的硬度与回火温度的关系

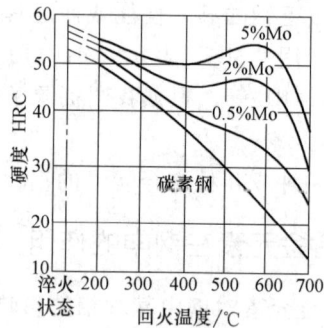

图 9-15　合金元素钼对钢回火硬度
的影响

二次硬化对合金工具钢，尤其是高速工具钢耐热性的提高具有重要意义。

3）回火脆性。某些含有 Co、Ni、Mn、Si 的合金调质钢在 500～600℃ 回火时，钢的韧性不但不提高，反而降低，这种现象称为第二类回火脆性。这是合金元素对回火的不利影响。

## 9.3.2　合金钢的分类及牌号

### 1. 分类

（1）我国多年来采用的分类方法

1）按合金元素的总质量分数，分为低合金钢（$w_{Me} \leq 5\%$）、中合金钢（$w_{Me} = 5\% \sim 10\%$）和高合金钢（$w_{Me} > 10\%$）。

2）按用途，分为合金结构钢、合金工具钢和特殊性能钢。

3）按钢中合金元素种类，分为锰钢、铬钢、铬镍钢、硼钢、硅锰钢等。

4）按合金钢空冷时所得组织不同，分为珠光体钢、贝氏体钢、马氏体钢、奥氏体钢、莱氏体钢等。

（2）我国新实施的金属材料分类方法 GB/T 13304—2008 规定，按照化学成分，钢分为非合金钢、低合金钢和合金钢。新标准将低合金钢从合金钢中分离出来，单独列为一类。

1）低合金钢按主要质量等级，可分为普通质量、优质和特殊质量低合金钢。

2）合金钢按主要质量等级，分为优质合金钢和特殊质量合金钢。

**2. 牌号**

（1）低合金钢的牌号　低合金钢的牌号由代表屈服强度的汉语拼音首位字母、屈服强度数值、质量等级符号（A、B、C、D、E）组成。例如，Q390A 表示屈服强度不低于390MPa、质量为 A 级的低合金结构钢。

（2）合金钢的牌号　我国合金钢的牌号是按照合金钢中碳的平均质量分数及所含合金元素的种类和其平均质量分数来编制的。

一般地，牌号的首部是表示碳的平均质量分数的数字。对于结构钢，数字表示碳的平均质量分数的万分数；对于工具钢，数字表示碳的平均质量分数的千分数，但当 $w_C \geqslant 1\%$ 时，为了避免与合金结构钢相混淆，牌号前不标数字；高速工具钢牌号不标碳的平均质量分数值；当不锈钢和耐热钢的 $w_C \leqslant 0.08\%$ 和 $w_C \leqslant 0.03\%$ 时，在牌号前面分别标"0"和"00"。

当钢中某合金元素（Me）的平均质量分数 $w_{Me} < 1.5\%$ 时，牌号中只标出元素符号，不标明含量；当 $w_{Me} = 1.5\% \sim 2.5\%$、$2.5\% \sim 3.5\%$、…时，在该元素后面相应地用整数 2、3、…表示其平均质量分数的百分数；滚动轴承钢中铬的平均质量分数以千分数表示。

例如，60Si2Mn 表示平均 $w_C = 0.60\%$、$w_{Si} = 2\%$、$w_{Mn} < 1.5\%$ 的合金弹簧钢；9Mn2V 表示平均 $w_C = 0.9\%$、$w_{Me} = 2\%$、$w_V < 1.5\%$ 的合金工具钢；CrWMn 表示钢中平均 $w_C \geqslant 1.0\%$、$w_W < 1.5\%$、$w_{Me} < 1.5\%$ 的合金工具钢；W18Cr4V 表示钢中 $w_W = 18\%$、$w_{Cr} = 4.0\%$、$w_V < 1.5\%$ 的高速工具钢；GCr15 表示 $w_{Cr} = 1.5\%$ 的滚动轴承钢；0Cr19Ni19 表示 $w_C \leqslant 0.08\%$、$w_{Cr} = 19\%$、$w_{Ni} = 19\%$ 的不锈钢。

## 9.3.3　低合金钢

**1. 低合金高强度结构钢**

低合金高强度结构钢中的合金元素有 Mn、V、Ti、Nb、Al、Cr、Ni 等。Mn 起强化铁素体、增加并细化珠光体的作用；V、Ti、Nb 主要作用是细化晶粒；Cr、Ni 的作用是提高钢的韧性，改善钢的热处理性能，提高钢的强度；Al、Cr、Ni 还能提高钢在大气中的抗蚀能力。为了提高钢的性能，高性能级别的钢中还加有 Mo、RE 等元素。

低合金高强度结构钢具有较高的强度、韧性、耐蚀性及良好的焊接性，而且价格与非合金钢接近，因此，低合金高强度结构钢广泛用于制造桥梁、车辆、船舶、建筑钢筋等。

GB/T 1591—2008 颁布了新的低合金高强度结构钢标准，新旧牌号的对照及低合金高强度结构钢用途见表 9-5。

**2. 低合金耐候钢**

低合金耐候钢是指耐大气腐蚀钢，它是在低碳非合金钢的基础上加入少量铜、铬、钼等合金元素，使其在金属表面形成一层保护膜的钢材。为了进一步改善性能，还可再加微量的Nb、Ti、V、Zr 等元素。我国目前使用的耐候钢分为焊接结构用耐候钢和高耐候性结构钢两大类，第一类如 12MnCuCr，适用于桥梁、建筑及其他要求耐候性的钢结构；第二类如09CuPCrNiA，适用于机车车辆、建筑、塔架和其他要求高耐候性的钢结构。

**表 9-5　低合金高强度结构钢的新、旧牌号对照及其用途**

| 牌号（新国标） | 牌号（旧国标） | 用途 |
|---|---|---|
| Q295 | 09MnV、9MnNb、09Mn2、12Mn | 车辆冲压件、冷弯型钢、螺旋焊管、拖拉机轮圈、低压锅炉汽包、中低压化工容器、输油管道、贮油罐、油船等 |
| Q345 | 12MnV、14MnNb、16Mn、18Nb、16MnRE | 船舶、铁路车辆、桥梁、管道、锅炉、压力容器、石油贮罐、起重及矿山机械、电站设备、厂房钢架等 |
| Q390 | 15MnTi、16MnNb、10MnPNbRE、15MnV | 中高压锅炉汽包、中高压石油化工容器、大型船舶、桥梁、车辆、起重机、其他较高载荷的焊接结构件等 |
| Q420 | 15MnVN、14MnVTiRE | 大型船舶、桥梁、电站设备、起重机械、机车车辆、中压或高压锅炉、容器的大型焊接结构等 |
| Q460 | | 可淬火加回火后用于大型挖掘机、起重运输机械、钻井平台等 |

**3. 低合金专业用钢**

为了适应某些专门行业的特殊需要，对低合金高强度结构钢的化学成分、冶炼工艺及性能做相应的调整和补充，发展了门类众多的低合金专业用钢。下面列举几个实例：

（1）汽车用低合金钢　汽车用低合金钢主要用于制造汽车大梁、托架、车壳等结构件，如 09MnREL、06TiL、08TiL、16MnL、16MnREL 等。

（2）低合金钢筋钢　低合金钢筋钢主要用于建筑工程钢筋结构，如 20MnTi、20MnSi、20MnSiV、25MnSi 等。

（3）铁道用低合金钢　铁道用低合金钢主要用于重轨、轻轨和异型钢，如 U71Cu、U71Mn、U71MnSi、U71MnSiCu、45SiMnP、50SiMnP、09CuPRE、09V 等。

（4）矿用低合金钢　矿用低合金钢主要用于矿山机械结构件，如 20MnK、20MnVK、25MnK、25MnVK 等。

## 9.3.4　合金钢

**1. 工程结构用合金钢**

工程结构用合金钢主要用于制造工程结构，如建筑工程钢筋结构、压力容器、承受冲击的耐磨铸钢件等。

现以工程结构用合金钢中的耐磨钢为例，介绍其化学成分、热处理特点和用途。

典型的耐磨钢是 ZGMn13 型耐磨钢，属于高锰钢，其碳的平均质量分数为 1.0% ~ 1.3%，主要合金元素是 Mn，其平均质量分数为 11% ~ 14%。

ZGMn13 铸态组织为奥氏体和网状碳化物，脆性大且不耐磨，必须进行水韧处理。水韧处理是将钢加热到 1000 ~ 1100℃，保温一段时间使碳化物全部溶解到奥氏体中，然后在水中冷却。由于冷却迅速、碳化物来不及从奥氏体中析出，从而获得单一的奥氏体组织。水韧处理后耐磨钢的韧性与塑性好，硬度低（180 ~ 220HBW），它在较大的压力或冲击力的作用下，由于表面层的塑性变形，迅速产生强烈的冷变形强化，同时伴随着马氏体转变，使硬度急剧升高到 52 ~ 56HRC。

耐磨钢的耐磨性在高压应力作用下表现极好，比非合金钢高十几倍（但是在低压应力的作用下其耐磨性相对较差），同时其内部基体仍具有良好的韧性，使其具有一定的抗冲击能力。耐磨钢不易切削加工,但铸造性能好,故耐磨钢一般都属于铸钢。

目前,工作时承受很大压力、强烈冲击和长久摩擦的机械零件,工业中多采用耐磨钢制造,耐磨钢常用于制造坦克和拖拉机履带板、球磨机衬板、挖掘机铲齿、破碎机颚板、铁路道岔等。常用的耐磨钢牌号有 ZGMn13-1、ZGMn13-2、ZGMn13-3、ZGMn13-4 等,其中 1、2、3、4 表示品种代号,适用范围分别是低冲击件、普通件、复杂件和高冲击件。

**2. 机械结构用合金钢**

机械结构用合金钢包括合金渗碳钢、合金调质钢、合金弹簧钢、超高强度钢。主要用于制造重要机械零件,如轴、连杆、齿轮、弹簧、轴承等,其质量等级都属于特殊质量等级,一般都需热处理,以发挥材料的力学性能潜力。

(1)合金渗碳钢 合金渗碳钢克服了低碳钢淬透性低和心部强度低的弱点,主要用于制造承受强烈冲击和摩擦磨损、要求表面具有高的硬度和耐磨性,心部具有较高强度和足够韧性的机械零件,如汽车变速箱齿轮、内燃机凸轮轴、活塞销等。

各种合金渗碳钢的热处理工艺规范与性能虽然不同,但其加工工艺过程却基本相同,即:下料→锻造→预备热处理→机械加工→渗碳→淬火 + 回火→精加工(磨削)。

(2)合金调质钢 合金调质钢是指经调质处理后使用的合金结构钢,是在中碳钢的基础上加入一种或数种合金元素而形成的。钢中的合金元素主要有 Cr、Ni、Mn、Si、B、Mo、W、V、Ti 等,其作用是增加钢的淬透性,细化晶粒,防止回火脆性,提高钢的强度和韧性,使钢在调质处理后具有良好的综合力学性能。合金调质钢具有高强度、高韧性相结合的良好综合力学性能的特点,常用来制造载荷较大的重要零件,如发动机轴、连杆、传动齿轮等。但要求很高的表面硬度、耐磨性和疲劳强度的零件,如镗床主轴,可采用渗氮用钢 38CrMoAl 制造。

各种合金调质钢的热处理工艺规范与性能虽有所不同,但其加工工艺过程却大致相同,一般是:下料→锻造→预备热处理→机械加工(粗加工)→调质→机械加工(半精加工)→表面淬火或渗氮→精加工。其预备热处理方法:含合金元素少的调质钢(如 40Cr),多采用正火;含合金元素多的合金钢,则多采用退火。

(3)合金弹簧钢 合金弹簧钢是专用钢,主要用于制造截面尺寸大、受力大的弹簧等弹性零件。钢中加入的合金元素主要有 Mn、Si、Cr、V、Mo、W、B 等,其作用是提高淬透性和耐回火性,强化铁素体,细化晶粒,提高钢的弹性极限和屈强比。

弹簧丝直径 $\phi > 8mm$ 的大型弹簧常采用热成形(成形温度比淬火温度高 50 ~ 80℃),热成形后进行淬火和中温回火,以提高弹簧的弹性极限和屈服强度。弹簧丝直径 $\phi < 8mm$ 的弹簧常采用冷拉钢丝冷卷成形,成形后进行淬火和中温回火或在 250 ~ 300℃ 的范围内进行去应力退火,以提高弹簧的弹性极限和屈服强度,消除冷成形时产生的应力,稳定尺寸。弹簧的表面质量对弹簧的使用寿命影响很大。表面氧化、脱碳、划伤、裂纹等缺陷都会使弹簧疲劳极限显著下降,应尽量避免。喷丸处理是改善弹簧表面质量的有效方法,重要的弹簧常常需要采用此方法处理。喷丸处理是将直径 0.3 ~ 0.5mm 的铁丸或玻璃珠高速喷射到弹簧表面,使弹簧表面产生塑性变形而造成残余压应力,从而提高弹簧的使用寿命。

常用合金弹簧钢的牌号和性能见表 9-6。

(4)超高强度钢 超高强度钢一般都是指 $R_e > 1380MPa$、$R_m > 1500MPa$ 的特殊质量合金结构钢,它是在合金调质钢的基础上,加入多种合金元素进行复合强化产生的,主要用于

表 9-6　合金弹簧钢的牌号和性能

| 牌　号 | 热处理 | | | 力学性能 | | | |
|---|---|---|---|---|---|---|---|
| | 淬火温度/℃ | 淬火介质 | 回火温度/℃ | $R_m$/MPa | $R_e$/MPa | $A(\%)$ | $Z(\%)$ |
| | | | | ≥ | | | |
| 55Si2Mn | 870 | 油 | 480 | 1275 | 1177 | 6 | 30 |
| 60Si2Mn | 870 | 油 | 480 | 1275 | 1177 | 5 | 25 |
| 55SiMnVB | 860 | 油 | 460 | 1375 | 1225 | 5 | 30 |
| 66Mn | 830 | 油 | 540 | 980 | 785 | 8 | 30 |

航空和航天工业。例如 35Si2MnMoVA，其抗拉强度可达 1700MPa，常用于制造飞机的起落架、框架、发动机曲轴等；例如 40SiMnCrWMoRE，在 300～500℃时仍能保持高强度、抗氧化性和抗热疲劳性，常用于制造超声速飞机的机体构件。

（5）滚动轴承钢　滚动轴承钢具有较高而均匀的硬度、高的耐磨性、高的抗压强度和高的接触疲劳强度、足够的韧性、对大气的耐蚀能力等特点，主要用于制造滚动轴承的滚动体和内外套圈，在量具、模具、低合金刃具等方面也有应用。

滚动轴承钢中碳的平均质量分数较高，一般在 0.95%～1.15% 之间。主要合金元素是 Cr，作用是提高钢的淬透性，并形成细小而均匀分布的碳化物，提高硬度和耐磨性；对于大型轴承用钢，还加入 Si、Mn、V 等合金元素，进一步提高淬透性。

滚动轴承钢的预备热处理主要是锻造后进行球化退火。最终热处理是淬火后低温回火，得到极细小的回火马氏体及碳化物组织，热处理后其硬度大于或等于 62HRC。对于精密轴承，为保证其尺寸稳定性，可在淬火后进行冷处理，然后再低温回火，并在磨削后进行时效处理，进一步消除应力、稳定尺寸。

**3. 合金工具钢与高速钢**

我国生产的合金工具钢与高速钢的牌号较多，由于加入的合金元素种类、数量和碳的平均质量分数的不同，各种钢的性能、用途各有其特点。现将几种常用合金工具钢与高速钢的主要特点做一介绍。

（1）量具刃具用钢　这类钢主要用于制造刃具、量具和冷冲模。这些工具钢的主要性能是：高的硬度（一般大于或等于 60HRC）和耐磨性；足够的强度（尤其是尺寸小的刃具和冲模）及韧性；热硬性只比碳素工具钢稍高些，所以仅在 250℃以下保持高硬度和耐磨性。

这类钢化学成分的特点是：碳的平均质量分数较高，以保证淬火后得到高硬度；加入少量的碳化物形成元素，提高钢的淬透性和耐回火性，还能形成合金渗碳体或特殊碳化物，提高钢的耐磨性。

量具刃具用钢的预备热处理是球化退火，其最终热处理是淬火后低温回火。量具淬火后还应立即进行冷处理，然后低温回火。

（2）耐冲击工具钢　耐冲击工具钢是在 CrSi 钢的基础上添加质量分数为 2.0%～2.5% 的 W 而形成的钢，例如 5CrW2Si，主要制造风动工具、錾、冲模、冷作模具等。

（3）冷作模具钢　冷作模具工作时承受较大的弯曲应力、压力、冲击和摩擦，因此，冷作模具钢应具备高硬度、高耐磨性以及足够的强度和韧性。冷作模具钢的化学成分具有高碳的特点（$w_C > 1\%$），其中的合金元素 Cr、Mo、W、V 主要起提高钢强度和耐磨性的作用。

冷作模具钢的预备热处理是球化退火，最终热处理是淬火后低温回火。

常用冷作模具钢的牌号、化学成分和用途见表 9-7。

**表 9-7　常用冷作模具钢的牌号、化学成分和主要用途**

| 牌号 | 化学成分(%) | | | | | | | 主要用途 |
|---|---|---|---|---|---|---|---|---|
| | $w_C$ | $w_{Mn}$ | $w_{Si}$ | $w_{Cr}$ | $w_W$ | $w_V$ | $w_{Mo}$ | |
| Cr12 | 2.00 ~ 2.30 | ≤0.40 | ≤0.40 | 11.50 ~ 13.00 | — | — | — | 冷冲模、冲头、钻套、量规、螺纹滚丝模、拉丝模 |
| Cr12MoV | 1.45 ~ 1.70 | ≤0.40 | ≤0.40 | 11.00 ~ 12.50 | — | 0.15 ~ 0.30 | 0.40 ~ 0.60 | 大截面、形状复杂的冷冲模 |
| 9Mn2V | 0.85 ~ 0.95 | 1.70 ~ 2.00 | ≤0.40 | — | — | 0.10 ~ 0.25 | — | 要求变形小、耐磨性高的量规、块规、磨床主轴 |
| CrWMn | 0.90 ~ 1.05 | 0.80 ~ 1.10 | ≤0.40 | 0.90 ~ 1.20 | 1.20 ~ 1.60 | — | — | 淬火变形小、尺寸大、形状复杂的切削刀具、高精度冷冲模 |

（4）热作模具钢　热作模具主要指热变形模具（金属在热态下在模具中塑性变形而成形）和压铸模（高压下的金属液在模具中凝固成形）。这些模具的共同点是受力复杂、模具和高温金属周期性地接触，反复受热和冷却，并受到较强的磨损和冲击作用。因此，要求模具具有良好的综合力学性能、导热性、良好的耐热疲劳性以及高淬透性。

与其他工具钢相比，热作模具钢中碳的平均质量分数相对较低，一般在 0.3% ~ 0.6% 之间，其目的是保证钢具有良好的综合力学性能和导热性。根据各种热作模具性能要求的不同，钢中加有不同的合金元素。

热作模具工作部分硬度不高，通常为 33 ~ 48HRC，故热作模具热处理常采用调质处理或淬火后中温回火，有些模具（如热挤压模、压铸模）还采用渗氮、碳氮共渗等化学热处理来提高其耐磨性和使用寿命。

常用热作模具钢的牌号、化学成分和主要用途见表 9-8。

**表 9-8　常用热作模具钢的牌号、化学成分和主要用途**

| 牌号 | 化学成分(%) | | | | | | | | 主要用途 |
|---|---|---|---|---|---|---|---|---|---|
| | $w_C$ | $w_{Mn}$ | $w_{Si}$ | $w_{Cr}$ | $w_W$ | $w_V$ | $w_{Mo}$ | 其他 | |
| 5CrMnMo | 0.50 ~ 0.60 | 1.20 ~ 1.60 | 0.25 ~ 0.60 | 0.60 ~ 0.90 | — | — | 0.15 ~ 0.30 | — | 中小型锻模 |
| 5CrNiMo | 0.50 ~ 0.60 | 0.50 ~ 0.80 | ≤0.40 | 0.50 ~ 0.80 | — | — | 0.15 ~ 0.30 | Ni1.40 ~ 1.80 | 形状复杂、载荷较重的大锻模 |
| 4Cr5W2VSi | 0.32 ~ 0.42 | ≤0.40 | 0.8 ~ 1.20 | 4.45 ~ 5.50 | 1.60 ~ 2.40 | 0.6 ~ 1.0 | — | — | 锻模及高速锤锻模 |
| 3Cr2W8V | 0.30 ~ 0.40 | ≤0.40 | ≤0.40 | 2.20 ~ 2.70 | 7.50 ~ 9.00 | 0.20 ~ 0.50 | — | — | 热挤压模和压铸模 |

（5）塑料模具钢　塑料行业的快速发展对塑料模具材料的要求趋向多样化，为了保证各种塑料制品的质量，我国研制了各种用途的塑料模具钢。常用塑料模具钢的用途见表9-9。

表9-9　常用塑料模具钢的用途

| 模具类型及工作条件 | 推荐用钢 |
| --- | --- |
| 中小模具，精度不高、受力不大、生产规模小的模具 | 45、40Cr、T10、10、20、20Cr |
| 受磨损较大、受较大动载荷、生产批量大的模具 | 20Cr、12CrNi3、20Cr2Ni4、20CrMnTi |
| 大型复杂的注射成形模或挤压成形模具 | 4Cr5MoSiV、4Cr5MoSiV、4Cr3Mo3SiV、5CrNiMnMoV |
| 热固性成形模、高耐磨高强度的模具 | 9MnV、CrWMn、GCr15、Cr12、Cr12MoV、7CrSiMnMoV |
| 耐腐蚀、高精度模具 | 2Cr13、4Cr13、9Cr18、Cr18MoV、3Cr2Mo、Cr14Mo4V、8Cr2MnWMoVS、3Cr17Mo |
| 无磁模具 | 7Mn15Cr2Al3V2WMo |

（6）高速工具钢　高速切削要求刀具材料应具有很高的热硬性和强度，碳素工具钢和低合金工具钢不能适应这样的要求。目前，高速工具钢已成为金属切削刀具的主要材料。但是，高速工具钢价格高，热加工工艺复杂，因此，应尽量节约使用。目前，高速工具钢主要用于制造各种高速切削刀具，也可用于制造某些重载冷作模具和结构件。

高速工具钢的主要优点是经过热处理后，具有高的热硬性，能在600℃左右保持高的硬度和耐磨性，所以，刀具允许的切削速度比一般工具钢高得多；高速工具钢的强度也比碳素工具钢和低合金工具钢高出30%～50%；此外，高速工具钢还具有很好的淬透性，部分高速工具钢在空气中冷却的条件下也能淬硬。但高速工具钢的导热性差，在锻造成形时要特别注意。

高速工具钢中碳的平均质量分数为0.7%～1.65%，并含有W、Mo、Cr、V、Co等合金元素，合金元素总质量分数大于10%，属高合金钢。其中W、Mo是提高耐回火性、热硬性及耐磨性的主要元素；Cr主要是提高淬透性，对提高热硬性也有一定作用；V的作用是细化晶粒并能提高热硬性和耐磨性。

高速工具钢是莱氏体钢，其铸造组织中有共晶莱氏体，呈粗大的鱼骨状。鱼骨状的莱氏体影响钢的韧性，必须通过多次锻造，将其击碎，使其呈小块状均匀分布而改善钢的韧性。

常用高速钢的牌号、化学成分及热处理规范见表9-10。

表9-10　常用高速钢的牌号、化学成分及热处理规范

| 牌　号 | 化学成分（%） | | | | | | 热　处　理 | | | |
| --- | --- | --- | --- | --- | --- | --- | --- | --- | --- | --- |
| | $w_C$ | $w_{Mn}$ | $w_{Cr}$ | $w_{Mo}$ | $w_V$ | $w_W$ | 预热温度/℃ | 淬火温度/℃ | 回火温度/℃ | 回火后硬度HRC |
| W18Cr4V | 0.70～0.80 | 0.10～0.40 | 3.80～4.40 | ≤0.30 | 1.00～1.40 | 17.50～19.00 | 820～870 | 1270～1285 | 550～570 | ≥63 |
| W6Mo5Cr4V2 | 0.80～0.90 | 0.15～0.40 | 3.80～4.40 | 4.50～5.50 | 1.75～2.20 | 5.50～6.75 | 820～840 | 1210～1230 | 540～560 | ≥64 |

**4. 不锈钢与耐热钢**

（1）不锈钢　不锈钢是不锈钢和耐酸钢的统称。能抵抗大气、蒸汽、水等弱腐蚀性介质腐蚀的钢为不锈钢；能抵抗酸、碱、盐等强腐蚀性介质腐蚀的钢为耐酸钢。

不锈钢的耐蚀性与碳的平均质量分数有关，耐蚀性要求越高，碳的平均质量分数应越低。大多数不锈钢中碳的平均质量分数在 0.1% ~ 0.2% 之间，但用于制造刃具的不锈钢中碳的平均质量分数较高（$w_C = 0.85\% ~ 0.95\%$）。Cr 是不锈钢的基本合金元素，当 $w_{Cr} \geq$ 11.7% 时，钢的表面会形成致密的 $Cr_2O_3$ 保护膜，避免形成电化学腐蚀电池，提高钢的耐蚀性；Cr、Ni 等合金元素，能提高钢的电极电位或使钢的室温组织单相化，提高钢的耐蚀能力。

按合金元素种类，不锈钢主要有铬不锈钢和铬镍不锈钢两类；按组织特征，不锈钢分为铁素体型不锈钢、奥氏体型不锈钢、马氏体型不锈钢、奥氏体-铁素体型不锈钢和沉淀硬化型不锈钢五类。

1）铬不锈钢。这类钢主要有马氏体型不锈钢和铁素体型不锈钢两种类型。

Cr13 型不锈钢属于马氏体型不锈钢，其牌号有 1Cr13、2 Cr13、3Cr13、4 Cr13，其 $w_{Cr} = 13\%$，$w_C = 0.1\% ~ 0.4\%$。这类钢随碳的平均质量分数增加，强度和硬度升高，塑性和韧性降低，耐蚀性降低。其中 1Cr13 和 2Cr13 用于制造塑性和韧性要求高、在弱腐蚀条件下的耐蚀零件，其最终热处理是淬火后高温回火；3Cr13、4Cr13 用于制造高强度和高耐磨、在弱腐蚀条件下的弹性零件和工具，其最终热处理是淬火后低温回火。

$w_{Cr} > 15\%$ 的铬不锈钢属于铁素体型不锈钢，例如 1Cr17，其耐蚀性优于马氏体型不锈钢，但强度相对较低，常用于制造工作应力不大的化工设备、容器及管道。近年来生产的 C、N 含量极低的高纯铁素体型不锈钢，韧性和焊接性能大大改善，广泛用于食品机械、家用器具、建筑装饰等方面。

2）铬镍不锈钢。这类钢属于奥氏体型不锈钢。奥氏体型不锈钢中铬、镍的平均质量分数高，经固溶处理后可得到单一奥氏体组织，具有良好的耐蚀性、焊接性、冷加工性及低温韧性，且无磁性，这类钢常用于制作耐蚀性要求较高及冷变形成形的低载荷零件，如吸收塔、酸槽、管道等。

奥氏体型不锈钢在 450 ~ 750℃ 使用时易出现晶间腐蚀。提高奥氏体型不锈钢抗晶间腐蚀能力的措施包括降低碳的平均质量分数、加入强碳化物形成元素 Ti、Nb 等。奥氏体型不锈钢经常采用固溶处理提高其耐蚀性，但奥氏体型不锈钢固态下无相变，不能热处理强化。冷变形强化是其有效的强化方法。

常用不锈钢的牌号、化学成分、热处理方法及用途举例见表 9-11。

**表 9-11　常用不锈钢的牌号、化学成分、热处理方法及用途举例**

| 组织类别 | 牌号 | 化学成分（%） | | | | | 热处理方法 | 用途举例 |
| --- | --- | --- | --- | --- | --- | --- | --- | --- |
| | | $w_C$ | $w_{Si}$ | $w_{Mn}$ | $w_{Ni}$ | $w_{Cr}$ | | |
| 奥氏体型 | 1Cr18Ni9 | ≤0.15 | 1.00 | 2.00 | 8.00 ~ 10.00 | 17.0 ~ 19.0 | 固溶处理:1010 ~ 1150℃ 快冷 | 建筑用装饰部件、酸槽、管道、吸收塔等 |
| | 0Cr19Ni9 | ≤0.08 | 1.00 | 2.00 | 8.0 ~ 10.50 | 18.0 ~ 20.0 | 固溶处理:1010 ~ 1150℃ 快冷 | 食品化工用设备，核能设备 |
| 铁素体型 | 1Cr17 | ≤0.12 | 0.75 | 1.00 | — | 16.0 ~ 18.0 | 退火:780 ~ 850℃ 空冷或缓冷 | 重油燃烧部件，建筑内装饰品，家用电器部件 |
| | 00Cr30Mo2 | ≤0.01 | 0.40 | 0.40 | Mo 1.50 ~ 2.50 | 28.5 ~ 32.0 | 退火:900 ~ 1050℃ 快冷 | 有机酸和苛性碱设备 |

（续）

| 组织类别 | 牌号 | 化学成分/% | | | | | 热处理方法 | 用途举例 |
|---|---|---|---|---|---|---|---|---|
| | | $w_C$ | $w_{Si}$ | $w_{Mn}$ | $w_{Ni}$ | $w_{Cr}$ | | |
| 马氏体型 | 1Cr13 | ≤0.15 | 1.00 | 1.00 | ≤0.60 | 11.5 ~ 13.5 | 淬火:950~1000℃油冷 回火:700~750℃快冷 | 汽轮机叶片,内燃机车水泵轴,阀门、阀杆 |
| | 3Cr13 | 0.26 ~ 0.45 | 1.00 | 1.00 | 0.60 | 12.0 ~ 14.0 | 淬火:1025~1075℃油冷 回火:200~300℃ | 热油泵轴,阀门轴承,医疗器械弹簧 |
| | 7Cr17 | 0.60 ~ 0.75 | 1.00 | 1.00 | ≤0.60 | 16.0 ~ 18.0 | 淬火:1010~1070℃油冷 回火:100~180℃快冷 | 刃具,量具,轴承,手术刀 |

3）不锈钢在城市轨道交通领域的应用。不锈钢广泛用于城市轨道车辆，如天津地铁 2 号线、北京地铁 1 号、2 号、5 号线的地铁车辆等都采用不锈钢车体。不锈钢用于制造地铁车辆不锈钢车体的车顶、端墙、底架等结构。例如，车顶的波纹顶板采用 SUS301L-MT，车顶弯梁和侧墙的侧立柱采用 SUS301L-ST，车顶边梁和底架边梁采用 SUS301L-HT；车厢配件及强度要求不高的部件，例如车门门柱采用 SUS304。

目前，我国的车体不锈钢材料主要依靠进口，主要是日本的 SUS301、SUS304 系列不锈钢。

我国近年来加快了城市轨道交通用不锈钢的研制速度，例如 2008 年 2 月 28 日试运营的北京地铁 10 号线，车体材料用钢 80% 是太原钢铁集团生产的不锈钢产品。

部分城市轨道交通车辆用不锈钢的牌号、性能特点及用途见表 9-12。

**表 9-12　部分城市轨道交通车辆用不锈钢的牌号、性能特点及用途**

| 牌号（日本 JIS 标准） | 牌号（美国 ASTM 标准） | 牌号（中国国家标准） | 性能特点及用途 |
|---|---|---|---|
| SUS301 | 301 | 1Cr17Ni7 | 经冷加工后可得到高强度，用于铁路车辆、带式输送机、螺栓和螺母、弹簧等 |
| SUS301L | — | — | 低碳 SUS301 钢具有优良的抗晶间腐蚀性能和焊接性能，广泛用于地铁车辆车体等 |
| SUS301J1 | — | 1Cr17Ni8 | 拉伸加工性能和弯曲加工性能优于 304 钢，加工硬化居 304 钢和 301 钢中间，用于建筑、车辆等 |
| SUS304 | 304 | 0Cr18Ni9 | 应用最广泛的不锈钢，用于车辆、食品机械、普通化工设备、核能等 |
| SUS304L | 304L | 00Cr18Ni10 | 超低碳 304 钢具有优良的抗晶间腐蚀性能，用于焊接后不能进行热处理的部件等 |

（2）耐热钢　耐热钢是指在高温条件下仍能保持高的强度和能抵抗氧化而不起皮的钢。耐热钢分为抗氧化钢、热强钢和汽阀钢。

耐热钢中主要含有铬、硅、铝等合金元素。这些元素在高温下与氧作用，在钢的表面形成一层致密的高熔点氧化膜（$Cr_2O_3$、$Al_2O_3$、$SiO_2$），能有效地保护钢在高温下不被氧化。加入 Mo、W、Ti 等元素是为了阻碍晶粒长大，提高钢的高温强度。

抗氧化钢，如 3Cr18Mn12Si2N、2Cr20Mn9Ni2Si2N 等，主要用于长期在高温下工作但强度要求不高的零件，如各种加热炉的构件、渗碳炉构件、加热炉传送带、料盘等。

热强钢不仅要求在高温下具有良好的抗氧化性，而且要求具有较高的高温强度。常用的热强钢，如 15CrMo 是典型的锅炉钢，可制造在 350℃ 以下工作的零件；1Cr11MoV、1Cr12WMoV 有较高的热强性、良好的减振性及组织稳定性，用于汽轮机叶片、螺栓紧固件等。

汽阀钢是热强性较高的钢，主要用于高温下工作的汽阀，如 4Cr9Si2 钢用于制造 600℃ 以下工作的汽轮机叶片、发动机排汽阀；4Cr14Ni14W2Mo 是目前应用最多的汽阀钢，用于制造工作温度不高于 600℃ 的内燃机重载荷排汽阀。

**5. 特殊物理性能钢**

特殊物理性能钢包括软磁钢、永磁钢、无磁钢及高电阻钢。下面主要介绍永磁钢和软磁钢的性能及应用。

（1）永磁钢　永磁钢具有高的剩磁及矫顽磁力，即在外界磁场中磁化后，能长期保留大量剩磁，要想去磁，则需要很高的磁场强度。

永磁钢一般都具有高碳工具钢的成分，常加入的合金元素有 Cr、W、Mo 等。永磁钢主要用于制造无线电及通信器材甲的永久磁铁装置以及仪表中的马蹄形磁铁。

（2）软磁钢　软磁钢是一种碳的平均质量分数很低的铁硅合金，硅的平均质量分数在 1% ~4% 之间，通常都轧制成薄片，也叫硅钢片，是一种重要的电工用钢。

硅钢片在常温下的组织是单一的铁素体，硅溶于铁素体后增加了电阻，减少了涡流损失，能在较弱的磁场强度下有较高的磁感应强度。

硅钢片可分为电动机硅钢片和变压器硅钢片。电动机硅钢片中硅的平均质量分数为 1% ~2.5%，塑性好，但磁性较差；变压器硅钢片中硅的平均质量分数为 3% ~4%，磁性较好，但塑性差。

# 9.4　非铁金属

通常将铁或以铁为主而形成的材料，称为钢铁材料；除钢铁材料以外的其他金属称为非铁金属。非铁金属冶炼较困难，成本较高，故产量和使用量远不如钢铁材料，但是，由于非铁金属具有的某些特殊物理、化学性能，使之成为现代工业中一种不可缺少的重要工程材料，广泛用于机械制造、航空、航海、化工、电气等领域。常用的非铁金属有：铝及铝合金、铜及铜合金、钛及钛合金等。

## 9.4.1　铝及铝合金

铝及铝合金是应用最广的非铁金属材料，其产量仅次于钢铁，广泛用于电气、汽车、车辆、化工等领域，也是航空工业的主要结构材料。

根据 GB/T 16474—1996《变形铝及铝合金牌号表示方法》的规定，我国铝及变形铝合金的牌号采用国际四位数字体系和四位字符体系两种命名方法。在国际牌号注册组织中注册命名的铝及铝合金，采用四位数字体系牌号；在国际牌号注册组织中未命名的，则按四位字符体系牌号命名。两种牌号命名方法的区别仅在第二位。牌号第一位数字表示铝及铝合金的组别，见表 9-13；牌号第二位数字（国际四位数字体系）或字母（四位字符体系，除字母 C、I、L、N、Q、P、Z 外）表示原始纯铝或铝合金的改型情况，数字"0"或字母"A"表示原始合金，如果是 1～9 或 B～Y 表示对原始合金的改型情况；最后两位数字用以标识同一组中不同的铝合金，对于纯铝则表示铝的最低平均质量分数中小数点后面的两位数。

部分变形铝及铝合金新旧牌号对照表见表 9-14。

表 9-13　铝及铝合金的组别

| 组　别 | 牌号系列 |
| --- | --- |
| 纯铝（铝的质量分数不小于 99.00%） | 1××× |
| 以铜为主要合金元素的铝合金 | 2××× |
| 以锰为主要合金元素的铝合金 | 3××× |
| 以硅为主要合金元素的铝合金 | 4××× |
| 以镁为主要合金元素的铝合金 | 5××× |
| 以镁和硅为主要合金元素并以 $Mg_2Si$ 相为强化相的铝合金 | 6××× |
| 以锌为主要合金元素的铝合金 | 7××× |
| 以其他合金元素为主要合金元素的铝合金 | 8××× |
| 备用合金组 | 9××× |

表 9-14　变形铝及铝合金新旧牌号对照表

| 牌号（新） | 牌号（旧） | 牌号（新） | 牌号（旧） | 牌号（新） | 牌号（旧） | 牌号（新） | 牌号（旧） |
| --- | --- | --- | --- | --- | --- | --- | --- |
| 1A99 | LG5 | 2A20 | LY20 | 4A01 | LT1 | 5A05 | LF5 |
| 1A97 | LG4 | 2A50 | LD5 | 4A11 | LD11 | 5B05 | LF10 |
| 1A93 | LG3 | 2B50 | LD6 | 4A13 | LT13 | 5A06 | LF6 |
| 1A90 | LG2 | 2A70 | LD7 | 4A17 | LT17 | 5B06 | LF14 |
| 1A85 | LG1 | 2B70 | LD7-1 | 5083 | LF4 | 5A12 | LF12 |
| 1070A | L1 | 2A80 | LD8 | 5A30 | LF16 | 5A13 | LF13 |
| 1060 | L2 | 2A90 | LD9 | 5A41 | L12 | 5A33 | LF33 |
| 1050A | L3 | 3A21 | LF21 | 5A01 | LF15 | 5A43 | LF41 |
| 1035 | L4 | 2A14 | LD10 | 5A02 | LF2 | 5A66 | LF43 |
| 1A30 | L4-1 | 2A16 | LY16 | 5A03 | LF3 | 5005 | L66 |
| 1100 | L5-1 | 2B16 | LY16-1 | 5056 | LF5-1 | 6A02 | LD2 |
| 1200 | L5 | 2219 | LY19 | 6B02 | LD2-1 | 6061 | LD30 |
| 2A01 | LY1 | 2A17 | LY17 | 2A10 | LY10 | 6063 | LD31 |
| 2A02 | LY2 | 2B11 | LY8 | 2A11 | LY11 | 6070 | LD2-2 |
| 2A04 | LY4 | 2B12 | LY9 | 2A12 | LY12 | 2A06 | LY6 |
| 7A01 | LB1 | 7A04 | LC4 | 7A03 | LC3 | 2A13 | LY13 |

**1. 纯铝**

（1）纯铝的性能　纯铝中铝的质量分数不低于 99.00%。纯铝是银白色的轻金属，其密度小（2.7g/cm³），熔点低（660℃），具有面心立方晶格，无同素异构转变；其有良好的导电性和导热性；铝和氧的亲和力强，纯铝表面容易形成致密的 $Al_2O_3$ 保护膜，能有效防止铝的继续氧化，故在大气中纯铝有良好的耐蚀性；纯铝的塑性好（$Z \approx 80\%$），但强度低

（$R_m \approx 80 \sim 100 MPa$）。纯铝热处理不能强化，冷变形强化是提高其强度的唯一手段，经冷变形强化后，其强度可提高到 $150 \sim 250 MPa$，而塑性则下降到 $Z \approx 50\% \sim 60\%$。

（2）纯铝的牌号及应用　根据 GB/T 16474—1996《变形铝及铝合金牌号表示方法》的规定，纯铝牌号用 1×××四位数字或字符系列表示，牌号的最后两位数字表示铝的最低质量分数的百分数。当铝的最低质量分数精确到 0.01% 时，牌号的最后两位数字就是铝的最低质量分数中小数点后面的两位。如 1A99（原牌号 LG5），其 $w_{Al} = 99.99\%$；1A97（原牌号 LG4），其 $w_{Al} = 99.97\%$；1A93（原牌号 LG3），其 $w_{Al} = 99.93\%$ 等。

纯铝主要用于熔炼铝合金，制造电线、电缆以及要求导热、耐蚀好但强度要求不高的构件、器皿等。

**2. 常用铝合金**

铝合金是以铝为基础，加入一种或几种其他元素（Cu、Mg、Si、Mn、Zn 等）形成的合金。铝合金的比强度高，有良好的耐蚀性和较好的工艺性能，因此在航空工业中得到广泛应用。

（1）铝合金的分类　根据铝合金的工艺性能和化学成分特点，铝合金分为变形铝合金和铸造铝合金两类。

常用铝合金的分类如下：

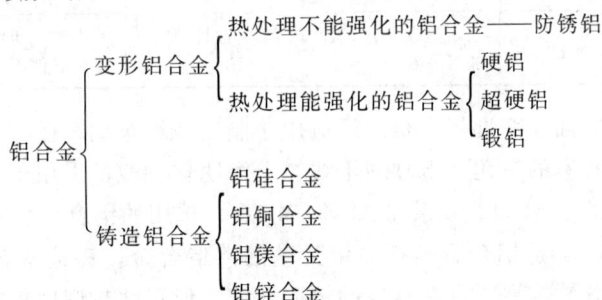

$$
\text{铝合金}
\begin{cases}
\text{变形铝合金}
\begin{cases}
\text{热处理不能强化的铝合金——防锈铝} \\
\text{热处理能强化的铝合金}
\begin{cases}
\text{硬铝} \\
\text{超硬铝} \\
\text{锻铝}
\end{cases}
\end{cases} \\
\text{铸造铝合金}
\begin{cases}
\text{铝硅合金} \\
\text{铝铜合金} \\
\text{铝镁合金} \\
\text{铝锌合金}
\end{cases}
\end{cases}
$$

（2）变形铝合金　这类铝合金一般都以型材（板、带、管、线等）供应。

旧标准 GB 3190—1982 规定：变形铝合金的代号用"L + 类别代号（字母）+ 数字"表示。L 是"铝"汉语拼音字首；其后的代号（字母 F、Y、C、D）表示变形铝合金的类别，其中 F 表示防锈铝，Y 表示硬铝，C 表示超硬铝，D 表示锻铝；数字表示合金的顺序号。例如，LC4 表示 4 号超硬铝合金；LF2 表示 2 号防锈铝合金。

新标准 CB/T 3190—1996《变形铝及铝合金化学成分》规定：变形铝合金牌号直接引用国际四位数字体系牌号或四位字符体系牌号。

常用的变形铝合金有以下四类：

1）防锈铝合金。防锈铝合金主要是 Al-Mn 系和 Al-Mg 系合金。属于热处理不能强化的变形铝合金，只能通过冷变形强化来提高其强度。这类铝合金具有适中的强度和优良的塑性，并具有很好的耐蚀性，故称为防锈铝合金。防锈铝合金主要用于制造油罐、油箱、导管、生活用器皿、各种容器、防锈蒙皮等。

2）硬铝合金。硬铝合金属于 Al-Cu-Mg 系合金。这类铝合金经固溶处理和时效处理后能获得相当高的强度，故称为硬铝。硬铝的耐蚀性较差，不耐海洋大气的腐蚀，所以有些硬铝的板材常在其表面包覆一层纯铝后使用。硬铝合金主要用于制造中等强度的构件和零件，如铆钉、螺栓及航空工业中的一般受力结构件。

3）超硬铝合金。超硬铝合金属于 Al-Cu-Mg-Zn 系合金。这类铝合金是在硬铝的基础上再加入锌而形成的，其强度高于硬铝，耐蚀性也较差。超硬铝经固溶处理和人工时效后，可获得强度最高的铝合金，主要用于制造受力大的重要构件和高载荷零件，如飞机大梁、桁架、翼肋、活塞、加强框、起落架、螺旋桨叶片等。

4）锻铝合金。锻铝合金大多属于 Al-Cu-Mg-Si 系合金。力学性能与硬铝相近，但由于热塑性较好，因此主要采用锻压成形，可用于制造各种形状较复杂的零件。

各类变形铝合金的主要特性、用途及新旧牌号对照见表 9-15。

表 9-15　变形铝合金的主要特性、用途及新旧牌号对照

| 类别 | 牌号（旧） | 牌号（新） | 主要特性 | 用途举例 |
|---|---|---|---|---|
| 防锈铝 | LF2<br>LF21 | 5A02<br>3A21 | 热处理不能强化，强度不高，塑性与耐蚀性好，焊接性好 | 在液体介质中工作的零件，如油箱、油管、液体容器、防锈蒙皮等 |
| 硬铝 | LY12 | 2A12 | 可热处理强化，力学性能良好，但耐蚀性不高 | 中等强度的零件和构件，如飞机上骨架等零件、蒙皮、铆钉等 |
| 超硬铝 | LC4 | 7A04 | 室温强度高，塑性较低，耐蚀性不高 | 高载荷零件，如飞机上的大梁、桁条、加强框、起落架等 |
| 锻铝 | LD5 | 2A50 | 高强度锻铝，锻造性能好，耐蚀性不高、切削加工性好 | 形状复杂和中等强度的零件、冲压件等 |
| 锻铝 | LD7 | 2A70 | 耐热锻铝，热强性较高，耐蚀性、切削加工性好 | 内燃机活塞、叶轮、在高温下工作的复杂锻件等 |

在城市轨道交通方面，变形铝合金广泛应用于制造地铁车辆车体，实现了地铁车辆强度和轻量化的结合。如日本的东北、上越新干线、上海明珠二线都采用了铝合金地铁车体，选用的铝合金有 Al-Mg 系、Al-Mg-Si 系和 Al-Zn-Mg 系，选用的铝合金牌号有 5083、7003 等。

（3）铸造铝合金　铸造铝合金是指以铝为基的铸造合金。铸造铝合金与变形铝合金相比，合金元素的质量分数较高，具有良好的铸造性能，但塑性与韧性较差，不能进行压力加工。铸造铝合金主要有 Al-Si 系、Al-Cu 系、Al-Mg 系、Al-Zn 系等。

铸造铝合金的代号用"铸铝"二字的汉语拼音字母"ZL"与三位数字表示；第一位数字表示合金的类别："1"表示 Al-Si 系；"2"表示 Al-Cu 系；"3"表示 Al-Mg 系；"4"表示 Al-Zn 系；第二、三位数字表示合金的顺序号。例如，ZL201 表示 1 号铸造铝铜合金。

铸造铝合金牌号由铝和主要合金元素符号及其平均质量分数的数字组成，并在其牌号前面冠以"ZAl"符号。例如，ZAlSi12 表示 $w_{Si} = 12\%$ 的铸造铝硅合金。

常用铸造铝合金的牌号、代号、力学性能和特点见表 9-16。

表 9-16　常用铸造铝合金的牌号、代号、力学性能和特点

| 类别 | | 牌号 | 代号 | 力学性能 | | | | | 特点 |
|---|---|---|---|---|---|---|---|---|---|
| | | | | 铸造方法 | 热处理 | $R_m$/MPa | $A(\%)$ | HBW | |
| 铝硅合金 | 简单硅铝明 | ZAlSi12 | ZL102 | J | F | 155 | 2 | 50 | 铸造性能好，力学性能低 |
| 铝硅合金 | 特殊硅铝明 | ZAlSi7Mg<br>ZAlSi7Cu4 | ZL101<br>ZL107 | J | T5<br>T6 | 205<br>275 | 2<br>2.5 | 60<br>100 | 良好的铸造性能和力学性能 |
| 铝铜合金 | | ZAlCu5Mn | ZL201 | S | T4 | 295 | 8 | 70 | 耐热性好，铸造性能及耐蚀性低 |

（续）

| 类别 | 牌号 | 代号 | 铸造方法 | 热处理 | $R_m$ /MPa | $A(\%)$ | HBW | 特　　点 |
|------|------|------|----------|--------|------------|---------|-----|----------|
| | | | 力 学 性 能 | | | | | |
| 铝镁合金 | ZAlMg10 | ZL301 | S | T4 | 280 | 10 | 60 | 力学性能较高,耐蚀性好 |
| 铝锌合金 | ZAlZn11Si7 | ZL401 | J | T1 | 244 | 1.5 | 90 | 力学性能较高,适宜压力铸造 |

注：1. 铸造方法符号为：J—金属型铸造；S—砂型铸造。
　　2. 热处理：F—铸态；T1—人工时效；T4—固溶加自然时效；T5—固溶加不完全人工时效；T6—固溶加完全人工时效。

**3. 铝合金的热处理**

（1）铝合金热处理特点　能热处理强化的铝合金，其热处理强化方法是"固溶处理＋时效"，铝合金的固溶处理也称铝合金的淬火。铝合金淬火的机理和效果与钢不同。钢淬火后，硬度和强度显著提高，塑性和韧性显著降低，而铝合金淬火后，硬度和强度并无显著提高，只有再将其在室温放置一段时间（约2h）后，硬度和强度显著升高、塑性和韧性显著下降的效果才出现，如图9-16所示。这种合金的性能随时间推移而发生显著变化的现象，称为时效或时效硬化。铝合金的热处理强化之所以出现如此现象，是因为淬火后获得的过饱和固溶体，硬度和强度不高，且是不稳定的，有析出第二相（金属化合物）的趋势，而时效处理使该趋势得以实现，第二相析出，产生第二相强化，出现硬度和强度显著升高、塑性和韧性显著下降的结果。时

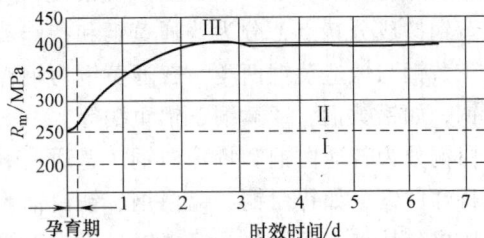

图 9-16　铝合金（$w_{Cu} = 4\%$）自然时效曲线
Ⅰ—退火状态　Ⅱ—固溶状态　Ⅲ—时效状态

效分为自然时效和人工时效两种。铝合金经固溶处理后，在室温下进行的时效称为自然时效；在加热条件（一般 100~200℃）下进行的时效称为人工时效。

（2）铝合金热处理方法　常用的热处理方法有软化处理、固溶、时效等。软化处理可消除加工硬化，用于恢复铝合金塑性变形能力或消除铸件的内应力和成分偏析。"固溶＋时效"是热处理强化铝合金的主要途径。

## 9.4.2　铜及铜合金

**1. 纯铜**

纯铜呈玫瑰红色，表面形成氧化铜膜后，为紫红色，故俗称紫铜。纯铜的熔点为1083℃，密度为 $8.96g/cm^3$，具有面心立方晶格，没有同素异构转变，无磁性。纯铜具有很高的导电性、导热性和耐蚀性（耐大气和海水腐蚀）。纯铜的抗拉强度不高（$R_m = 200~400MPa$），硬度较低，但塑性很好（$A = 45\%~50\%$），容易进行压力加工。利用冷塑性变形，可提高纯铜的强度，但塑性有所下降。

纯铜的代号用汉语拼音字母"T"加顺序号表示。顺序号数字越大，则其纯度就越低。例如T3，表示3号纯铜。纯铜中常含有铅、铋、氧、硫、磷等杂质元素，它们对铜的力学

性能和工艺性能有很大的影响，尤其是铅和铋的危害最大。纯铜的强度低，不宜作为结构件材料，主要用于制造电线、电缆、铜管、电刷以及作为冶炼铜合金的原料。

纯铜的牌号、化学成分和用途见表 9-17。

表 9-17　纯铜的牌号、化学成分和用途

| 组别 | 牌号 | 代号 | 化学成分（%） | | | | 用　途 |
| | | | $w_{Cu} \geqslant$ | $w_{Bi}$ | $w_{Pb}$ | 杂质的质量分数 | |
| --- | --- | --- | --- | --- | --- | --- | --- |
| 纯铜 | 一号铜 | T1 | 99.95 | 0.001 | 0.003 | 0.05 | 导电、导热、耐腐蚀器具材料，如电线、蒸发器、雷管、贮藏器等 |
| | 二号铜 | T2 | 99.90 | 0.001 | 0.005 | 0.10 | |
| | 三号铜 | T3 | 99.70 | 0.002 | 0.010 | 0.30 | |
| 无氧铜 | 一号无氧铜 | Tu1 | 99.97 | 0.001 | 0.003 | 0.03 | 电真空器材、高导电性导线等 |
| | 二号无氧铜 | Tu2 | 99.95 | 0.001 | 0.004 | 0.05 | |

**2. 铜合金**

按化学成分，铜合金可分为黄铜、白铜和青铜三类。黄铜是以锌为主加元素的铜合金，白铜是以镍为主加元素的铜合金，青铜是除黄铜和白铜以外的其他铜合金。

黄铜按成分特点，分为普通黄铜和特殊黄铜两类；按加工方法的不同，黄铜又可分为压力加工黄铜与铸造黄铜两类。普通黄铜为铜锌二元合金；在铜锌合金中加入其他元素形成特殊黄铜，如铅黄铜、锰黄铜、铝黄铜等。

白铜分为普通白铜和特殊白铜。普通白铜是铜镍二元合金；在铜镍合金中加入其他元素形成特殊白铜，如锌白铜、锰白铜、铁白铜等。

按成分特点，青铜分为锡青铜和无锡青铜两类；按加工方法的不同，青铜又分为压力加工青铜与铸造青铜两类。以锡为合金元素的青铜合金称为锡青铜；以铝、铍、硅、锰等元素代替锡形成的青铜称为无锡青铜，如铝青铜、铍青铜、硅青铜、锰青铜等。

（1）黄铜

1）普通黄铜。普通黄铜是 Cu-Zn 合金，其牌号用"H + 数字表示"表示，"H"是"黄"字汉语拼音字首，数字表示平均铜的平均质量分数。例如，H70 表示铜的平均质量分数为 70%、锌的平均质量分数为 30% 的黄铜合金。

黄铜中当锌的平均质量分数小于 39% 时，锌能全部溶于铜中形成单相 α 固溶体组织。随着锌的平均质量分数增加，固溶强化效果明显增强，使黄铜的强度、硬度提高，同时仍保持较好的塑性。该类黄铜称 α 黄铜或单相黄铜，因其具有良好的塑性，适合冷变形成形。当锌的平均质量分数大于 45% 时，因显微组织全部为脆性的 β 相，致使黄铜的强度和塑性都急剧下降，因此，在生产中很少应用。

以下介绍几种常用的普通黄铜。

H80：属单相黄铜，呈金黄色，可用来做装饰材料，有金色黄铜之美称。其力学性能、冷、热压力加工性能均较好，在大气和海水中具有较高的耐蚀性。

H70：属单相黄铜，强度高，塑性好，冷成形性能好，可用深冲压的方法制造弹壳、散热器、垫片等零件，故有弹壳黄铜之称。

H62：属双相黄铜，有较高的强度，热加工性能与切削性能都好。另外，它还具有焊接性好、耐腐蚀、价格较便宜等优点。此类黄铜在工业上应用较多，常用于制造散热器、油

管、垫片、螺钉、弹簧等。

2）特殊黄铜。在普通黄铜的基础上加入铅、铝、硅、锡等元素，分别形成铅黄铜、铝黄铜、硅黄铜、锡黄铜等特殊黄铜。加入铅，可以改善黄铜的切削加工性；加入硅，能提高黄铜的强度和硬度；加入锡，能增加黄铜的强度和在海水中的耐蚀性（锡黄铜有海军黄铜之称）。

特殊黄铜的代号用"H + 主加合金元素符号 + 铜及主加元素的平均质量分数"表示。例如，HPb59-1 表示铜的平均质量分数为 59%、铅的平均质量分数为 1% 的铅黄铜。

常用特殊黄铜的力学性能和用途见表 9-18。

**表 9-18　常用特殊黄铜的力学性能和用途**

| 名称 | 牌号 | 力学性能 | | | 用途举例 |
|------|------|------|------|------|----------|
| | | $R_m$/MPa | A(%) | HBW | |
| 铅黄铜 | HPb59-1 | $\dfrac{400}{650}$ | $\dfrac{45}{16}$ | $\dfrac{44}{80}$ | 销、轴套、螺栓、螺钉、螺母、分流器等 |
| 铝黄铜 | HAl77-2 | $\dfrac{400}{650}$ | $\dfrac{55}{12}$ | $\dfrac{60}{170}$ | 耐腐蚀零件等 |
| 硅黄铜 | HSi80-3 | $\dfrac{300}{600}$ | $\dfrac{58}{4}$ | $\dfrac{90}{110}$ | 船舶零件、水管零件等 |

注：力学性能中分子为 600℃ 退火状态，分母为变形度 50% 的硬化状态。

（2）白铜　白铜在工业中的应用较少。常用白铜的化学成分、特性和用途见表 9-19。

**表 9-19　常用白铜的化学成分、特性和用途**

| 名称 | 牌号 | 化学成分（%） | | | | 主要特性 | 用途举例 |
|------|------|------|------|------|------|----------|----------|
| | | $w_{Ni+Co}$ | $w_{Mn}$ | 其他 | $w_{Cu}$ | | |
| 普通白铜 | B19 | 18.0 ~20.0 | — | — | 余量 | 高的耐蚀性，良好的力学性能，高温和低温下高的强度及塑性 | 在蒸汽、海水中工作的耐腐蚀零件 |
| 铝白铜 | BAl6-1.5 | 5.5 ~6.5 | — | Al1.2 ~1.8 | 余量 | 可热处理强化，有较高的强度和良好的弹性 | 重要用途的弹簧 |
| 铁白铜 | BFe30-1-1 | 29.0 ~32.0 | 0.5 ~1.2 | Fe0.5 ~1.0 | 余量 | 良好的力学性能，在海水、淡水、蒸汽中有高耐蚀性 | 高温、高压和高速条件下工作的零件 |
| 锰白铜 | BMn3-12 | 2.0 ~3.5 | 11.5 ~13.5 | — | 余量 | 高的电阻率，低的电阻温度系数电阻长期稳定性高 | 工作温度 100℃ 以下的电阻仪器、精密电工测量仪器等 |

（3）青铜　青铜是人类历史上应用最早的合金，因呈青黑色而得名。青铜的代号用"Q + 主加元素符号 + 数字"表示，Q 是"青"字汉语拼音字首，数字依次表示主加元素和其他加入元素平均质量分数。例如，QSn10 表示锡的平均质量分数为 10% 的锡青铜；QAl9-4 表示铝的平均质量分数为 9%、其他加入元素平均质量分数为 4% 的铝青铜。

1）锡青铜。锡青铜是以锡为主要合金元素的铜合金。锡青铜具有良好的强度、硬度、耐蚀性和铸造性能。锡青铜中锡的平均质量分数在 5% ~6% 以下时，锡溶于铜中形成 α 固溶体，合金的强度随着锡的平均质量分数增加而升高。当锡的平均质量分数超过 5% ~6% 时，合金组织中出现脆性相，塑性急剧下降，但强度还继续升高；当锡的平均质量分数大于

20%时，强度也显著下降。故工业用锡青铜中锡的平均质量分数一般都在3% ~14%之间。

锡的平均质量分数小于8%的青铜都具有较好的塑性和一定的强度，适用于压力加工；而锡的平均质量分数大于10%的青铜由于塑性差，只适用于铸造。

2）无锡青铜。常用的无锡青铜有铝青铜、铍青铜、硅青铜等。

铝青铜：是以铝为主要合金元素的无锡青铜，其特点是价格便宜，具有更高的强度，更好的耐蚀性和耐磨性，主要应用于在海水或高温下工作的高强度耐磨零件，是应用最广泛的无锡青铜。

铍青铜：是以铍为主要合金元素的铜合金。铍青铜无铁磁性，并且具有撞击时不产生火花的特性，同时有很好的力学性能，如具有高的强度、硬度、弹性、耐磨性、耐蚀性和耐疲劳性，高的导电性、导热性、耐寒性等。铍青铜通过淬火和时效强化，其抗拉强度可达1176 ~1470MPa，硬度可达350 ~400HBW，远远超过其他铜合金，其力学性能甚至可与高强度钢相媲美。铍青铜在工业上主要用来制造弹性元件、耐磨零件和其他重要零件，如钟表齿轮、弹簧、电接触器、电焊机电极、航海罗盘、防爆工具以及在高温、高速下工作的轴承和轴套等。但铍是稀有金属，价格高昂，且铍青铜生产工艺较复杂，成本很高，因而在应用上受到了限制。在铍青铜中加入 Ti 元素，可以降低成本，改善其工艺性能。

硅青铜：是以硅为主要合金元素的铜合金。硅青铜具有较高的力学性能和耐蚀性能，良好的冷、热压力加工性能，常用于制造耐蚀、耐磨零件，还用于长距离架空的电话线和输电线等。

除了上述几种青铜外，还有铅青铜、钛青铜等。

## 复习思考题

9-1　常见的晶格类型有_____、_____和_____三种，$\alpha$-Fe 属于_____晶格类型，$\gamma$-Fe 属于_____晶格类型。

9-2　空位是晶体中的_____缺陷，位错是晶体中的_____缺陷，晶界是晶体中的_____缺陷。

9-3　合金中的相有_____、_____和_____三种类型。

9-4　金属结晶的基本过程包括_____和_____。

9-5　金属结晶的必要条件是_____，金属的实际结晶温度与_____有关。

9-6　金属结晶时_____越大，过冷度越大，金属的_____温度就越低。

9-7　金属的晶粒越细小，其强度、硬度_____，塑性、韧性_____。

9-8　根据溶质原子在溶剂晶格中所占据的位置不同，固溶体可分为_____和_____两类。

9-9　杂质硫引起钢的_____，杂质磷引起钢的_____。

9-10　非合金钢中的有害杂质元素是_____和_____。

9-11　纯铁在780℃是面心立方晶格的 $\gamma$-Fe。（　　　）

9-12　实际金属的晶体结构不仅是多晶体，而且还存在着多种缺陷。（　　　）

9-13　纯金属的结晶过程是一个恒温过程。（　　　）

9-14　固溶体的晶格仍然保持溶剂的晶格类型。（　　　）

9-15　间隙固溶体只能为有限固溶体，置换固溶体可以是无限固溶体。（　　　）

9-16　为获得良好的耐腐蚀性，一般不锈钢中碳的质量分数应尽量（　　　）。

A. 高　　　　　　B. 低　　　　　　C. 不变

9-17　实际金属晶体中存在哪些晶体缺陷？

9-18　什么是过冷现象和过冷度？过冷度与冷却速度有什么关系？

9-19　金属细化晶粒的途径有哪些?

9-20　杂质元素对非合金钢有何影响?

9-21　解释材料牌号的含义:

Q215　45　T10A　ZG200—400　20CrMnTi　60Si2Mn　GCr15　40Cr　0Cr19Ni9　LF21　5083　H80

9-22　从下列材料中选择合适的牌号填入表格中。

T12A　60Si2Mn　HT150　QT800-2　Cr12MoV　3Cr13　GCr15　W18Cr4V　20CrMnTi

| 零件名称 | 选用材料 | 零件名称 | 选用材料 |
|---|---|---|---|
| 机用麻花钻 | | 锉刀 | |
| 汽车变速箱齿轮 | | 柴油机曲轴 | |
| 大型冷冲模凸模 | | 车床床身 | |
| 医用手术刀 | | 减振弹簧 | |
| 滚动轴承 | | 地铁车辆车体 | |

9-23　合金元素对热处理有哪些影响?

9-24　简述金属材料的分类情况。

# 第10章 热 处 理

**【本章学习要点】**

主要内容：热处理原理；常用热处理方法的工艺特点和用途。

学习目的与要求：了解热处理分类和热处理原理，掌握常用热处理方法的工艺特点和用途。

学习重点：常用热处理方法的工艺特点、用途和技能。

## 10.1 概述

**1. 热处理及其作用**

热处理是在固态下以适当的方式对材料进行加热、保温和冷却，以改变材料组织和性能的一种工艺。

热处理在生产中的作用是保证零件质量，节约零件的制造成本，具体表现在两方面：一方面是提高材料的力学性能，满足零件的使用性能要求，延长零件的寿命；另一方面是改善材料的工艺性能，降低零件的加工难度，节约零件的制造成本。在机械制造行业，热处理是强化金属材料、提高产品质量和使用寿命的主要方法，机械设备中的绝大部分重要零件都必须热处理强化。例如，机床行业和汽车行业中 60% ~ 80% 的零件都要进行热处理，特别是各种工具和滚动轴承，几乎 100% 都要进行热处理。在机械制造行业，热处理也是改善材料工艺性能的常用方法。例如，零件机械加工前进行退火或正火处理，改善材料的切削加工性能，大大降低了零件的加工成本，也有利于提高零件的表面质量和尺寸稳定性。由此可见，热处理在机械制造行业中占有十分重要的地位，是相关专业学生必须学习和掌握的重要内容。

**2. 热处理工艺曲线**

由热处理的概念可知，热处理的基本过程由加热、保温和冷却三个阶段组成。在零件加工工艺规程中，热处理工序的要求用热处理工艺曲线表示。热处理工艺曲线是描述热处理加热、保温和冷却要求的时间 – 温度曲线，是操作者完成热处理操作的主要依据。最基本的热处理工艺曲线，如图 10-1 所示。

**3. 热处理分类**

按旧标准规定：热处理分为整体热处理和表面热处理。整体热处理包括退火、正火、淬火、回火；表面热处理包括表面淬火和化学热处理。

GB/T 12603—2005 规定了新的热处理工艺分类方法，热处理工艺分类及代号见表 10-1。

**4. 钢的热处理原理简介**

钢的热处理之所以能改变钢的性能，主要是因为

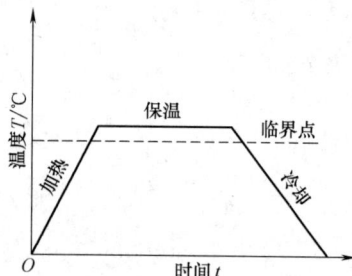

图 10-1 热处理工艺曲线

加热、保温、冷却后钢的内部组织发生了变化。因此，钢的热处理原理其本质就是钢在加热、保温、冷却过程中内部组织的变化规律。

表 10-1 热处理工艺分类及代号

| 工艺总称 | 代号 | 工艺类型 | 代号 | 工艺名称 | 代号 |
|---|---|---|---|---|---|
| 热处理 | 5 | 整体热处理 | 1 | 退火 | 1 |
| | | | | 正火 | 2 |
| | | | | 淬火 | 3 |
| | | | | 淬火和回火 | 4 |
| | | | | 调质 | 5 |
| | | | | 稳定化处理 | 6 |
| | | | | 固溶处理:水韧处理 | 7 |
| | | | | 固溶处理 + 时效 | 8 |
| | | 表面热处理 | 2 | 表面淬火和回火 | 1 |
| | | | | 物理气相沉积 | 2 |
| | | | | 化学气相沉积 | 3 |
| | | | | 等离子体增强化学气相沉积 | 4 |
| | | | | 离子注入 | 5 |
| | | 化学热处理 | 3 | 渗碳 | 1 |
| | | | | 碳氮共渗 | 2 |
| | | | | 渗氮 | 3 |
| | | | | 氮碳共渗 | 4 |
| | | | | 渗其他非金属 | 5 |
| | | | | 渗金属 | 6 |
| | | | | 多元共渗 | 7 |

热处理加热或冷却时，钢的组织转变的理论温度对应 Fe-Fe$_3$C 相图中的 $A_1$、$A_3$ 和 $A_{cm}$，即临界点。但在实际生产中加热速度和冷却速度不是极其缓慢的，受过热度和过冷度的影响，组织转变的温度与理论的临界点要略高或略低一些。因此，热处理加热与冷却的实际临界点用 $Ac_1$、$Ac_3$、$Ac_{cm}$ 与 $Ar_1$、$Ar_3$、$Ar_{cm}$ 表示。临界温度线的位置如图 10-2 所示。

（1）钢在加热时的组织转变 根据 Fe－Fe$_3$C 相图，钢分亚共析钢（$w_C = 0.0218\% \sim 0.77\%$）、共析钢（$w_C = 0.77\%$）、过共析钢（$w_C = 0.77\% \sim 2.11\%$），它们对应的室温平衡组织分别是 F、F + P 和 P + FeC$_{II}$。钢在加热时的组织转变就是这些组织转变为奥氏体的过程。热处理加热的目的是为了获得均匀一致的奥氏体组织，为冷却时的组织转变做准备。

1）奥氏体的形成。奥氏体的形成过程可分为四个阶段：奥氏体晶核形成、奥氏体晶核长大、残余渗碳体溶解、奥氏体成分均匀化。

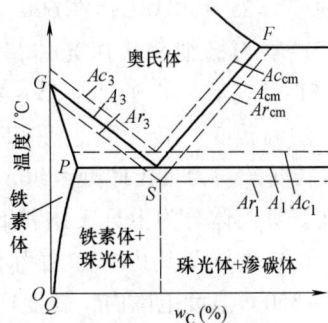

图 10-2 临界温度线的位置示意图

2）奥氏体晶粒度及其控制。加热时，开始形成的奥氏体晶粒度比较小，随着时间的推移奥氏体晶粒会长大。奥氏体的晶粒度是评价热处理加热质量的重要标准。钢的晶粒度可分为本质晶粒度和实际晶粒度。本质晶粒度是指将钢加热到930℃±10℃，保温3h，然后冷却至室温所获得的奥氏体晶粒大小，它反映奥氏体晶粒的长大趋势。实际晶粒度是指在具体加热条件下获得的奥氏体晶粒的大小，它直接影响热处理后钢的性能。根据本质晶粒度大小，钢分为本质粗晶粒钢和本质细晶粒钢。加热时，本质粗晶粒钢容易得到粗晶粒奥氏体；本质细晶粒钢容易得到细晶粒奥氏体。

为了获得细晶粒奥氏体，保证热处理质量，必须控制奥氏体晶粒度，具体措施有：①合理选择加热温度和保温时间。加热温度越高，保温时间越长，奥氏体实际晶粒度越大。②合理选择钢的原始组织。钢的原始晶粒越细，越有利于获得细小奥氏体晶粒。③合理选用零件材料，钢中含有适当的合金元素，如 Cr、W、Mo、Ti、V 等，有利于获得细小奥氏体晶粒。

（2）钢在冷却时的组织转变　温度低于 $A_1$ 的奥氏体称为过冷奥氏体。钢在冷却时的组织转变即过冷奥氏体转变为其他组织的过程。冷却是钢热处理的关键过程，它决定着钢热处理后的组织和性能。

按冷却方式，钢在冷却时的组织转变分为等温冷却转变和连续冷却转变。等温冷却转变指零件在等温槽中完成组织转变，连续冷却转变指在炉冷、空冷、水冷、油冷等条件下完成组织转变。等温槽主要指盐浴槽或碱浴槽，其特性是槽内温度恒定。

1）等温转变。本书以共析钢等温转变为例分析钢在冷却时的组织转变规律。

利用实验方法，可以发现等温转变规律，将此规律绘制成一个图，该图称为等温转变图，也叫 C 曲线。共析钢的等温转变图如图 10-3 所示。

根据转变温度范围不同，共析钢的等温转变分为高温转变、中温转变和低温转变。

高温转变　转变发生在 $A_1$ ~ 550℃ 温度范围内，过冷奥氏体转变为珠光体型组织，包括粗片状珠光体、细片状珠光体和极细片状珠光体。

在 $A_1$ ~ 650℃ 温度范围内，转变产物为粗片状珠光体，用符号"P"表示，其硬度为 160 ~ 250HBW；在 650 ~ 600℃ 温度范围内，转变产物为细片状珠光体，又称索氏体，用符号"S"表示，其硬度为 25 ~ 30HRC；在 600 ~ 550℃ 温度范围内，转变产物为极细片状珠光体，又称托氏体，用符号"T"表示，其硬度为 35 ~ 48HRC。

中温转变　转变发生在 550℃ ~ $Ms$ 温度范围内，转变产物为贝氏体型组织，该转变也叫贝氏体转变。贝氏体分为上贝氏体和下贝氏体。

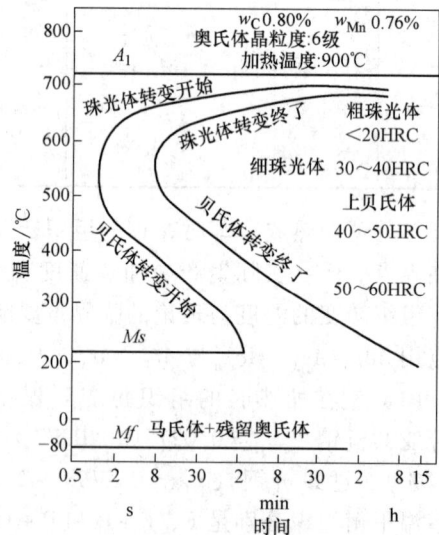

图 10-3　共析钢的等温转变图

由铁素体及其内分布着弥散的碳化物所形成的亚稳定组织，称为贝氏体型组织。在 550 ~ 350℃ 温度范围内，转变产物为在含碳稍微过饱和的板条铁素体的晶界上分布着不连续短棒或小片状的碳化物的混合物组织，其形态近似羽毛状，这种组织称为上贝氏体，用符号"$B_上$"表示，其硬度在 40 ~ 48HRC 之间，强度较高，但塑性、韧性较低，因此生产中很少用；在 350℃ ~ Ms 温度范围内，转变产物为双凸透镜状（粗略地说是片状）的、含过饱和碳的铁素体并在其内分布着单方向排列的碳化物小薄片，这种组织称为下贝氏体，用符号"$B_下$"表示，其硬度约 55HRC，强度更高，且具有一定的塑性、韧性，即该组织综合力学性能较好，因此生产中常用等温冷却获得下贝氏体组织。

低温转变 转变发生在 Ms 温度以下，转变产物获得马氏体组织，该转变也叫马氏体转变。

碳在 $\alpha$-Fe 中的过饱和固溶体称为马氏体，用符号"M"表示。马氏体具有高硬度、脆性大的性能特点，其硬度可达 62 ~ 65HRC。马氏体的硬度主要取决于碳的质量分数，当碳的质量分数增加时，硬度相应增加，但当 $w_C > 0.6\%$ 以后，随着碳质量分数的增加，其硬度的增加并不明显。

马氏体有两种形态：①板条状马氏体，其碳的质量分数小于 0.2%，也称低碳马氏体。其综合力学性能良好；②针片状马氏体，其碳的质量分数大于 1.0%，也称高碳马氏体。其强度高，但塑性和韧性差。

实际上，马氏体转变必须在连续冷却条件下进行，等温转变并不能得到马氏体。另外，马氏体转变温度低，属非扩散型转变；马氏体转变是不完全转变，产物中有未转变成马氏体的残留奥氏体。

2）连续转变。与等温转变类似，连续转变规律也可以用连续转变图表示。但是，由于连续转变图测定、绘制比较困难，至今尚有许多钢的连续转变图没绘制出来，而各种钢的等温转变图绘制比较容易，因此，生产中常用等温转变图定性、近似地分析连续冷却的转变情况。针对以上情况，结合城市轨道交通的专业特点，本教材不再详述连续转变的相关内容。

## 10.2 钢的退火与正火

### 10.2.1 退火

**1. 退火及其目的**

将钢加热到适当温度，保持一定时间，然后缓慢冷却的热处理工艺称退火。缓慢冷却指炉冷、灰冷、砂冷等。退火的主要目的有：①为了降低钢的硬度，提高塑性和韧性，改善材料的切削加工性能和冷冲压性能；②消除内应力，稳定零件的形状和尺寸，防止零件的变形和开裂；③细化晶粒、改善组织，为后续工序作好组织准备。

**2. 常用退火工艺**

常用退火工艺包括均匀化退火、完全退火、球化退火、等温退火、去应力退火、再结晶退火等。各种退火（含正火）工艺规范如图 10-4 所示。

（1）均匀化退火 均匀化退火是将钢加热至 1050 ~ 1150℃，长时间保温（10 ~ 15h），然后缓慢冷却，使钢的化学成分和组织均匀化的退火工艺。它主要用于合金钢铸锭、铸件或锻坯的退火。均匀化退火加热温度高，易出现过热缺陷，所以均匀化退火后常常需要进行完全退火或正火处理以细化晶粒。

（2）完全退火和等温退火 完全退火是将钢加热至 $Ac_3$ 以上 30 ~ 50℃，使钢的组织完全奥氏体化，保温一定时间，炉冷至 600℃ 以下，然后出炉空冷的退火工艺。完全退火主要

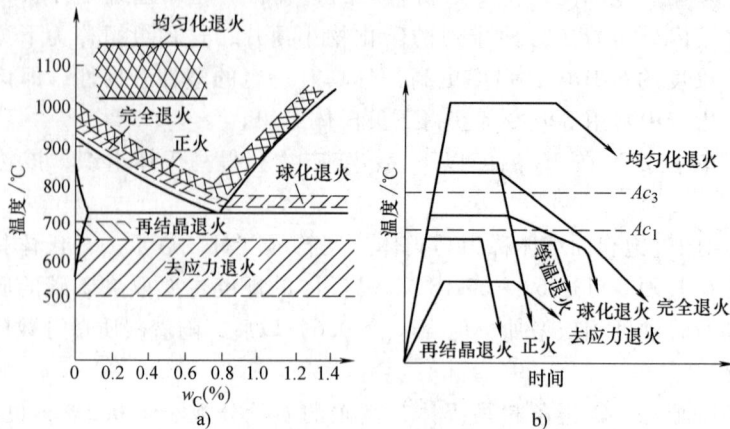

图 10-4　非合金钢的退火、正火加热温度范围和工艺曲线示意图

a）加热温度范围　b）工艺曲线

用于亚共析钢的铸件、锻件的退火，其目的是细化晶粒，消除过热缺陷，调整钢的硬度，改善切削加工性能，为零件的进一步机械加工和热处理做准备。完全退火用时长，生产效率低，生产中常用等温退火代替完全退火，尤其是合金钢，用等温退火代替完全退火可以大大缩短生产周期。等温退火是将钢加热至 $Ac_3$ 以上 30～50℃后放入温度低于 $A_1$ 的等温槽中，在等温槽中等温一定时间使奥氏体转变为珠光体，然后空冷的工艺。

（3）球化退火　球化退火是将钢加热至 $Ac_1$ 以上 20～30℃，保温一定时间后空冷至500℃，使钢中碳化物球状化的退火工艺。其目的是降低钢的硬度，改善切削加工性能，并为淬火做准备。球化退火主要用于共析钢和过共析钢，如工具钢、轴承钢、模具钢等。

（4）去应力退火　去应力退火是将钢加热至 $Ac_1$ 以下的某一温度（600～700℃），保温一定时间后缓慢冷却的退火工艺。去应力退火过程中不发生组织转变。去应力退火常用于为了消除铸件、锻件、焊接件的残余应力，稳定零件的尺寸，预防零件的变形和裂纹。

（5）再结晶退火　再结晶退火是将冷形变后的钢加热到再结晶温度以上，保温一定时间后缓慢冷却，以消除冷变形强化和残余应力的退火工艺。再结晶退火常用于深冲压件的多次冲压过程，以消除因冲压而引起的冷变形强化现象，改善钢的塑性，提高钢的连续冲压能力。钢的再结晶温度一般为 650～700℃。

## 10.2.2　正火

**1. 正火的概念**

正火是将钢加热到 $Ac_3$ 或 $Ac_{cm}$ 以上 30～50℃，保温适当的时间，然后在静止的空气中冷却的热处理工艺。其工艺曲线如图 10-4 所示。正火的冷却速度比退火稍快，过冷度稍大。钢正火后的强度、硬度比退火略高。

**2. 正火的应用**

正火的应用主要体现在以下几方面：①可以代替调质作为普通结构件的最终热处理，以简化热处理工艺，节约热处理成本；②低碳钢机械加工前进行正火，以改善其切削加工性能，并为零件的其他热处理做准备；③正火可消除过共析钢中的网状二次渗碳体，可以作球化退火的预备热处理。

与退火相比，正火的生产效率高、成本低，因此，零件的预备热处理优先采用正火。但退火比正火更有利于防止零件的裂纹，所以裂纹倾向大的零件应优先采用退火作为预备热处理。

## 10.3　钢的淬火与回火

### 10.3.1　淬火

**1. 淬火的概念**

钢的淬火是指将钢加热到 $Ac_3$ 或 $Ac_1$ 以上某一温度，保持一定时间，然后以适当速度冷却，获得马氏体（或贝氏体）组织的热处理工艺。

淬火目的是通过淬火使钢的组织转变为马氏体（或贝氏体）组织。淬火后再进行回火，使零件具有合适的力学性能，满足产品的使用要求。

**2. 淬火工艺**

（1）淬火加热温度　亚共析钢的淬火加热温度一般为 $Ac_3$ 以上 30～50℃，共析钢和过共析钢的淬火加热温度一般为 $Ac_1$ 以上 30～50℃。实践证明：过高或过低的淬火加热温度都会降低淬火质量。不同成分的钢，其淬火加热温度可以根据图 10-5 确定。

（2）保温时间　零件加热到淬火温度后进行适当时间的保温，其主要目的是使零件热透。生产中必须严格控制保温时间，否则会造成组织转变不完全或奥氏体晶粒粗大，影响淬火质量。

影响保温时间的因素很多，如加热速度、炉温的高低、钢的化学成分、零件的形状和尺寸、装炉量、堆积方式等，很难精确计算。所以，生产中通常用经验数据或经验公式来确定，其经验公式为

$$t = akD$$

式中　$t$——加热时间，单位为 min；

　　　$a$——加热系数，单位为 min/mm（直径小于或等于 50mm 取 1.0～1.2。直径大于 50mm，取 1.2～1.5）；

　　　$k$——装炉修正系数（通常取值范围是 1.0～1.5；密集堆放时取较大值，否则取较小值）；

　　　$D$——工件有效厚度，单位为 mm。

（3）淬火介质　钢的理想淬火冷却方式如图 10-6 所示，在过冷奥氏体最不稳定的区间快速冷却，而在过冷奥氏体稳定的温度区间慢速冷却，这样既能保证马氏体转变，又能减少淬火变形和裂纹。自然界中很难找到某种冷却介质来实施这种理想的淬火冷却方案。目前，常用的淬火介质是水、水溶液、各类油等。水和水溶液的冷却能力强，用水和水溶液淬火时有利于马氏体转变，但容易出现淬火变形和裂纹缺陷；油的冷却能力弱，用油淬火时有利于

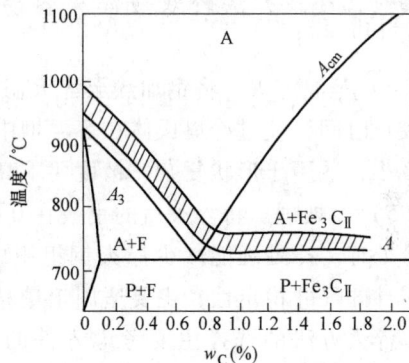

图 10-5　钢的淬火加热温度范围

防止淬火裂纹，但容易出现淬火硬度不足缺陷。因此，生产中应考虑零件材料、结构等因素选用适当的淬火介质。

为了保证淬火质量，生产中应该考虑各种因素，选用适当的淬火方法。

（4）常用淬火方法

1）单液淬火。将钢加热至淬火温度后，放入一种淬火介质中连续冷却至室温的淬火方法称为单液淬火。一般情况下，非合金钢在水中淬火，合金钢在油中淬火。单液淬火操作简单，容易实现生产机械化和自动化，但容易产生淬火变形或裂纹缺陷，因此单液淬火主要用于形状简单的零件淬火。

图 10-6　钢的理想淬火冷却方式

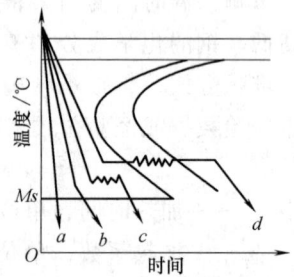

2）双液淬火。将钢加热至淬火温度后，先放入一种冷却能力强的介质中，冷却一定时间后取出，立即放入另一种冷却能力弱的介质中冷却，这种淬火方法称为双液淬火。双液淬火有利于预防和减小淬火变形或裂纹缺陷，但操作难度较大，主要适用于形状复杂的非合金钢零件的淬火。

3）分级淬火。将钢加热至淬火温度后，放入温度稍高于或稍低于 $Ms$ 的盐浴槽或碱浴槽中，保持适当时间，以获得马氏体组织的淬火工艺。分级淬火有利于减小淬火变形或裂纹，且该方法较双液淬火容易操作，适用于形状较复杂的小型合金钢零件的淬火。

4）等温淬火。将钢加热至淬火温度后，放入温度稍高于或稍低于 $Ms$ 的等温槽中，保持较长时间，使过冷奥氏体在等温槽中转变为下贝氏体组织的淬火工艺。等温淬火的淬火变形极小，适用于形状复杂、精度要求高的小型零件和重要弹簧的淬火。

5）冷处理。将淬火后的钢放在 0℃ 以下的介质中继续冷却至 $Mf$ 以下的热处理工艺，称为冷处理。冷处理能减少淬火钢组织中的残留奥氏体量，提高零件的尺寸稳定性，主要适用于量具、精密零件等。

淬火方法的选择主要考虑零件的化学成分、形状尺寸、技术要求、淬火介质的特性等因素。常用淬火方法如图 10-7 所示。

**3. 淬透性与淬硬性**

（1）淬透性　淬透性是指钢在规定条件下淬火时获得淬硬深度和硬度分布的特性。影响奥氏体稳定性的因素都影响钢的淬透性，其中钢中的合金元素对淬透性的影响较大。大部分合金元素（除 Co 外）都能提高过冷奥氏体的稳定性，降低淬火临界冷却速度，提高钢的淬透性，所以，合金钢的

图 10-7　常用淬火方法示意图
a—单液淬火　b—双液淬火
c—分级淬火　d—等温淬火

淬透性优于非合金钢。淬透性是钢的一种重要的热处理工艺性能，是选择零件材料的重要依据之一。例如，承受大载荷的大截面零件，为保证其强度要求，都选用高淬透性的合金钢材料。

（2）淬硬性　淬硬性是指钢淬火后所能达到的最高硬度的能力。淬火后硬度越高，材料的淬硬性越好。钢的淬硬性主要取决于钢中碳的质量分数。碳的质量分数越高，淬火后其

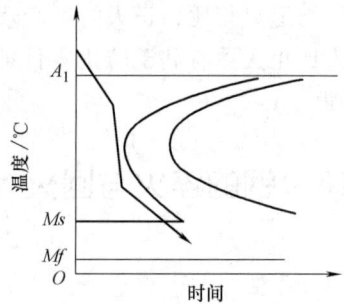

硬度越高。

淬透性与淬硬性是两个不同的概念，淬透性好的钢，其淬硬性不一定高。

### 10.3.2 回火

回火是指钢淬火后，再加热到 $Ac_1$ 以下某一温度，保温一定时间，然后冷却到室温的热处理工艺。淬火后，钢的主要组织是马氏体，其脆性大，淬火应力也大，零件容易变形或裂纹，所以零件淬火后要及时进行回火处理。回火的主要目的是消除淬火应力，调整零件的力学性能，以满足零件的使用性能要求。

**1. 钢回火时的组织转变**

淬火钢回火时，随着温度的升高，其组织转变可分为四个阶段。

（1）马氏体分解（100～350℃） 马氏体内过饱和的碳以 ε 碳化物形式析出，形成马氏体基体上分布着 ε 碳化物的复相组织，称为回火马氏体。此阶段，淬火应力减小，钢的韧性改善，但硬度基本不降低。

（2）残留奥氏体分解（200～300℃） 马氏体分解的同时，残留奥氏体转变为下贝氏体。此阶段，淬火应力进一步减小，硬度无明显降低。

（3）马氏体分解完成和渗碳体的形成（250～400℃） 马氏体中过饱和的碳几乎全部析出，形成针状铁素体，ε 碳化物转变为极细的球状渗碳体。回火组织为针状铁素体和极细的球状渗碳体的复相组织，称为回火托氏体。此阶段，淬火应力基本消除，钢的硬度有所降低。

（4）针状铁素体再结晶和渗碳体的聚集长大（高于400℃） 针状铁素体转变为块状铁素体，极细的球状渗碳体转变为粗粒状渗碳体。回火组织为块状铁素体基体上分布着粗粒状渗碳体的复相组织，称为回火索氏体。此阶段淬火应力完全消除，钢的硬度明显降低。

**2. 回火种类与应用**

钢回火后的性能与回火温度有关。对于同一种钢，回火温度越高，其强度、硬度越低，塑性、韧性越高。按回火温度范围的不同，回火大致分为低温回火、中温回火和高温回火。

（1）低温回火 低温回火是指回火温度低于250℃的回火。低温回火后，钢的内部组织是回火马氏体，具有高硬度（58～65HRC）和高耐磨性，同时内应力及脆性有所降低。低温回火常用于各种工具、滚动轴承和渗碳件的回火。

（2）中温回火 中温回火是指回火温度在250～500℃之间的回火。中温回火后，钢的内部组织是回火托氏体，具有较高弹性极限和屈服强度，具有一定的韧性和硬度。中温回火常用于弹性零件和模具的回火。

（3）高温回火 高温回火是指回火温度高于500℃的回火。回火后钢的内部组织是回火索氏体，具有良好的综合力学性能。高温回火常用于机械设备中承受复杂应力的重要零件的回火，如曲轴、连杆、齿轮和各种轴类零件的回火。高温回火应用广泛，通常将淬火后高温回火的复合热处理工艺称为调质处理，简称调质。

## 10.4 钢的表面热处理

凸轮、曲轴、齿轮等零件在工作时，既承受冲击，表面又受摩擦，这些零件要求具有

"表硬心韧"的使用性能，常采用表面热处理达到此要求。表面热处理分为表面淬火和化学热处理两类。

### 10.4.1 表面淬火

表面淬火是将零件表面快速加热到淬火温度，然后迅速冷却，使零件表面得到一定深度的淬硬层，而零件心部基本不发生组织变化的热处理工艺。目前，生产中常用的表面淬火方法有火焰淬火和感应淬火。

**1. 火焰淬火**

火焰淬火是指用氧-乙炔（或其他可燃气体）火焰对零件表面进行快速加热并快速冷却的表面淬火方法。火焰淬火设备简单，成本低，操作灵活性大，但加热温度不易控制，淬火质量不稳定，适合单件和小批量生产，常用于大型零件的表面淬火，如大齿轮、齿条、钢轨面等。

**2. 感应淬火**

感应淬火是指利用感应电流通过零件所产生的热效应，使零件表面、局部或整体加热并快速冷却的表面淬火方法。其基本原理如图 10-8 所示，感应电流通过感应器产生交变磁场，使零件在磁场中产生感应电流，此电流在零件内自成回路，称为涡流；涡流具有集肤效应，主要集中在零件表层，电流频率越高，电流集中的表层越薄；涡流通过零件产生热效应，利用涡流所产生的热量几秒钟就能将零件表层加热到淬火温度，然后立即喷水，在零件表面形成淬硬层。

根据所用电流频率不同，感应淬火分为高频感应淬火（200～300kHz）、超音频感应淬火（20～40kHz）、中频感应淬火（2.5～8kHz）、工频感应淬火（50Hz）。因为电流频率越高，淬硬层越薄，所以常根据零件淬硬层深度要求选用电流频率。

感应淬火具有生产效率高、淬硬层硬度高、淬硬层深度易控制、零件变形小、适合成批生产等特点，常用于中碳钢和中碳合金钢制造的中小型零件的表面淬火，也可用于高碳工具钢、低合金工具钢和铸铁的表面淬火。

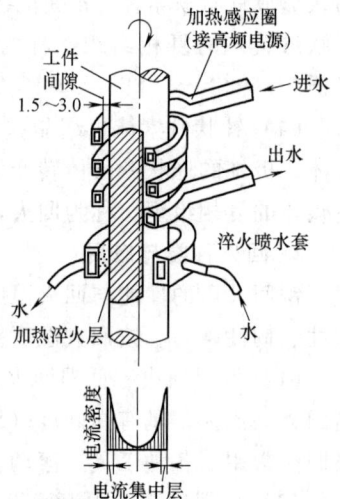

图 10-8 感应淬火示意图

### 10.4.2 化学热处理

化学热处理是指将零件置于一定温度的活性介质中加热、保温，使一种或几种元素渗入其表层，以改变其表层化学成分、组织和性能的热处理工艺。按渗入元素的不同，化学热处理可分为渗碳、渗氮、碳氮共渗、渗硼、渗硅、渗铬等。

现将生产中常用的两种化学热处理分别简要介绍如下。

**1. 渗碳**

渗碳是指将零件置于渗碳介质中加热、保温，使碳原子渗入零件表层的化学热处理工艺。其目的是为了提高零件表层的碳质量分数，再经过淬火、低温回火后，使零件表层具有高硬度、高耐磨性和高的疲劳强度，同时使零件内部仍保持良好的塑性和韧性。

按渗碳介质的物理状态不同，渗碳方法分为气体渗碳、固体渗碳、液体渗碳，其中气体渗碳应用最为广泛。气体渗碳如图 10-9 所示，将零件放在密封的加热炉（如井式气体渗碳炉）中，通入渗碳介质（如煤油、煤气、甲烷等），加热至 920～930℃，炉内形成高浓度碳的气氛，在长时间保温的过程中，活性碳原子被钢件表面吸收，溶入高温奥氏体中，并随保温时间的延长，碳原子逐渐向零件内部扩散，形成一定深度的渗碳层。

渗碳件的材料通常为低碳钢和低碳合金钢，渗碳后零件表层碳质量分数一般为 0.85%～1.05%，经淬火、低温回火后零件表面硬度可达 56～64HRC。

**2. 渗氮**

渗氮是指在一定温度下（一般在 $Ac_1$ 以下）将活性氮原子渗入零件表面的化学热处理工艺。其目的是提高零件表面硬度、耐磨性、耐蚀性及疲劳强度。

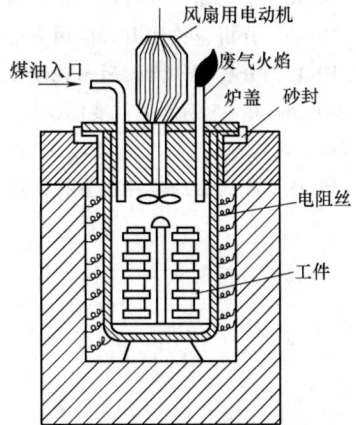

图 10-9　气体渗碳法示意图

与渗碳相比，渗氮后零件表层的硬度更高，可达 1000～1200HV（相当于 69～72HRC）；渗氮后零件具有高耐蚀性；渗氮温度低，零件变形小。但渗氮工艺复杂，生成周期长，成本高，氮化层薄而脆，不易承受重载荷，并需要零件材料必须是专用的渗氮用钢，所以渗氮主要用于要求高硬度、高精度的零件，如镗杆、高压阀门阀杆、高精度齿轮、轴等。

## 复习思考题

10-1　热处理工艺过程由＿＿＿＿＿＿＿、＿＿＿＿＿＿＿和＿＿＿＿＿＿＿三个阶段组成。

10-2　化学热处理实质上是通过＿＿＿＿＿＿＿来改变钢的组织和性能的。

10-3　合金元素（除 Co）外都能＿＿＿＿＿＿＿钢的淬透性。

10-4　单液淬火，碳钢用＿＿＿＿＿＿＿冷却，合金钢用＿＿＿＿＿＿＿冷却。

10-5　感应淬火法时电流频率越高，淬硬层越＿＿＿＿＿＿＿。

10-6　改善 T12 钢的切削加工性能，选用（　　　）。

A. 完全退火　　　　　B. 球化退火　　　　　C. 正火　　　　　D. 淬火

10-7　用 65Mn 钢制造弹簧，其热处理方法是（　　　）。

A. 淬火＋低温回火　　B. 淬火＋中温回火　C. 淬火＋高温回火　　D. 调质处理

10-8　以下材料中，经正确淬火后硬度最高的是（　　　）。

A. 20　　　　　　　　B. 65Mn　　　　　　C. 40Cr　　　　　D. T10

10-9　调质处理就是（　　　）的热处理。

A. 淬火＋低温回火　　B. 淬火＋中温回火　C. 淬火＋高温回火

10-10　零件渗碳后，一般需经（　　　）处理。

A. 淬火＋低温回火　　B. 正火　　　　　　C. 调质　　　　　D. 淬火＋中温回火

10-11　钢回火时，回火温度越高，回火后其强度和硬度也越高。（　　　）

10-12　钢中碳的质量分数越高，钢正确淬火后硬度越高。（　　　）

10-13　钢中碳的质量分数越高，其淬火加热温度越高。（　　　）

10-14 高碳钢可用正火代替退火，以改善其切削性能。（　　）

10-15 钢的晶粒因过热而粗化时，就有变脆的倾向。（　　）

10-16 分析正火和退火应用方面的区别。

10-17 分析零件淬火后出现硬度不足缺陷的原因。

10-18 用 45 钢制造重要的螺栓，工艺路线为：锻造→热处理（1）→机加工→热处理（2）→精加工。分析说明热处理（1）和热处理（2）的名称和作用。

10-19 淬火后的零件能直接使用吗？为什么？

# 第 11 章　平面机构运动简图及自由度

【本章学习要点】

主要内容：平面机构运动简图的绘制方法；平面机构具有确定相对运动的条件。

学习目的及要求：识别常用机构运动简图，并能根据机构的实际结构绘制机构运动简图；掌握平面机构自由度的计算方法，理解机构中复合铰链、局部自由度的概念。

学习重点：平面机构具有确定相对运动的条件；平面机构运动简图的绘制及平面机构的自由度计算。

## 11.1　平面机构的组成

### 11.1.1　构件的自由度

构件是机构中运动的单元体，它是组成机构的主要要素。若组成机构的所有构件都在同一平面或相互平行的平面内运动，则称该机构为平面机构。

构件的自由度是构件可能出现的独立运动的数目。任何一个构件在平面自由运动时皆有三个自由度，如图 11-1 所示，构件 $AB$ 是平面运动的构件，则只有三个自由度，既可以在 $O_{xy}$ 平面内任一点 $A$ 绕 $z$ 轴转动，也可沿 $x$ 轴或 $y$ 轴方向移动。

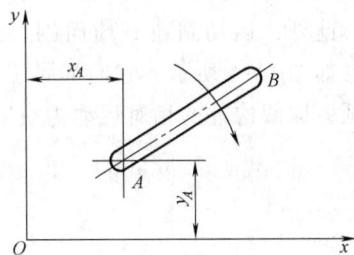

### 11.1.2　运动副与约束

组成平面机构的每个构件都不是自由构件，是以一定的方式与其他构件组成可动连接。这种使两构件直接接触并能产生一定相对运动的连接，称为运动副。两构件组成运动副后，构件的独立运动就受到了限制，对于

图 11-1　构件自由度

构件相对运动的这种限制作用称为约束。所以运动副也是组成机构的主要要素。

两构件组成的运动副，通常都是通过点、线、面接触来实现的。根据运动副接触形式不同，运动副可分为低副和高副。

### 11.1.3　运动副及其分类

**1. 低副**

两构件以面接触组成的运动副称为低副。根据构件之间的相对运动是转动还是移动，运动副又可分为转动副和移动副。

（1）转动副　组成运动副的两构件之间只能绕某一轴线做相对转动的运动副。通常转动副也称为铰链，即由圆柱销和销孔所构成的转动副，如图 11-2a、c 所示。

（2）移动副　组成运动副的两构件只能做相对直线移动的运动副。如图 11-2a、b 所

示，活塞与液压缸体所组成的相对运动即为移动副。由上述可知，平面机构中每个低副的引入，使得构件受到两个约束，仅剩余一个自由度。

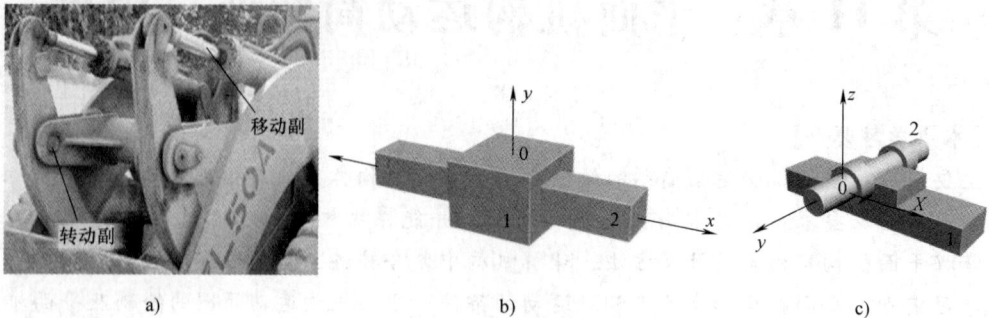

图 11-2　移动副和转动副

### 2. 高副

两构件以点或线接触组成的运动副称为高副。如图 11-3 所示，构件 1 与构件 2 组成的高副，构件 1 沿公法线 $n$-$n$ 方向的移动受到约束，而构件 1 相对于构件 2 可沿接触线 $t$-$t$（见图 11-3a）或接触点 $A$（见图 11-3b）的切线 $t$-$t$ 方向移动，同时也可绕 $A$ 点转动。由上述可见，平面机构中每个高副的引入，使得构件受到一个约束，剩余了两个自由度。

此外，运动副还有球面副、螺旋副等。如图 11-4 所示，它们都属于空间运动副，即两构件的相对运动为空间运动。

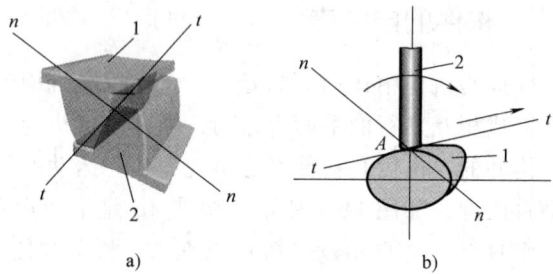

图 11-3　齿轮副和凸轮副

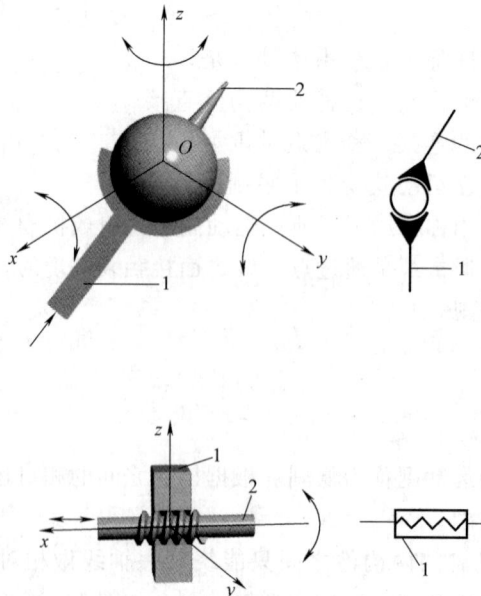

图 11-4　球面副和螺旋副

## 11.2　平面机构运动简图

### 11.2.1　平面机构简图和运动简图

为了便于分析和研究机构，机构简图就用规定的构件和运动副符号表示机构的一种简化示意图，仅表示机构运动传递特性和结构特征。由于机构的实际运动不仅与机构中运动副的性质（低副或高副等）、运动副的数目及确定的相对位置（转动副中心、移动副的中心线、高副接触点的位置等）、构件的数目等有关，因此，可以按一定的长度比例尺确定运动副的位置，用长度比例尺画出的机构简图称为机构运动简图。机构运动简图既保持了其实际机构的运动特征，又简明地表达了实际机构的运动情况。在实际应用中有时只需要表明机构运动的传递特性和构造特征，而不要求机构的真实运动情况。因此，不必严格按比例尺确定机构中各运动副的相对位置。

### 11.2.2　平面机构运动简图的绘制

#### 1. 运动副表示

机构运动简图中运动副表示方法，如图 11-5 所示，图 11-5a 所示为由两个可动构件组成的转动副，也称为活动铰链。图 11-5b、c 所示为两个构件中有一个构件是固定的转动副，也称为固定铰链。

两个构件组成移动副时，其表示方法如图 11-5d、e、f、g、h、i 所示，其中画有斜线的构件代表固定不动的构件，也称为机架。

两个构件组成高副时，其表示方法如图 11-5j 所示，画简图时应画出两构件接触处的曲线轮廓。

#### 2. 构件表示

机构运动简图中构件的表示方法，如图 11-6 所示。图 11-6a、b 所示为能组成两个运动副的一个构件，图 11-6a 所示为组成两个转动副，图 11-6b 所示为组成一个转动副和一个移动副；图 11-6c、d 所示为能组成三个转动副的一个构件。

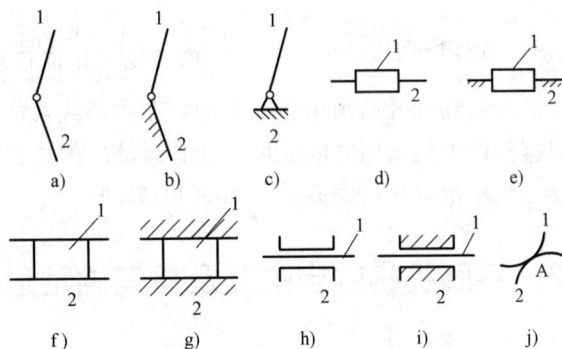

图 11-5　运动副表示方法

在绘制构件运动简图时，首先要分析该机构的实际构造和运动传递状况，分清机构中的

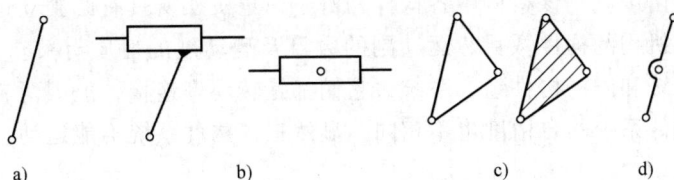

图 11-6　构件表示方法

主动件（输入构件）及从动件；然后从主动件开始，顺着运动传递路线，仔细分析各构件之间的相对运动状况；从而确定该机构的组成构件数目、运动副数目及性质。在此基础上按设定的比例尺及特定的构件和运动副符号，正确绘制出机构运动简图。

　　在绘制机构运动简图时，应撇开与运动无关构件的复杂外形和运动副的具体构造。同时应注意，选择恰当的视图方向和视图平面进行绘制。避免构件相互重叠或交叉。例如，绘制单缸内燃机（见图 11-7）的机构运动简图，步骤如下：

　　1）单缸内燃机由连杆机构、齿轮机构和凸轮机构组成。气缸体 1 作为机架是固定件，活塞是主动件，其余构件都是从动件。

　　2）各构件之间的连接方式，如活塞 4 与连杆 3、连杆 3 与曲轴 2、曲轴 2 与机架 1、凸轮 8 与机架 1 之间均为相对转动构成转动副。活塞 4 与机架 1、进排气阀推杆 7 与机架 1 之间为相对移动构成移动副。齿轮 9 与齿轮 10、凸轮 8 与进排气阀推杆 7 顶端之间为线和点接触构成高副。

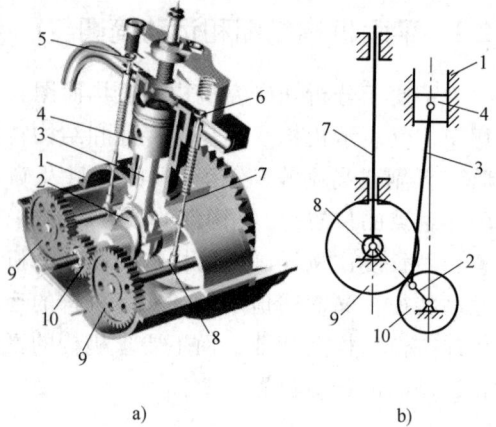

a)　　　　　　　　　　b)

图 11-7　单缸内燃机

a）机构运动关系图　b）机构运动简图

1—机架（气缸体）　2—曲轴　3—连杆　4—活塞
5、6—气阀口　7—推杆　8—凸轮　9、10—齿轮

　　3）图 11-7a 已清楚表达各构件间的运动关系，所以应选择正确的视图方向作为视图平面。

　　4）选择比例尺：
$$\mu_l = \frac{\text{实际构件长度（m）}}{\text{图示构件长度（mm）}}$$

先从主动件开始画出移动副的导路中心线及曲轴与机架构成转动副的位置作为基准，然后根据构件上运动副之间的尺寸和各运动副的位置，按选定的比例尺，用构件和运动副的规定符号绘制出机构运动简图，如图 11-7b 所示。

## 11.3　平面机构的自由度及具有确定运动的条件

　　若干个构件通过运动副相连接起来的机构运动是否确定，就必须研究平面机构自由度的计算。

### 11.3.1　平面机构的自由度

　　平面机构的自由度就是该机构中各构件相对于固定机架所具有的独立运动的数目。平面机构自由度与组成机构的构件数目、运动副的数目及运动副的性质有关。分析图 11-8 所示的三杆构件组合系统和四杆构件组合系统，它们都是转动副连接，但因两者的构件数与运动副数不同，则两构件系统的自由度也不相同。显然三杆构件系统不能运动，而四杆构件组合系统具有确定的运动。

　　由前述可知：在平面机构中每个低副（转动副、移动副等）引入两个约束，使构件失

去两个自由度，剩余一个自由度；而每
个高副（齿轮副、凸轮副等）引入一个
约束，使构件失去一个自由度，剩余两
个自由度。

如果一个平面机构中包含有 $n$ 个可
动构件（机架为参考坐标系，相对固定
而不计），未使用运动副连接之前，这
些可动构件的自由度总数应为 $3n$。当各

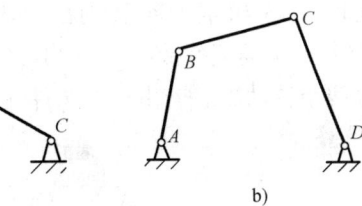

图 11-8　构件组合系统

a）三杆构件组合系统　b）四杆构件组合系统

构件用运动副连接起来之后，由于运动副引入约束使构件的自由度减少。若机构中有 $P_L$ 个
低副和 $P_H$ 个高副，则所有运动副引入的约束数为 $2P_L + P_H$。因此，机构自由度的计算应用
可动构件的自由度总数减去约束的总数。

若机构的自由度以 $F$ 表示，则有

$$F = 3n - 2P_L - P_H \tag{11-1}$$

式（11-1）即为计算平面机构自由度的公式。

### 11.3.2　机构具有确定运动的条件

由式（11-1）可知，机构的自由度必须大于零，则该机构除机架之外的其他构件才能
够运动。如果机构的自由度计算等于零，所有构件就都不能运动。通常用具有一个独立运动
的构件作主动件，因此，机构具有确定运动的充分和必要条件为：构件系统的自由度必须大
于零，且原动件的数目必须等于自由度数目。

**例 11-1**　试计算图 11-7 所示内燃机机构的自由度，并判断机构的运动是否确定。

**解**　由分析可知内燃机机构共有 5 个可动构件，其中 6 个低副（其中有 2 个移动副、4
个转动副），2 个高副。即 $n = 5$，$P_L = 6$，$P_H = 2$。所以，该机构的自由度为

$$F = 3n - 2P_L - P_H = 3 \times 5 - 2 \times 6 - 2 = 1$$

由于机构是具有一个独立运动的构件，活塞 4 作原动件，原动件的数目等于机构自由度
数，机构具有确定的运动。

**例 11-2**　试计算图 11-9 所示推土机机构的自由
度，并判断机构的运动是否确定。

**解**　由上述分析可知，推土机机构共有 8 个可动
构件，其中 11 个低副（其中有 2 个移动副、9 个转动
副），即 $n = 8$，$P_L = 11$，所以，该机构的自由度为

$$F = 3n - 2P_L - P_H = 3 \times 8 - 2 \times 11 - 0 = 2$$

此机构有两个原动件（活塞杆 5 和 7）。原动件数
等于机构自由度，机构的运动确定。

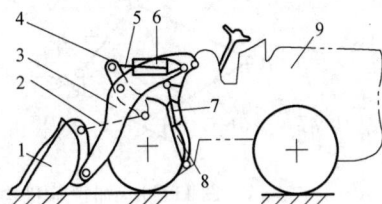

图 11-9　推土机

1—铲斗　2、3、4—推拉杆　5、7—活塞杆
6、8—液压缸　9—车体

### 11.3.3　计算平面机构自由度应注意的几个问题

应用式（11-1）计算平面机构自由度时，应注意以下几点。

**1. 复合铰链**

两个以上的构件在一处组成的转动副，称为复合铰链。如图 11-10a 所示，构件 1 分别

与构件 2、3 组成两个转动副。当转动副轴线共轴线时，两轴线重合在一起，便得到图 11-10b 所示的复合铰链。图 11-10c 所示为复合铰链的侧视图。由三个构件组成的复合铰链包含两个转动副，若由 $k$ 个构件在同一处构成复合铰链时，则就构成 $k-1$ 个共轴线转动副。

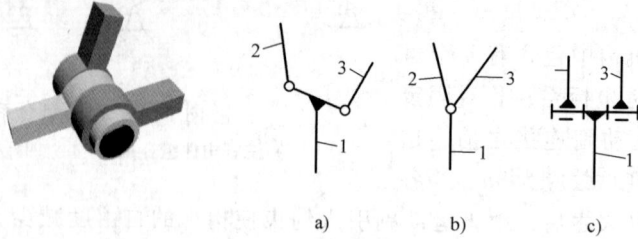

图 11-10 复合铰链

**例 11-3** 图 11-11 所示为惯性筛的机构简图，试计算该机构的自由度。

**解** 该机构中，$n = 5$、$P_L = 7$（$C$ 处为复合铰链）、$P_H = 0$，所以该机构的自由度

$$F = 3n - 2P_L - P_H = 3 \times 5 - 2 \times 7 - 0 = 1$$

**2. 局部自由度**

机构中不影响其输出与输入运动关系的个别构件的独立运动自由度，称为机构的局部自由度。如图 11-12 所示凸轮机构中，为减少高副接触处产生的磨损，在从动件 2 上安装一个滚子 3，使其与凸轮 1 的轮廓产生滚动接触。显然，滚子绕其自身轴线的转动与否并不影响凸轮与从动件间的相对运动，因此，滚子绕其自身轴线的转动为机构的局部自由度。在计算机构的自由度时，应预先将转动副 $C$ 和滚子 3 除去不计，但高副依然存在。如图 11-12b 所示，设想将滚子 3 与从动件 2 固连在一起，作为一个构件来考虑。此时该机构中，$n = 2$、$P_L = 2$、$P_H = 1$，其机构自由度为

$$F = 3n - 2P_L - P_H = 3 \times 2 - 2 \times 2 - 1 = 1$$

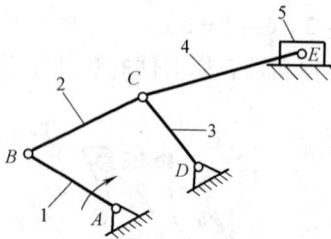

图 11-11 惯性筛机构

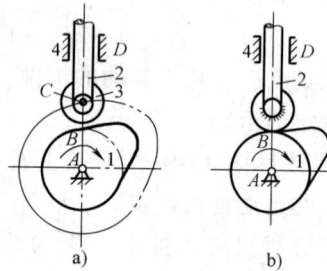

图 11-12 局部自由度

即此凸轮机构只有一个自由度，是符合实际情况的。

**3. 虚约束**

在机构中与其他约束重复而不起限制运动作用的约束称为虚约束。在计算机构自由度时，应当除去不计。

**例 11-4** 图 11-13a 所示为机车车轮联动机构。在机构运动简图中，$L_{AB} = L_{CD} = L_{EF}$、$L_{BC} = L_{AD}$、$L_{CE} = L_{DF}$，在此机构中 $n = 4$、$P_L = 6$、$P_H = 0$。所以其机构自由度为

$$F = 3n - 2P_L - P_H = 3 \times 4 - 2 \times 6 - 0 = 0$$

计算表明该机构不能运动，显然与实际情况不符。通过进一步分析可知，机构中的运动

轨迹有重叠现象。如果去掉构件 3（转动副 $C$、$D$ 也不再存在），当原动件 1 转动时，构件 2 上 $C$ 点的轨迹是不变的。因此，构件 3 及转动副 $C$、$D$ 是否存在对整个机构的运动并无影响。也就是说，机构中加入构件 3 及转动副 $C$、$D$ 后，虽然使机构增加了一个约束，但此约束并不起限制机构运动的作用，所以是虚约束。因此，在计算机构自由度时应除去构件 3（或构件 4）。此时机构中 $n = 3$、$P_L = 4$、$P_H = 0$，则机构自由度为

$$F = 3n - 2P_L - P_H = 3 \times 2 - 2 \times 4 - 0 = 1$$

此结果与实际情况相符。

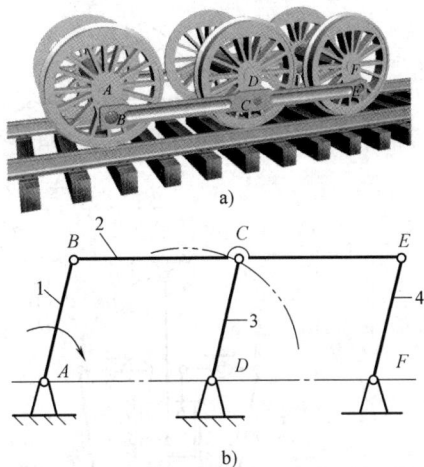

图 11-13　机车车轮联动机构

由此可知，当机构中存在虚约束时，其消除办法是将含有虚约束的构件及其组成的运动副去掉。

平面机构的虚约束常出现在以下情况中。

1）被连接件上点的轨迹与机构上与其相连接点的轨迹重合时，这种连接将出现虚约束，如图 11-13b 所示。

2）两个构件组成多个移动副，其导路均互相平行时，只有一个移动副起约束作用，其余都是虚约束。

3）两个构件组成多个转动副，其轴线重合时，只有一个转动副起到约束作用，其余部是虚约束。例如，一根轴上安装多个轴承。

4）机构中对运动不起限制作用的对称部分，如图 11-14 所示齿轮系，中心轮 1 通过两个齿轮 2 和 2′驱动内齿轮 3，齿轮 2 和齿轮 2′中有一个齿轮对传递运动不起独立作用，引入了虚约束。虚约束对机构运动虽然不起作用，但可以增加构件的刚性，改善受力情况，因而机构中广泛应用。

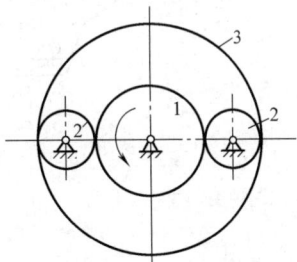

图 11-14　虚约束

## 复习思考题

11-1　机构具有确定运动的条件是＿＿＿＿＿。

11-2　两构件构成运动副的主要特征是＿＿＿＿＿。

11-3　下列可动连接中，（　　）是高副。

　　A. 内燃机的曲轴与连杆的连接　　　　B. 缝纫机的针杆与机头的连接

　　C. 车床拖板与床面的连接　　　　　　D. 火车车轮与铁轨的接触

11-4　有一构件的实际长度 $l = 1\text{m}$，画在机构运动简图中的长度为 20mm，则画此机构运动简图时所取的长度比例尺 $\mu_l$ 是（　　）。

　　A. $\mu_l = 5$　　　B. $\mu_l = 50\text{m/mm}$　　　C. $\mu_l = 1:25$　　　D. $\mu_l = 5\text{m/mm}$

11-5　什么是机构运动简图？平面机构运动简图如何绘制？

11-6　计算图 11-15 所示机构的自由度，并指出特殊情况。

11-7　图 11-16 所示为一机构初拟方案，由凸轮 4 带动摆杆 3，使构件 2 做上下运动。试通过计算自由度分析该运动能否实现。若不能实现，请设计其改进方案。

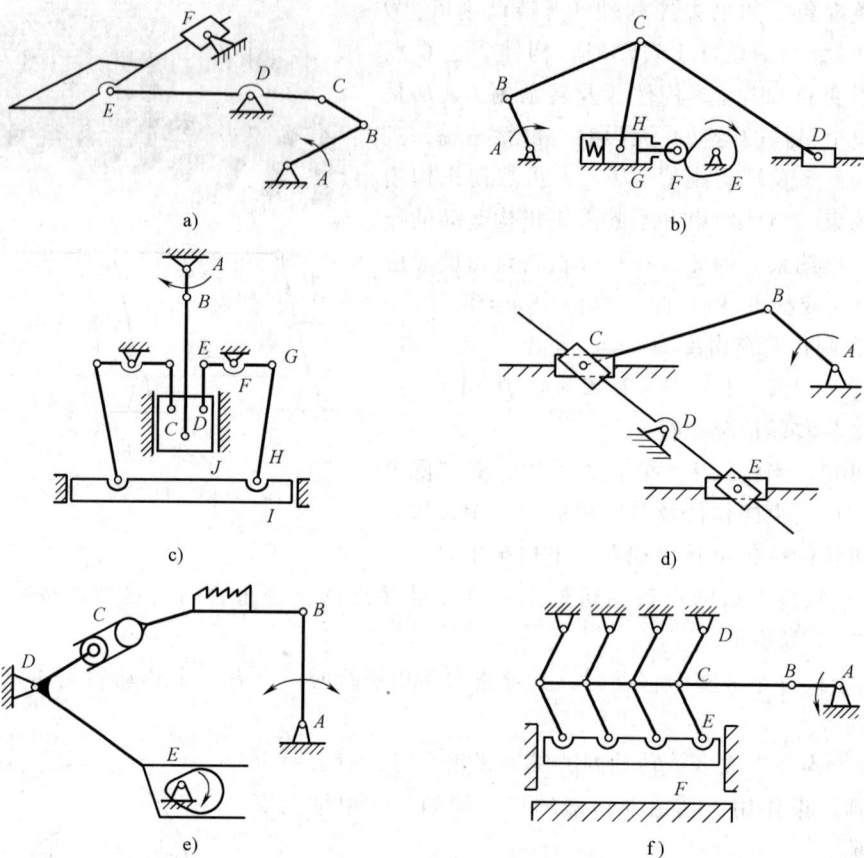

a)

b)

c)

d)

e)

f)

图 11-15　题 11-6 图

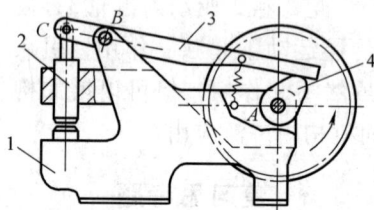

图 11-16　题 11-7 图

# 第12章　平面连杆机构

【本章学习要点】

主要内容：铰链四杆机构的基本类型、运动形式转换与应用；铰链四杆机构的演化形式；铰链四杆机构的传动特性。

学习目的及要求：掌握铰链四杆机构的基本类型、运动形式转换及应用；掌握曲柄存在的条件及铰链四杆机构的基本类型识别；掌握铰链四杆机构的传动特性。

学习重点：铰链四杆机构的运动形式及转换在生产生活中的应用；铰链四杆机构曲柄存在的条件、铰链四杆机构的基本类型判断、急回特性、压力角和传动角及死点。

平面连杆机构是由若干个构件用低副连接，且所有构件在相互平行平面内运动的机构。由四个构件通过低副连接而成的平面连杆机构，则称为平面四杆机构。它是平面连杆机构中最常见的形式，也是组成平面多杆机构的基础。

平面连杆机构的主要优点：由于组成运动副的两构件之间为面接触，因而承受的压强小、便于润滑、磨损较小，可以承受较大的载荷；构件形状简单，制造方便，工作可靠；在主动件等速连续运动的条件下，当各构件的相对长度不同时，从动件实现多种形式的运动，满足多种不同运动规律的要求。

主要缺点有：低副磨损后存在间隙会引起运动误差，设计计算比较复杂，不易实现精确、复杂的运动规律；平面连杆机构运动时产生的惯性力也不适用于高速的场合。

## 12.1　铰链四杆机构的基本形式及曲柄存在条件

当四杆机构各构件之间都是以转动副连接时，则称该机构为铰链四杆机构。如图 12-1 所示的铰链四杆机构中，固定不动的杆 4 为机架，与机架相连的杆 1 与杆 3，称为连架杆，连接两连架杆的杆 2 为连杆。连架杆 1 与 3 通常绕自身的回转中心 A 和 D 回转，连杆 2 做平面运动；能做整周转动的连架杆称为曲柄，不能做整周转动的连架杆称为摇杆。

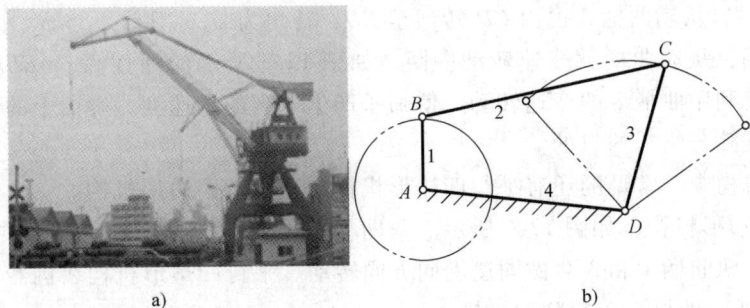

图 12-1　铰链四杆机构

a）门座式起重机　b）铰链四杆机构简图

### 12.1.1 铰链四杆机构的基本形式及应用

铰链四杆机构按连架杆有无曲柄、摇杆，分为以下三种基本形式。

**1. 曲柄摇杆机构**

在铰链四杆机构中，若一个连架杆为曲柄，另一个连架杆为摇杆，称为曲柄摇杆机构，如图 12-2 所示。

当曲柄 1 为主动件时，曲柄的连续转动可经连杆 2 转换为摇杆 3 的往复摆动。如图 12-2a所示，牛头刨床的横向自动进给就是曲柄摇杆机构，当齿轮 1（相当于曲柄）转动时，通过连杆 2 带动摇杆 3 往复摆动，并通过棘轮 5 带动送给丝杠 6 做单向间歇运动。图 12-2b 所示为曲柄摇杆机构的简图。

如图 12-3 所示的缝纫机，当摇杆 3 为主动件时，可将摇杆的往复摆动经连杆 2 转换为曲柄 1 的连续旋转运动。图 12-3b 所示为缝纫机踏板机构的简图，当脚踏动踏板 3（相当于摇杆）使其做往复摆动时，通过连杆 2 带动曲轴 1（相当于曲柄）做连续旋转运动，使缝纫机进行缝纫工作。

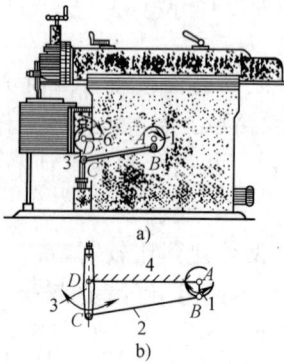

图 12-2　牛头刨床横向进给机构

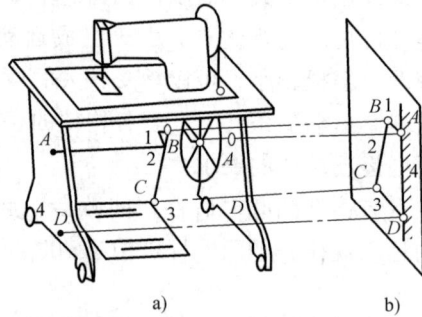

图 12-3　缝纫机踏板机构

**2. 双曲柄机构**

铰链四杆机构中，若两个连架杆均为曲柄，称为双曲柄机构，如图 12-4 所示。

在双曲柄机构中，两曲柄可以分别为主动件。若曲柄 1 为主动件，当曲柄 1 由 $AB$ 转 $180°$ 至 $AB'$ 时，从动件曲柄 3 由 $CD$ 转至 $CD'$，转角为 $\varphi_1$；当主动曲柄 1 继续再转 $180°$ 由 $AB'$ 转回至 $AB$ 时，从动曲柄 3 也由 $CD'$ 转回至 $CD$，转角为 $\varphi_2$，显然 $\varphi_1 > \varphi_2$。这表明主动曲柄匀速转动一圈，从动曲柄就变速转动一圈。如图 12-5 所示的惯性筛，$ABCD$ 为双曲柄机构。惯性筛就是利用曲柄 3 的变速转动，使筛子产生适当的加速度，筛面上的物料由于惯性来回抖动，达到筛分物料的目的。

在双曲柄机构中，常见的还有平行四边形机构和逆平行四边形机构。

1）平行四边形机构，如图 12-6 所示。两曲柄长度相等，且连杆与机架的长度也相等，呈平行四边形，两曲柄 1 和 3 会做同速度同方向转动。平行四边形机构在机器中应用也很广泛，如图 12-7 所示的机车车轮联动机构。

2）逆平行四边形机构，如图 12-8 所示。两曲柄长度相等，且连杆与机架的长度也相等

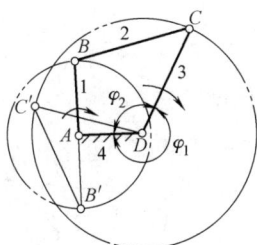

图 12-4　双曲柄机构

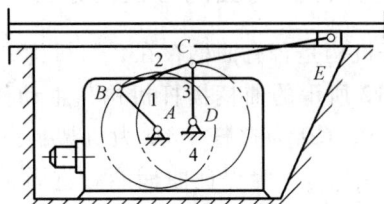

图 12-5　惯性筛

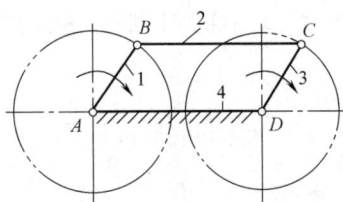

图 12-6　平行四边形机构

图 12-7　机车车轮联动机构

但不平行，所以曲柄 1 和 3 做反向转动。如图 12-9 所示的车门机构，采用了逆平行四边形机构，以保证与曲柄 1 和 3 联控的车门能同时开和关。

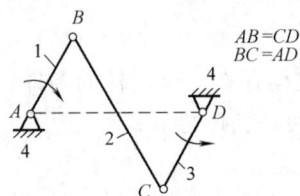

$AB=CD$
$BC=AD$

图 12-8　逆平行四边形机构

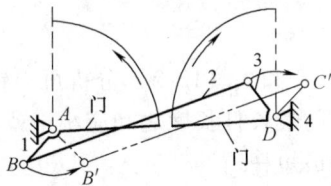

图 12-9　车门机构

### 3. 双摇杆机构

铰链四杆机构中，若两个连架杆均为摇杆，称为双摇杆机构，如图 12-10a 所示。

在双摇杆机构中，两摇杆均可以作主动件。当主动摇杆 1 往复摆动时，通过连杆 2 带动从动摇杆 3 往复摆动。如图 12-10b 所示门座起重机的变幅机构即为双摇杆机构。当主动摇杆 1 摆动时，从动摇杆 3 随之摆动，使连杆延长部分上的 $E$ 点（吊重物处），在近似水平的直线上移动，从而避免因不必要的升降而消耗能量。如图 12-11 所示汽车前轮转向机构也是双摇杆机构，两摇杆长度相等，四杆组成为等腰梯形，汽车前轮分别固连在两摇杆上，当转动转向盘推动摇杆时，两前轮同时转动，使汽车顺利转弯。

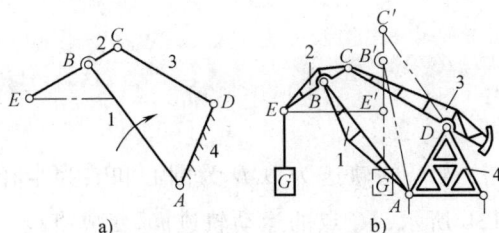

$\beta \neq \delta$

a)　　　　　　　　　　b)

图 12-10　门座起重机变幅机构

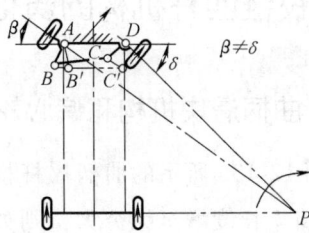

图 12-11　汽车前轮转向机构

### 12.1.2　铰链四杆机构曲柄存在的条件

铰链四杆机构是否有曲柄存在，与机构中各杆的相对长度有关。

如图 12-12 所示的曲柄摇杆机构，主动件 $AB$ 为曲柄、$BC$ 为连杆、$CD$ 为摇杆、$AD$ 为机架，设各杆长度分别为 $l_1$、$l_2$、$l_3$、$l_4$。为保证曲柄能做整周转动，曲柄 $AB$ 必须顺利通过与连杆 $BC$ 共线的两个位置 $AB_1$ 和 $AB_2$，这时机构各杆分别构成三角形 $\triangle AC_1D$ 与 $\triangle AC_2D$。根据三角形两边之和大于或等于第三边的关系，有

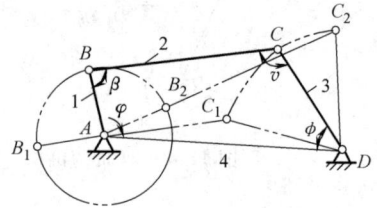

图 12-12　铰链四杆机构曲柄存在条件

在 $\triangle AC_1D$ 中　　　　　　$l_2 - l_1 + l_4 \geqslant l_3$

$$l_2 - l_1 + l_3 \geqslant l_4$$

在 $\triangle AC_2D$ 中　　　　　　　$l_1 + l_2 \leqslant l_3 + l_4$

所以　　　　　　　$\left. \begin{array}{l} l_3 + l_1 \leqslant l_2 + l_4 \\ l_4 + l_1 \leqslant l_2 + l_3 \\ l_2 + l_1 \leqslant l_3 + l_4 \end{array} \right\}$　　　　　（12-1）

式（12-1）两两相加得　　　　$\left. \begin{array}{l} l_1 \leqslant l_2 \\ l_1 \leqslant l_3 \\ l_1 \leqslant l_4 \end{array} \right\}$　　　　（12-2）

由式（12-1）和式（12-2）分析可得铰链四杆机构存在一个曲柄的条件：

1）最短杆与最长杆长度之和应小于或等于其余两杆长度之和；

2）曲柄为最短杆。

如图 12-12 可知，因 $AB$ 是曲柄能做 360°旋转，根据相对运动原理，连杆 $BC$ 和机架 $AD$ 也可以相对曲柄做整周转动，而相对摇杆 $CD$ 只能做小于 360°的摆动。若取 $AB$ 为机架时，$BC$ 杆和 $AD$ 杆均为曲柄。由此可得铰链四杆机构曲柄存在条件：

1）最短杆与最长杆长度之和应小于或等于其余两杆长度之和。

2）连架杆与机架中至少有一个是最短杆。

在铰链四杆机构中，当最短杆与最长杆长度之和小于或等于其余两杆长度之和：最短杆是曲柄时，为曲柄摇杆机构；最短杆是机架时，为双曲柄机构；最短杆是连杆时，为双摇杆机构。

在铰链四杆机构中，当最短杆与最长杆长度之和大于其余两杆长度之和时，无论取任何杆为机架，都只能得到双摇杆机构。

## 12.2　铰链四杆机构的演化形式

### 12.2.1　曲柄滑块机构和偏心轮机构

如图 12-13a 所示的曲柄摇杆机构中，铰链 $C$ 的轨迹为以 $D$ 为圆心和 $l_3$ 为半径的圆弧 $\overset{\frown}{mm}$。若将 $l_3$ 长度增至无穷大，则如图 12-13b 所示，$C$ 点的运动轨迹 $\overset{\frown}{mm}$ 变成直线。于是摇杆 3 演化为直线运动的滑块，转动副 $D$ 演化为移动副，机构演化为如图 12-13c 所示的曲柄

滑块机构。若 $C$ 点的运动轨迹与曲柄转动中心 $A$ 在一直线上，称为对心曲柄滑块机构，如图 12-13c 所示；若 $C$ 点运动轨迹 $\overset{\frown}{mm}$ 的延长线与曲柄回转中心 $A$ 不在一直线上存在偏距 $e$，称为偏置曲柄滑块机构，如图 12-13d 所示。

曲柄滑块机构广泛应用在活塞式内燃机、空气压缩机、冲床等机械中。

在曲柄滑块机构中，当曲柄过短不能制作时，往往用一个旋转中心与几何中心不相同的偏心轮代替曲柄，如图 12-14 所示的偏心轮机构。构件 1 为偏心轮，偏心距 $e$（轮的几何中心 $B$ 点至旋转中心 $A$ 点的距离）相当于曲柄长度。偏心轮机构用于载荷较大且滑块行程较小的剪床、冲床、颚式破碎机等机械中。

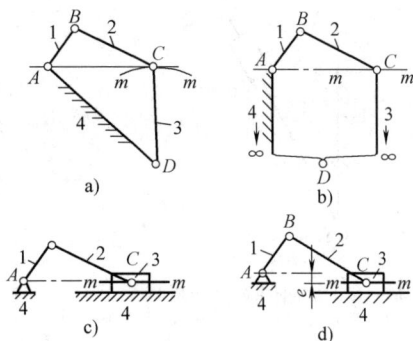

图 12-13　曲柄滑块机构

## 12.2.2　导杆机构

导杆机构是通过改变曲柄滑块机构中的机架演化而来的。如图 12-15a 所示的曲柄滑块机构，若取杆 1 为机架，即图 12-15b 所示的导杆机构。杆 4 称为导杆，滑块 3 沿导杆相对滑动并一起绕 $A$ 点转动。当 $l_1 \leqslant l_2$ 时，如图 12-15b 所示，杆 2 和杆 4 均可整周转动，称为曲柄转动导杆机构；当 $l_1 \geqslant l_2$ 时，如图 12-16 所示，导杆 4 只能往复摆动，称为曲柄摆动导杆机构。导杆机构广泛用于回转式油泵、刨床和插床中。

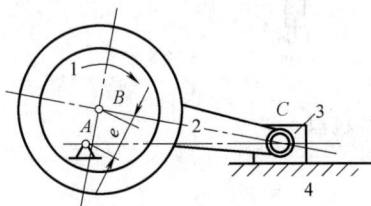

图 12-14　偏心轮机构
1—偏心轮　2—连杆　3—滑块　4—机架

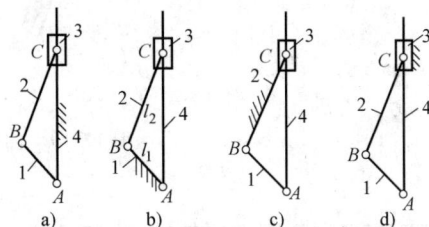

图 12-15　曲柄滑块机构的演化

## 12.2.3　移动导杆机构和曲柄摇块机构

### 1. 移动导杆机构

如图 12-15a 所示的曲柄滑块机构，若取构件 3 为机架时，则演化为导杆在滑块中移动的移动导杆机构，如图 12-15d 所示。这种机构常用于抽水唧筒（见图 12-17）和抽油泵中。

### 2. 曲柄摇块机构

如图 12-15a 所示的曲柄滑块机构，若取构件 2 为机架时，则演化为曲柄摇块机构，如图 12-15c 所示。该机构中曲柄杆 1 绕 $B$ 点转动时，杆 4 相对于滑块 3 滑动，并带动滑块 3 一起绕 $C$ 点摆动。这种机构广泛应用于摆缸式内燃机和液压驱动装置中。例如，图 12-18 所示的自卸汽车车厢自动翻转卸料机构中，当摆动式液压缸 3 内的高压油推动活塞杆 4 从液压缸 3 中伸出，使车厢 1 绕车身 2 的 $B$ 点倾转，将货物自动卸下。

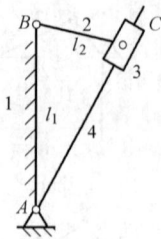

图 12-16 曲柄摆动导杆机构

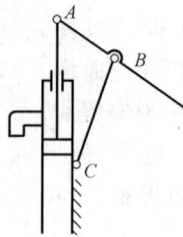

图 12-17 抽水唧筒图

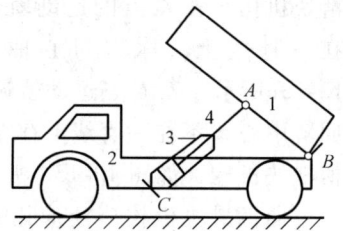

图 12-18 自卸汽车图

1—车厢 2—车身 3—液压缸 4—活塞杆

### 12.2.4 曲柄移动导杆机构

如图 12-13c 所示的曲柄滑块机构中，将转动副 $B$ 扩大，则图 12-19a 所示的曲柄滑块机构，可等效为图 12-19b 所示的机构。若圆弧槽 $mm$ 的半径逐渐增加至无穷长时，则图 12-19b所示机构就演化为图 12-19c 所示的机构。此时连杆 2 转化为沿直线 $mm$ 移动的滑块 2；转动副 $C$ 则变成为移动副，滑块 3 转化为移动导杆。曲柄滑块机构即演化为具有两个移动副的四杆机构，称为曲柄移动导杆机构。由于此机构当主动件 1 等速回转时，移动导杆 3 的位移为 $y = Lab\sin\alpha$，故又称正弦机构，应用于椭圆规机构和缝纫机引线机构中。

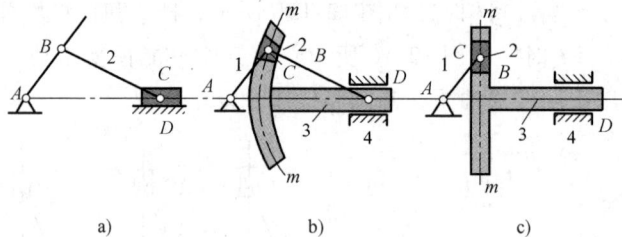

图 12-19 曲柄移动导杆机构

## 12.3 平面四杆机构的传动特性

### 12.3.1 急回特性

如图 12-20 所示的曲柄摇杆机构，曲柄 $AB$ 为原动件做等角速度转动，$BC$ 为连杆，$CD$ 为摇杆，当 $CD$ 杆摆动到 $C_1D$ 位置时为初始位置，$C_2D$ 为终止位置，摇杆在两极限位置之间所夹的角度称为摇杆的摆角，用 $\psi$ 表示。当摇杆 $CD$ 由 $C_1D$ 摆动到 $C_2D$ 位置时，所需时间为 $t_1$，$C$ 点的平均速度为 $v_1 = \widehat{C_1C_2}/t_1$，这时曲柄 $AB$ 以等角速度顺时针从 $AB_1$ 转到 $AB_2$，转过角度为：$\varphi_1 = 180° + \theta$。当摇杆 $CD$ 由 $C_2D$ 摆回到 $C_1D$ 位置时，所需时间为 $t_2$，$C$ 点的平均速度为 $v_2 = \widehat{C_1C_2}/t_2$，曲柄 $AB$ 以等角速度顺时针从

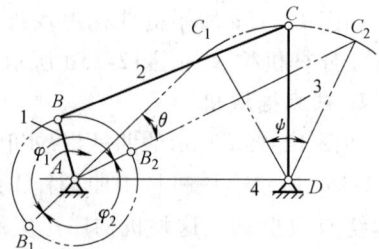

图 12-20 四杆机构的急回特性

$AB_2$ 转到 $AB_1$，转过的角度为：$\varphi_2 = 180° - \theta$。由于曲柄 $AB$ 等角速度转动，所以 $\varphi_1 > \varphi_2$、$t_1 > t_2$，因此，$v_2 > v_1$。

由此可见，主动件曲柄 $AB$ 以等角速度转动时，从动件摇杆 $CD$ 往复摆动的平均速度不相等。通常将工作进程平均速度定为 $v_1$，而空行程返回速度则为 $v_2$，显然，从动件空回行程速度比工作进程速度快，这一性质称为机构的急回特性。我们将空回行程平均速度与工作进程平均速度之比称为速度变化系数，用 $K$ 表示

$$K = \frac{v_2}{v_1} = \frac{\widehat{C_1C_2}/t_2}{\widehat{C_1C_2}/t_1} = \frac{t_1}{t_2} = \frac{\varphi_1}{\varphi_2} = \frac{180° + \theta}{180° - \theta} \tag{12-3}$$

式中，$\theta$ 为极位夹角，即摇杆在两极限位置时，曲柄两位置之间所夹的锐角。$\theta$ 角表示了急回程度的大小，$\theta$ 越大急回程度越大，$\theta = 0$，机构无急回特性。在一般机械中 $K \leqslant 2$。

## 12.3.2　传力特性

平面连杆机构不仅要求保证实现预定的运动规律，而且还应当传力效率高，并具有良好的传力特性。通常以压力角或传动角表明连杆机构的传力特性。

如图 12-21 所示的曲柄摇杆机构，若忽略各杆的质量和转动副中摩擦的影响，则连杆 2 视为二力构件，主动件曲柄 1 通过连杆 2 对从动件摇杆 3 的作用力 $F$ 沿 $BC$ 方向。从动件 $C$ 点作用力 $F$ 的方向与 $C$ 点的速度 $v_C$ 方向之间所夹的锐角 $\alpha$，称为压力角。

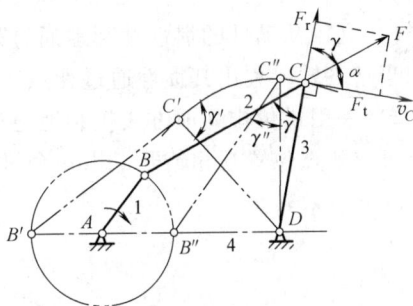

图 12-21　曲柄摇杆机构的压力角和传动角

将作用力 $F$ 分解为沿速度 $v_C$ 方向的分力 $F_t$ 和垂直于 $v_C$ 方向的分力 $F_r$。$F_t = F\cos\alpha$ 是推动摇杆绕 $D$ 点转动的有效分力；$F_r = F\sin\alpha$，$F_r$ 不但对摇杆无推动作用，反而在转动副中引起摩擦消耗动力，它是有害分力。压力角越小，有效分力越大，效率也越高，所以可用压力角的大小判断机构的传力特性。

为了度量方便，常用压力角 $\alpha$ 的余角 $\gamma$ 判断机构传力性能，$\gamma$ 称为传动角。如图 12-21 所示，传动角 $\gamma$ 是连杆与摇杆所夹的锐角。因 $\gamma = 90° - \alpha$，$\alpha$ 越小，$\gamma$ 越大，机构传力性能愈好；当 $\gamma$ 过小时，机构就不能传动。

机构在运动过程中，压力角 $\alpha$ 和传动角 $\gamma$ 随从动件的位置而变化。为了保证机构能正常工作，要限制工作行程的最小传动角 $\gamma_{min}$，一般设计应使 $\gamma_{min} \geqslant 50°$。

如图 12-21 所示曲柄摇杆机构，最小传动角 $\gamma_{min}$ 的位置，在曲柄与机架共线的两个位置之一时，其较小值为最小传动角。图中 $\gamma''$ 为最小传动角。

如图 12-22 所示偏置曲柄滑块机构，当曲柄为主动件时，其传动角 $\gamma$ 为连杆与导路垂线所夹的锐角，因此当曲柄处于与偏距方向相反一侧垂直导路的位置时，出现 $\gamma_{min}$；对于曲柄摆动导杆机构的传动角，如图 12-23 所示。当曲柄 $AB$ 为主动件时，因滑块对导路的作用力始终垂直于导杆，故其传动角 $\gamma$ 恒为 $90°$，所以曲柄摆动导杆机构具有良好的传力性能。

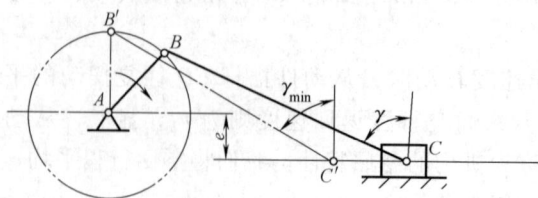

图 12-22　偏置曲柄滑块机构最小传动角

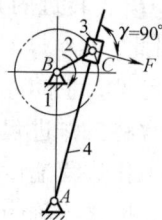

图 12-23　曲柄摆动导杆机构传动角

### 12.3.3　死点位置

如图 12-24 所示的曲柄摇杆机构，当摇杆 $CD$ 为主动件、曲柄 $AB$ 为从动件时，机构运动使连杆 $BC$ 与曲柄 $AB$ 处于共线位置，连杆 $BC$ 与曲柄 $AB$ 之间的传动角 $\gamma = 0°$，压力角 $\alpha = 90°$，这时摇杆 $CD$ 经连杆 $BC$ 传给从动件曲柄 $AB$ 的力通过曲柄转动中心 $A$，使曲柄转动力矩为零，从动件曲柄不转，机构停顿，机构所处的这种位置称为死点位置，简称为死点。机构存在死点是不利的，对于连续转动的机器，常采取以下措施使机构顺利地通过死点位置：

1）利用从动件的惯性顺利地通过死点位置。例如，家用缝纫机的脚踏板机构中大带轮就相当于飞轮，利用其惯性通过死点。

2）采用错位排列地方式顺利地通过死点位置，例如图 12-25 所示的 V 形发动机。由于两个机构死点位置互相错开，当一个机构处于死点位置时，另一机构不在死点位置，使曲轴始终获得有效转矩。

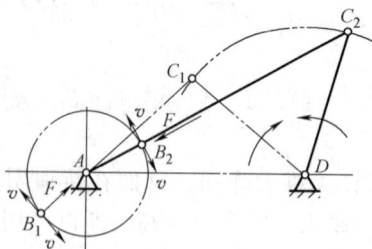

图 12-24　曲柄摇杆机构的死点

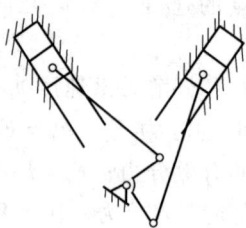

图 12-25　V 形发动机

死点位置对传动是不利的，但事物都是一分为二的，有时可利用死点位置实现某种功能。如图 12-26 所示，在夹具中当工件与被夹紧后，四杆机构的铰链中心 $B$、$C$、$D$ 处于同一条直线上，工件经杆 1 传给杆 2、杆 3 的作用力通过回转中心 $D$，转动力矩为零，杆 3 始终不会转动，因此当力去掉后仍能夹紧工件。再如图 12-27 所示的飞机起落架机构，飞机起

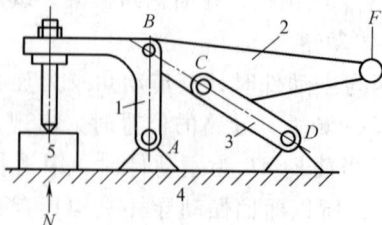

图 12-26　夹紧机构

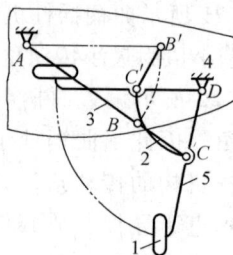

图 12-27　飞机起落架机构

飞和降落时，飞机起落架处于放下机轮的位置，此时连杆 $BC$ 与从动件 $AB$ 处于一条直线上，机构处于死点位置，因此，机轮着地时产生的巨大冲击力不会使从动件反转，从而保持着支承状态。

## 复习思考题

**12-1** 铰链四杆机构有_____种基本类型。

**12-2** 铰链四杆机构的演化形式有_____种。

**12-3** 利用选择不同构件作_____的方法，将曲柄摇杆机构改变成双摇杆机构。

**12-4** 写出图 12-28 中各机构的名称。

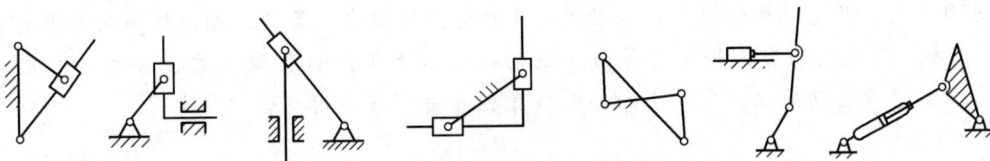

图 12-28 题 12-4 图

**12-5** 如图 12-29 所示，各四杆机构中，标箭头构件为主动件，试标出各机构在图示位置时的压力角和传动角，并判断机构有无死点位置。

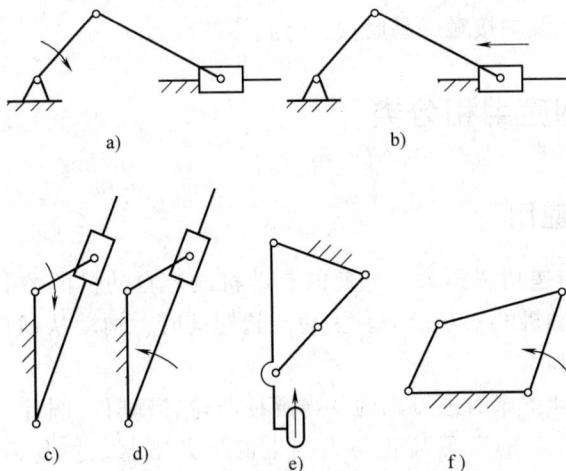

图 12-29 题 12-5 图

**12-6** 平面四杆机构中的急回特性是什么含义？在什么条件下机构才具有急回特性？

**12-7** 铰链四杆机构中曲柄存在的条件是什么？曲柄是否一定是最短杆？

**12-8** 什么是机构的死点？机构在什么位置具有死点？如何避免死点和利用死点？试做一试验或举出一实例。

# 第 13 章 凸轮机构

**【本章学习要点】**

主要内容：凸轮机构的分类和应用；从动件的常用运动规律。

学习目的及要求：了解凸轮机构的分类、应用及特点；掌握从动件的常用运动规律、产生冲击的类型及应用场合。

学习重点：凸轮机构的应用；从动件的常用运动规律中，等速运动规律产生冲击的类型（刚性冲击）及应用场合，等加速等减速运动规律产生冲击的类型（柔性冲击）及应用场合，余弦加速度运动规律产生冲击的类型（柔性冲击）及应用场合。

凸轮机构主要由主动件凸轮、从动件和机架组成。凸轮与从动件以点或线相接触构成高副，所以又称为高副机构。

凸轮机构可以将凸轮的连续转动或移动转换为从动件连续或不连续的移动或摆动。

与连杆机构相比，凸轮机构便于实现给定的运动规律和轨迹；而且结构简单紧凑；但由于凸轮与从动件为点、线副接触，易磨损。

## 13.1 凸轮机构的应用和分类

### 13.1.1 凸轮机构的应用

凸轮机构常用于传递功率不大，低速的自动机或半自动机的控制，以下列举其应用实例。如图 13-1 所示内燃机的配气机构。主动凸轮转动时，推动从动件顶杆上下移动，按给定的配气要求启闭阀门。

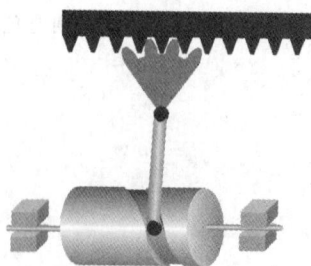

如图 13-2 所示自动机床的进刀机构。当圆柱凸轮转动时，圆柱上凹槽曲面迫使从动件往复摆动，通过从动件上的扇形齿轮与刀架上的齿条啮合，控制刀架的自动进刀和退刀运动。

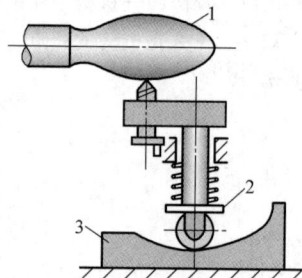

如图 13-3 所示的自动车床靠模机构。托板带动从动刀架 2 沿靠模凸轮 1 轮廓运动，刀刃走出手柄外形轨迹。

图 13-1 内燃机配气机构　　图 13-2 自动机床的进刀机构　　图 13-3 自动车床靠模机构

## 13.1.2　凸轮机构的分类

凸轮机构的类型很多，通常按凸轮和从动件的形状、运动形式分类。

**1. 按凸轮的形状分**

按凸轮的形状可分为盘形凸轮（见图13-1）、圆柱形凸轮（见图13-2）和移动凸轮（见图13-3）。

**2. 按从动件端部形式分**

（1）尖顶从动件（见图13-4）　从动件的端部为尖顶，这种从动件结构最简单，其尖顶能与任意形状的凸轮轮廓接触，可以实现复杂的运动规律，但尖顶易磨损，用于低速、轻载场合。

（2）滚子从动件（见图13-3）　从动件的端部装有可自由转动的滚子，它与凸轮轮廓相对运动时为滚动摩擦，因此阻力小、磨损小，可以承受较大的载荷，应用广泛。

（3）平底从动件（见图13-1）　从动件的端部为一平底。这种从动件与凸轮轮廓接触处易形成油膜，利于润滑，传动效率较高，传力性能较好，常用于高速凸轮机构中。

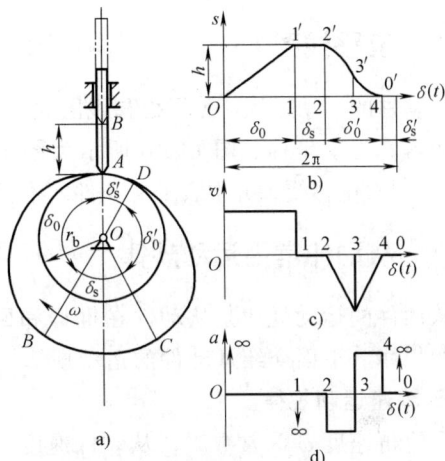

图 13-4　凸轮机构与从动件位移曲线

## 13.2　从动件的常用运动规律

### 13.2.1　凸轮机构运动过程及有关名称

以图13-4a所示尖顶直动从动件盘形凸轮机构为例，说明主动件凸轮与从动件间的运动关系及有关名称。图示位置凸轮转角为零，从动件尖顶位于 $A$ 离凸轮轴心 $O$ 最近位置，称为起始位置。

**1. 基圆**

以凸轮的最小向径为半径所作的圆称为基圆，基圆半径用 $r_b$ 表示。

**2. 推程运动角**

凸轮以等角速度 $\omega$ 顺时针转动，从动件被凸轮推动，以一定运动规律由 $A$ 到达最高点位置 $B$，从动件在这一过程中移动的距离 $h$ 称为推程（升程），所对应的凸轮转角 $\delta_0$ 称为推程运动角。

**3. 远休止角**

当凸轮继续转过角度 $\delta_s$ 时，以 $O$ 为圆心的圆弧 $BC$ 与尖顶接触，从动件在最远位置静止不动，$\delta_s$ 称为远休止角。

**4. 回程运动角**

凸轮再继续回转 $\delta_0'$，从动件以一定运动规律下降到最低位置 $D$，这段行程称为回程，所

对应的凸轮转角 $\delta_0'$ 称为回程运动角。

**5. 近休止角**

凸轮继续回转 $\delta_s'$，圆弧 $DA$ 与尖顶接触，从动件在最近位置静止不动，$\delta_s'$ 称为近休止角。

凸轮转动一周，从动件经历推程、远休止、回程、近休止四个运动阶段，是典型的升—停—回—停的双停歇循环；从动件也可以是一次停歇或没有停歇循环的运动。

### 13.2.2　位移线图

从动件的运动过程，可用位移线图表示。位移线图以从动件位移 $s$ 或角位移 $\psi$ 为纵坐标，凸轮转角 $\delta$ 为横坐标。图 13-4b 所示为图 13-4a 所示凸轮机构的位移线图，它以 $O1'$、$1'2'$、$2'4'$、$40'$ 四根位移线，分别表示从动件的推程、远休止、回程、近休止四个运动规律。

### 13.2.3　从动件常用运动规律

从动件的运动规律是从动件在推程和回程当中其位移 $s$、速度 $v$、加速度 $a$ 随凸轮转角变化的规律。下面介绍从动件的运动规律。

**1. 等速运动规律**

凸轮角速度 $\omega$ 为常数时，从动件速度 $v$ 不变，称为等速运动规律。位移方程可表示为

$$s = \frac{h}{\delta_0}\delta \tag{13-1}$$

图 13-5 所示为等速运动规律的位移、速度、加速度线图。由图可知，在行程起点和终点瞬时的加速度 $a$ 为无穷大，由此产生的惯性力也是无穷大，致使机构产生强烈的刚性冲击。因此，等速运动规律只使用于中小功率和低速场合。为避免由此产生的刚性冲击，实际应用中常用圆弧或其他曲线修正位移线图的始、末两端，修正后的加速度 $a$ 为有限值，此时引起的冲击是有限的。

在等速运动中当凸轮以等角速度 $\omega_1$ 转动时，从动件在推程或回程中的速度为常数。从动件上升和下降的位移线图为直线。

**2. 等加速等减速运动规律**

从动件在前半个行程为等加速运动，后半个行程采用等减速运动，两部分加速度绝对值相等。前半个行程位移方程为

$$s = \frac{2h}{\delta_0^2}\delta^2 \tag{13-2}$$

如图 13-6 所示等加速等减速运动规律的位移线图，将推程角 $\delta_0$ 分成两等份，每等份为 $\frac{\delta_0}{2}$；将行程分成两等份，每等份为

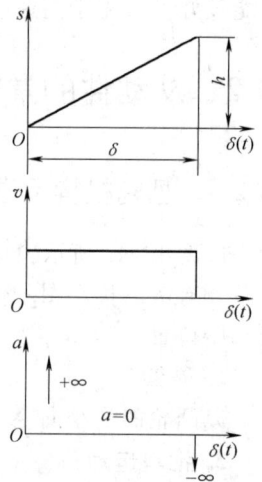

图 13-5　等速运动曲线

$\frac{h}{2}$。将 $\frac{\delta_0}{2}$ 分成若干等份，得 1、2、3、…点，过这些点分别作横坐标的垂线。将 $\frac{h}{2}$ 分成相同的等份 $1'$、$2'$、$3'$、…点，连 $O1'$、$O2'$、$O3'$、… 与相应横坐标的垂线分别相交于 $1''$、$2''$、$3''$、…点。便得推程等加速段的位移线图，等减速段的位移线图可用同样的方法求得，等加速等减速运动规律的位移、速度、加速度线图（见图 13-6）。由图可知，等加速等减速运动

规律在运动起点 $A$、中点 $B$、终点 $C$ 的加速度突变为有限值,从动件会产生柔性冲击,用于中速场合。

凸轮以等角速度 $\omega$ 转动时,从动件在推程或回程中均为等加速等减速运动,位移线图为二次抛物线。

**3. 余弦加速度运动规律**

余弦加速度运动规律的加速度曲线为 1/2 个周期的余弦曲线,位移曲线为简谐运动曲线(又称简谐运动规律),位移方程为

$$S = \frac{h}{2}\left[1 - \cos\left(\frac{\pi}{\delta_0}\delta\right)\right] \tag{13-3}$$

如图 13-7 所示的余弦加速度运动规律位移线图、速度线图和加速度线图。余弦加速度运动规律从动件在运动起始和终止位置,加速度曲线不连续有突变,存在着柔性冲击,一般用于中速场合。但对于升→降→升型运动的凸轮机构,加速度曲线变成连续曲线,则无柔性冲击,可用于较高速场合。

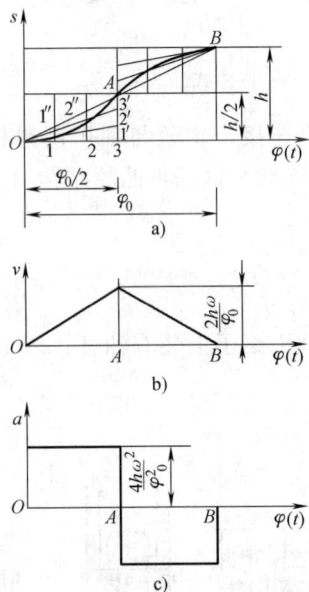

图 13-6　等加速等减速运动曲线

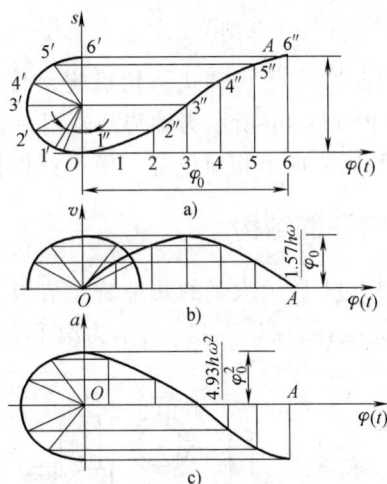

图 13-7　余弦加速度运动曲线

余弦加速度位移线图如图 13-7a 所示。将横坐标代表 $\varphi(t)$ 的线段分成若干等份,由份点 1、2、3、…向上引垂线;再以行程 $h$ 为直径作圆,将半圆的圆弧等分同样等份,由等份点 1′、2′、3′、…分别引平行于横坐标的直线与上述诸垂线相交于 1″、2″、3″、…,将各交点连成光滑曲线,即余弦加速运动的位移曲线。

## 13.3　凸轮机构的结构

### 13.3.1　凸轮和滚子的材料

凸轮机构主要失效形式是滚子与轮廓接触处的磨损和疲劳点蚀,这就要求凸轮和滚子的

工作表面硬度高、耐磨，并且有足够的表面接触强度，对于经常受到冲击载荷的凸轮机构要求凸轮心部有较大的韧性。在低速、中小载荷场合，凸轮材料常采用 45、40Cr 钢，表面淬火（硬度 40~50HRC），也可采用 15、20Cr、20CrMnTi，经渗碳淬火，硬度达 56~62HRC。滚子的材料可采用 20Cr，经渗碳淬火，表面硬度达 56~62HRC；也可用滚动轴承替代滚子。

### 13.3.2 凸轮和滚子的结构

当凸轮的径向尺寸与轴的直径尺寸相差不大时，凸轮与轴做成一体，如图 13-8 所示，称为凸轮轴；当尺寸相差较大时，将凸轮制造成整体式凸轮，分别用键（见图 13-9a）和销（见图 13-9b）与轴连接。

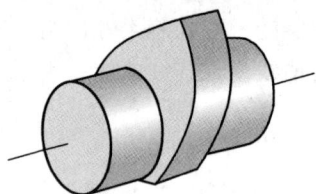

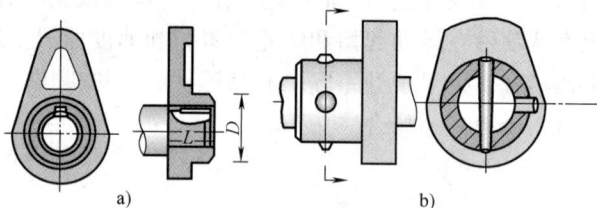

图 13-8 凸轮轴图    图 13-9 整体式凸轮

如图 13-10 所示可调式凸轮机构，凸轮与轮毂用螺栓连接，轮毂与轴用键连接（见图 13-10a）；图 13-10b 所示为轴与凸轮用弹簧垫圈和圆螺母连接。这两种凸轮结构可以调整凸轮与轴在圆周方向上相对位置，便于安装和调整。

### 13.3.3 滚子的结构

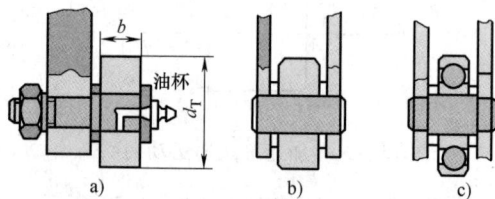

如图 13-11 所示滚子的几种装配结构。图 13-11a 所示为滚子上装有油杯；图 13-11b 所示为滚子无油杯；图 13-11c 所示为滚子为滚动轴承。

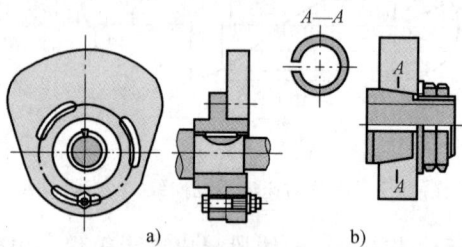

图 13-10 可调式凸轮    图 13-11 滚子的结构

滚子轴销直径 $d_k$ 和滚子宽度 $b$，可按下列经验公式确定

$$d_k = (1/3 \sim 1/2)d_T$$

$$b \geqslant d_T/4 + 5\text{mm}$$

式中  $d_T$——滚子直径，对于一般自动机械取 $d_T = 25 \sim 30\text{mm}$。

### 复习思考题

13-1 凸轮机构从动件常用运动的规律有_____、_____和_____三种形式。

13-2 凸轮机构中从动件与凸轮保持_____副接触。

13-3　凸轮机构从动件以等加速等减速运动规律运动时，由于只存在"柔性冲击"，故不可以用于高速。(　　)

13-4　从动件常用的运动规律有两种，产生冲击类型分别相同。(　　　)

13-5　当从动件做无停留区间的连续升降往复运动时，采用什么样的运动规律，才不会发生冲击？

13-6　某凸轮机构从动件用来控制刀具的进给运动，在切削段时从动件宜采用什么样的运动规律？

13-7　比较尖顶、滚子和平底从动件的优缺点，并说明它们适用的场合。

13-8　你在生产生活中见到过哪些凸轮机构？它们用在什么地方？

13-9　一个凸轮机构从动件的运动规律为：从动件按简谐运动规律上升 30mm，对应的凸轮转角为 180°；从动件以等加速等减速运动规律返回原处，对应凸轮转角是 120°；当凸轮转过剩余角度时，从动件不动，试绘出从动件的位移曲线。

# 第 14 章　带传动和链传动

**【本章学习要点】**

主要内容：带传动和链传动的类型、传动特点和应用；带传动力的分析、应力分析；滚子链和链轮的标准和结构。

学习目的及要求：掌握摩擦型带传动和链传动的类型、特点和应用；掌握普通 V 带和 V 带轮的标准和结构；能进行带传动力的分析、应力分析；掌握滚子链和链轮的标准、结构；了解链传动的布置、安装和润滑。

学习重点：普通 V 带和 V 带轮的标准和结构；能进行带传动力的分析、应力分析；滚子链和链轮的标准、结构；链传动的运动特性。

## 14.1　带传动的类型和特点

在金属切削机床、轨道交通、汽车、农机等各种机械传动系统中，带传动应用十分广泛。如图 14-1 所示，带传动一般由主动轴上的带轮 1（主动轮）、从动轴上的带轮 2（从动轮）和紧套在两轮上的挠性带 3 组成。

### 14.1.1　带传动的类型

根据工作原理的不同，带传动分为摩擦型（见图 14-1a）和啮合型（见图 14-1b）两大类。大多数带传动属于摩擦型带传动，当主动轮转动时，依靠带与带轮表面间的摩擦力驱动从动轮转动，从而传递运动和动力。摩擦型带传动属于有中间挠性件的摩擦传动。

如图 14-2 所示，摩擦型带传动根据横截面形状不同可分为平带传动（矩形截面）、V 带传动（梯形截面）等。

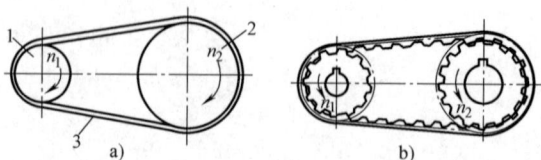

图 14-1　带传动的基本组成

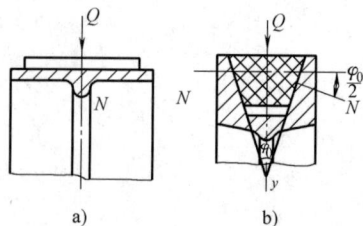

图 14-2　平带传动与 V 带传动

平带有胶帆布带、编织带、锦纶片复合平带、高速环形胶带等。各种平带规格可查阅机械手册。平带的传动结构简单、挠曲性好，平带轮易于加工，在传动中心距较大场合应用较多。

目前，在一般传动机械中，广泛应用的是 V 带传动。V 带与轮槽的两个侧面接触，即以两个侧面为工作面。

如图 14-2 所示，设带对轮缘表面的压紧力同为 $Q$，对于平带传动，其摩擦力为

$$F_f = fQ$$

对于 V 带传动，其摩擦力为

$$F'_f = 2fN = 2f \frac{Q}{2\sin\frac{\varphi_0}{2}} f'Q$$

式中　$f'$——V 带的当量摩擦因数。普通 V 带轮的轮槽角 $\varphi_0 \approx 40°$，则

$$f' \approx 3f \quad F'_f \approx 3F_f$$

由上述分析可知，在相同条件下，V 带传动的摩擦力较平带传动大，传动能力较大；此外，V 带传动的传动比较大，结构更紧凑。故生产中多用 V 带传动。

V 带有普通 V 带、窄 V 带、宽 V 带、联组 V 带等类型，其中普通 V 带应用最广泛，本章主要讨论普通 V 带传动的结构和类型。

目前，一些新型带传动，如多楔带传动和同步带传动使用日益广泛。而同步带传动属于啮合型带传动。

### 14.1.2　带传动的特点

摩擦型带传动一般有以下特点：

1）具有良好的挠性和弹性，能吸收振动、缓和冲击，传动平稳、噪声小；

2）当带传动过载时，带和带轮表面间打滑，防止其他机件损坏，起到过载保护作用；

3）结构简单，制造、安装和维护方便；

4）带与带轮表面间存在一定的弹性滑动，故不能保证恒定的传动比，传动精度和传动效率较低；

5）由于带工作时需要张紧，对带轮轴产生很大的压轴力；

6）带传动的外廓尺寸大，结构不够紧凑；带的寿命较短，需经常更换。

由于带传动存在上述特点，通常用于中心距较大的两轴之间的传动，传递功率一般不超过 50kW。

## 14.2　普通 V 带及 V 带轮

### 14.2.1　普通 V 带

普通 V 带为无接头的环形带。其结构由伸张层 1、强力层 2、压缩层 3 和包布层 4 组成，如图 14-3 所示。包布层由胶帆布制成。强力层由几层胶帘布或胶线绳制成，前者为帘布结构（见图 14-3a），后者为绳芯结构（见图 14-3b）。帘布结构抗拉强度大，承载能力较强；绳芯结构柔韧性好，抗弯强度高，但承载能力较差。为了提高 V 带抗拉强度，近年来已开始使用合成纤维（锦纶、涤纶等）绳芯作为强力层。

普通 V 带和 V 带轮的尺寸采用基准宽度制。

普通 V 带的截面共有 Y、Z、A、B、C、D、E 七种型号。Y 型 V 带截面尺寸最小，E 型 V 带截面尺寸最大，如图 14-4 所示。

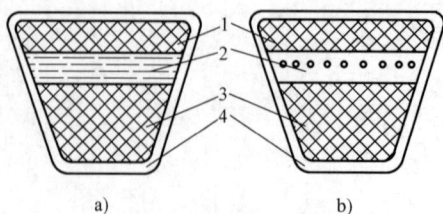

图 14-3　V 带的截面结构

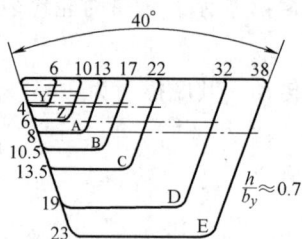

图 14-4　普通 V 带截面型号

当 V 带绕经带轮弯曲时，在带中保持原周线长度不变的面为节面，节面的宽度为节宽，用 $b_p$ 表示，普通 V 带相对高度 $h/b_p$ 约为 0.7，$h$ 为高度，如图 14-5 所示，V 带的节宽 $b_p$ 与带轮基准直径 $d_d$ 上轮槽的基准宽度 $b_d$ 相对应，具体可以参照相关的机械手册。

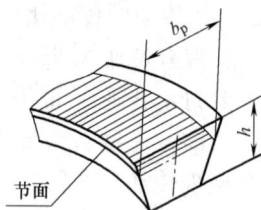

图 14-5　节面和节宽

普通 V 带的长度以基准长度 $L_d$ 表示，基准直径用 $d_d$ 表示。基准长度是在规定的张紧力下，V 带位于带轮基准直径 $d_d$ 处的周长。对于普通 V 带，每种型号都规定了若干基准长度 $L_d$，使选用的 V 带适应不同基准直径 $d_d$ 和中心距 $a$，如图 14-6 所示。普通 V 带的基准长度可以查找相关的机械手册。

### 14.2.2　V 带轮

#### 1. 带轮材料

带轮材料一般采用灰铸铁和铸钢。灰铸铁为最常用。当带的圆周速度 $v \leqslant 25\mathrm{m/s}$ 时，用灰铸铁；当带的圆周速度 $v > 25\mathrm{m/s}$ 时，宜用铸钢。功率小时可用铝合金或工程塑料。

#### 2. 带轮结构和尺寸

如图 14-7 所示，V 带轮由轮缘、腹板（或轮辐）和轮毂三部分组成。

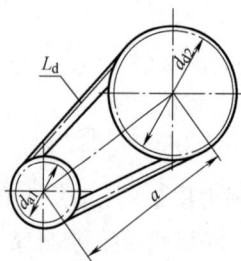

图 14-6　基准长度和基准直径

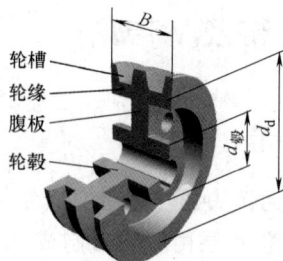

图 14-7　V 带轮的结构

（1）轮缘　轮缘为带轮最外圈环形部分。轮缘上制有轮槽。普通 V 带的轮槽采用基准宽度制，以基准线的位置和基准宽度来定义带轮的槽型、基准直径和 V 带在轮槽中的位置。带轮的基准宽度 $b_d$ 是 V 带节面在轮槽内相应位置的槽宽，用以表示轮槽截面的特征值，不受公差的影响，是带轮与带标准化的基本尺寸。轮槽基准宽度处的直径是带轮的基准直径。

（2）轮毂　轮毂是带轮与轴配合部分，其直径 $d_1$ 和长度 $L$（见图 14-8）可按下列经验公式计算

$$d_1 = (1.8 \sim 2)d$$
$$L = (1.5 \sim 1.8)d$$

当轮宽 $B < 1.5d$ 时，取 $L = B$。式中，$d$ 为轴孔直径。

（3）腹板（或轮辐）　腹板（或轮辐）是带轮用于连接轮缘和轮毂的部分。

如图 14-8 所示，根据带轮基准直径 $d_d$ 的大小，V 带轮的结构形式可分为实心式（见图 14-8a）、腹板式（见图 14-8b）[带孔腹板式（见图 14-8c）] 和椭圆轮辐式（见图 14-8d）。

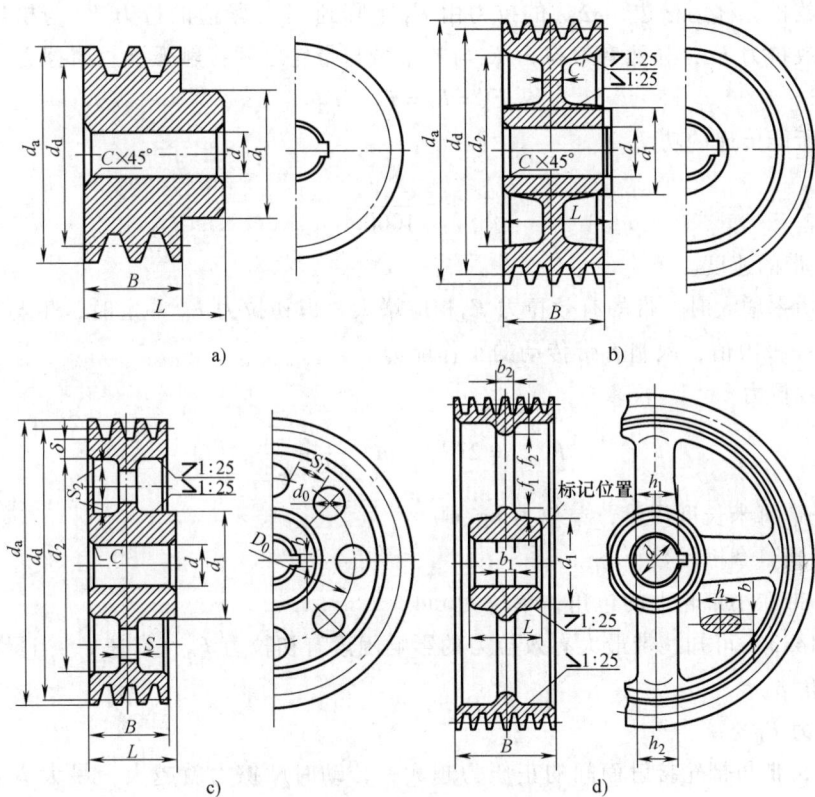

图 14-8　V 带轮的结构形式

注：$d_0 = (0.2 \sim 0.3)(d_2 - d_1)$；$d_1 = (1.8 \sim 2)d$；$S = (0.2 \sim 0.3)B$；$S_1 \geqslant 1.5S$，$S_2 \geqslant 0.5S$；

$D_0 = 0.5(d_1 + d_2)$；$L = (1.5 \sim 2)d$，当 $B < 1.5d$ 时，取 $L = B$；$h_1 = 290 \sqrt[3]{\dfrac{P}{nz_a}}$，

式中 $P$ 为传递的功率（kW）；$n$ 为带轮的转速（r/min）；$z_a$ 为轮辐数，$h_2 = 0.8h_1$；

$b_1 = 0.4h_1$，$b_2 = 0.8b_1$；$f_1 = 0.2h_1$，$f_2 = 0.2h_2$。

## 14.3　带传动工作能力的分析

### 14.3.1　带传动的受力分析

图 14-9 所示为带传动工作前后的受力情况。安装带传动时，传动带应以一定的初拉力

$F_0$ 紧套在带轮上。由于 $F_0$ 的作用，带与带轮接触面上就产生了正压力。带传动不工作时，传动带两边拉力相等，都等于 $F_0$。

带传动工作时，主动轮以转速 $n_1$ 转动，带与带轮接触面间便产生摩擦力 $F_f$，主动轮在摩擦力作用下驱使带运动，带同样靠摩擦力驱使从动轮以转速 $n_2$ 转动。在摩擦力 $F_f$ 的

图 14-9　带传动的受力分析
a) 不工作时　b) 工作时

作用下，带绕入主动轮的一边被拉紧，称为紧边。紧边的拉力由 $F_0$ 增大到 $F_1$；带绕入从动轮的一边被放松，称为松边，松边的拉力由 $F_0$ 下降到 $F_2$。紧边的拉力 $F_1$ 与松边的拉力 $F_2$ 之差称为有效拉力 $F_e$，显然有效拉力 $F_e$ 与整个带与带轮之间接触弧上总摩擦力 $F_f$ 相等，即

$$F_e = F_f = F_1 - F_2 \tag{14-1}$$

带传动所能传递的功率

$$P = \frac{F_e v}{1000} \tag{14-2}$$

式中　$v$——带的速度。

当传递功率增大时，带的有效拉力 $F_e$ 相应增大。但初拉力 $F_0$ 一定时，带与带轮之间总摩擦力 $F_f$ 有一极限值，限制着带传动的工作能力。

最大有效拉力

$$F_{emax} = 2(F_0 - qv^2)\frac{e^{f_v \alpha_1} - 1}{e^{f_v \alpha_1} + 1} \tag{14-3}$$

式中　$q$——带每米长度质量，单位为 kg/m；

　　　$f_v$——当量摩擦因数；

　　　$\alpha_1$——带在小带轮上的包角，单位为 rad。

由式（14-3）可知，带最大有效拉力的影响因素有初拉力 $F_0$、带速 $v$、当量摩擦因数 $f_v$ 和小轮上包角 $\alpha_1$。

**1. 初拉力 $F_0$**

$F_0$ 越大，带与带轮接触面间的正压力越大，传动时摩擦力就越大，最大有效拉力就越大。但过大时，带磨损加剧，以致降低带的寿命。若初拉力 $F_0$ 过小，则带传动工作能力不能充分发挥，运转时易打滑。

**2. 带速 $v$**

带速一般取 5m/s≤$v$≤25m/s。$v$ 过大时离心力过大，使带与带轮之间摩擦力减小，从而使带的最大有效拉力减小，传动能力下降；$v$ 过小，由式（14-2）可知，所需传动有效拉力 $F_e$ 过大，即所需带的根数过多。为提高带的传动能力，一般应取 $v$ 大些。

**3. 包角 $\alpha_1$**

$\alpha_1$ 越大，带与带轮接触弧上的摩擦力就越大，传动能力越大。

**4. 当量摩擦因数 $f_v$**

最大有效拉力 $F_{emax}$ 随 $f_v$ 的增大而增大。因为 $f_v$ 越大，摩擦力就越大，传动能力就越大，当量摩擦因数 $f_v$ 取决于带与带轮材料、表面状况、形状和带传动的工作环境。

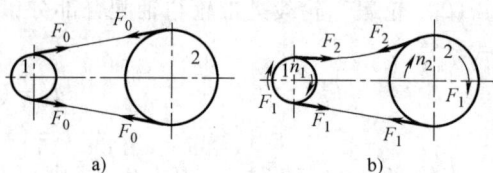

## 14.3.2 带的应力分析

带传动工作时，带的应力有以下几种。

**1. 拉应力**

紧边拉应力 $$\sigma_1 = \frac{F_1}{A} \tag{14-4}$$

松边拉应力 $$\sigma_2 = \frac{F_2}{A} \tag{14-5}$$

式中 $A$——带的横截面积，单位为 $mm^2$。

**2. 弯曲应力**

带绕过带轮时引起弯曲应力，带的弯曲应力为

$$\sigma_b \approx E \frac{h}{d_d} \tag{14-6}$$

式中 $E$——带的弹性模量，单位为 MPa；

$h$——带的高度，单位为 mm；

$d_d$——带轮基准直径，单位为 mm。

**3. 离心应力**

$$\sigma_c = \frac{F_c}{A} = \frac{qv^2}{A} \tag{14-7}$$

式中 $q$——带单位长度质量，单位为 kg/m；

$A$——横截面面积，单位为 $mm^2$；

$v$——带速，单位为 m/s。

带工作时应力分布情况如图 14-10 所示。带的最大应力发生在紧边开始进入小带轮处

$$\sigma_{max} = \sigma_1 + \sigma_{b1} + \sigma_c \tag{14-8}$$

由上述可知，带工作在交变应力状态下，当应力循环次数达到一定值时，将发生疲劳破坏。

## 14.3.3 弹性滑动和打滑现象

**1. 弹性滑动**

如图 14-11 所示，带是弹性体，受拉力后会产生弹性变形。由于紧边和松边拉力不同，因而弹性变形也不同。当紧边在 $A_1$ 点绕上主动轮时，其所受的拉力为 $F_1$，此时带的线速度 $v$ 和主动轮的圆周速度 $v_1$ 相等。在带由 $A_1$ 点转到 $B_1$ 点的过程中，带所受的拉力由 $F_1$ 逐渐降

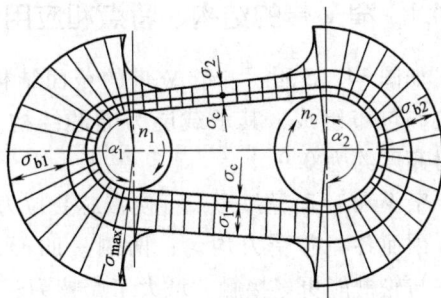

图 14-10 带工作时应力分布情况

低到 $F_2$，带的弹性变形也随之逐渐减小，带的速度便逐渐低于主动轮的圆周速度 $v_1$。说明带与带轮之间产生了相对滑动。在从动轮上与之相反，带绕过从动轮时拉力由 $F_2$ 逐渐增大到 $F_1$，弹性变形逐渐增加，使带的速度逐渐高于从动轮圆周速度 $v_2$，即带与从动轮间也发生相对滑动。这种由于带的弹性变形而引起的带与带轮之间的相对滑动，称为带的弹性滑

动。弹性滑动是摩擦型带传动正常工作时固有的特性，是不可避免的。

由于弹性滑动的存在，从动轮圆周速度 $v_2$ 必然低于主动轮圆周速度 $v_1$，其差值与主动轮圆周速度之比称为滑动率 $\varepsilon$

$$\varepsilon = \frac{v_1 - v_2}{v_1} \times 100\% \qquad (14\text{-}9)$$

图 14-11　带传动的弹性滑动现象

于是

$$v_2 = (1 - \varepsilon)v_1$$

其中

$$v_1 = \frac{\pi d_{d1} n_1}{60 \times 1000} \qquad v_1 = \frac{\pi d_{d2} n_2}{60 \times 1000}$$

代入并整理得带传动的实际传动比为

$$i = \frac{n_1}{n_2} = \frac{d_{d2}}{d_{d1}(1 - \varepsilon)} \qquad (14\text{-}10)$$

滑动率很小（$\varepsilon \approx 1\% \sim 2\%$），一般计算可不考虑，取传动比为

$$i = \frac{n_1}{n_2} = \frac{d_{d2}}{d_{d1}} \qquad (14\text{-}11)$$

**2. 打滑**

当带传动的工作载荷超过了带与带轮接触摩擦力的极限值，带与带轮之间发生剧烈的相对滑动（一般发生在较小的主动轮上），从动轮转速急速下降，甚至停止不动，带传动失效，这种现象称为打滑。

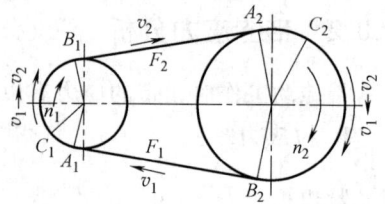

## 14.4　窄 V 带传动

窄 V 带传动是一种新型 V 带传动，由于与普通 V 带传动相比具有突出的优点，应用非常广泛。

### 14.4.1　窄 V 带的结构、特点和应用

如图 14-12 所示，窄 V 带的截面结构由顶胶、抗拉体、底胶和包布组成，其承载层为绳芯结构。带的楔角为 40°，相对高度约为 0.9。

窄 V 带顶面呈弧形，可使带芯受拉力后保持直线平齐排列，因而各绳芯受力均匀；两侧呈凹形，带弯曲后侧面变直，与轮槽能更好接触，增大了摩擦力；主要承受拉力的承载层位置较高，使带的传力位置向轮缘靠近；压缩层高度加

图 14-12　窄 V 带的截面结构

大，使带与带轮的有效接触面积增大，可增大摩擦力和提高传动能力；包布层采用特制柔性包布，使带的挠性更好，弯曲应力小。因此，与普通 V 带传动相比，窄 V 带传动具有传动能力更大（比同尺寸的普通 V 带传动功率大 50% ~ 150%）、能用于高速传动（$v = 35 \sim 45\text{m/s}$）、效率高（达 92% ~ 96%）、结构紧凑、疲劳寿命长等优点。目前，窄 V 带传动已广泛应用于高速、大功率的机械传动装置中。

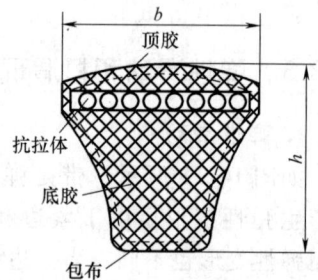

### 14.4.2　窄 V 带和窄 V 带轮尺寸

目前，我国应用的窄 V 带和窄 V 带轮采用基准宽度制和有效宽度制。基本原理相同，尺寸计算则有差别。

基准宽度制窄 V 带截面尺寸有 SPZ、SPA、SPB 和 SPC 四种型号，见表 14-1。基准宽度制窄 V 带轮基准直径见表 14-2，轮缘尺寸见表 14-1。

有效宽度制表示带轮轮槽截面的特征值是有效宽度，即轮槽直边侧面最外端的槽宽不受公差的影响，在轮槽有效宽度处的直径是有效直径。有效宽度制窄 V 带截面尺寸有 9N、15N 和 25N 三种型号，截面尺寸参见 GB/T 11544—1997。

由于尺寸制不同，窄 V 带的长度分别以基准长度和有效长度来表示。基准长度是在规定的张紧力下，V 带位于带轮基准直径处的周长；而有效长度则是在规定张紧力下，位于带轮有效直径处的周长。基准宽度制窄 V 带的基准长度见表 14-4。其他参数请参阅有关机械设计手册，在此不再赘述。

## 14.5　同步带传动

### 14.5.1　同步带传动的类型、特点和应用

如图 14-13 所示，同步带传动是一种啮合型带传动，兼有带传动和齿轮传动的特点。同步带传动工作时无相对滑动，能保证准确的传动比。传动功率较大（数百千瓦）、传动效率高（达 0.98）、传动比较大（$i < 12 \sim 20$），允许带速高（最大 50m/s），而且初拉力较小，对轴和轴承产生的压力小，但制造、安装要求高、价格较贵。

同步带传动广泛用于要求传动比准确的中小功率传动场合，如电子计算机、录音机、数控机床、纺织机械等。

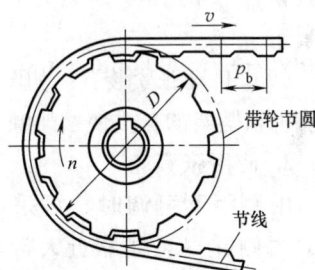

图 14-13　同步带传动

### 14.5.2　同步带和同步带轮

同步带有单面齿同步带和双面齿同步带。双面带按齿在带上排列不同，有对称齿（DA 型）和交错齿（DB 型）之分，如图 14-14 所示。

同步带最基本参数是节距 $p_b$。它是在规定的张紧力下，同步带纵截面上相邻两点对称中心线的直线距离，如图 14-13 所示。

同步带轮的齿形一般采用渐开线，用与齿轮加工相似的展成法加工，也可采用直边齿形。为防止同步带从带轮上脱落，带轮两侧应装挡圈。

同步带传动主要失效形式是疲劳断裂、带齿的切断和压溃，以及齿侧边或带侧边的磨损。

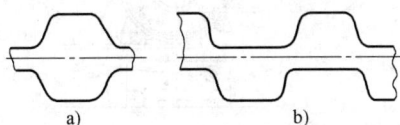

图 14-14　双面齿同步带

a) DA 型　b) DB 型

## 14.6　V带传动的安装、张紧和维护

### 14.6.1　带传动的张紧方法

带的初拉力对其传动能力、寿命和对轴的压力都有很大影响，适当的初拉力是保证带传动正常工作的重要因素。为使带具有一定的初拉力，将带套在带轮上安装后需要张紧；带工作一段时间后，会产生磨损和塑性变形，使带松弛引起初拉力减小，需将带重新张紧。常用的张紧方法有以下几种。

**1. 调节中心距**

当带传动的中心距可调时，增大中心距，使带张紧，调节中心距的张紧装置有以下两类。

（1）定期张紧装置　定期张紧装置又有移动式和摆动式。移动式定期张紧装置（见图14-15a）调整时，松开螺母 2，旋动调节螺钉 3，将电动机沿导轨 1 向右推动到适当位置，再拧紧螺母 2。移动式适用于中心距水平布置或倾斜不大的场合；对于中心距垂直布置或接近垂直传动，可用摆动式定期张紧装置（见图14-15b）。电动机安装在摆架上，用调节螺钉 3来调整摆架的位置，顺时针转动摆架，将带张紧。

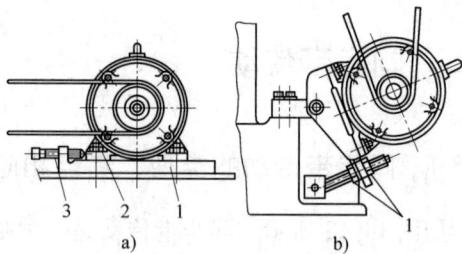

图 14-15　定期张紧装置
1—导轨　2—螺母　3—调节螺钉

（2）自动张紧装置　如图 14-16 所示，利用电动机和摆架的自重使摆架顺时针旋转，将带自动张紧。自动张紧方法常用于小功率传动。

**2. 使用张紧轮**

中心距不可调时，可采用张紧轮张紧装置（见图 14-17）。张紧轮一般应布置在松边的内侧并尽可能靠近大带轮，以免过多地减小小带轮包角 $\alpha_1$ 和使带反向弯曲而降低寿命。

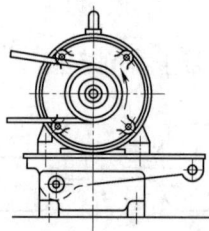

图 14-16　自动张紧装置

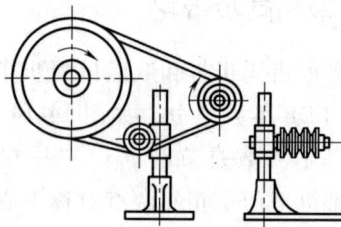

图 14-17　张紧轮张紧装置

### 14.6.2　V带初拉力的测定

为了测定所需初拉力 $F_0$，通常在带的切边中点加一规定的载荷 $G$，使切边长每 100mm产生 1.6mm 挠度，即 $f = 1.6t/100$ 来保证，如图 14-18 所示。

载荷 G 的值可由下式计算出

新安装的 V 带　　$G = \dfrac{1.5F_0 + \Delta F_0}{16}$

运转后的 V 带

$$G = \dfrac{1.3F_0 + \Delta F_0}{16}$$

最小极限值　　　$G = \dfrac{F_0 + \Delta F_0}{16}$

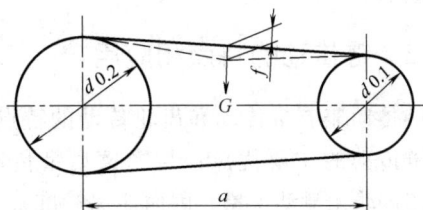

图 14-18　带传动预紧力的控制

式中　$F_0$——初拉力，单位为 N；

　　　$\Delta F_0$——初拉力的修正值，单位为 N，见表 14-1。

表 14-1　V 带的预紧力修正值 $\Delta F_0$

| 带型 | Y | Z | A | B | C | D | E | SPZ | SPA | SPB | SPC |
|---|---|---|---|---|---|---|---|---|---|---|---|
| $m/(\text{kg/m})$ | 0.04 | 0.06 | 0.10 | 0.17 | 0.30 | 0.60 | 0.87 | 0.07 | 0.12 | 0.20 | 0.37 |
| $\Delta F_0/\text{N}$ | 6 | 10 | 15 | 20 | 29 | 59 | 108 | 12 | 19 | 32 | 55 |

### 14.6.3　V 带传动的安装、使用和维护

**1. V 带的安装**

1）两 V 带轮安装轴线应平行，两带轮相对的 V 形槽的对称面应重合，否则，会加剧带的磨损，甚至脱落；

2）套装 V 带时不得强行撬入，应先将中心距缩小，待 V 带进入轮槽后再张紧；

3）新旧带不得同组混装使用。一根带损坏，应全部更换。

**2. V 带的使用和维护**

新带运行 24～48h 后应进行一次例行检查和调整初拉力。为了保证安全，带传动装置应加防护罩。由于 V 带是橡胶制品，应避免阳光直晒和与酸、碱、油、有机溶剂等接触。

## 14.7　链传动的类型和特点

### 14.7.1　链传动的类型

链传动是一种用途广泛的机械传动。如图 14-19 所示，链传动由两轴平行的主动链轮 1、从动链轮 2 和挠性链条 3 组成，经链轮齿和链条链节之间的啮合传递运动和动力。因此，链传动是一种具有中间挠性件的啮合传动。

链的种类很多，按用途不同可分为传动链、起重链和输送链三类。起重链主要用在起重机械中提升重物。输送链主要用在各种输送装置和机械化装卸设备中，用于输送物品。

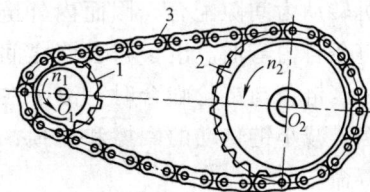

图 14-19　链传动

1—主动链轮　2—从动链轮　3—挠性链条

在一般机械传动装置中，应用广泛的是传动链。如图 14-20 所示，根据结构的不同，传动链又可分为：套筒链、滚子链、弯板链、齿形链等，

本章重点介绍滚子链。

## 14.7.2 链传动的特点和应用

链传动兼有带传动和齿轮传动的特点。

链传动的主要优点：与摩擦型带传动相比，链传动无滑动现象，因而能保持准确的传动比（平均传动比），传动效率较高（润滑良好的链传动效率为 97% ~ 98%）；又因链条不需要像带那样张得很紧，所以作用在轴上的压轴力较小；同时链传动可在高温、潮湿、多尘

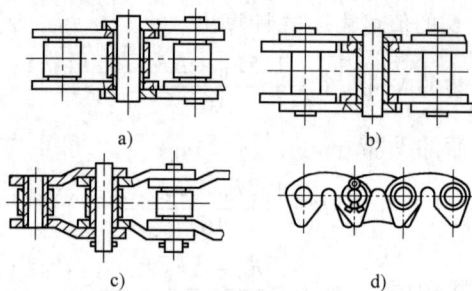

图 14-20 传动链的类型
a）滚子链 b）套筒链 c）弯板链 d）齿形链

等恶劣环境下工作。与齿轮传动相比，链传动易于安装，成本低廉，适用于两轴间距较大的传动。

链传动的主要缺点：传动时不能保持恒定传动比，传动平稳性差；工作时冲击和噪声较大；磨损后易脱链；只能用于平行轴间的传动。

链传动主要用在要求工作可靠，两轴相距较远，且不宜采用齿轮传动的场合。例如，自行车和摩托车上的链传动，结构简单，工作可靠。链传动还应用于重型及极为恶劣的工作条件下，例如建筑机械中的链传动，常受到土块、泥浆及瞬时过载的影响，但仍能很好地工作。

一般情况下，传动链的应用范围：传动功率 $P \leqslant 100\text{kW}$，链速 $v \leqslant 15\text{m/s}$，传动比 $i \leqslant 8$，中心距 $a \leqslant 6\text{m}$，传动效率 $\eta \leqslant 0.95 \sim 0.98$。

# 14.8 链和链轮

## 14.8.1 滚子链

**1. 滚子链的结构**

如图 14-21 所示的滚子链结构，由内链板、外链板、销轴、套筒和滚子组成。其中两外链板之间用销轴过盈配合连接，构成外链节。两内链板之间用套筒过盈配合连接，构成内链节。销轴穿过套筒，将内、外链节交替连接成链条。套筒与销轴之间可转动为间隙配合，因而内外链节相对转动，使整个链条自由弯曲。滚子与套筒之间可转动也为间隙配合，当链条与链轮啮合时，滚子在链轮表面形成滚动摩擦，减小链传动的摩擦和磨损，从而提高传动效率和寿命。

滚子链是标准件，基本参数和尺寸参照国标（GB/T 1243—2006）。链传动的主要参数是节距，用 $p$ 表示，即链条两销轴之间的中心距。节距 $p$ 越大，链条的尺寸越大，链条的强度就越大，传动能力越强。

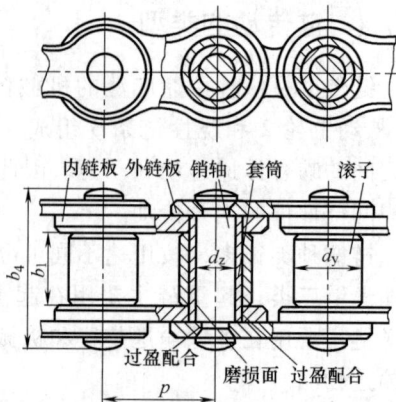

图 14-21 滚子链结构

如图 14-22 所示，内外链板制成 8 字形，截面 Ⅰ 和 Ⅱ 强度大致相等，符合等强度设计原则，并减轻了重量和运动惯性。

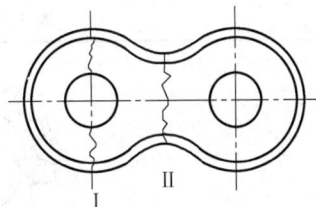

图 14-22　链板

**2. 滚子链的标准规格**

GB/T 1243—2006 标准之中规定了滚子链的基本参数和尺寸。链号数乘以 25.4/16mm 即为节距 $p$ 值。链号中的后缀 A 表示 A 系列；B 表示 B 系列。我国标准规定 A 系列为主，表中 B 系列只列出产量较大的 05B、06B、08B 三种供参考。

滚子链的标记方法：

12A – 2 × 100　GB/T 1243—2006

12 为链号，A 系列，2 为双排，链节数为 100，GB/T 1243—2006 是国家标准。

为了传递更大的功率，在节距不变条件下，可以采用双排链（见图 14-23）或多排链。由于各排链受载不均，故多排链的排数不宜过多，$p_t$ 为多排链的排距。

**3. 链节数与滚子链的接头形式**

链节数 $L_p$ 常用偶数。接头处用开口销或弹簧卡固定。如图 14-24 所示，一般前者用于大节距，后者用于小节距。当采用奇数链节时，需采用过渡链节。过渡链节的链板为了兼作内外链板，形成弯链板，受力时产生附加弯曲应力，易于变形，导致链的承载能力大约降低 20%。因此，链节数应尽量为偶数。

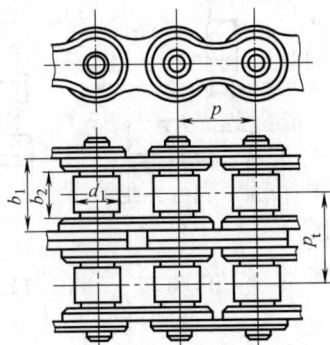

图 14-23　双排链

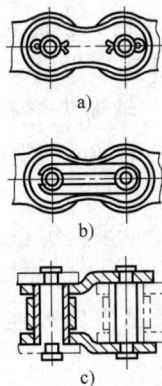

图 14-24　滚子链的接头形式
a）开口销　b）弹簧卡　c）过渡链节

## 14.8.2　滚子链链轮

为了保证链与链齿的良好啮合并提高传动的性能和寿命，应该合理设计链轮的齿形和结构，适当选取链轮材料。

**1. 链轮的尺寸参数**

若已知节距 $p$，滚子直径 $d_1$ 和链轮齿数 $z$，链轮主要尺寸可按表 14-2 计算。

表 14-2　滚子链轮主要尺寸（GB/T 1243—2006）

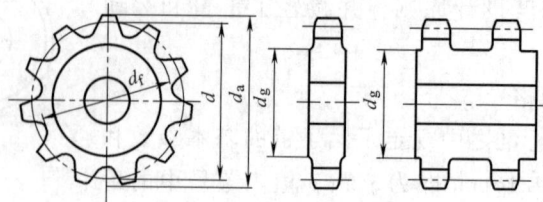

| 名称 | 符号 | 计算公式 |
|---|---|---|
| 分度圆直径 | $d$ | $d = \dfrac{p}{\sin\dfrac{180°}{z}}$ |
| 齿顶圆直径 | $d_a$ | $d_{amax} = d + 1.25p - d_1$<br>$d_{amin} = d + p\left(1 - \dfrac{1.6}{z}\right) - d_1$ |
| 齿根圆直径 | $d_f$ | $d_f = d - d_1$　$d_1$——滚子直径 |
| 最大齿侧凸缘直径 | $d_g$ | $d_g = p\left(\cot\dfrac{180°}{z} - 1\right) - 0.80$ |

注：$d_g$ 取整数值。

**2. 链轮齿形**

为了便于链节平稳进入和退出啮合，链轮应有正确的齿形。滚子链与链轮的啮合属于非共轭啮合，其链轮齿形的设计可以有较大的灵活性。因此 GB/T 1243—2006 中没有规定具体的链轮齿形。在此推荐使用目前较流行的一种，即三圆弧一直线形。当采用这种齿形并用相应的标准刀具加工时，链轮齿形在工作图上可不画出，只需在图上注明"齿形按 $3R$，GB/T 1243—2006 规定制造"即可。轴面齿形有圆弧和直线两种。圆弧形齿廓有利于链节啮入和啮出。

**3. 链轮结构**

直径小的链轮可采用实心式；中等尺寸链轮可制成孔板式；直径大的链轮可采用组合式结构，如图 14-25 所示，其齿圈与轮毂连接可采用焊接或螺栓连接。

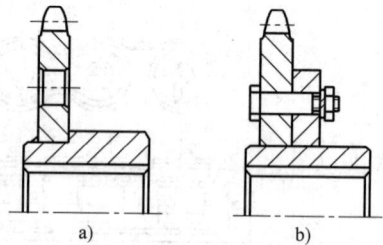

图 14-25　大直径链轮的结构
a）焊接式　b）螺栓连接式

**4. 链轮材料**

链轮材料应具有足够的强度和耐磨性，尤其小链轮啮合次数较多，冲击和磨损严重，宜选用较好的材料，常用链轮材料及齿面硬度见表 14-3。

表 14-3　链轮的材料及齿面硬度

| 链轮材料 | 齿面硬度 | 应用范围 |
|---|---|---|
| 15、20 | 50 ~ 60HRC | $z \leqslant 25$ 有冲击载荷的主、从动链轮 |
| 35 | 160 ~ 200HBW | $z > 25$ 齿数较多的主、从动链轮 |
| 45、50、ZG310—570 | 40 ~ 45HRC | 无剧烈冲击的主、从动链轮 |
| 40Cr、35SiMn、35CrMo | 40 ~ 50HRC | 要求强度较高和耐磨损的重要链轮 |
| Q235、Q275 | 140HBW | 中速、中等功率、较大的焊接链轮 |
| 不低于 HT200 | 260 ~ 280HBW | $z > 50$ 齿数较多的从动链轮 |

## 14.9　链传动的运动特性

### 14.9.1　平均链速和平均传动比

整个链条是曲折的挠性体，而每一链节则为刚性体，绕在链轮上可以看做一正多边形。如图 14-26 所示，正多边形的边长即为节距 $p$，边数即为链轮齿数 $z$。链轮每转一周，链条移动距离为 $zp$。

设主、从动轮的转速分别为 $n_1$、$n_2$，则链的平均速度 $v$ 为

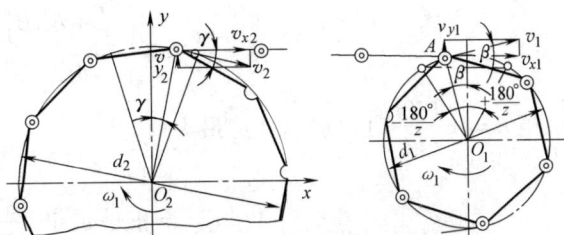

图 14-26　链传动的速度分析

$$v = \frac{z_1 n_1 p_1}{60 \times 1000} = \frac{z_2 n_2 p_2}{60 \times 1000}$$

（14-12）

链传动平均传动比为

$$i = \frac{n_1}{n_2} = \frac{z_2}{z_1}$$

（14-13）

### 14.9.2　瞬时链速和瞬时传动比

为了便于分析，设传动时链的紧边始终处于水平位置。若主动链轮以等角速度 $\omega_1$ 转动时，链条铰链销轴 $A$ 的轴心做等速圆周运动，其圆周速度为 $v_1 = d_1\omega_1/2$。$v_1$ 可以分解为使链条沿水平方向前进的分速度 $v_{x1}$（链速）和使链上下运动的垂直分速度 $v_{y1}$

$$\begin{cases} v_{x1} = v_1 \cos\beta = \dfrac{d_1 \omega_1}{2}\cos\beta \\[2mm] v_{y1} = v_1 \sin\beta = \dfrac{d_1 \omega_1}{2}\cos\beta \end{cases}$$

（14-14）

式中　$\beta$——啮合过程中链节铰链中心在主动轮上的相位角，$\beta = -\dfrac{180°}{z_1} \sim +\dfrac{180°}{z_1}$

同样，每一链节在与从动链轮轮齿啮合的过程中，链节铰链中心在从动轮上的相位角 $\gamma$ 在 $\pm\dfrac{180°}{z_2}$ 范围内不断变化。紧边链条沿 $x$ 方向的分速度为

$$v_{x2} = \frac{d_2 \omega_2}{2}\cos\gamma$$

（14-15）

式中　$\omega_2$——从动链轮的角速度。

不计链条变形，则有　　　　　　　$v_{x1} = v_{x2}$

于是得　　　　　　　　　　　$\omega_2 = \dfrac{d_1 \cos\beta}{d_2 \cos\gamma}\omega_1$

瞬时传动比为　　　　　　　　$i = \dfrac{\omega_1}{\omega_2} = \dfrac{d_2 \cos\gamma}{d_1 \cos\beta}$

（14-16）

通常 $\beta \neq \gamma$。显然，即使主动链轮以等角速度转动，瞬时链速、从动链轮的角速度和瞬

时传动比等都是随 $\beta$、$\gamma$ 做周期性变化。可见，由于绕在链轮上的链条形成正多边形，造成链传动运动的不均匀性，形成了链传动的固有特性。

### 14.9.3 链传动的动载荷

链传动中产生动载荷的主要原因如下：

1）链速和从动轮角速度做周期性变化，产生加速度 $a$，从而引起动载荷。加速度 $a$ 为

$$a = \frac{\mathrm{d}v_x}{\mathrm{d}t} = \frac{\mathrm{d}\left(\dfrac{d_1}{2}\omega_1\cos\beta\right)}{\mathrm{d}t} = -\frac{d_1}{2}\omega_1^2\sin\beta \tag{14-17}$$

当 $\beta = \pm\dfrac{180°}{z_1}$ 时，加速度达最大值

$$a_{\max} = \pm\frac{d_1}{2}\omega_1^2\sin\frac{180°}{z_1} = \pm\frac{\omega_1^2}{4}p \tag{14-18}$$

由式（14-18）可以看出，当链的质量相同时，链轮的转速越高，节距越大，齿数越少，动载荷就越大。

2）链条垂直方向的分速度 $v_y$ 也做周期性变化，使链产生横向振动。这是产生动载荷的重要原因之一。

3）在链条链节与链轮轮齿啮合的瞬间，由于具有相对速度，造成啮合冲击和动载荷。

4）链、链轮的制造和安装误差也会引起动载荷。

5）由于链条松弛，在起动、制动、反转、载荷突变等情况下，产生惯性冲击，引起较大的动载荷。

## 14.10 链传动的布置、张紧和润滑

为了达到预期的工作要求，应该对链传动进行合理布置、安装、张紧和正确使用维护。

### 14.10.1 链传动的布置

链传动工作前，传动装置最好水平布置，如图 14-27a 所示。当必须倾斜布置时，中心连线与水平面夹角应小于 45°，如图 14-27b 所示。

链传动工作时，松边在下，紧边在上，可以顺利地啮合。若松边在上，由于垂度增大，链条与链轮齿相干扰，影响正常啮合。如果松边垂度太大，需采用张紧装置。

应尽量避免垂直布置。两轮轴线在同一铅垂面内时，链条垂度增大，使与布置在下链轮啮合的链节数减少而松脱。

若必须采用垂直传动时，可采取以下措施：①中心距可调；②设张紧装置；③上下两轮错开，使两轮轴线不在同一铅垂面内，如图 14-28 所示。

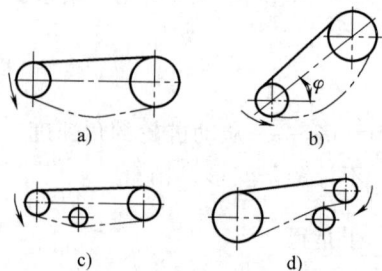

图 14-27 链传动的布置
a）水平布置 b）倾斜布置 c）张紧轮在内侧 d）张紧轮在外侧

## 14.10.2　链传动的安装

为了保证链传动啮合良好，两链轮轴线应平行，且两链轮在同一垂直平面内传动。安装时应使两轮中心平面轴向位置误差 $\Delta e \leqslant 0.002a$（$a$ 为中心距），两轮旋转平面间夹角 $\Delta \theta \leqslant 0.006\text{rad}$，如图 14-29 所示。若安装误差过大，易导致脱链和增加磨损。

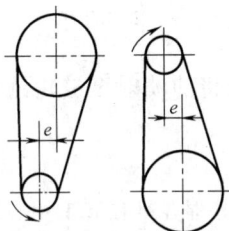

图 14-28　链传动的垂直布置　　　　　　图 14-29　链传动的安装误差

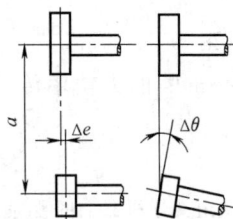

## 14.10.3　链传动的张紧

链传动正常工作时，应保持一定张紧，链传动的张紧程度，可用测量松边垂度的方法来衡量，松边垂度可近似认为是两轮公切线与松边最远点的距离。合适的松边垂度推荐为 $f = (0.01 \sim 0.02)a$，$a$ 为中心距。对于重载、频繁起动和制动，反转的链传动，以及接近垂直的链传动，松边垂度应适当减少。链传动的张紧方法有以下几种。

**1. 调整中心距**

适当增大中心距可使链张紧，对于滚子链传动，其中心距调整量可取为 $2p$，$p$ 为链条节距。

**2. 缩短链长**

当链传动没有张紧装置而中心距又不可调整时，可采用缩减链节（即拆去几个链节）的方法张紧。对因磨损而伸长的链条应重新张紧。

**3. 用张紧轮张紧**

如图 14-27c、d 所示，在两轴中心距较大；两轴中心距过小，松边在上面；两轴接近垂直布置；需要严格控制张紧力；多链轮传动或反向传动；要求减小冲击，避免共振；需要增大链轮包角等情况下需用张紧轮张紧。张紧轮应布置在松边接近小轮处。张紧轮可以制成链齿形，也可以制成无齿的滚轮。

## 14.10.4　链传动的润滑

良好的润滑可以减少链传动的噪声和磨损，提高工作能力，延长使用寿命。链传动采用的润滑方式有以下几种。

**1. 人工定期润滑**

用油壶或油刷，每班润滑一次。用于低速 $v \leqslant 4\text{m/s}$ 的不重要链传动。

**2. 滴油润滑**

用油杯经油管滴入松边内、外链板间隙处，每分钟 $5 \sim 20$ 滴，适用于 $v \leqslant 10\text{m/s}$ 的链传动。

### 3. 油浴润滑

链传动工作时，使松边链条浸入油盘中，浸油深度为 6～12mm，适用于 $v \leqslant 12 \text{m/s}$ 的链传动。

### 4. 飞溅润滑

在密封容器中，利用甩油盘将油甩起，沿壳体流入集油处，然后引至链条上。但是甩油盘线速度应大于 3m/s。

### 5. 压力润滑

当采用 $v \geqslant 8 \text{m/s}$ 的大功率传动时，应采用特设的油泵将油喷射至链轮链条啮合处。

## 复习思考题

14-1　观察轨道交通机器上的普通 V 带传动，测量出带顶宽 $b$、带轮外径 $d_a$ 和中心距 $a$，确定带的截型、带轮基准直径 $d_{d1}$、$d_{d2}$，并计算出带长 $L_d$。

14-2　V 带工作时，带的两边会出现一边被＿＿＿＿而另一边被＿＿＿＿的情况。

14-3　V 带截面楔角为＿＿＿＿，V 带轮槽角有＿＿＿＿四个值。

14-4　带工作时下列（　　）说法正确。

A. 弹性滑动不可避免　　　　　　　B. 弹性滑动可以避免

C. 打滑不可避免　　　　　　　　　D. 弹性滑动和打滑均可避免

14-5　带传动采用张紧轮的目的是（　　　）。

A. 减轻带的弹性滑动　　　　　　　B. 改变带的运动方向

C. 调节带的初拉力　　　　　　　　D. 提高带的寿命

14-6　增大初拉力可以增加带传动的有效拉力，但带传动中一般并不采用增大初拉力的方法来提高带的传动能力，而是将初拉力控制在一定的数值上，为什么？

14-7　试从产生原因、对带传动的影响、能否避免等几个方面说明弹性滑动与打滑的区别。

14-8　试分析小带轮基准直径 $d_{d1}$、中心距 $a$ 的大小对带传动的影响，各应如何选择？

14-9　多根 V 带传动时，若发现一根已坏，应如何处置？

14-10　已知 V 带传动的功率 $P = 7.5 \text{kW}$，小带轮直径 $d_{d1} = 140 \text{mm}$，转速 $n_1 = 1440 \text{r/min}$，求传动时带内的有效拉力 $F_e$。

14-11　已知一 V 带传动，小带轮直径 $d_{d1} = 160 \text{mm}$，大带轮直径 $d_{d2} = 400 \text{mm}$，小带轮转速 $n_1 = 960 \text{r/min}$，滑动率 $\varepsilon = 2\%$，试求由于弹性滑动引起的大带轮的转速损失。

14-12　将链传动与带传动在以下方面进行分析比较：传动原理、应用特点、运动特性、初拉力、张紧装置、松紧边位置等。

14-13　自行车、摩托车的链传动是增速传动还是减速传动？为什么自行车用链传动而不用带传动？

14-14　为什么链条节数常取偶数，而链轮齿数常为奇数？

14-15　链速一定时，链轮齿数的多少和链节距 $p$ 的大小对链传动各有何影响？

14-16　请调查轨道交通机械设备的链传动，记录节距 $p$、排数 $m$、中心距 $a$、链节数 $L_p$、链轮齿数 $z_1$ 和 $z_2$、止锁方式、张紧方法、润滑油品种等。

14-17　试分析链传动运动不平稳的原因。

14-18　试分析变速自行车链传动多级变速的原理。

# 第15章 齿轮传动

**【本章学习要点】**

主要内容：齿轮传动的有关知识、失效形式；齿轮加工的基本知识。

学习目的与要求：了解齿轮传动的类型、特点及应用场合；掌握渐开线圆柱齿轮、锥齿轮、蜗杆蜗轮的基本参数，以及标准直齿圆柱齿轮的几何尺寸计算；了解齿轮传动的正确啮合条件、连续传动条件；了解斜齿轮和锥齿轮的当量齿数；了解齿轮常见的失效形式与材料选择；了解渐开线齿轮的切齿原理、根切现象与最少齿数。

学习重点：掌握渐开线圆柱齿轮的基本参数，以及标准直齿圆柱齿轮的几何尺寸；了解齿轮常见失效形式与材料选择。

## 15.1 齿轮传动的类型及特点

### 15.1.1 概述

#### 1. 齿轮传动的特点

齿轮传动是现代机械中应用最广泛的一种机械传动，在机床、汽车变速器等机械中被普遍应用。

齿轮传动的主要优点是：能保持瞬时传动比（两轮瞬时角速度之比）不变，适用的圆周速度及传递功率的范围较大，效率高，寿命长等。不足之处是制造和安装精度要求较高，故成本较高。

#### 2. 齿轮传动的类型

齿轮传动的类型很多，常见的齿轮传动如图 15-1 所示。

在各类齿轮传动中，最基本、应用最多的是圆柱齿轮。将重点介绍圆柱齿轮，并在此基础上介绍一些其他常用类型的齿轮。

#### 3. 齿轮传动的基本要求

齿轮传动应满足下列两项基本要求：

（1）传动平稳 传动平稳即要求瞬时传动比恒定不变，否则主动轮匀速转动而从动轮转速时快时慢，会引起冲击、振动和噪声，影响传动质量。

（2）具有足够的承载能力和使用寿命 齿轮要有足够的强度和刚度，以传递较大的动力；并且还要有较长的使用寿命及较小的结构尺寸。

### 15.1.2 渐开线齿轮的传动特点

理论上可作为齿轮齿廓的曲线有许多种，但实际上由于轮齿的加工、测量、强度等方面的原因，可选用的齿廓曲线仅有渐开线、摆线、圆弧线、抛物线等，其中渐开线齿廓应用最广。

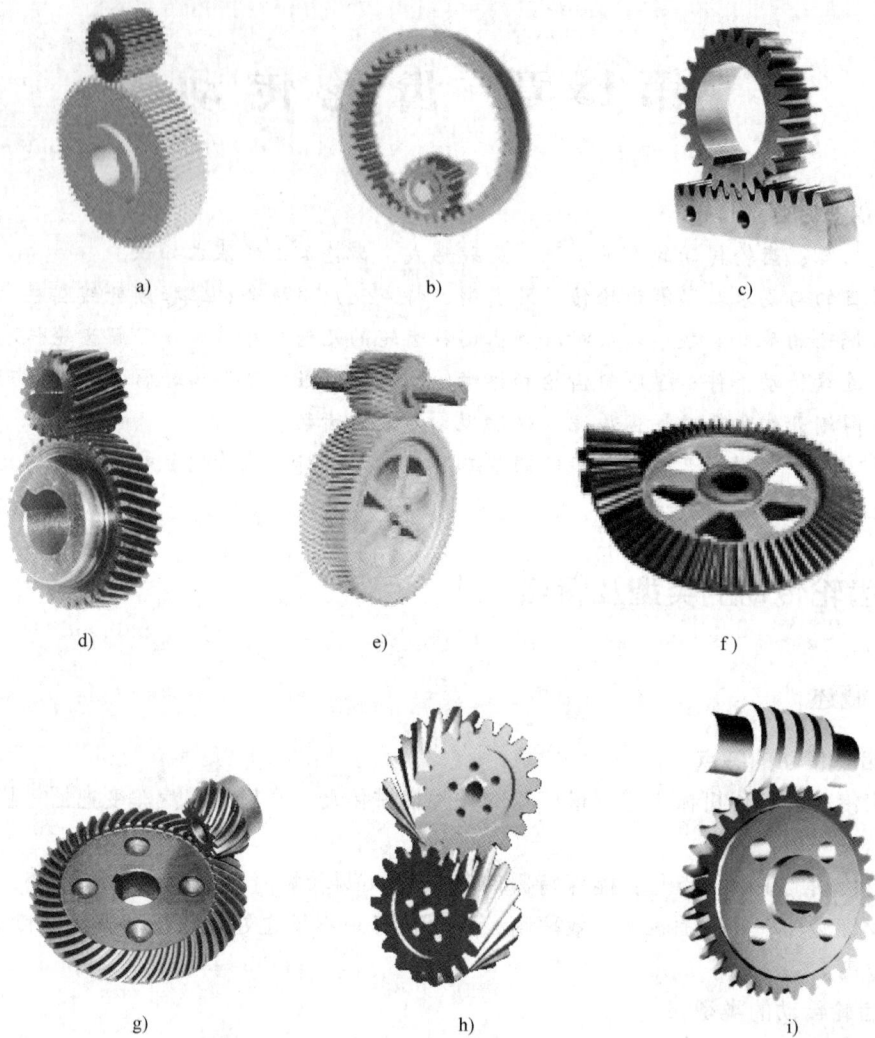

图 15-1 齿轮传动的类型

a）直齿外齿轮传动　b）直齿内齿轮传动　c）齿轮齿条传动　d）斜齿轮传动　e）人字形齿轮传动

f）直齿锥齿轮传动　g）曲齿锥齿轮传动　h）交错轴齿轮传动　i）蜗杆传动

**1. 渐开线齿廓传动比恒定不变**

图 15-2 所示为一对渐开线齿轮啮合。设两渐开线齿轮基圆半径分别为 $r_{b1}$ 和 $r_{b2}$，两齿廓在 $K$ 点接触，由于两轮的基圆大小和安装位置均固定不变，同一方向上的内公切线只有一条，所以它与两轮连心线 $O_1O_2$ 的交点 $P$ 必为定点，传动比为

$$i_{12} = \frac{\omega_1}{\omega_2} = \frac{O_2P}{O_1P} = \frac{r_{b2}}{r_{b1}} = \frac{z_2}{z_1} = 常数 \tag{15-1}$$

两齿廓啮合时的接触点又称为啮合点。显然渐开线齿轮在啮合过程中，啮合点沿着两轮基圆的内公切线 $N_1N_2$ 移动，$N_1N_2$ 为啮合点的轨迹线，常称之为啮合线。啮合线与两节圆内公切线 $t—t$ 所夹的锐角 $\alpha'$ 称为啮合角。显然，啮合角 $\alpha'$ 即为节点 $P$ 处的压力角。

### 2. 渐开线齿轮传动中心距的可分性

当一对渐开线齿轮制成后，两轮的基圆半径已确定，则即使安装时两轮中心距有一些变化，根据式（15-1）可知，其传动比一定不变。渐开线齿轮中心距的改变不影响传动比的这种性质，称为渐开线齿轮传动中心距的可分性。它给制造和安装带来极大的方便，也是渐开线齿轮得到广泛应用的原因之一。

### 3. 啮合时传递压力的方向不变

由于一对渐开线齿轮啮合时，啮合点一定在啮合线 $N_1N_2$ 上，$N_1N_2$ 又是公法线，所以齿廓之间传递的压力一定沿着公法线 $N_1N_2$ 的方向。这表明，一对渐开线齿轮在啮合时，无论啮合点在何处，其受力方向始终不变，从而使传动平稳。这是渐开线齿轮传动的又一特点。

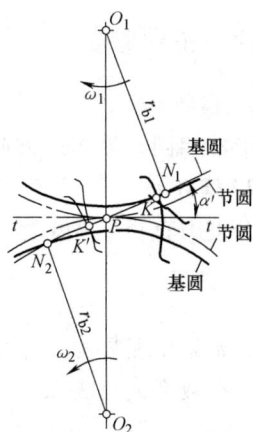

图 15-2　渐开线齿廓
满足传动比恒定

## 15.2　渐开线标准直齿圆柱齿轮的参数及几何尺寸计算

### 15.2.1　齿轮各部分的名称

图 15-3 所示为标准渐开线直齿圆柱齿轮。其齿廓由形状相同的两反向渐开线曲面组成。轮齿各部分的名称及符号表示如下：

#### 1. 齿槽及齿槽宽

相邻两轮齿之间的空间称为齿槽，某一直径为 $d_k$ 圆上齿槽间的弧长称为齿槽宽，用 $e_k$ 表示。

#### 2. 齿厚

沿某一直径为 $d_k$ 的圆周上量得的轮齿厚度（弧长）称为齿厚，用 $s_k$ 来表示。

#### 3. 齿距

相邻两齿同侧齿廓沿某一直径为 $d_k$ 的圆周上量得的弧长称为该圆上的齿距，用 $p_k$ 表示。显然

$$p_k = s_k + e_k \tag{15-2}$$

#### 4. 齿顶圆

由轮齿顶部所确定的圆称为齿顶圆，其直径用 $d_a$ 表示。

图 15-3　齿轮各部分的名称及符号

#### 5. 齿根圆

齿槽底部所确定的圆称为齿根圆，其直径用 $d_f$ 表示。

#### 6. 分度圆

在齿顶圆与齿根圆之间，取一个圆作为计算齿轮各部分尺寸的基准，称为分度圆，其直径和半径分别用 $d$ 和 $r$ 表示。规定分度圆上的齿厚、齿槽宽、齿距、压力角等的符号一律不加脚标（用 $s$、$e$、$p$、$\alpha$ 表示），但其他圆上的参数则必须指明是哪个圆上的参数，如基圆齿厚符号为 $s_b$、齿顶圆压力角符号为 $\alpha_a$ 等。

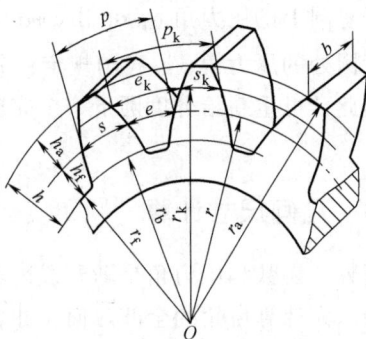

### 15.2.2 主要参数

**1. 齿数 $z$**

形状相同，沿圆周方向均匀分布的轮齿个数，称为齿数，用 $z$ 表示。

**2. 模数 $m$**

分度圆直径 $d$、齿距 $p$ 与齿数 $z$ 三者之间有如下关系

$$\pi d = zp \text{ 或 } d = \frac{p}{\pi} z$$

式中，$\pi$ 为无理数，为计算和测量方便，令 $p/\pi = m$，称为模数，并定为标准值（我国规定的标准模数系列见表 15-1）。于是上式可改写为

$$d = mz \tag{15-3}$$

模数 $m$ 的单位为 mm，是齿轮的重要参数。模数越大，则轮齿越大，各部分的尺寸也越大。

**表 15-1　齿轮模数系列常用值**（摘自 GB/T 1357—2008）　　　（单位：mm）

| 第一系列 | 1 | 1.25 | 1.5 | 2 | 2.5 | 3 | 4 | 5 | 6 |
|---|---|---|---|---|---|---|---|---|---|
| | 8 | 10 | 12 | 16 | 20 | 25 | 32 | 40 | 50 |
| 第二系列 | 1.125 | 1.375 | 1.75 | 2.25 | 2.75 | 3.5 | 4.5 | 5.5 | (6.5) |
| | 7 | 9 | 11 | 14 | 18 | 22 | 28 | 35 | 45 |

注：1. 本表适用于渐开线圆柱齿轮，对斜齿轮是指法向模数。
　　2. 优先用第一系列，括号内模数尽可能不用。

目前，有些国家采用径节制。径节（$DP$）和模数成倒数关系。径节 $DP$ 的单位为 1in（1 英寸）。可用下式将径节换算成模数 $m$（mm）

$$m = \frac{25.4}{DP} \tag{15-4}$$

**3. 压力角**

任意圆上的压力角 $\alpha_k$ 可用 $\cos\alpha = r_b/r_k$ 算出。通常所说的齿轮压力角，是指齿廓渐开线在分度圆处的压力角 $\alpha$。我国规定：分度圆处的压力角为标准压力角，标准值为 20°。

至此，可重新给分度圆下一个完整、确切的定义：分度圆是具有标准模数和标准压力角的圆。

### 15.2.3 几何尺寸计算

模数、齿数和压力角是渐开线齿轮的三个主要参数，齿轮的几何尺寸和齿形都与这些参数有关。为计算齿轮的全部几何尺寸，还需知道另外两个基本参数 $h_a^*$ 和 $c^*$，这里 $h_a^*$ 为齿顶高系数，表示齿顶高是模数的倍数，即齿顶高为

$$h_a = h_a^* m \tag{15-5}$$

齿轮啮合时，一齿轮的齿顶与另一齿轮的齿槽底部之间必须留有间隙，以保证传动不发生干涉，同时又可储存润滑油以润滑齿面。沿径向量度的这一间隙称为顶隙，用 $c$ 表示。将它表示为模数的 $c^*$ 倍，$c^*$ 为顶隙系数，即顶隙为

$$c = c^* m \tag{15-6}$$

对于正常齿制，$h_a^* = 1$、$c^* = 0.25$；对于短齿制，$h_a^* = 0.8$、$c^* = 0.3$。

$m$、$\alpha$、$h_a^*$、$c^*$ 均为标准值，且 $s = e$ 的齿轮称为标准齿轮。

标准直齿圆柱齿轮各部分的尺寸见表 15-2（见图 15-3 和图 15-4）。

**表 15-2　标准直齿圆柱齿轮几何尺寸计算**

| 名称 | | 符号 | 计算公式 | |
|---|---|---|---|---|
| | | | 外齿轮 | 内齿轮 |
| 基本参数 | 齿数 | $z$ | $z_{min} = 17$，通常小齿轮齿数 $z_1$ 在 $20 \sim 28$ 范围内选取，$z_2 = iz_1$ | |
| | 模数 | $m$ | 根据强度计算决定，并按表 15-1 选取标准值。动力传动中，$m \geqslant 2mm$ | |
| | 压力角 | $\alpha$ | 取标准值，$\alpha = 20°$ | |
| | 齿顶高系数 | $h_a^*$ | 取标准值，对于正常齿，$h_a^* = 1$，对于短齿，$h_a^* = 0.8$ | |
| | 顶隙系数 | $c^*$ | 取标准值，对于正常齿，$c^* = 0.25$，对于短齿，$c^* = 0.3$ | |
| 几何尺寸 | 齿槽宽 | $e$ | $e = p/2 = \pi m$ | |
| | 齿厚 | $s$ | $s = p/2 = \pi m$ | |
| | 齿距 | $p$ | $p = \pi m$ | |
| | 全齿高 | $h$ | $h = h_a + h_f = (2 h_a^* + c^*) m$ | |
| | 齿顶高 | $h_a$ | $h_a = h_a^* m$ | |
| | 齿根高 | $h_f$ | $h_f = (h_a^* + c^*) m$ | |
| | 分度圆直径 | $d$ | $d = mz$ | |
| | 基圆直径 | $d_b$ | $d_b = d\cos\alpha = mz\cos\alpha$ | |
| | 齿顶圆直径 | $d_a$ | $d_a = d + 2h_a = (z + 2h_a^*) m$ | $d_a = d - 2h_a = (z - 2h_a^*) m$ |
| | 齿根圆直径 | $d_f$ | $d_f = d - 2h_f = (z - 2h_a^* - 2c^*) m$ | $d_f = d + 2h_f = (z + 2h_a^* + 2c^*) m$ |
| | 中心距 | $a$ | $a = m(z_1 + z_2)/2$ | $a = m(z_2 - z_1)/2$ |

注：内齿轮的几何尺寸计算与外齿轮相同。为使内齿轮的齿顶圆全部为渐开线，则其齿顶圆应大于基圆。

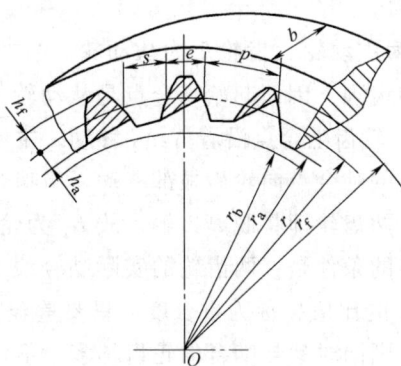

图 15-4　内齿轮

# 15.3　渐开线标准直齿圆柱齿轮传动

## 15.3.1　正确啮合条件

图 15-5 所示为一对渐开线齿轮啮合传动，相邻两齿的啮合点分别为 $K$ 和 $K'$，它们都在啮合线 $N_1 N_2$ 上。要使两对轮齿同时啮合，则必须使相邻两齿的同侧齿廓在公法线 $N_1 N_2$ 上的距离（法向齿距 $p_n$）都等于 $KK'$。

经过推导可得一对渐开线齿轮正确啮合的条件为

$$\left. \begin{array}{r} m_1 = m_2 = m \\ \alpha_1 = \alpha_2 = \alpha \end{array} \right\} \qquad (15\text{-}7)$$

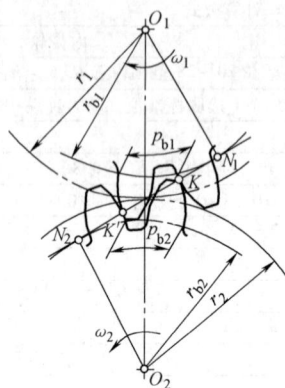

图 15-5　正确啮合条件　　　　　　　图 15-6　连续传动条件

因此，正确啮合的条件是：两齿轮的模数和压力角必须分别相等，并等于标准值。

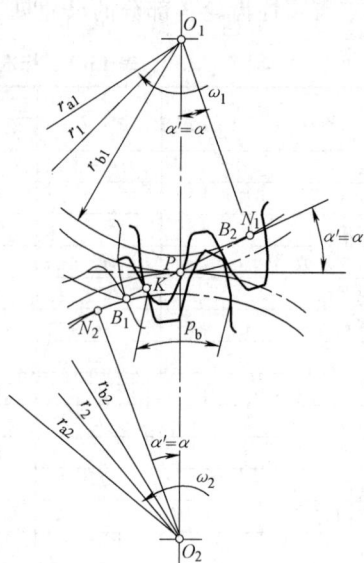

### 15.3.2　连续传动条件

如图 15-6 所示，齿轮 1 为主动轮，齿轮 2 为从动轮。当两轮的一对齿开始啮合时，先以主动轮的齿根推动从动轮的齿顶，因而起始啮合点是从动轮的齿顶圆与啮合线 $N_1N_2$ 的交点 $B_2$。随着啮合传动的进行，轮齿啮合点沿着 $N_1N_2$ 移动，主动轮轮齿上的啮合点逐渐向轮齿顶部移动，而从动轮轮齿上的啮合点向轮齿根部移动。当啮合传动进行到主动轮的齿顶圆与啮合线 $N_1N_2$ 的交点 $B_1$ 时，两齿轮即将脱离接触，故 $B_1$ 为轮齿的终止啮合点。

根据分析，齿轮连续传动的条件是：两齿轮的实际啮合线 $B_1B_2$ 应大于或等于齿轮的基圆齿距 $p_b$。通常将 $B_1B_2$ 与 $p_b$ 的比值 $\varepsilon$ 称为重合度，只要重合度 $\varepsilon \geqslant 1$ 齿轮就可连续传动。

齿轮传动的重合度越大，则同时参与啮合的轮齿越多，不仅传动平稳性好，每对轮齿所分担的载荷也小，相对提高了齿轮的承载能力。对于标准齿轮采用标准中心距安装，齿数 $z > 12$ 时，其重合度恒大于 1。

## 15.4　变位齿轮简介

### 15.4.1　变位齿轮概念

在实际生产中，标准齿轮的使用具有一定的局限性，主要表现为以下几个方面。

**1. 结构不够紧凑**

因受根切限制，齿数不能太少，这就限制齿轮结构的尺寸不能太小。

**2. 难以凑配中心距**

当实际中心距 $a' < a$ 时，根本无法安装；当 $a' > a$ 时，虽然能够安装，但将产生较大的齿侧间隙，必将产生冲击和噪声，而且重合度也会降低，影响齿轮传动的平稳性。

**3. 承载能力较低**

一对标准齿轮传动时，小齿轮的齿根厚度小，而啮合次数又较多，因此，在相同条件下，小齿轮比大齿轮容易破坏。所以，大齿轮轮齿抗弯能力不能发挥，限制了大齿轮的承载能力。

采用变位齿轮可以弥补标准齿轮的上述不足。用齿条形刀具加工齿轮，刀具中线 $NN$（也称加工节线）与轮坯的分度圆（也称加工节圆）相切，如图 15-7a 所示。由于刀具节线上齿厚与齿槽宽相等，切出的齿轮在分度圆上齿厚与齿槽宽也相等，该齿轮为标准齿轮。若改变刀具与轮坯相对位置，切制出来的齿轮称为变位齿轮。

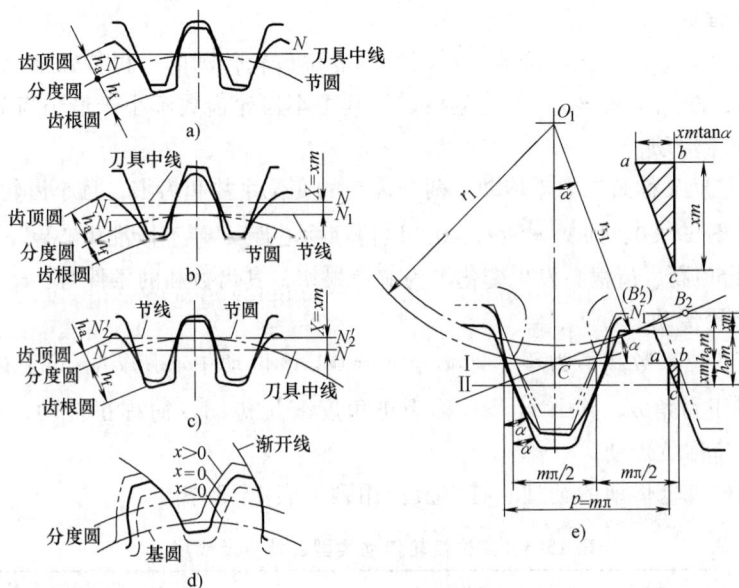

图 15-7  变位齿轮加工原理及其齿形

切削变位齿轮时，刀具相对切削标准齿轮时移动的径向距离 $X(X=xm)$ 称为变位量，$x$ 称为变位系数，由轮坯中心外移，$x$ 取正值；反之，$x$ 取负值，相应加工出的齿轮分别称为正变位齿轮和负变位齿轮，如图 15-7b、c 所示。标准齿轮可看成变位系数 $x=0$ 的特殊变位齿轮。由于齿条在不同高度上的齿距 $p$、压力角 $\alpha$ 都是相同的，所以无论齿条刀具的节线位置如何变化，切出变位齿轮的模数 $m$、压力角 $\alpha$ 都与齿条刀具中线上的模数 $m$、压力角 $\alpha$ 相同，是标准值。同时，刀具与齿坯对滚运动不变，所以加工出的齿轮齿数也相同。故其分度圆直径、基圆直径均与标准齿轮相同。其齿廓曲线和标准齿轮的齿廓曲线是同一基圆上形成的渐开线，只是部位不同，如图 15-7d 所示。

## 15.4.2  变位齿轮的特点

1）当 $x>0$ 时，刀具节线上齿槽宽增大，齿厚减小，因此，正变位齿轮分度圆齿厚 $s$ 增大，齿槽宽 $e$ 减小，其变动量 $\Delta s=2xm\tan\alpha$，如图 15-7e 所示。其齿根圆齿厚增大，齿顶圆齿厚减小（变尖）；$x<0$ 时，上述尺寸变化相反。

2）$x>0$，刀具的齿顶线外移，因此，正变位齿轮的齿根圆直径 $d_f$ 增大，要保持相应的齿高，齿顶圆直径 $d_a$ 也增大。$x<0$ 时，上述尺寸变化相反。

3）$x > 0$，齿根高 $h_f$ 减小，齿顶高 $h_a$ 增大。$x < 0$ 时，上述尺寸变化相反。

4）刀具齿顶线随刀具外移，它与啮合线的交点 $B_2$ 移向 $N_1$，如图 15-7e 所示。利用变位齿轮这一特点，可避免根切。

5）由于变位齿轮的齿槽宽与齿厚都发生变化，中心距也会变化，利用这一特点，可调整齿轮传动的中心距。

### 15.4.3 变位齿轮传动类型、特点及应用

根据变位系数及其和 $x_\Sigma$ 的不同，变位齿轮传动可以分为以下三种类型。

**1. 标准齿轮传动**

标准齿轮传动又称第一类零传动。可以看作变位齿轮传动的一种特殊情况，两个齿轮的变位系数均为零，即 $x_1 = x_2 = 0$。为避免根切，其中小齿轮齿数不小于最小齿数 $z_{min}$。

**2. 高变位齿轮传动**

高变位齿轮传动又称第二类零传动。两个齿轮的变位系数和为零，且小齿轮变位系数 $x_1 > 0$，大齿轮变位系数 $x_2 < 0$，即 $x_1 = -x_2 \neq 0$。该传动中心距 $a'$ 等于标准中心距 $a$，啮合角 $\alpha'$ 等于压力角 $\alpha$，但齿顶高、齿根高发生变化。为避免根切，其齿数和的条件为：$z_1 + z_2 \geq 2z_{min}$。

**3. 角变位齿轮传动**

两个齿轮的变位系数和不为零，即 $x_1 = x_2 \neq 0$。该传动中心距 $a'$ 不等于标准中心距 $a$，啮合角 $\alpha'$ 不等于压力角 $\alpha$。其中 $x_\Sigma > 0$ 称为正角度变位传动，简称正传动；$x_\Sigma < 0$ 称为负角度变位传动，简称负传动。

现将各类变位齿轮传动的类型、特点及应用列于表 15-3 中。

**表 15-3　变位齿轮传动类型、特点及应用**

| 项目 | 零传动 | | 角变位齿轮传动 | |
|---|---|---|---|---|
| | 标准齿轮传动 | 高变位齿轮传动 | 正传动 | 负传动 |
| 变位系数 | $x_1 = x_2 = 0$ | | $x_1 = x_2 > 0$ | $x_1 = x_2 < 0$ |
| | $x_1 = x_2 = 0$ | $x_1 = -x_2 \neq 0$ | | |
| 中心距啮合角 | $a' = a$ | | $a' > 0$ | $a' < 0$ |
| | $\alpha' = \alpha$ | | $\alpha' > 0$ | $\alpha' < 0$ |
| 齿数限制条件 | $z_1 > z_{min}$ | $z_1 + z_2 \geq 2z_{min}$ | 无限制 | $z_1 + z_2 > 2z_{min}$ |
| | $z_2 > z_{min}$ | | | |
| 特点及应用 | 应用广泛 | 避免根切，改善轮齿强度；用于修理及非标准中心距场合 | 凑配中心距场合 | |

## 15.5 其他齿轮传动

### 15.5.1 斜齿圆柱齿轮传动

**1. 斜齿轮齿廓的形成**

前面研究的渐开线齿形实际上只是直齿圆柱齿轮端面的齿形，其实际齿廓是这样形成的：如图 15-8a 所示，当与基圆柱相切的发生面 $S$ 绕基圆柱做纯滚动时，发生面上一条与基圆柱母线 $CC$ 平行的直线 $BB$ 的轨迹为一渐开线曲面（因为 $BB$ 上任一点的轨迹均为一条渐

开线），对称的两反向渐开线曲面即构成了直齿圆柱齿轮的一个齿廓。

斜齿轮齿廓曲面的形成与此相仿，只是直线 $BB$ 不与母线 $CC$ 平行，而与其呈一交角 $\beta_b$（见图 15-9a）。当发生面 $S$ 绕基圆柱做纯滚动时，直线 $BB$ 就展出一螺旋形的渐开螺旋面，即为斜齿轮齿廓曲面。$\beta_b$ 称为基圆柱上的螺旋角。

由齿廓曲面的形成可知，直齿圆柱齿轮在啮合过程中，每一瞬时都是直线接触，接触线均为平行于轴线的直线（见图 15-8b），因此在啮合开始或结束的瞬时，一对轮齿突然沿整个齿宽同时开始啮合或同时脱离啮合，从而使轮齿上所受的力具有突变性，故传动的平稳性较差。

由斜齿轮齿廓曲面的形成原理可知，平行轴斜齿轮的一对轮齿在啮合过程中，除去啮合始点和啮合终点外，每一瞬时也是直线接触，但各接触线均不与轴线平行。如图 15-9b 所示，各接触线的长度是变化的，从开始啮合到脱离啮合的过程中，接触线的长度从零逐渐增到最大值，然后由最大值逐渐减小到零，所以斜齿轮上所受的力不具有突变性；由于斜齿轮的螺旋形轮齿使一对轮齿的啮合过程延长、重合度增大，因此斜齿轮较直齿圆柱齿轮传动平稳、承载能力大。但斜齿轮在传动中有轴向力 $F_a$，为了克服这一缺点，可采用人字齿轮，使两边产生的轴向力 $F_a$ 相互抵消。人字齿轮制造比较困难，精度较低，主要用于重型机械。

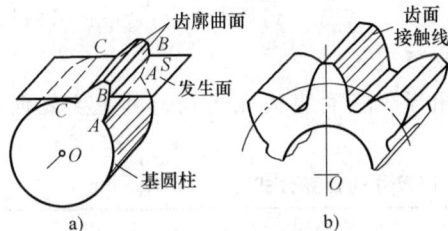

图 15-8 直齿圆柱齿轮
a）齿廓曲面的形成 b）接触线

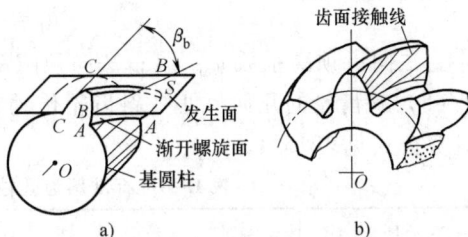

图 15-9 斜齿圆柱齿轮
a）齿廓曲面的形成 b）接触线

### 2. 斜齿轮的主要参数和几何尺寸

由于斜齿轮的齿廓曲面是渐开线螺旋面，在垂直于齿轮轴线的端面和垂直于齿轮轮廓螺旋面的法面齿形不同，所以参数就有端面和法面之分。斜齿轮的切制是顺着螺旋齿槽方向进给的，因此标准刀具的刃形参数必然与斜齿轮的法向参数相同，即法向参数为标准值。

（1）螺旋角 $\beta$ 设想将斜齿轮沿其分度圆柱面展开，如图 15-10 所示，这时分度圆柱面与轮齿相贯的螺旋线展开成一条斜直线，它与轴线的夹角为 $\beta$，称为斜齿轮分度圆柱上的螺旋角，简称斜齿轮的螺旋角。$\beta$ 常用来表示斜齿轮轮齿的倾斜程度，一般取 $\beta = 8° \sim 20°$。

斜齿轮按其轮齿的旋向可分为右旋和左旋两种，如图 15-11 所示。斜齿轮旋向的判别与螺旋相同：面对轴线，若齿轮螺旋线右高左低为右旋；反之则为左旋。

（2）模数 由于轮齿的倾斜，斜齿轮端面上的齿形（渐开线）和垂直于轮齿方向的法向齿形不同。设 $p_n$ 为法向齿距，$p_t$ 为端面齿距，则由图 15-10 可知

$$p_n = p_t \cos\beta \tag{15-8}$$

以 $m_n$ 和 $m_t$ 分别表示法向和端面模数，则 $m_n = p_n/\pi$、$m_t = P_t/\pi$，故

$$m_n = m_t \cos\beta \tag{15-9}$$

（3）压力角 以 $\alpha_n$ 和 $\alpha_t$ 分别表示法向和端面压力角，则它们之间的关系为

$$\tan\alpha_n = \tan\alpha_t \cos\beta \tag{15-10}$$

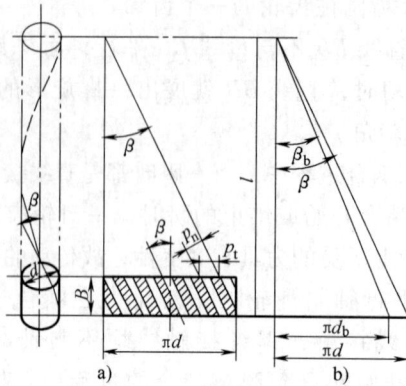

图 15-10　斜齿轮分度圆柱面展开图

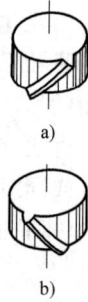

图 15-11　轮齿的旋向

a）右旋　b）左旋

（4）齿顶高系数和顶隙系数　斜齿轮的齿顶高和齿根高，不论从法面或端面来看都是相同的，因此

$$h_a = h_{an}^* m_n \tag{15-11}$$

$$h_f = (h_{an}^* + c_n^*) m_n \tag{15-12}$$

式中，法向齿顶高系数 $h_{an}^* = 1$；法向顶隙系数 $c_n^* = 0.25$。

（5）斜齿轮的几何尺寸　斜齿轮传动在端面上相当于一对直齿轮传动，其主要几何尺寸计算公式见表 15-4。

表 15-4　标准斜齿圆柱齿轮主要几何尺寸的计算公式

| 名称 | 符号 | 计 算 公 式 |
|---|---|---|
| 模数 | $m$ | 根据强度计算决定 $m_n$，并按表 15-1 选取标准值。动力传动中，$m_n \geqslant 2\text{mm}$ |
| 压力角 | $\alpha$ | 取标准值，$\alpha_n = 20°$ |
| 螺旋角 | $\beta$ | 通常取 $\beta = 8° \sim 20°$ |
| 齿顶高系数 | $h_a^*$ | 取标准值，对于正常齿，$h_{an}^* = 1$；对于短齿，$h_{an}^* = 0.8$ |
| 顶隙系数 | $c^*$ | 取标准值，对于正常齿，$c_n^* = 0.25$；对于短齿，$c_n^* = 0.3$ |
| 全齿高 | $h$ | $h = h_{an} + h_{fn} = (2h_{an}^* + c_n^*) m_n$ |
| 齿顶高 | $h_a$ | $h_a = h_{an}^* m_n = m_n$ |
| 齿根高 | $h_f$ | $h_f = (h_{an}^* + c_n^*) m_n = 1.25 m_n$ |
| 分度圆直径 | $d$ | $d = m_t z = m_n z / \cos\beta$ |
| 齿顶圆直径 | $d_a$ | $d_a = d + 2h_a = m_n (z/\cos\beta + 2)$ |
| 齿根圆直径 | $d_f$ | $d_f = d - 2h_f = m_n (z/\cos\beta - 2.5)$ |
| 中心距 | $a$ | $a = m_t (z_1 + z_2)/2 = m_n (z_1 + z_2)/2\cos\beta$ |

**例 15-1**　一对正常齿标准斜齿轮传动的 $z_1 = 33$，$z_2 = 66$，$m_n = 5\text{mm}$。若标准中心距 $a$ 为 250mm，试求螺旋角和分度圆、齿顶圆、齿根圆直径。设计时，若不改变模数和齿数，可否将中心距增大到 $a' = 255\text{mm}$？

**解**

$$\beta = \arccos \frac{m_n(z_1 + z_2)}{2a} = \arccos \frac{5 \times (33 + 66)}{2 \times 250} = 8°6'34''$$

$$d_1 = m_n z_1 / \cos\beta = 5 \times 33 / \cos 8°6'34'' \text{mm} = 166.67\text{mm}$$

$$d_2 = m_n z_2 / \cos\beta = 5 \times 66 / \cos 8°6'34'' \text{mm} = 333.33\text{mm}$$

$$d_{a1} = d_1 + 2h_{an}^* m_n = (166.67 + 2 \times 1 \times 5)\,\text{mm} = 176.67\,\text{mm}$$

$$d_{a2} = d_2 + 2h_{an}^* m_n = (333.33 + 2 \times 1 \times 5)\,\text{mm} = 343.33\,\text{mm}$$

$$d_{f1} = d_1 - (2h_{an}^* + c_n^*)m_n = [166.67 - 2 \times (1 + 0.25) \times 5]\,\text{mm} = 154.17\,\text{mm}$$

$$d_{f2} = d_2 - (2h_{an}^* + c_n^*)m_n = [333.33 - 2 \times (1 + 0.25) \times 5]\,\text{mm} = 320.83\,\text{mm}$$

欲使 $a' = 255\,\text{mm}$，应有

$$\beta = \arccos \frac{m_n(z_1 + z_2)}{2a'} = \arccos \frac{5 \times (33 + 66)}{2 \times 255} = 13°55'50''$$

此时分度圆也相应改变。由此可见，通过改变螺旋角能满足中心距要求（$\beta$ 要在 8° ~ 20°范围内）。

**3. 斜齿圆柱齿轮传动的正确啮合条件**

一对外啮合斜齿轮的正确啮合条件是：两轮的法向模数和法向压力角必须分别相等，且两轮的螺旋角必须大小相等、旋向相反（内啮合时旋向相同），即

$$\left.\begin{array}{l} m_{n1} = m_{n2} \\ \alpha_{n1} = \alpha_{n2} \\ \beta_1 = -\beta_2 \end{array}\right\} \tag{15-13}$$

式中，"－"表示旋向相反。

**4. 斜齿圆柱齿轮传动的重合度**

图 15-12 所示为斜齿圆柱齿轮传动啮合线图。由于螺旋齿面的原因，从啮合始点 $A$ 到啮合终点 $A'$ 比直齿轮传动的 $B$ 至 $B'$ 要长，$f = b\tan\beta$，$b$ 为齿宽。分析表明，斜齿圆柱齿轮传动的重合度可表达为

$$\varepsilon = \varepsilon_\alpha + \varepsilon_\beta \tag{15-14}$$

式中，$\varepsilon_\alpha$ 为端面重合度，其大小与同齿数的直齿圆柱齿轮传动相同；$\varepsilon_\beta$ 为纵向重合度，$\varepsilon_\beta = b\tan\beta/p_t$。总重合度 $\varepsilon$ 随着 $\beta$ 的增大而增加。

总重合度 $\beta$ 可用公式计算或查线图求得（详见《机械零件设计手册》）。

**5. 斜齿圆柱齿轮的当量齿数**

用成形法加工斜齿轮或进行强度计算时，必须知道斜齿轮法向齿形。如图 15-13 所示，过斜齿轮分度圆上一点 $P$ 作齿的法向剖面 $n-n$，该平面与分度圆柱面的交线为一椭圆，以椭圆在 $P$ 点的曲率半径 $\rho$ 为分度圆半径，以斜齿轮的法向模数 $m_n$ 为模数，取标准压力角 $\alpha_n$ 作一直齿圆柱齿轮，其齿形最接近于法向齿形，则称这一假想的直齿圆柱齿轮为该斜齿轮的当量齿轮，其齿数为该斜齿轮的当量齿数，用 $z_v$ 表示，故

$$z_v = \frac{z}{\cos^3 \beta} \tag{15-15}$$

式中 $z$——斜齿轮的齿数。

选择铣刀号码或进行强度计算时要用到当量齿数 $z_v$。

## 15.5.2 锥齿轮传动

**1. 锥齿轮传动的特点和应用**

锥齿轮用于轴线相交的传动，两轴交角 $\Sigma$ 可由传动要求确定，常用的轴交角 $\Sigma = 90°$，如图 15-14 所示。锥齿轮的特点是轮齿分布在圆锥面上，轮齿的齿形从大端到小端逐渐缩

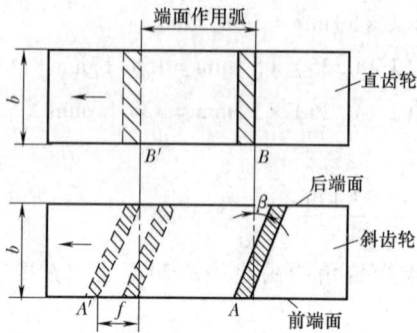

图 15-12　斜齿圆柱齿轮传动的啮合线

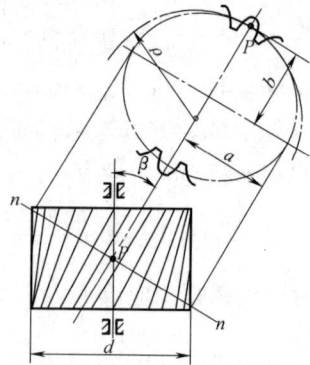

图 15-13　斜齿轮的当量圆柱齿轮

小。锥齿轮的轮齿有直齿、斜齿和曲齿三种类型，其中直齿锥齿轮应用较广。本节仅介绍常用的轴交角 $\varSigma=90°$ 的直齿锥齿轮传动。

**2. 直齿锥齿轮的基本参数及几何尺寸**

图 15-15 所示为一对标准直齿锥齿轮，其节圆锥与分度圆锥重合，轴交角 $\varSigma=\delta_1+\delta_2=90°$。

图 15-14　锥齿轮传动

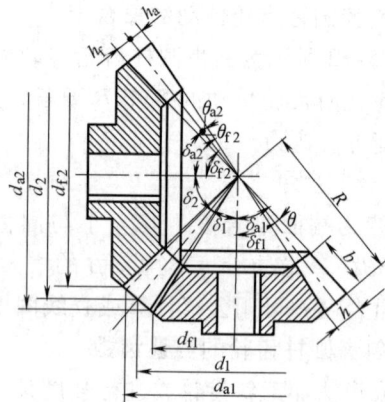

图 15-15　锥齿轮的几何尺寸

由于大端轮齿尺寸大，计算和测量时相对误差小，同时也便于确定齿轮外部尺寸，定义大端参数为标准值。模数 $m$ 由表 15-5 查取，压力角 $\alpha=20°$，齿顶高系数 $h_{an}^*=1$，顶隙系数 $c_n^*=0.2$。

表 15-5　锥齿轮标准模数（摘自 GB/T 12368—1990）

| 2 | 2.25 | 2.5 | 2.75 | 3 | 3.25 | 3.5 | 3.75 | 4 | 4.5 |
|---|---|---|---|---|---|---|---|---|---|
| 5 | 5.5 | 6 | 6.5 | 7 | 8 | 9 | 10 | 11 | 12 |

标准直齿锥齿轮的几何尺寸如图 15-15 所示，计算公式见表 15-6（$\varSigma=\delta_1+\delta_2=90°$）。

一对标准直齿锥齿轮的正确啮合条件为：两轮大端的模数和压力角分别相等，即

$$\left.\begin{array}{l} m_1=m_2=m \\ \alpha_1=\alpha_2=\alpha \end{array}\right\} \tag{15-16}$$

表 15-6 标准直齿锥齿轮的几何尺寸计算公式

| 名称 | 符号 | 小齿轮 | 大齿轮 |
|------|------|--------|--------|
| 齿数 | $z$ | $z_1$ | $z_2$ |
| 齿数比 | $i$ | \multicolumn{2}{c}{$i = z_2/z_1 = \cot\delta = \tan\delta_2$} | |
| 分度圆锥角 | $\delta$ | $\delta_1 = \arctan(z_1/z_2)$ | $\delta_2 = \arctan(z_2/z_1)$ |
| 齿顶高 | $h_a$ | \multicolumn{2}{c}{$h_a = m$} | |
| 齿根高 | $h_f$ | \multicolumn{2}{c}{$h_f = 1.2m$} | |
| 分度圆直径 | $d$ | $d_1 = z_1 m$ | $d_2 = z_2 m$ |
| 齿顶圆直径 | $d_a$ | $d_{a1} = d_1 + 2h_a\cos\delta_1 = m(z_1 + 2\cos\delta_1)$ | $d_{a2} = d_2 + 2h_a\cos\delta_2 = m(z_2 + 2\cos\delta_2)$ |
| 齿根圆直径 | $d_f$ | $d_{f1} = d_1 - 2h_f\cos\delta_1 = m(z_1 - 2.4\cos\delta_1)$ | $d_{f2} = d_2 - 2h_f\cos\delta_2 = m(z_2 - 2.4\cos\delta_2)$ |
| 锥距 | $R$ | \multicolumn{2}{c}{$R = \dfrac{1}{2}\sqrt{d_1^2 + d_2^2} = \dfrac{d_1}{2}\sqrt{i^2+1} = \dfrac{m}{2}\sqrt{z_1^2 + z_2^2}$} | |
| 齿顶角 | $\theta_a$ | \multicolumn{2}{c}{正常收缩齿 $\theta_a = \arctan(h_a/R)$} | |
| 齿根角 | $\theta_f$ | \multicolumn{2}{c}{$\theta_f = \arctan(h_f/R)$} | |
| 齿顶圆锥面圆锥角 | $\delta_a$ | $\delta_{a1} = \delta_1 + \theta_a$ | $\delta_{a2} = \delta_2 + \theta_a$ |
| 齿根圆锥面圆锥角 | $\delta_f$ | $\delta_{f1} = \delta_1 - \theta_f$ | $\delta_{f2} = \delta_2 - \theta_f$ |
| 齿宽 | $b$ | \multicolumn{2}{c}{$b = \psi_R R$,齿宽系数 $\psi_R = b/R$,一般 $\psi_R = \dfrac{1}{4} \sim \dfrac{1}{3}$; $b \leqslant 10m$} | |

### 3. 直齿锥齿轮的当量齿数

直齿锥齿轮的齿廓曲线为空间球面渐开线。由于球面无法展开为平面,这给设计计算及制造带来不便,故采用近似方法来解决。

图 15-16 所示为锥齿轮的轴向剖视图,大端球面齿廓与轴向剖面的交线为圆弧 $acb$,过 $c$ 点作切线与轴线交于 $O'$,以 $O'O$ 为母线,绕轴线旋转所得的与球面齿廓相切的圆锥体,称为背锥。投影在背锥面上的齿形可近似代替大端球面上的齿形。将背锥展开,形成一个平面扇形齿轮。若将此扇形齿轮补足为完整的齿轮,则所得的平面齿轮称为直齿锥齿轮的当量齿轮。当量齿轮分度圆直径用 $d_v$ 表示,其模数为大端模数,压力角为标准值,所得齿数 $z_v$ 称为当量齿数。

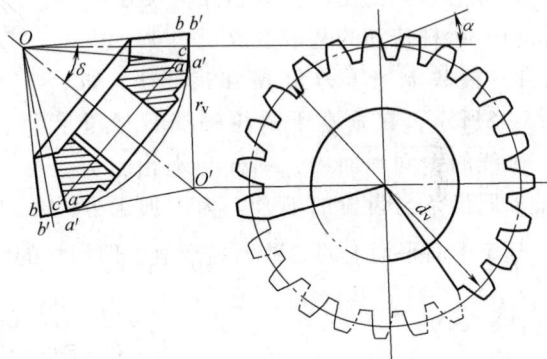

图 15-16 背锥与当量齿轮

当量齿数 $z_v$ 与实际齿数 $z$ 的关系为

$$z_v = \frac{z}{\cos\delta} \tag{15-17}$$

式中 $\delta$——分度圆锥角。

用成形法铣制锥齿轮时,铣刀号码应按当量齿数 $z_v$ 选取。

## 15.5.3 蜗杆传动

### 1. 蜗杆传动的特点和应用

蜗杆传动由蜗杆和蜗轮组成,常用于传递空间两垂直交错轴间的运动和动力,如图

15-17所示。通常蜗杆为主动件，蜗轮为从动件。

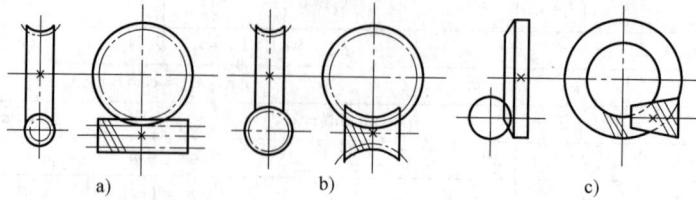

图 15-17　蜗杆传动类型

a）圆柱蜗杆传动　b）环面蜗杆传动　c）锥面蜗杆传动

　　根据外形不同，蜗杆分为圆柱蜗杆（见图 15-17a）、环面蜗杆（见图 15-17b）和锥面蜗杆（见图 15-17c）三类。圆柱蜗杆制造简单，应用广泛，本节仅介绍圆柱蜗杆。

　　圆柱蜗杆按其齿廓形状不同，可分为阿基米德（ZA）蜗杆（又称普通蜗杆）、渐开线（ZI）蜗杆和延伸渐开线（ZN）蜗杆。本节仅介绍常用的阿基米德蜗杆。

　　按螺旋方向不同，蜗杆可分为右旋和左旋，一般多用右旋。蜗杆的常用头数 $z_1 = 1 \sim 6$。

　　蜗杆传动具有传动比大、结构紧凑、传动平稳、噪声小、可以自锁等优点。但因齿面间存在较大的滑动速度，因此摩擦损耗大，传动效率低，一般为 $0.7 \sim 0.9$。自锁时，效率仅为 0.4 左右，故蜗杆传动只适用于功率不太大的场合。

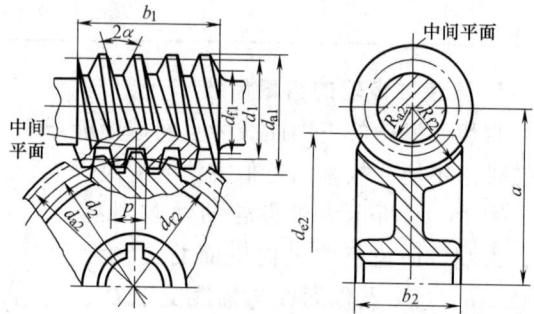

图 15-18　蜗杆传动的几何尺寸

**2. 蜗杆传动的基本参数和几何尺寸**

（1）蜗杆传动的基本参数

1）模数 $m$、压力角 $\alpha$ 和齿距 $p$。如图 15-18所示，在垂直于蜗轮轴线且通过蜗杆轴线的中间平面内，蜗杆与蜗轮的啮合就如同齿条与齿轮的啮合。为了加工方便，规定中间平面上的参数为标准值，即蜗杆的轴向参数与蜗轮的端面参数分别相等，即

$$\left.\begin{array}{r} p_{a1} = p_{t2} \\ m_{a1} = m_{t2} = m \\ \alpha_{a1} = \alpha_{t2} = \alpha \end{array}\right\} \qquad (15\text{-}18)$$

蜗杆的标准模数系列参见表 15-7。

表 15-7　普通蜗杆传动的 $m$ 与 $d_1$ 的匹配（摘自 GB/T 10085—1988）

| $m/\text{mm}$ | 1 | 1.25 | | 1.6 | | 2 | | | | 2.5 | | | | 3.15 | | | |
|---|---|---|---|---|---|---|---|---|---|---|---|---|---|---|---|---|---|
| $d_1/\text{mm}$ | 18 | 20 | 22.4 | 25 | 28 | (18) | 22.4 | (28) | 35.5 | (22.4) | 28 | (35.5) | 45 | 28 | 35.5 | (45) | 56 |
| $m^2 d_1/\text{mm}^3$ | 18 | 31.3 | 35 | 51.2 | 71.7 | 72 | 89.6 | 112 | 142 | 140 | 175 | 222 | 281 | 278 | 352 | 447 | 556 |

| $m/\text{mm}$ | 4 | | | | 5 | | | | 6.3 | | | | 8 | | | 10 | |
|---|---|---|---|---|---|---|---|---|---|---|---|---|---|---|---|---|---|
| $d_1/\text{mm}$ | (31.5) | 40 | (50) | 71 | (40) | 50 | (63) | 90 | (50) | 63 | (80) | 112 | (63) | 80 | (100) | 140 | (71) | 90 |
| $m^2 d_1/\text{mm}^3$ | 504 | 640 | 800 | 1136 | 1000 | 1250 | 1575 | 2250 | 1985 | 2500 | 3175 | 4445 | 4032 | 5376 | 6400 | 8960 | 7100 | 9000 |

| $m/\text{mm}$ | 10 | | 12.5 | | 16 | | | | 20 | | | | 25 | | | |
|---|---|---|---|---|---|---|---|---|---|---|---|---|---|---|---|---|
| $d_1/\text{mm}$ | (112) | 160 | (90) | 112 | (140) | 200 | (112) | 140 | (180) | 250 | (140) | 160 | (224) | 315 | (180) | 200 | (280) | 400 |
| $m^2 d_1/\text{mm}^3$ | 11200 | 16000 | 14062 | 17500 | 21875 | 31250 | 28672 | 35940 | 46080 | 6400 | 56000 | 64000 | 89600 | 126000 | 112500 | 125000 | 175000 | 250000 |

注：括号中的数字尽可能不采用。

2）蜗杆分度圆直径 $d_1$。由于蜗轮是用相当于蜗杆的滚刀来加工的，为限制蜗轮滚刀的数量，将蜗杆分度圆直径规定为标准值，其值与模数 $m$ 匹配，见表 15-7。

分度圆直径 $d_1$ 与模数的比值，称为蜗杆直径系数，用 $q$ 表示

$$q = \frac{d_1}{m} \qquad\qquad (15\text{-}19)$$

虽然直径系数 $q$ 为导出值，但因它可方便表征蜗杆的刚性，因此在设计中常常用到。

3）蜗杆分度圆柱导程角 $\gamma$，将蜗杆分度圆柱展开如图 15-19 所示，蜗杆分度圆上的导程角 $\gamma$，由图可得

$$\tan\gamma = \frac{z_1 p_{a1}}{\pi d_1} = \frac{z_1 \pi m_{a1}}{\pi d_1} = \frac{z_1 m}{d_1} = \frac{z_1}{q}$$

$$(15\text{-}20)$$

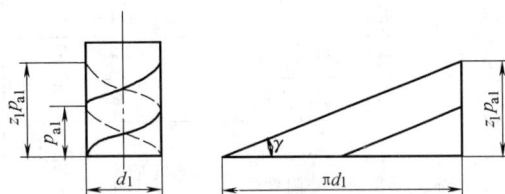

图 15-19　蜗杆分度圆上螺旋的导程角 $\gamma$

如果欲提高传动的效率，$\gamma$ 可取较大值；如果传动要求自锁，则应使 $\gamma < 3°30'$。

4）中心距 $a$。对于普通圆柱蜗杆传动，其中心距尾数应取为 0 或 5mm；标准蜗杆减速器的中心距应取标准值见表 15-8。

表 15-8　蜗杆减速器的标准中心距（摘自 GB/T 10085—1988）　　（单位：mm）

| 40 | 50 | 63 | 80 | 100 | 125 | 160 | (180) | 200 |
|---|---|---|---|---|---|---|---|---|
| (225) | 250 | (280) | 315 | (335) | 400 | (450) | 500 | |

5）蜗杆头数 $z_1$ 和蜗轮齿数 $z_2$。蜗杆头数 $z_1$ 的选择与传动比、传动效率、制造的难易程度等有关。对于传动比大或要求自锁的蜗杆传动，常取 $z_1 = 1$；为了提高传动效率，$z_1$ 可取较大值，但加工难度增加，故常取 $z_1$ 为 1、2、4、6。蜗轮齿数 $z_2$ 常在 27~80 范围内选取。$z_2 < 27$ 的蜗轮加工时会产生根切，$z_2 > 80$，会使蜗轮尺寸过大及蜗杆轴的刚度下降。$z_1$、$z_2$ 的推荐值见表 15-9。

表 15-9　各种传动比时推荐的 $z_1$、$z_2$ 值

| $i$ | 5~6 | 7~8 | 9~13 | 14~24 | 25~27 | 28~40 | >40 |
|---|---|---|---|---|---|---|---|
| $z_1$ | 6 | 4 | 3~4 | 2~3 | 2~3 | 1~2 | 1 |
| $z_2$ | 29~36 | 28~32 | 27~52 | 28~72 | 50~81 | 28~80 | >40 |

（2）普通圆柱蜗杆传动的几何尺寸　普通圆柱蜗杆传动的主要几何尺寸的计算公式见表 15-10。

表 15-10　普通蜗杆传动几何尺寸的计算公式

| | 名　称 | 符　号 | 计　算　公　式 |
|---|---|---|---|
| 基本参数 | 齿数 | $z$ | $z_1$ 按表 15-9 确定，$z_2 = i z_1$ |
| | 模数 | $m$ | $m_{a1} = m_{t2} = m$，$m$ 按表 15-7 取标准值 |
| | 压力角 | $\alpha$ | $\alpha_{a1} = \alpha_{t2} = \alpha = 20°$ |
| | 齿顶高系数 | $h_a^*$ | 标准值 $h_a^* = 1$ |
| | 顶隙系数 | $c^*$ | 标准值 $c^* = 0.2$ |

（续）

| 名　称 | 符　号 | 计 算 公 式 |
|---|---|---|
| 分度圆直径 | $d$ | $d_1$ 按表 15-7 取标准值；$d_2 = mz_2$ |
| 齿顶高 | $h_a$ | $h_{a1} = h_{a2} = h_a^* m = m$ |
| 齿根高 | $h_f$ | $h_{f1} = h_{f2} = (h_a^* + c^*) m = 1.2m$ |
| 蜗杆齿顶圆直径 | $d_{a1}$ | $d_{a1} = d_1 + 2h_{a1} = d_1 + 2m$ |
| 蜗轮齿顶圆直径 | $d_{a2}$ | $d_{a2} = d_2 + 2h_{a2} = d_2 - 2m$ |
| 蜗杆齿根圆直径 | $d_{f1}$ | $d_{f1} = d_1 - 2h_{f1} = d_1 - 2.4m$ |
| 蜗轮齿根圆直径 | $d_{f2}$ | $d_{f2} = d_2 - 2h_{f2} = d_2 - 2.4m$ |
| 蜗轮最大外圆直径 | $d_{e2}$ | $z_1 = 1$ 时，$d_{e2} \leqslant d_{a2} + 2m$<br>$z_1 = 2$、$3$ 时，$d_{e2} \leqslant d_{a2} + 1.5m$<br>$z_1 = 4 \sim 6$ 时，$d_{e2} \leqslant d_{a2} + m$ 或按结构定 |
| 蜗轮齿顶圆弧半径 | $R_{a2}$ | $R_{a2} = (d_1/2) - m$ |
| 蜗轮齿根圆弧半径 | $R_{f2}$ | $R_{f2} = d_{a1}/2 + 0.2m$ |
| 中心距 | $a$ | $a = (d_1 + d_2)/2$ |
| 蜗轮宽度 | $b_2$ | 当 $z_1 \leqslant 3$ 时，$b_2 \leqslant 0.75d_{a1}$<br>当 $z_1 = 4 \sim 6$ 时，$b_2 \leqslant 0.67d_{a1}$ |
| 蜗杆宽度 | $b_1$ | 当 $z_1 = 1 \sim 2$ 时，$b_1 \geqslant (11 + 0.06z_2) m$<br>当 $z_1 = 3 \sim 4$ 时，$b_1 \geqslant (12.5 + 0.09z_2) m$<br>当磨削蜗杆时 $b_1$ 的增大量为：$m < 10mm$ 时，增大 $15 \sim 25mm$；$m = 10 \sim 14mm$ 时，增大 $35mm$；更大的模数可查有关手册 |

（表格最左侧一列合并单元格：几何尺寸）

# 15.6　圆柱齿轮传动的精度及齿轮材料

## 15.6.1　圆柱齿轮传动的精度

根据齿轮传动的使用要求，对齿轮制造精度提出以下四方面的要求。

**1. 传递运动的准确性**

要求齿轮在一转内最大转角误差不超过允许的限度。其相应公差定为第Ⅰ组。

**2. 传动的平稳性**

要求齿轮在一转内瞬时传动比变化不能过大，以免引起冲击，产生噪声和振动。

**3. 载荷分布的均匀性**

要求齿轮在啮合时齿面接触良好，以免引起载荷集中，造成齿面局部磨损，影响齿轮寿命。

**4. 齿侧间隙要求**

在齿轮传动中，为了防止由于齿轮的制造误差和热变形而使轮齿卡住，且齿廓间能存留润滑油，要求有一定的齿侧间隙。对于在高速、高温、重载条件下工作的闭式或开式齿轮传动，应取较大的齿侧间隙；对于一般条件下工作的闭式齿轮传动，可取中等齿侧间隙；对于经常正、反转且转速不高的齿轮传动，应取较小的齿侧间隙。

由于齿轮传动应用场合不同，对上述四方面的要求有主次之分。例如，对仪表及机床分度机构中的齿轮传动，主要要求传递运动的准确性；对于汽车、机床变速箱中的齿轮传动，主要要求传动的平稳性；而对于轧钢机、起重机中的低速、重载齿轮传动，则要求齿面载荷分布的均匀性。

渐开线圆柱齿轮的精度等级按国标 GB/T 10095.1—2008 规定分为 13 级。0 级精度最高，12 级精度最低。

齿轮精度的选择应根据传动的用途、工作条件、传递功率的大小、圆周速度的高低、经济性、其他技术要求等决定。常用的精度等级为 6 ~ 9 级，具体选择时可参考表 15-11。

表 15-11　齿轮精度等级的选择

| 精度等级 | 圆周速度/（m/s） | | 应用范围 |
| --- | --- | --- | --- |
| | 直齿 | 斜齿 | |
| 6 | ≤15 | ≤30 | 航空与汽车中的高速齿轮、一般分度机构用的齿轮 |
| 7 | ≤10 | ≤15 | 一般机械制造中重要的齿轮、标准系列减速器中的齿轮 |
| 8 | ≤6 | ≤10 | 广泛应用于一般机器中次要的传动齿轮，如航空和汽车拖拉机中不重要的传动齿轮、起重机构的齿轮、农业机械中的重要齿轮 |
| 9 | ≤2 | ≤4 | 重载、低速传动齿轮 |

## 15.6.2　齿轮常用材料及其热处理

常用的齿轮材料是优质碳素钢和合金结构钢，其次是铸钢和铸铁。除尺寸较小、普通用途的齿轮采用圆轧钢外，大多数齿轮都采用锻钢制造；对形状复杂、直径较大（$d \geqslant$ 500mm）和不易锻造的齿轮，可采用铸钢；传递功率不大、低速、无冲击及开式齿轮传动中的齿轮，可选用灰铸铁。

有色金属仅用于制造有特殊要求（如耐蚀、防磁性等）的齿轮。

对高速、轻载及精度要求不高的齿轮，为减小噪声，也可采用非金属材料（如塑料、尼龙、夹布胶木等）做成小齿轮，大齿轮仍用钢或铸铁制造。

对于软齿面（硬度小于 350HBW）齿轮，可以在热处理后切齿，其制造容易、成本较低，常用于对传动尺寸无严格限制的一般传动。常用的齿轮材料有 35、45、35SiMn、40Cr 等，其热处理方法为调质或正火处理，切齿后的精度一般为 8 级，精切时可达 7 级。为了便于切齿和防止刀具切削刃不致迅速磨损变钝，调质处理后的硬度一般不超过 280 ~ 300HBW。

由于小齿轮齿根强度较弱，转速较高，其齿面接触承载次数较多，故当两齿轮材料及热处理相同时，小齿轮的损坏概率高于大齿轮。在传动中，为使大、小齿轮的寿命接近，常使小齿轮齿面硬度比大齿轮高出 30 ~ 50HBW，传动比大时，其硬度差还可更大些。

硬齿面（硬度大于 350HBW）齿轮通常是在调质后切齿，然后进行表面硬化处理。有的齿轮在硬化处理后还要进行精加工（如磨齿、珩齿等），故调质后的切齿应留有适当的加工余量。硬齿面主要用于高速、重载或要求尺寸紧凑等重要传动中。表面硬化处理常采用表面淬火（一般用于中碳钢或中碳合金钢）、渗碳淬火（常用于低碳合金钢）、渗氮处理（用于含铬、钼、铝等合金元素的渗氮钢）等。

常用的齿轮材料及其应用范围见表 15-12。

### 表 15-12　常用齿轮材料及其力学性能

| 材料 | 牌号 | 热处理 | 力学性能 | | | | 极限循环次数/次 | 应用范围 |
|---|---|---|---|---|---|---|---|---|
| | | | 硬度 | $R_m$/MPa | $R_e$/MPa | $\sigma_{-1}$/MPa | | |
| 优质碳素钢 | 35 | 正火<br>调质 | 150～180HBW<br>190～230HBW | 500<br>650 | 320<br>350 | 240<br>270 | $10^7$ | 一般传动 |
| | 45 | 正火<br>调质 | 170～200HBW<br>220～250HBW | 610～700<br>750～900 | 360<br>450 | 260～300<br>320～360 | | |
| | | 整体淬火 | 40～45HRC | 1000 | 750 | 430～450 | $(3～4)\times10^7$ | 体积小的闭式齿轮传动、重载、无冲击 |
| | | 表面淬火 | 45～50HRC | 750 | 450 | 320～360 | $(6～8)\times10^7$ | 体积小的闭式齿轮传动、重载、有冲击 |
| 合金钢 | 35SiMn | 调质 | 200～260HBW | 750 | 500 | 380 | $10^7$ | 一般传动 |
| | 40Cr<br>42SiMn<br>40MnB | 调质 | 250～280HBW | 900～1000 | 800 | 450～500 | | |
| | | 整体淬火 | 45～50HRC | 1400～1600 | 1000～1100 | 550～650 | $(4～6)\times10^7$ | 体积小的闭式齿轮传动、重载、无冲击 |
| | | 表面淬火 | 50～55HRC | 1000 | 850 | 500 | $(6～8)\times10^7$ | 体积小的闭式齿轮传动、重载、有冲击 |
| | 20Cr<br>20SiMn<br>20MnB | 渗碳淬火 | 56～62HRC | 800 | 650 | 420 | $(9～15)\times10^7$ | 冲击载荷 |
| | 20CrMnTi<br>20MnVB | 渗碳淬火 | 56～62HRC | 1100 | 850 | 525 | | 高速、中载、大冲击 |
| | 12CrNi3 | 渗碳淬火 | 56～62HRC | 950 | | 500～550 | | |
| 铸钢 | ZG270-500<br>ZG310-570<br>ZG340-640 | 正火<br>正火<br>正火 | 140～176HBW<br>160～210HBW<br>180～210HBW | 500<br>550<br>600 | 300<br>320<br>350 | 230<br>240<br>260 | $10^7$ | $v<6～7m/s$ 的一般传动 |
| 铸铁 | HT200<br>HT300 | | 170～230HBW<br>190～250HBW | 200<br>300 | | 100～120<br>130～150 | | $v<3m/s$ 的不重要传动 |
| | QT400-15<br>QT600-3 | 正火<br>正火 | 156～200HBW<br>200～270HBW | 400<br>600 | 300<br>420 | 200～220<br>240～260 | | $v<4～5m/s$ 的一般传动 |
| 夹布胶木 | | | 30～40HBW | 85～100 | | | | 高速、轻载 |
| 塑料 | MC尼龙 | | 20HBW | 90 | 60 | | | 中低速、轻载 |

## 15.7　齿轮传动的安装与维护

### 15.7.1　齿轮传动的安装

为了保证齿轮传动的正常工作，首先必须正确安装齿轮。在安装齿轮时，要保证两轴线的平行度和中心距正确，并保证规定的齿侧间隙，安装和运行时应注意以下几个方面。

**1. 安装与磨合**

齿轮、轴承、键等零件安装在轴上，注意固定和定位都应符合技术要求。使用一对新齿轮，先做磨合运转，即在空载及逐步加载的方式下，运转十几小时至几十小时，然后清洗箱体，更换新油，才能使用。

**2. 检查齿面接触情况**

采用涂色法检查，若色迹处于齿宽中部，且接触面积较大，如图 15-20a 所示，说明装配良好。若接触面枳过小或接触部位不合理，如图 15-20b、c、d 所示，都会使载荷分布不均。通常可通过调整轴承座位置、修理齿面等方法解决。

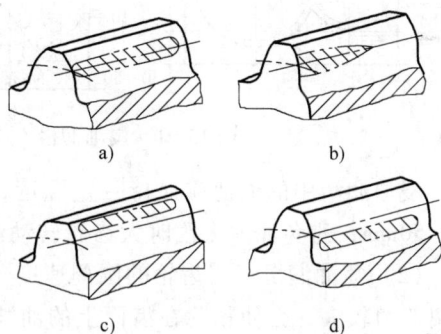

图 15-20　圆柱齿轮齿面接触斑点
a）正确安装　b）轴线偏斜　c）中心距偏大　d）中心距偏小

**3. 监控运转状态**

通过看、摸、听，监视有无超常温度、异常响声、振动等不正常现象。发现异常现象，应及时检查加以解决，禁止其"带病工作"。对高速、重载或重要场合的齿轮传动，可采用自动监测装置，对齿轮运行状态的信息搜集处理、故障诊断、报警等，实现自动控制，确保齿轮传动的安全、可靠。

**4. 装防护罩**

对于开式齿轮传动，应装防护罩，防止灰尘、切屑等杂物侵入齿面，加速齿面磨损，同时保护人身安全。

### 15.7.2　齿轮传动的维护与润滑

**1. 齿轮传动的维护**

1）使用齿轮传动时，在起动、加载、卸载及换挡的过程中应力求平稳，避免产生冲击载荷，以防引起断齿等故障。

2）经常检查润滑系统的状况，如润滑油量、供油状况、润滑油质量等，按照使用规则定期更换或补充规定牌号的润滑油。

3）注意监视齿轮传动的工作状况，如有无不正常的声音或箱体过热现象。润滑不良和装配不符合要求是齿轮失效的重要原因，声响监测和定期检查是发现齿轮损伤的主要方法。

**2. 齿轮传动的润滑**

齿轮传动正确安装后，其使用寿命的长短，将取决于日常的维护工作。在日常维护工作中，保证良好的润滑条件，是一项非常重要的工作，齿轮传动往往因润滑不充分或润滑油选得不合适，以及润滑油不清洁等因素，而造成齿轮提前损坏。

开式传动的润滑方法较简单，一般是人工将润滑脂或粘度大的润滑油定期刷在轮齿上即可。对于重要的低速开式传动（$v < 1.5\text{m/s}$），若条件允许，可采用油槽润滑，即将一个齿轮的一部分浸入特制的油槽中而得到润滑。

闭式齿轮传动（如减速器），一般常用以下两种润滑方法：

（1）浸油润滑　当齿轮的圆周速度 $v \leqslant 12\text{m/s}$ 时，通常将大齿轮浸入油池中进行润滑，如图 15-22 所示，圆柱齿轮浸入油的深度约为一个齿高，但不应小于 10mm，浸入深则增大齿轮运动阻力并使油温升高。锥齿轮要将整个齿宽浸入油中。对多级齿轮传动，应尽量使各级传动的浸油深度大致相等，如果低速级及高速级齿轮半径相差很大时，可在高速级大齿轮下边装上带油轮，如图 15-21 所示。

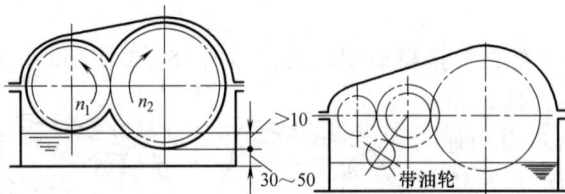

图 15-21　浸油润滑　　　　　　　　　　图 15-22　喷油润滑

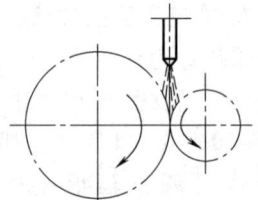

浸油润滑中的油池应保持一定深度，一般大齿轮的齿顶圆到油池底面的距离不应小于 30～50mm，避免油池太浅时大齿轮转动激起沉积在箱底的油泥，以加剧齿面磨损。

（2）喷油润滑　当齿轮的圆周速度 $v > 12\text{m/s}$ 时，由于圆周速度大，齿轮搅油剧烈，且因离心力较大，会使粘附在齿面上的油被甩掉，因而不宜采用浸油润滑，应采用喷油润滑。即用油泵将具有 0.2～0.25MPa 压力的油经喷油嘴喷到啮合的齿面上，如图 15-22 所示。

闭式齿轮传动一般常采用 N68～N320 号中负荷工业齿轮油。

## 复习思考题

15-1　广泛采用渐开线齿轮是因为只有渐开线齿轮才能保持传动比恒定。（　　）

15-2　对于标准渐开线圆柱齿轮，其分度圆上的齿厚等于齿槽宽。（　　）

15-3　只要齿数、模数和压力角均相等，渐开线直齿圆柱齿轮的基圆直径就一定相同。（　　）

15-4　对于两个压力角相同的渐开线标准直齿圆柱齿轮，若它们的分度圆直径相等，则这两个齿轮就能正确啮合。（　　）

15-5　对于标准直齿圆柱齿轮，只要采用标准中心距安装，齿数大于 12，就能保证连续传动。（　　）

15-6　斜齿轮有两种参数，一般加工时以端面参数作为标准值。（　　）

15-7　锥齿轮只能用来传递两正交轴（$\Sigma = 90°$）之间的运动和动力。（　　）

15-8　为计算和测量方便，锥齿轮以大端参数为标准值。（　　）

15-9　蜗杆传动一般适用于传递大功率、大速比的场合。（　　）

15-10　蜗杆传动中，蜗杆的头数 $z_1$ 越少，其传动效率越低。（　　）

15-11　用一对齿轮来传递两平行轴之间的运动时，若要求两轴转向相同，应采用（　　）传动。

A. 外啮合　　　　　　　B. 内啮合　　　　　　　C. 齿轮与齿条

15-12　机器中的齿轮采用最广泛的齿廓曲线是（　　）。

A. 圆弧　　　　　　　　　B. 直线　　　　　　　　　C. 渐开线

15-13　对于一个正常齿制的渐开线标准直齿圆柱齿轮，若齿数 $z = 19$，如测得该齿轮齿根圆直径 $d_f = 82.3$mm，则该齿轮的模数 $m$ 是（　　）。

A. $m = 4$mm　　　　　　B. $m = 4.98$mm　　　　C. $m = 5$mm

15-14　齿轮传动的重合度 $\varepsilon$ 为（　　）时，才能保证齿轮机构的连续传动。

A. $\varepsilon \leq 0$　　　　　　　B. $0 < \varepsilon < 1$　　　　　　C. $\varepsilon \geq 1$

15-15　一对齿轮传动，为改善齿轮啮合特性和受力状况，提高承载能力，要求中心距不变，最适宜选用（　　）传动。

A. 标准齿轮　　　　　　B. 高变位齿轮　　　　　C. 角变位齿轮

15-16　斜齿圆柱齿轮的模数、压力角、齿顶高系数和顶隙系数在（　　）上的值为标准值。

A. 法面　　　　　　　　B. 端面　　　　　　　　C. 轴面

15-17　渐开线斜齿圆柱齿轮的法面参数与端面参数之间正确的关系式是（　　）。

A. $m_t = m_n \cos\beta$　　　　B. $m_n = m_t \cos\beta$　　　　C. $m_n = m_t \tan\beta$

15-18　某斜齿圆柱齿轮的法向参数 $m_n = 5$mm，齿数 $z = 40$，压力角 $\alpha_n = 20°$，螺旋角 $\beta = 10°24'$，正常齿制，该齿轮的分度圆半径 $r$ 为（　　）。

A. 100mm　　　　　　　B. 98.63mm　　　　　　C. 101.67mm

15-19　直齿锥齿轮规定（　　）的模数为标准值。

A. 大端　　　　　　　　B. 小端　　　　　　　　C. 齿宽中点处

15-20　蜗杆传动的基本参数（　　）为标准值。

A. 蜗杆轴面　　　　　　B. 蜗轮轴面　　　　　　C. 中间平面

15-21　某国产机床的传动系统，需要更换一个损坏的齿轮。测得其齿数 $z = 24$，齿顶圆直径 $d_a = 77.95$mm，已知该齿轮为正常齿制，试求齿轮的模数和主要尺寸。

# 第16章 连　　接

【本章学习要点】

主要内容：螺纹连接、键连接、花键连接、销连接及其他连接形式。

学习目的与要求：了解螺纹连接的类型、预紧和防松、螺栓连接的结构设计；了解键连接、花键连接、销连接的类型和应用场合。

学习重点：螺纹连接的类型、预紧和防松、螺栓连接的结构设计。键连接的类型、工作原理与应用场合。

通常，连接分为可拆连接和不可拆连接两类。可拆连接是不损坏连接中任一零件就可拆开的连接，故多次装拆不影响其使用性能，常用的有螺纹、键、花键、销、成形等连接。不可拆连接是拆开连接时至少要损坏连接中某一部分才能拆开的连接，常见的有焊接、铆接、粘接等。

此外，过盈配合也是常用的连接手段，它介于不可拆连接和可拆连接之间。很多情况下，过盈配合都是不可拆的，因拆开这种连接将会引起表面损坏和配合松动；但在过盈量不大的情况下，如对于滚动轴承内圈与轴的连接，虽多次装拆轴承对连接损伤也不大，又可视为可拆连接。

设计中选用何种连接，主要取决于使用要求和经济要求。一般而言，采用可拆连接是由于结构、安装、维修和运输上的需要；而采用不可拆连接，多数是由于工艺和经济上的要求。

## 16.1　螺纹连接

螺纹连接是利用螺纹零件构成的可拆连接，应用十分广泛。螺纹连接采用自锁性好的三角形螺纹。

连接螺纹可分为普通螺纹、英制螺纹、管螺纹、锥螺纹等。普通螺纹又有粗牙和细牙两种。公称尺寸相同时，细牙螺纹的螺距小、升角小、自锁性好，其螺杆强度较高，适用于受冲击、振动和变载荷的连接及薄壁零件的连接。但细牙螺纹比粗牙螺纹的耐磨性差，经常装拆时容易滑牙，故粗牙螺纹在生产实践中应用更为广泛。

### 16.1.1　螺纹连接的主要类型

#### 1. 螺栓连接

图 16-1a、b 所示为螺纹连接。其特点是使用时不受被连接件材质的限制，结构简单，装拆方便，成本低，通常在被连接件不太厚又需经常拆装的场合使用。根据连接要求的不同，其连接形式有两种：一种是被连接件上的通孔和螺栓杆间留有间隙的普通螺栓连接，如

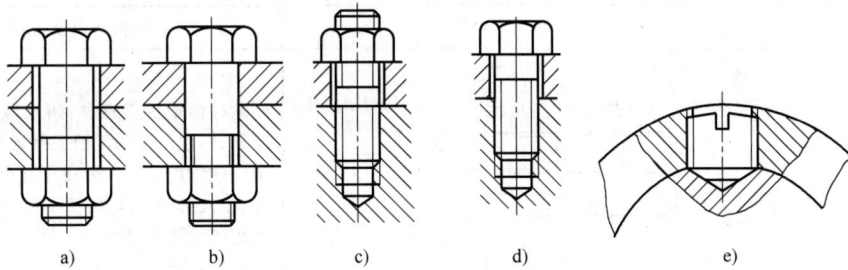

图 16-1　螺纹连接

a）普通螺纹连接　b）铰制孔用螺栓　c）双头螺柱连接　d）螺钉连接　e）紧定螺钉连接

图 16-1a 所示；另一种是螺杆与孔是基孔制过渡配合的铰制孔用螺栓连接如图 16-1b 所示。其中，普通螺栓连接中孔的加工精度低，而铰制孔用螺栓连接中的孔需铰制，加工精度要求较高。

**2. 双头螺柱连接**

图 16-1c 所示为双头螺柱连接。其特点是被连接件之一制有与螺柱相配合的螺纹，另一被连接件则为通孔。这种连接适用于被连接件之一太厚而不便于加工通孔并需经常拆装的场合。

**3. 螺钉连接**

图 16-1d 所示为螺钉连接。其特点是不用螺母，螺钉直接拧入被连接件的螺孔中。这种连接的适用场合与双头螺柱连接相似，但多用于受力不大，不需经常拆装的场合。

**4. 紧定螺钉连接**

图 16-1e 所示为紧定螺钉连接。其特点是螺钉旋入被连接件之一的螺纹孔中，末端顶住另一被连接件的表面或顶入相应的坑中，以固定两个零件的相对位置。这种连接适用于固定两零件的相对位置，并可传递不大的力和转矩。

## 16.1.2　常用螺纹连接件

在机械制造中常见的螺纹连接件有螺栓、双头螺柱、螺钉、紧定螺钉、螺母、垫圈等。这些零件的结构和尺寸都已标准化，设计时可根据标准选用。螺纹连接件的结构特点和使用情况参见表 16-1。

表 16-1　螺纹连接件的结构特点和使用情况

| 类型 | 图　例 | 结构特点及应用 |
|---|---|---|
| 六角头螺栓 |  | 种类很多,应用最广,分为 A、B、C 三级,通用机械制造中多用 C 级。螺栓杆部可制出一段螺纹或全螺纹,螺纹可用粗牙或细牙(A、B 级)<br>标记示例:<br>螺栓　GB/T 5782—2000　M12×80<br>(螺纹规格 $d$ = 12mm、公称长度 $l$ = 80mm、A 级六角头螺栓) |

（续）

| 类型 | 图　例 | 结构特点及应用 |
|---|---|---|
| 双头螺柱 | | 　螺柱两端都有螺纹,两端螺纹可相同或不同,螺柱可带退刀槽或制成全螺纹,螺柱的一端常用于旋入铸铁或有色金属的螺孔中,旋入后即不拆卸;另一端则用于安装螺母以固定其他零件<br>　标记示例:<br>　螺柱　GB/T 899—1988　M10×50<br>　（两端均为粗牙螺纹,$d=10$mm,$l=50$mm,$b_m=1.5d$ 的 B 型双头螺柱） |
| 螺钉 | <br>十字槽盘头　　　六角头<br>内六角圆柱头　一字开槽沉头　一字开槽盘头 | 　螺钉头部形状有六角头、圆柱头、圆头、沉头等,头部旋具(起子)槽有一字槽、十字槽、内六角孔等形式。十字槽螺钉头部强度高,对中性好,易于实现自动化装配;内六角孔螺钉能承受较大的扳手力矩,连接强度高,可代替六角头螺栓,用于要求结构紧凑的场合<br>　标记示例:<br>　螺钉　GB/T 70.1—2008　M5×20<br>　（螺纹规格 $d=5$mm、公称长度 $l=20$mm 的内六角圆柱头螺钉） |
| 紧定螺钉 | | 　紧定螺钉的末端形状,常用的有锥端、平端和圆柱端。锥端适用于被顶紧零件的表面硬度较低或不经常拆卸的场合;平端接触面积大,不伤零件表面,常用于顶紧硬度较大的平面或经常拆卸的场合;圆柱端压入轴上的凹坑中,适用于紧定空心轴上的零件位置<br>　标记示例:<br>　螺钉　GB/T 71—1985　M5×20<br>　（螺纹规格 $d=5$mm、公称长度 $l=20$mm 的开槽锥端紧定螺钉） |
| 六角螺母 | | 　根据六角螺母厚度的不同,分为标准、厚、薄三种。六角螺母的制造精度和螺栓相同,分为 A、B、C 三级,分别与相同级别的螺栓配用<br>　标记示例:螺母　GB/T 6170—2000　M12<br>　（螺纹规格 $d=12$mm、A 级 I 型六角螺母） |

（续）

| 类型 | 图 例 | 结构特点及应用 |
|------|-------|----------------|
| 圆螺母 | 圆螺母    止动片 | 圆螺母常与止动垫圈配用,装配时将垫圈内舌插入轴上的槽内,而将垫圈的外舌嵌入圆螺母的槽内,螺母即被锁紧。它常作为轴上零件的周向固定用<br>标记示例:<br>螺母 GB/T 12—1988 M16×1.5<br>（螺纹规格 $d = 16mm \times 1.5mm$ 的圆螺母） |
| 垫圈 | 平垫圈    斜垫圈 | 垫圈是螺纹连接中不可缺少的零件,常放置在螺母和被连接件之间,起保护支承面等作用。平垫圈按加工精度分为 A 级和 C 级两种,用于同一螺纹直径的垫圈又分为特大、大、普通和小四种规格,特大垫圈主要在铁、木结构上使用,斜垫圈只用于倾斜的支承面上<br>标注示例:<br>垫圈 GB/T 848—1985 8A<br>（公称尺寸 $d = 8mm$、性能等级 A 级的小垫圈） |

　　根据国家标准规定,螺纹连接件分为三个精度等级,其代号为 A、B、C 级。A 级精度最高,用于要求配合精确、防止振动等重要零件的连接;B 级精度多用于受载较大且经常装拆、调整或承受变载的连接;C 级精度多用于一般的螺纹连接。

　　螺纹连接件的常用材料为 Q215A、Q235A、10、35 和 45 钢,对于重要和特殊用途的螺纹连接件,可采用 15Cr、40Cr 等力学性能较高的合金钢。

## 16.1.3　螺纹连接的预紧和防松

### 1. 预紧

　　在生产实践中,大多数螺纹连接在安装时都需要预紧。连接在工作前因预紧所受到的力,称为预紧力。预紧可以增强连接的刚性、紧密性和可靠性,防止受载后被连接件间出现缝隙或发生相对移动。

　　对于普通场合使用的螺纹连接,为了保证连接所需的预紧力,同时又不使螺纹连接件过载,通常由工人用普通扳手凭经验决定。对重要场合,如气缸盖、管路凸缘等紧密性要求较高的螺纹连接,预紧时应控制预紧力。

　　控制预紧力的方法很多,通常是借助测力矩扳手（见图 16-2a）或定力矩扳手（见图 16-2b）,利用控制拧紧力矩的方法来控制预紧力的大小。测力矩扳手的工作原理是根据扳手上的弹性元件 1,在拧紧力的作用下所产生的弹性变形来指示拧紧力矩的大小。为方便计量,可将指示刻度表 2 直接以力矩值标出。定力矩扳手的工作原理是当拧紧力矩超过规定值时,弹簧 5 被压缩,扳手卡盘 3 与圆柱销 4 之间打滑,如果继续转动手柄,卡盘即不再回转。拧紧力矩的大小可利用调整弹簧螺钉 6 调整弹簧压力来加以控制。

　　考虑到由于摩擦因数不稳定和加在扳手上的力有时难于准确控制,可能使螺栓拧得过

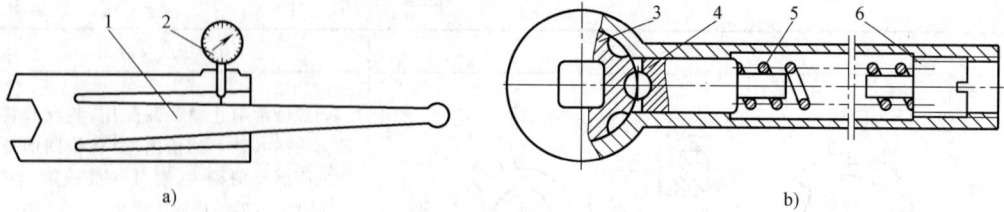

图 16-2　控制拧紧力矩的扳手

a）测力矩扳手　b）定力矩扳手

1—弹性元件　2—刻度表　3—扳手卡盘　4—圆柱销　5—弹簧　6—调整弹簧螺钉

紧，其至拧断。因此，对于重要连接不宜采用直径小于 M12 ~ M16 的螺栓，并应在装配图上注明拧紧的要求。

**2. 螺纹连接的防松**

连接用螺纹连接件，一般采用粗牙普通螺纹。由于其导程角 $\gamma$ 小于摩擦副的当量摩擦角 $\rho_v$（一般 $\gamma = 1.5° \sim 3.5°$），从而保证了螺纹连接的自锁性。此外，螺母、螺栓头部等支承面处的摩擦也有防松作用，因此在静载荷作用下，连接一般不会自动松脱。但在冲击、振动或变载荷作用下，或当温度变化很大时，螺纹中的摩擦阻力可能瞬间消失或减小，这种现象多次重复出现就会使连接逐渐松脱，甚至会引起严重事故。因此，在设计螺纹连接时必须考虑防松措施。螺纹连接常用的防松方法见表 16-2。

表 16-2　螺纹连接常用的防松方法

| 防松方法 | | 结　构　形　式 | 特点和应用 |
|---|---|---|---|
| 摩擦力防松 | 对顶螺母 |  | 两螺母对顶拧紧后使旋合螺纹间始终受到附加的压力和摩擦力，从而起到防松作用。该方式结构简单，适用于平稳、低速和重载的固定装置上的连接，但轴向尺寸较大 |
| | 弹簧垫圈 |  | 螺母拧紧后，靠垫圈压平而产生的弹簧弹性反力使旋合螺纹间压紧，同时垫圈斜口的尖端抵住螺母与被连接件的支承面也有防松作用。该方式结构简单，使用方便。但在冲击振动的工作条件下，其防松效果较差，一般用于不重要的连接 |
| | 自锁螺母 |  | 螺母一端制成非圆形收口或开缝后径向收口。当螺母拧紧后，收口胀开，利用收口的弹力使旋合螺纹压紧。该方式结构简单，防松可靠，可多次装拆而不降低防松能力 |

（续）

| 防松方法 | | 结 构 形 式 | 特 点 和 应 用 |
|---|---|---|---|
| 机械防松 | 开口销与六角开槽螺母 | | 将开口销穿入螺栓尾部小孔和螺母槽内，并将开口销尾部掰开与螺母侧面贴紧，靠开口销阻止螺栓与螺母相对转动以防松。该方式适用于较大冲击、振动的高速机械中 |
| | 止动垫圈 | <br>垫圈 | 螺母拧紧后，将单耳或双耳止动垫圈上的耳分别向螺母和被连接件的侧面折弯贴紧，即可将螺母锁住。该方式结构简单，使用方便，防松可靠 |
| | 串联钢丝 | <br>a)正确<br><br>b)不正确 | 用低碳钢丝穿入各螺钉头部的孔内，将各螺钉串联起来使其相互制约，使用时必须注意钢丝的穿入方向。该方式适用于螺钉组连接，其防松可靠，但装拆不方便 |
| 其他方法防松 | 粘结剂 | | 用粘结剂涂于螺纹旋合表面，拧紧螺母后粘结剂能自行固化，防松效果良好，但不便拆卸 |
| | 冲点 | | 在螺纹件旋合好后，用冲头在旋合缝处或在端面冲点防松。这种防松方法效果很好，但此时螺纹连接成了不可拆连接 |

### 16.1.4　螺栓连接的结构设计

一般情况下，大多数螺栓都是成组使用的，因此设计时应注意合理地布置各个螺栓的位置，全面考虑受力、装拆、加工、强度等方面因素。

**1. 螺栓位置**

在布置螺栓位置时，各螺栓间及螺栓中心线与机体壁之间应留有足够的扳手空间，以便于装拆，如图 16-3 所示，其中尺寸 $A$、$B$、$C$、$D$、$E$ 见有关手册。

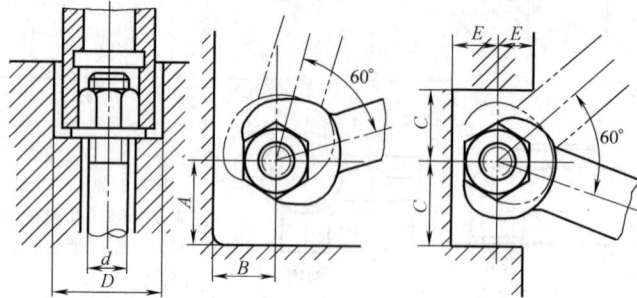

图 16-3　扳手空间

**2. 螺栓组的布置**

螺栓组的布置应遵循下列原则：

1）螺栓组的布置应力求对称、均匀。通常将结合面设计成轴对称的简单几何形状，如图 16-4 所示，以便于加工，并应使螺栓组的对称中心与接合面的形心重合，以保证接合面受力比较均匀。

2）对承受弯矩或转矩的螺栓组连接，应尽量将螺栓布置在靠近接合面的边缘，以便充分和均衡地利用各个螺栓的承载能力，如图 16-4c、d 所示。如果连接在受轴向载荷的同时还受到较大的横向载荷，则可采用套筒、销、键等零件来分担横向载荷，如图 16-5 所示，以减小螺栓的预紧力和结构尺寸。

3）螺栓数目应取为 2、3、4、6 等易于分度的数目，以便加工，如图 16-4 所示。

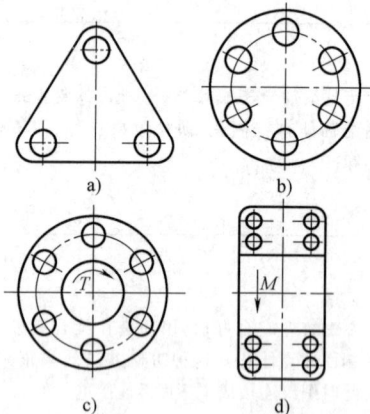

图 16-4　螺栓组的布置

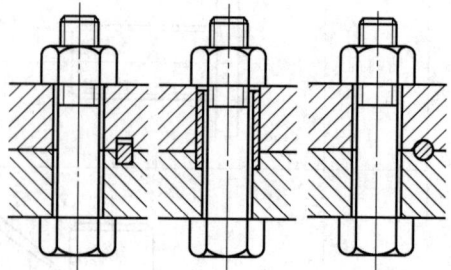

图 16-5　减载装置

4）同一组螺栓应采用同一种材料和相同的公称尺寸。

**3. 力求避免螺栓受弯曲**

为避免螺栓受弯曲，螺栓与螺母的支承面通常应加工得平整。为减少加工面，其结构常可做成凸台、鱼眼坑，如图 16-6a、b 所示。加工或安装时，还应保证支承面与螺栓轴线相垂直，以免产生偏心载荷使螺栓受到弯曲，从而削弱强度。对倾斜的支承面，可采用斜垫圈，如图 16-6c 所示；要求高的地方，还可采用球面垫圈，如图 16-6d 所示。

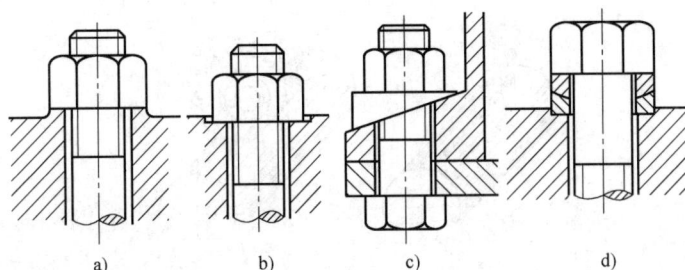

图 16-6　支承面结构

a）凸台　b）鱼眼坑　c）斜垫圈　d）球面垫圈

## 16.2　键连接

键连接在机器中应用极为广泛，常用于轴与轮毂之间的周向固定，以传递运动和转矩；其中有些还能实现轴向移动，用作动连接。由于键已标准化，因此通常先根据工作特点选择键的类型，再根据轴径和轮毂长度确定键的尺寸，必要时还应对键连接进行强度校核。

键连接分为松键连接和紧键连接两大类。松键连接可分为平键、半圆键连接两种。松键连接的特点是：键的两侧面是工作面，靠键与键槽侧面的挤压传递运动和转矩；键的顶面为非工作面，与轮毂键槽底部表面间留有间隙。因此，这种连接只能用作轴上零件的周向固定。紧键连接有楔键和切向键连接两种。紧键连接的特点是：键的上下两表面是工作面；装配时，将键楔紧在轴毂之间；工作时，靠键楔紧产生的摩擦力来传递转矩。

### 16.2.1　松键连接的类型、标准及应用

**1. 平键连接**

平键连接具有结构简单、装拆方便、对中性好等优点，故应用最广。平键又分为普通平键、导向平键和滑键。

（1）普通平键　图 16-7 所示为普通平键连接的结构形式。普通平键用于静连接，按其端部形状不同分为圆头（A 型）、平头（B 型）及单圆头（C 型）三种，如图 16-8 所示。用 A 型和 C 型键时，轴上的键槽是用端铣刀加工的，如图 16-9a 所示，键在槽中的轴向固定较好，但键槽两端会引起较大的应力集中；用 B 型键时，键槽是用盘铣刀加工的，如图 16-9b 所示，应力集中较小，但键在槽中轴向固定不好。A 型键应用最广，C 型键则多用于轴端。平键和键槽、尺寸见表 16-3。

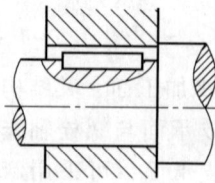

图 16-7　键连接

A型　　　B型　　　C型

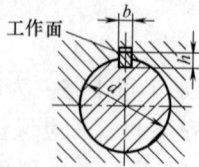

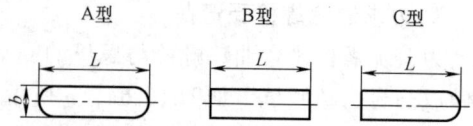

图 16-8　普通平键

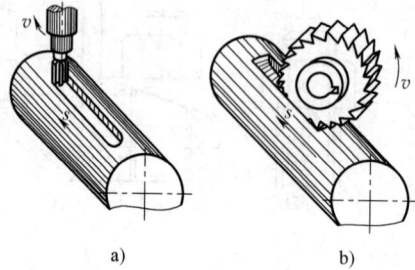

a)　　　b)

图 16-9　键槽的加工

a) 端铣刀加工　b) 盘铣刀加工

表 16-3　平键和键槽尺寸（摘录）　　　　　　　　　（单位：mm）

| 轴 | 键 | | | | | | | | | | | |
|---|---|---|---|---|---|---|---|---|---|---|---|---|
| | | 宽度 b | | | | | 深度 | | | | 半径 r | |
| | | 极限偏差 | | | | | | | | | | |
| 公称尺寸 | 公称尺寸 | 较松键连接 | | 一般键连接 | | 较紧键连接 | 轴 t | | 毂 $t_1$ | | | |
| | | 轴 H9 | 毂 D10 | 轴 N9 | 毂 Js9 | 轴和毂 p9 | 公称尺寸 | 极限偏差 | 公称尺寸 | 极限偏差 | 最小 | 最小 |
| >22~30 | 8×7 | +0.036 | +0.098 | 0 | ±0.018 | -0.015 | 4.0 | | 3.3 | | 0.16 | 0.25 |
| >30~38 | 10×8 | 0 | +0.040 | -0.036 | | -0.051 | 5.0 | | 3.3 | | | |
| >38~44 | 12×8 | | | | | | 5.0 | +0.2 | 3.3 | +0.2 | | |
| >44~50 | 14×9 | +0.043 | +0.120 | 0 | ±0.0215 | -0.018 | 5.5 | 0 | 3.8 | 0 | 0.25 | 0.40 |
| >50~58 | 16×10 | 0 | +0.050 | -0.043 | | -0.061 | 6.0 | | 4.3 | | | |
| >58~65 | 18×11 | | | | | | 7.0 | | 4.4 | | | |
| 键的长度系列 | 6,8,10,12,14,16,18,20,22,25,28,32,36,40,45,50,56,63,70,80,90,100,110,125,140,160,180,200,220,250,280,320,360 | | | | | | | | | | | |

注：1. 在工作图中，轴槽深用 $t$ 或 $(d-t)$ 标注，轮毂槽深用 $(d+t_1)$ 标注。

2. $(d-t)$ 和 $(d+t_1)$ 两组组合尺寸的极限偏差按相应的 $t$ 和 $t_1$ 极限偏差选取，但 $(d-t)$ 极限偏差值应取负号。

（2）导向平键和滑键　导向平键和滑键用于动连接。当轮毂在轴上需沿轴向移动时，可采用导向平键或滑键，导向平键（见图 16-10）用螺钉固定在轴上的键槽中，而轮毂可沿着键做轴向滑动，如汽车齿轮变速器中齿轮轴上的键。当被连接零件滑移的距离较大时，宜采用滑键，如图 16-11 所示。滑键固定在轮毂上，与轮毂同时在轴上的键槽中做轴向滑移。

**2. 半圆键**

图 16-12 所示为半圆键连接。轴槽呈半圆形，键能在轴槽内自由摆动以适应轴线偏转引起的位置变化。其缺点是键槽较深，对轴的强度削弱大，故一般多用于轻载或锥形结构的连

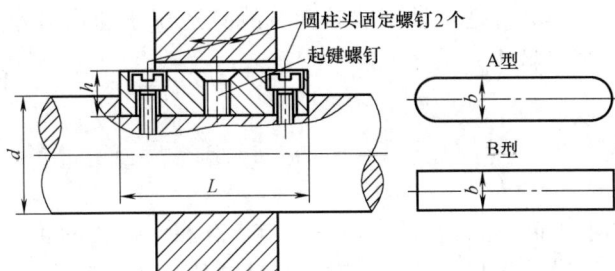

图 16-10 导向平键

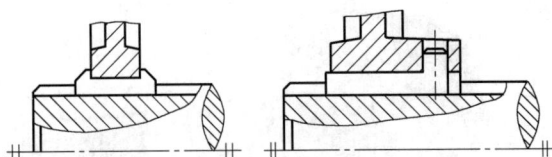

图 16-11 滑键

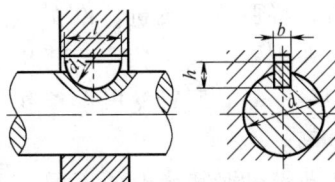

图 16-12 半圆键连接

接中。

## 16.2.2 紧键连接的类型、标准及应用

### 1. 楔键连接

如图 16-13 所示的为楔键连接的结构形式。键的上表面和与之相配合的轮毂键槽底部表面，均具有 1∶100 的斜度，靠键楔紧产生的摩擦力来传递转矩和承受单向的轴向力。楔键连接的对中性差，仅适用于要求不高、载荷平稳、速度较低的场合（如某些农业机械及建筑机械中）。楔键分为普通楔键（见图 16-13a）及钩头楔键（见图 16-13b）两种。为便于拆卸，楔键最好用于轴端。使用带钩头的楔键时，拆卸较为方便，但应加装安全罩。

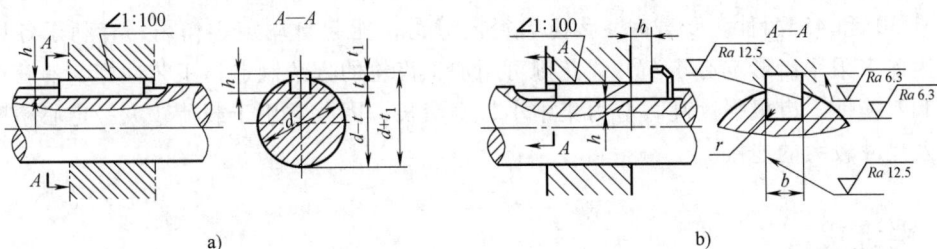

图 16-13 楔键连接

a）普通楔键 b）钩头楔键

### 2. 切向键连接

切向键连接如图 16-14 所示，由两个斜度为 1∶100 的楔键组成。装配时，将一对楔键分别从轮毂的两端打入，其斜面相互贴合，共同楔紧在轴毂之间。用一个切向键时，只能传递单向转矩；如要传递双向转矩，则要用两对切

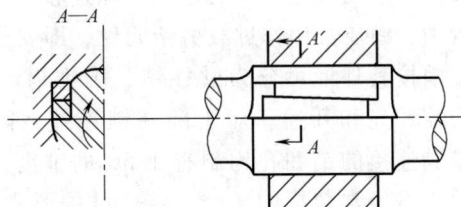

图 16-14 切向键连接

向键按 120°～135°分布。切向键对轴削弱较大，故只适用于速度较小、对中性要求不高、轴径大于 100mm 的重型机械中。

## 16.3　花键连接

花键连接是由周向均布多个键齿的花键轴，与带有相应键槽的轮毂相配合的可拆连接，如图 16-15a 所示。与平键连接相比，由于键齿与轴一体，故花键连接的承载能力高，定心性和导向性好，对轴的削弱较小，因此适用于载荷较大和对定心精度要求较高的静连接和动连接，特别是在飞机、汽车、拖拉机、机床及农业机械中应用较广。其缺点是齿根仍有应力集中，加工需专用设备和量刃具，制造成本高。

花键根据其齿形的不同，可分为矩形花键（GB/T 1144—2001）和渐开线花键（GB/T 3478.1—1995）两种。

**1. 矩形花键**

如图 16-15b 所示，矩形花键的齿侧边为直线，廓形简单。一般采用小径定心。这种定心方式的定心精度高、稳定性好，但花键轴和孔上的齿均需在热处理后磨削，以消除热处理变形。

**2. 渐开线花键**

如图 16-15c 所示，渐开线花键的两侧齿形为渐开线，标准规定，渐开线花键的标准

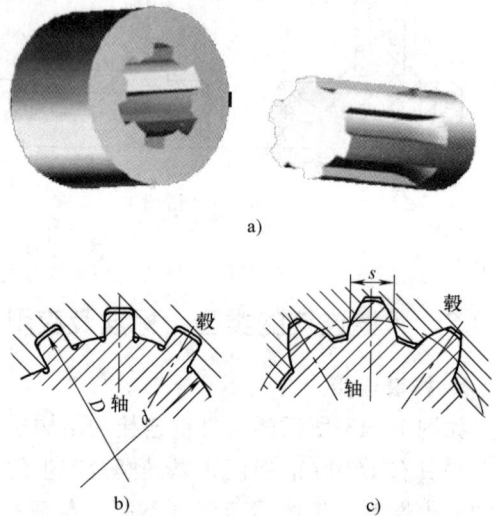

图 16-15　花键连接
a）花键连接轴测图　b）矩形花键　c）渐开线花键

压力角有 30°和 45°两种。受载时，齿上有径向分力，能起自动定心作用，有利于各齿受力均匀，因此多采用齿形定心。渐开线花键可用加工齿轮的方法制造，工艺性好，易获得较高的精度和互换性，齿根强度高，应力集中小，寿命长，因此常用于载荷较大、定心精度要求较高以及尺寸较大的连接。

## 16.4　销连接

销连接主要用于固定零件之间的相对位置，即定位销，如图 16-16a 所示；也可用于轴与毂的连接或其他零件的连接，即连接销，以传递不大的载荷，如图 16-16b 所示；在安全装置中，销还常用作过载剪断元件，即安全销，如图 16-16c 所示。

销按其外形可分为圆柱销、圆锥销、异形销等。与圆柱销、圆锥销相配的被连接件孔均需铰光和开通。对于圆柱销连接，因有微量过盈，故多次装拆后定位精度会降低。圆锥销连接的销和孔均制有 1:50 的锥度，装拆方便，多次装拆对定位精度影响较小，故可用于需经常装拆的场合。特殊结构形式的销统称为异形销，其结构、特点见《机械零件设计手册》。

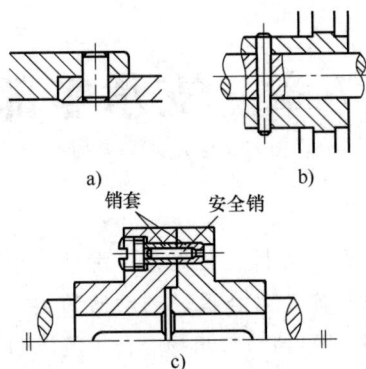

图 16-16 销连接

## 复习思考题

16-1 工程实践中螺纹连接多采用自锁性好的三角形粗牙螺纹。（ ）

16-2 对于重要的连接可以采用直径小于 M12 ~ M16 的螺栓连接。（ ）

16-3 键连接的主要用途是使轴与轮毂之间有确定的相对位置。（ ）

16-4 平键中，导向键连接适用于轮毂滑移距离不大的场合，滑键连接适用于轮毂滑移距离较大的场合。（ ）

16-5 键的截面尺寸通常根据传递转矩的大小来确定。（ ）

16-6 由于花键连接较平键连接的承载能力高，因此花键连接主要用于载荷较大的场合。（ ）

16-7 销的功用是用作零件之间相对位置的固定。（ ）

16-8 双头螺柱连接适用于连接件之一太厚而不便打通孔并（ ）的场合。

A. 不需要经常拆装　　　　B. 需要经常拆装　　　　C. 受力不大

16-9 普通平键连接的工作特点是（ ）。

A. 键的两侧面是工作面　　　B. 键的上下两表面是工作面

16-10 在轴的端部加工 C 形键槽，一般采用的加工方法是（ ）。

A. 用盘铣刀铣制　　　　B. 在插床上用插刀加工　　C. 用端铣刀铣制

16-11 齿轮减速器的箱体与箱盖用螺纹连接，箱体被连接处的厚度不太大，且经常拆装，一般选用（ ）。

A. 螺栓连接　　　　　　B. 螺钉连接　　　　　　C. 双头螺柱连接

16-12 螺纹连接预紧的目的是（ ）。

A. 增强连接的强度　　　　B. 防止连接自行松动　　C. 保证连接的可靠性和密封性

16-13 下列几种螺纹连接中，（ ）更适用于承受冲击、振动和变载荷。

A. 粗牙普通螺纹　　　　B. 细牙普通螺纹　　　　C. 梯形螺纹

# 第17章　支承零部件

【本章学习要点】

主要内容：轴的分类及应用、轴的材料与选择；滑动轴承的结构和类型，滚动轴承的类型、代号、应用场合及选择；联轴器、离合器、制动器的类型、结构和应用场合。

学习目的与要求：了解不同类型的轴的应用场合；了解滚动轴承的类型、代号、应用场合；了解轴材料的选择与轴的结构设计；了解联轴器、离合器、制动器的类型、结构和应用场合。

学习重点：掌握滚动轴承的类型、代号和应用场合。

## 17.1　轴

轴是直接支承传动零件（如齿轮、带轮、链轮等）以传递运动和动力的重要零件。

### 17.1.1　轴的类型及应用

#### 1. 按轴所受载荷分

按轴所受载荷，可分为心轴、传动轴和转轴三类。

（1）心轴　主要承受弯矩的轴称为心轴。根据心轴工作时是否转动，可分为转动心轴（如机车轮轴，见图17-1a）和固定心轴（如自行车前轮轴，见图17-1b）两种。

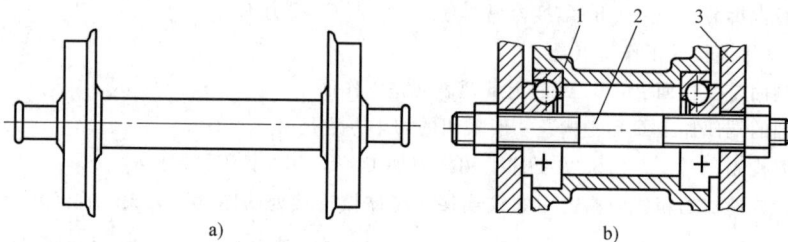

图 17-1　心轴

a）转动心轴　b）固定心轴

1—前轮轮毂　2—前轮轴　3—前叉

（2）传动轴　主要承受转矩的轴称为传动轴。图17-2所示为汽车从变速箱到后桥的传动轴。

（3）转轴　既承受弯矩又承受转矩的轴称为转轴。图17-3所示为一级圆柱齿轮减速器

图 17-2　传动轴

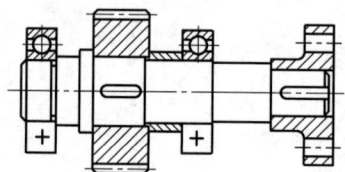

图 17-3　转轴

中的转轴。

**2. 按轴线的几何形状分**

按轴线的几何形状，可分为直轴、曲轴和挠性轴三类。

曲轴（见图 17-4）常用于往复式机械（如曲柄压力机、内燃机）中，以实现运动的转换和动力的传递。挠性轴是由几层紧贴在一起的钢丝层构成的（见图 17-5），它能将旋转运动和转矩灵活地传到任何位置，但它不能承受弯矩，多用于转矩不大、以传递运动为主的简单传动装置中。机械中最常用的是直轴。

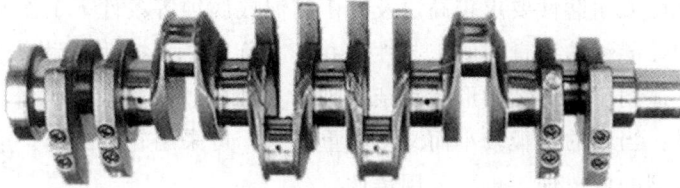

图 17-4　曲轴

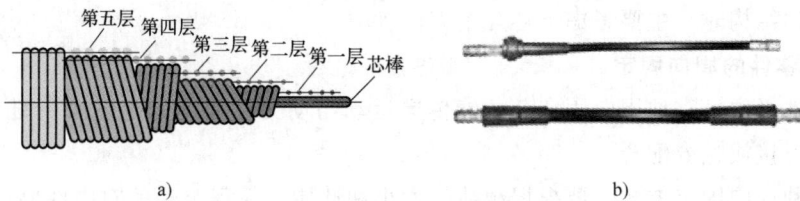

a)　　　　　　　　　　　　　b)

图 17-5　挠性轴

a）结构图　b）实物图

直轴按形状又可分为光轴、阶梯轴和空心轴三类。

（1）光轴　光轴的各截面直径相同。它加工方便，但零件不易定位，如图 17-6a 所示。

（2）阶梯轴　轴上零件容易定位，便于装拆，一般机械中常用，如图 17-6b 所示。

（3）空心轴　图 17-7 所示为空心轴，它可以减轻重量、增加刚度，还可以利用轴的空心来输送润滑油、切削液或便于放置待加工的棒料。车床主轴就是典型的空心轴。

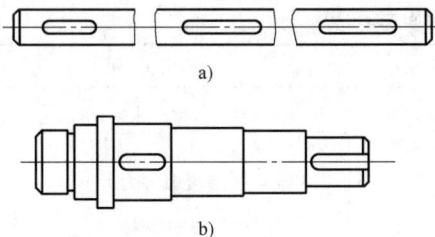

a)

b)

图 17-6　直轴

a）光轴　b）阶梯轴

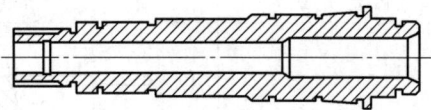

图 17-7　空心轴

## 17.1.2　轴的材料及其选择

轴的材料是决定承载能力的重要因素。轴的材料除应具有足够的强度外，还应具备足够的塑性、冲击韧度、抗磨损性和抗腐蚀性；对应力集中的敏感性较小；具有良好的工艺性和经济性；能通过不同的热处理方式提高轴的疲劳强度。

轴的材料主要采用碳素钢和合金钢。碳素钢比合金钢价廉，对应力集中的敏感性小，并可通过热处理提高疲劳强度和耐磨性，故应用较广泛。常用的碳钢为优质碳素钢，为保证轴的力学性能，一般应对其进行调质或正火处理。不重要的轴或受载荷较小的轴，也可用Q235 等普通碳素钢。

合金钢比碳素钢的机械强度高，热处理性能好，但对应力集中的敏感性强，价格也较贵，主要用于对强度或耐磨性要求较高以及处于高温或腐蚀等条件下工作的轴。

高强度铸铁和球墨铸铁有良好的工艺性，并具有价廉、吸振性和耐磨性好、对应力集中敏感性小等优点，适用于制造结构形状复杂的轴（如曲轴、凸轮轴等）。

轴的毛坯选择：当轴的直径较小而又不太重要时，可采用轧制圆钢；重要的轴应当采用锻造坯件；对于大型的低速轴，也可采用铸件。

### 17.1.3　轴上零件的定位和固定

设计轴的结构时，主要考虑下述几个方面。

**1. 轴上零件的周向固定**

轴上零件必须可靠地周向固定，才能传递运动与动力。周向固定可采用键、花键、销、成形连接等连接或过盈配合。

采用何种周向固定方式，要根据载荷的大小和性质、轮毂与轴的对中性要求、重要性等因素来决定。如对齿轮与轴，一般可采用平键连接；对过载、冲击或振动大的情况，可用过盈配合加键连接；在传递较大转矩、轴上零件需做轴向移动或对中要求较高的情况下，可采用花键连接；对轻载或不重要的场合，可采用销或紧定螺钉连接。

**2. 轴上零件的轴向固定**

轴上零件的轴向位置必须固定，以承受轴向力或不产生轴向移动。轴向定位和固定主要有两类方法：一是利用轴本身部分结构，如轴肩、轴环、锥面、过盈配合等；二是采用附件，如套筒、圆螺母、弹性挡圈、轴端挡圈、紧定螺钉等，详见表 17-1。

表 17-1　轴上零件的轴向固定方法

| 固定方式 | 结构图形 | 应用说明 |
|---|---|---|
| 轴肩或轴环 | | 固定可靠，承受轴向力大 |
| 套筒 | | 固定可靠，承受轴向力大，多用于轴上相邻两零件相距不远的场合 |

（续）

| 固定方式 | 结构图形 | 应用说明 |
|---|---|---|
| 锥面 | | 对中性好，常用于调整轴端零件位置或需经常拆卸的场合 |
| 圆螺母与止动垫圈 | | 常用于零件与轴承之间距离较大，轴上允许车制螺纹的场合 |
| 双圆螺母 | | 可以承受较大的轴向力，螺纹对轴的强度削弱较大，应力集中严重 |
| 弹性挡圈 | 轴用弹性挡圈 | 承受轴向力小或不承受轴向力的场合，常用作滚动轴承的轴向固定 |
| 轴端挡圈 | | 用于轴端零件要求固定的场合 |
| 紧定螺钉 | | 承受轴向力小或不承受轴向力的场合 |

## 17.2 轴承

轴承是机器中用来支承轴和轴上零件的重要零部件。它能保证轴的回转精度，减少回转轴与支承间的摩擦和磨损。

按摩擦性质，轴承可分为滚动轴承（见图 17-14）与滑动轴承（见图 17-8）。按所受载荷方向的不同，又可分为承受径向载荷的向心轴承和承受轴向载荷的推力轴承。

滚动轴承具有摩擦小，易起动，载荷、转速及工作温度的适用范围较广，轴向尺寸小，润滑、维修方便等优点。滚动轴承已标准化，由专业工厂大批生产，在机械中应用非常广泛。

　　滑动轴承结构简单，易于制造，可以剖分，便于安装。对于大直径和很小直径的滑动轴承，其价格比滚动轴承便宜。润滑良好的滑动轴承在高速、重载、高精密度和结构要求剖分的场合，显示出比滚动轴承更大的优越性，因而在汽轮机、大型电机、机床、铁路机车等机械中被广泛应用。此外，在低速、有较大冲击的机械中（如水泥搅拌机、破碎机等）也常采用滑动轴承。滑动轴承的不足之处是：润滑的建立和维护要求较高（尤其是液体润滑轴承），润滑不良会使滑动轴承迅速失效，且轴向尺寸较大。

### 17.2.1　滑动轴承

#### 1. 滑动轴承的类型与结构

　　（1）滑动轴承的类型　滑动轴承按其承受载荷的方向，分为径向滑动轴承和止推滑动轴承。径向滑动轴承主要承受径向载荷，止推滑动轴承只能承受轴向载荷。

　　滑动轴承按其润滑状态不同，又可分为液体摩擦滑动轴承和非液体摩擦滑动轴承。液体摩擦滑动轴承的轴颈与轴瓦的摩擦面间有充足的润滑油，轴颈与轴瓦表面完全隔开，因而，摩擦因数小。这种轴承适用于高速、高精度、重载等场合。非液体摩擦滑动轴承的摩擦表面不能被润滑油完全隔开，摩擦因数较大，但结构简单、制造精度要求较低，用于一般转速、载荷不大、精度要求不高等场合。

　　（2）滑动轴承的结构　滑动轴承一般由轴承座、轴瓦（或轴套）、润滑装置、密封装置等部分组成。

　　1）整体式滑动轴承。图 17-8 所示为典型的整体式滑动轴承，它由轴承座 1 和轴套 2 组成。实际上，有些轴直接穿入在机架上加工出的轴承孔，即构成了最简单的整体式滑动轴承。

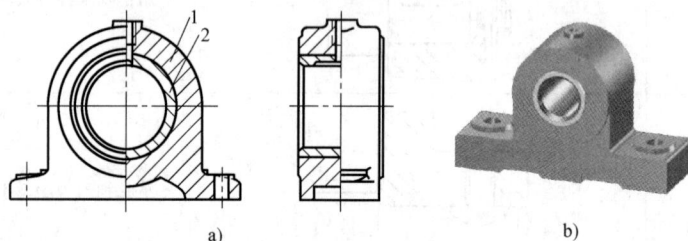

图 17-8　整体式滑动轴承
a）剖视图　b）实物图
1—轴承座　2—轴套

　　整体式滑动轴承结构简单，制造容易，成本低，常用于低速、轻载、间歇工作而不需要经常装拆的场合。它的缺点是轴只能从轴承的端部装入，装拆不便；轴瓦磨损后，轴与孔之间的间隙无法调整。

　　2）对开式滑动轴承。图 17-9 所示为典型的对开式滑动轴承。它由轴承座 3，轴承盖 2，剖分的上、下轴瓦 4 和 5、双头螺柱 1 等组成。为了保证轴承的润滑，可在轴承盖上注油孔处加润滑油。为便于装配时对中和防止横向移动，轴承盖和轴承座的分合面做成阶梯形定位止口。

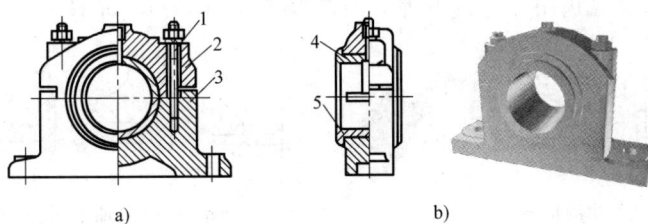

图 17-9　对开式滑动轴承

a）剖视图　b）实物图

1—双头螺柱　2—轴承盖　3—轴承座　4—上轴瓦　5—下轴瓦

这种轴承的轴瓦采用对开式，在分合面上配置有调整垫片，当轴瓦磨损后，可适当调整垫片或对轴瓦分合面进行刮削、研磨等切削加工来调整轴颈与轴瓦间的间隙。由于这种轴承装拆方便，故应用较广。

3）调心式滑动轴承。轴承宽度 $B$ 与轴颈直径 $d$ 之比 $B/d > 1.5$ 时，轴的弯曲变形可能会使轴瓦端部和轴颈出现"边缘接触"，如图 17-10a 所示，从而导致轴承早期破坏。为防止这种情况发生，当轴的变形大或有调心要求时，可使用调心式轴承，如图 17-10b 所示。这种轴承的轴瓦支承面和轴承座的接触部分做成球面，能自动适应轴或机架工作时的变形及安装误差造成轴颈与轴瓦不同心的现象，避免出现边缘接触。

4）止推滑动轴承。止推滑动轴承可分为实心滑动轴承、空心滑动轴承和多环滑动轴承三种形式，只能承受轴向载荷。

**2. 轴瓦及轴衬**

轴瓦及轴衬是滑动轴承中直接与轴颈相接触的重要零件，其结构形式和性能将直接影响轴承的寿命、效率和承载能力。

整体式滑动轴承通常采用圆筒形轴套，如图 17-11a 所示；对开式滑动轴承则采用对开式轴瓦，如图 17-11b 所示。它们的工作表面既是承载面，又是摩擦面，因而是滑动轴承中的核心零件。许多轴瓦（轴套）内壁上开有油沟，其目的是为了将润滑油引入轴颈和轴瓦的摩擦面，使轴颈和轴瓦（轴套）的摩擦面上建立起必要的润滑油膜。油沟一般开在非承载区，并不得与端部接通，以免漏油，通常轴向油沟长度为轴瓦宽度的 80%。油沟的形式如图 17-12 所示，油沟的上方开有油孔。

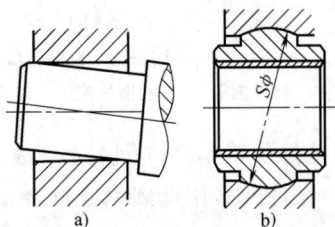

图 17-10　调心式滑动轴承

a）轴变形后造成的"边缘接触"　b）调心轴承

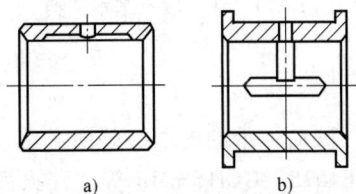

图 17-11　轴瓦（轴套）结构

a）轴套　b）对开式轴瓦

为了节约贵重金属，常在轴瓦内表面浇注一层轴承合金作减摩材料，以改善轴瓦接触表面的摩擦状况，提高轴承的承载能力，这层材料通常称为轴承衬。为保证轴承衬与轴瓦贴附牢固，一般在轴瓦内表面预制一些沟槽等，沟槽形式如图 17-13 所示。

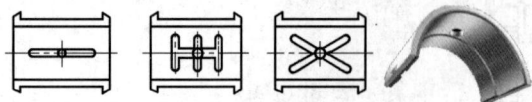

图 17-12　油沟形式

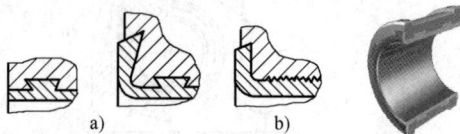

图 17-13　轴承衬浇铸沟槽的形式

a）适用于铸铁或钢制轴瓦　b）适用于青铜轴瓦

　　轴瓦（或轴套）和轴承衬的材料统称为轴承材料。非液体摩擦滑动轴承工作时，因轴瓦与轴颈直接接触并有相对运动，将产生摩擦、磨损并发热，故常见的失效形式是磨损、胶合或疲劳破坏。因此，轴承材料应具有足够的强度和良好的塑性、减摩性（对润滑油的吸附性强，摩擦因数小）和耐磨性，容易磨合（指经短期轻载运转后能消除表面不平度，使轴颈与轴瓦表面相互吻合），易于加工等性能。轴承材料有金属、粉末冶金和非金属材料几类。

### 17.2.2　滚动轴承

#### 1. 滚动轴承的构造及类型

　　如图 17-14 所示，滚动轴承一般由内圈、外圈、滚动体及保持架四部分组成。通常内圈用过盈配合与轴颈装配在一起，外圈则以较小的间隙配合装在轴承座孔内，内、外圈的一侧均有滚道，工作时，内、外圈做相对转动，滚动体可在滚道内滚动。为防止滚动体相互接触而增加摩擦，常用保持架将滚动体均匀地分开。滚动轴承构造中，有的无外圈或无内圈，也可无保持架，但不能没有滚动体。滚动体的形状有球形、圆柱形、圆锥形、鼓形、滚针形等，如图 17-15 所示。

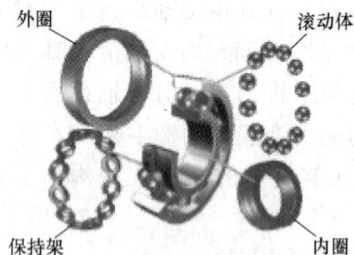

图 17-14　滚动轴承基本结构

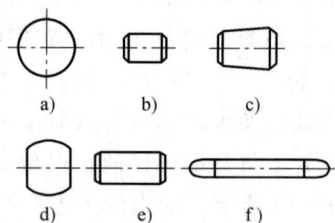

图 17-15　滚动体的形状

a）球　b）圆柱滚子　c）圆锥滚子

d）鼓形滚子　e）长圆柱滚子　f）滚针

　　滚动轴承的内圈、外圈和滚动体均采用强度高、耐磨性好的铬锰高碳钢制造，常用材料有 GCr15、GCr15SiMn 等。淬火后硬度可达 60HRC 以上。保持架多用低碳钢或铜合金制造，也可采用塑料或其他材料。

　　滚动轴承的类型如下：

　　1）按滚动体形状不同分类，滚动轴承可分为球轴承和滚子轴承两大类。

　　2）按滚动轴承所承受载荷的方向不同分类，滚动轴承可分为以承受径向载荷为主的向心轴承和以承受轴向载荷为主的推力轴承两类。

3）按公称接触角不同分类，公称接触角 $\alpha = 0°$ 的称为径向接触向心轴承（如深沟球轴承、圆柱滚子轴承）；公称接触角 $0° < \alpha \leqslant 45°$ 的称为角接触向心轴承（如角接触球轴承、圆锥滚子轴承）；公称接触角 $\alpha = 90°$ 的称为轴向推力轴承。

接触角是滚动轴承的一个重要参数。轴承的径向平面（垂直于轴承轴心线的平面）与经轴承套圈传递给滚动体的合力作用线（一般为外圈滚道接触点的法线）的夹角为接触角，用 $\alpha$ 表示。接触角越大，承受轴向载荷的能力也越大。

4）按调心性能不同分类，分为调心轴承和非调心轴承。

由于轴的安装误差或轴的变形等都会引起内、外圈轴心线发生相对倾斜，其倾斜角用 $\theta$ 表示。各类轴承的允许角偏差见表 17-2。当内、外圈倾斜角过大时，可采用外滚道为球面的调心轴承，这类轴承能自动适应两套圈轴心线的偏斜。

**2. 滚动轴承的代号**

为了表示各类滚动轴承的结构、尺寸、公差等级、技术性能等特征，GB/T 272—1993 规定了滚动轴承代号。滚动轴承代号由基本代号、前置代号及后置代号构成。

（1）基本代号 基本代号是轴承代号的基础，用来表示轴承的基本类型、结构和尺寸。基本代号由类型代号、尺寸系列代号和内径代号三部分组成，其排列顺序如下：

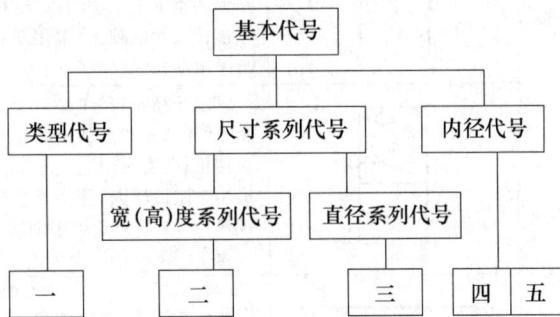

```
                    基本代号
        ┌──────────────┼──────────────┐
     类型代号        尺寸系列代号      内径代号
                 ┌──────┴──────┐
            宽(高)度系列代号   直径系列代号
        ┌────┐  ┌────┐      ┌────┐  ┌────┐┌────┐
        │ 一 │  │ 二 │      │ 三 │  │ 四 ││ 五 │
        └────┘  └────┘      └────┘  └────┘└────┘
```

1）类型代号。类型代号用数字或字母表示，见表 17-2。

表 17-2 滚动轴承的类型、特性及应用

| 类型代号 | 类型名称 | 简图 | 主要特性及应用 | 载荷方向 |
|---|---|---|---|---|
| 1 | 调心球轴承 | | 主要承受径向载荷，也可以承受不大的轴向载荷；能自动调心，允许角偏差小于 2°～3°；适用于多支点传动轴、刚性较小的轴以及难以对中的轴 | |
| 2 | 调心滚子轴承 | | 与调心球轴承特性基本相同，允许角偏差小于 1°～2.5°，承载能力比前者大；常用于其他种类轴承不能胜任的重载情况，如轧钢机、大功率减速器、起重机车轮等 | |
| 3 | 推力调心滚子轴承 | | 主要承受轴向载荷；承载能力比推力球轴承大得多，并能承受一定的径向载荷；能自动调心，允许角偏差小于 2°～3°；极限转速较推力球轴承高；适用于重型机床、大型立式电动机轴的支承等 | |

（续）

| 类型代号 | 类型名称 | 简图 | 主要特性及应用 | 载荷方向 |
|---|---|---|---|---|
| 4 | 圆锥滚子轴承 | | 可同时承受径向载荷和单向轴向载荷,承载能力高;内、外圈可以分离,轴向和顶隙容易调整;常用于斜齿轮轴、锥齿轮轴和蜗杆减速器轴以及机床主轴的支承等。允许角偏差 2′,一般成对使用 | |
| 5 | 推力球轴承 | 51000<br>52000 | 只能承受轴向载荷,51000 用于承受单向轴向载荷,52000 用于承受双向轴向载荷,不宜在高速下工作,常用于起重机吊钩、蜗杆轴和立式车床主轴的支承等 | |
| 6 | 深沟球轴承 | | 主要承受径向载荷,也能承受一定的轴向载荷;极限转速较高,当量摩擦因数最小;高转速时可用来承受不大的纯轴向载荷;允许角偏差小于 2′~10′;承受冲击能力差;适用于刚性较大的轴上,常用于机床齿轮箱、小功率电动机等 | |
| 7 | 角接触球轴承 | | 可承受径向和单向轴向载荷;接触角 $\alpha$ 越大,承受轴向载荷的能力也越大,通常应成对使用;高速时用它代替推力球轴承较好;适用于刚性较大、跨距较小的轴,如斜齿轮减速器和蜗杆减速器中轴的支承等;允许角偏差小于 2′~10′ | |
| 8 | 推力圆柱滚子轴承 | | 只能承受单向轴向载荷,承载能力比推力球轴承大得多,不允许有角偏差,常用于承受轴向载荷大而又不需调心的场合 | |
| N | 圆柱滚子轴承 | | 内、外圈可以分离,内、外圈允许少量轴向移动,允许角偏差很小,小于 2′~4′;能承受较大的冲击载荷;承载能力比深沟球轴承大;适用于刚性较大、对中良好的轴,常用于大功率电动机、人字齿轮减速器 | |

　　2）尺寸系列代号。尺寸系列代号由轴承的宽（高）度系列代号和直径系列代号组合而成。

　　宽（高）度系列表示内径、外径相同而宽（高）度不同的轴承系列。

　　直径系列表示同一内径而不同外径的轴承系列。

　　组合排列时,宽（高）度系列在前,直径系列在后。

　　3）内径代号。内径代号表示轴承内径尺寸的大小。

　　滚动轴承基本代号一般由五个数字或字母加四个数字组成,当宽度系列为"0"时,可省略,例如轴承代号 7210：7 表示角接触球轴承,2 表示 02 系列,10 表示内径 50mm。

　　（2）前置和后置代号

1）前置代号表示成套轴承分部件，用字母表示。例如，L 表示可分离轴承的可分离内圈或外圈，K 表示滚子、保持架组件等。

2）后置代号是轴承在结构形状、尺寸公差、技术要求等方面有改变时，在基本代号右侧添加的补充代号。一般用字母（或加数字）表示，与基本代号相距半个汉字距。后置代号共分八组，例如，第一组是内部结构，表示内部结构变化情况，现以角接触球轴承的接触角变化为例，说明其标注含义：

角接触球轴承，公称接触角 $\alpha = 40°$，代号标注：7210B。

角接触球轴承，公称接触角 $\alpha = 25°$，代号标注：7210AC。

角接触球轴承，公称接触角 $\alpha = 15°$，代号标注：7005C。

又如，后置代号中第五组为公差等级，滚动轴承的公差等级分为 0、6、6X、5、4、2 六级，其中 2 级精度最高，0 级精度最低。标记方法为在轴承代号后写 /P0、/P6、/6X、/P5、/P4、/P2 等，如 6208/P6。0 级精度为普通级，应用最广，其代号通常可不标。前、后置代号及其他有关内容，详见《滚动轴承产品样本》。

**3. 滚动轴承的选择**

滚动轴承的常用类型、特点见表 17⁃2。

（1）选择轴承类型应考虑的因素

1）轴承工作载荷的大小、方向和性质。

2）轴承转速的高低。

3）轴颈和安装空间允许的尺寸范围。

4）对轴承提出的特殊要求。

（2）滚动轴承选择的一般原则

1）球轴承与同尺寸和同精度的滚子轴承相比，它的极限转速和旋转精度较高，因此更适用于高速或旋转精度要求较高的场合。

2）滚子轴承比同尺寸的球轴承承载能力大，承受冲击载荷的能力也较高，因此适用于重载及有一定冲击载荷的地方。

3）非调心滚子轴承对于轴的挠曲敏感，因此这类轴承适用于刚性较大的轴和能保证严格对中的地方。

4）各类轴承内、外圈轴线相对偏转角不能超过许用值，否则会使轴承寿命降低，故在刚度较差或多支点轴上，应选用调心轴承。

5）推力轴承的极限转速较低，因此在轴向载荷较大和转速较高的装置中，应采用角接触球轴承。

6）当轴承同时受较大的径向和轴向载荷且需要对轴向位置进行调整时，宜采用圆锥滚子轴承。

7）当轴承的轴向载荷比径向载荷大很多时，采用向心和推力两种不同类型轴承的组合来分别承担轴向和径向载荷，其效果和经济性都比较好。

8）考虑经济性，球轴承比滚子轴承价格便宜；公差等级越高，价格越贵。

## 17.3　联轴器、离合器和制动器

联轴器和离合器都是用来连接两轴使之一起转动并传递转矩的装置。联轴器与离合器的区别是：联轴器只有在机器停止运转后将其拆卸，才能使两轴分离；离合器则可以在机器的运转过程中进行分离或接合。制动器是用来迫使机器迅速停止运转或降低机器运转速度的机械装置。

### 17.3.1　常用联轴器的结构和特点

对于联轴器所连接的两轴，由于制造、安装误差或受载、变形等一系列原因，两轴的轴线会产生径向、轴向、角向或综合偏差，如图 17-16 所示。轴线偏移将使机器工作情况恶化，因此，要求联轴器具有补偿轴线偏移的能力。此外，在有冲击、振动的工作场合，还要求联轴器具有缓冲和吸振的能力。

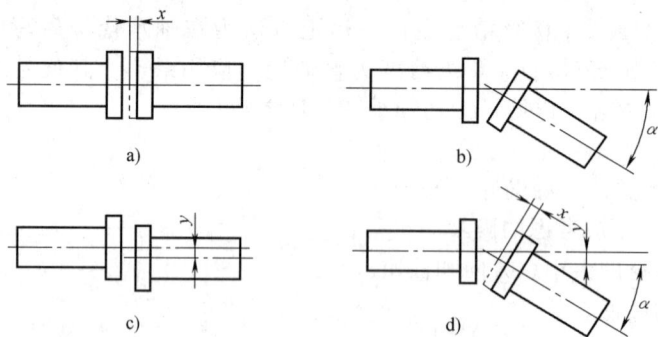

图 17-16　轴线的相对位移

a）轴向位移　b）偏角位移 $\alpha$　c）径向位移 $y$　d）综合位移 $x$、$y$、$\alpha$

常用联轴器的分类如下：

$$
联轴器
\begin{cases}
刚性
\begin{cases}
固定式　套筒联轴器、凸缘联轴器、链条联轴器\\
可移式　滑块联轴器、齿式联轴器、万向联轴器
\end{cases}\\
弹性
\begin{cases}
金属弹性元件　蛇形弹簧联轴器\\
非金属弹性元件　梅花形弹性联轴器、弹性套柱销联轴器、弹性柱销联轴器
\end{cases}
\end{cases}
$$

**1. 固定式刚性联轴器**

（1）套筒联轴器　如图 17-17 所示，将套筒与被连接两轴的轴端分别用键（或销钉）固定联成一体，即成为套筒联轴器。它结构简单，径向尺寸小，但要求被连接两轴必须很好地对中，且装拆时需做较大的轴向移动，故常用于要求径向尺寸小的场合。

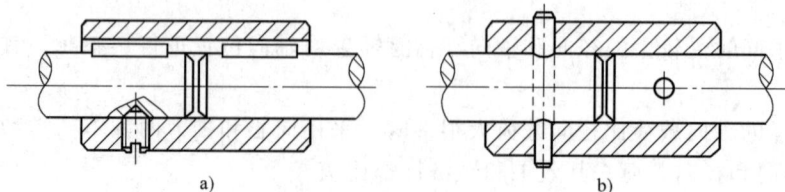

图 17-17　套筒联轴器

a）单键连接的套筒联轴器　b）销钉连接的套筒联轴器

单键连接的套筒联轴器可用于传递较大转矩的场合，如图 17-17a 所示；若用销钉连接如图 17-17b 所示，则常用于传递较小转矩的场合，或用作剪销式安全联轴器。

（2）凸缘联轴器　如图 17-18 所示，凸缘联轴器由两个半联轴器及连接螺栓组成。凸缘联轴器结构简单，成本低，但不能补偿两轴线可能出现的径向位移和偏角位移，故多用于转速较低、载荷平稳、两轴线对中性较好的场合。它有两种对中方法，一种是用两半联轴器的凹、凸圆柱面（榫肩）配合对中；另一种是用配合螺栓连接对中，前者制造方便。在外缘圆周速度 $v \leqslant 35 \mathrm{m/s}$ 时，凸缘材料用中等强度的铸铁；在 $v \leqslant 65 / s$ 时，用 35、45 钢或 ZG310-570 铸钢。

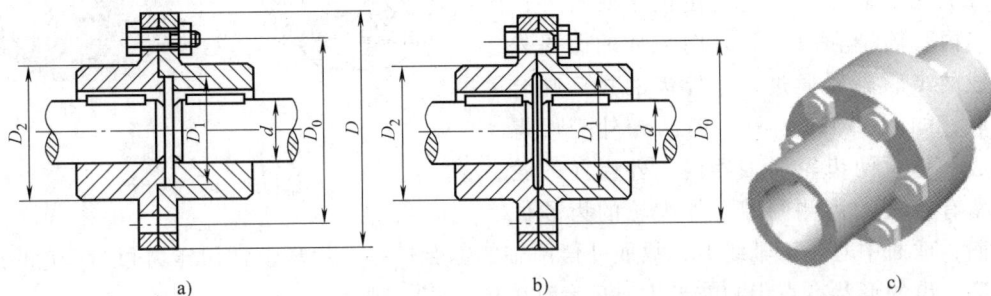

图 17-18　凸缘联轴器

a）用凸肩和凹槽对中　b）用配合螺栓连接对中　c）实物图

（3）链条联轴器　如图 17-19 所示，链条联轴器是利用公用的链条，同时与两个齿数相同的并列链轮啮合，不同结构形式的链条联轴器主要区别是采用不同的链条，常见的有双排滚子链联轴器、单排滚子链联轴器、齿形链联轴器、尼龙链联轴器等。

链条联轴器具有结构简单、装拆方便、拆卸时不用移动被连接的两轴、尺寸紧凑、质量轻、有一定补偿能力、对安装精度要求不高、工作可靠、寿命较长、成本较低等优点。可用于纺织、农机、起重运输、工程、矿山、轻工、化工等机械的轴系传动，适用于高温、潮湿和多尘工况环境，不适用高速、有剧烈冲击载荷和传递轴向力的场合，链条联轴器应在良好的润滑并有防护罩的条件下工作。

**2. 可移式刚性联轴器**

（1）滑块联轴器　如图 17-20 所示，滑块联轴器由两个带有凹槽的半联轴器 1、3 和两端面都有榫的中间圆盘 2 组成。圆盘两面的榫位于互相垂直的两条直径方向上，可以分别嵌入半联轴器相应的凹槽中。

图 17-19　链条联轴器

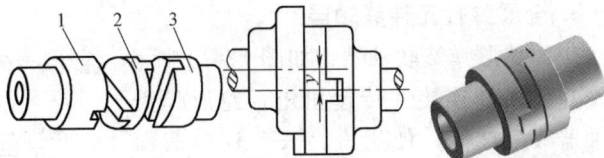

图 17-20　滑块联轴器

1、3—半联轴器　2—中间圆盘

滑块联轴器允许两轴有一定的径向位移。当被连接的两轴有径向位移时，中间圆盘将在半联轴器的凹槽中做偏心回转，由此引起的离心力将使工作表面压力增大而加快磨损。为此，应限制两轴间的径向位移量不大于 $0.04d$（$d$ 为轴径），偏角位移量 $\alpha \leqslant 30°$，轴的转速不超过 250r/min。

滑块联轴器主要用于没有剧烈冲击载荷而又允许两轴线有径向位移的低速轴连接。联轴器的材料常选用 45 钢或 ZG310-570，中间圆盘也可用铸铁。摩擦表面应进行淬火，硬度在 46～50HRC。为了减少滑动面的摩擦和磨损，应注意润滑。

（2）齿式联轴器　它是由两个具有外齿环的半内套筒轴和两个具有内齿环的凸缘外壳组成的半联轴器通过内、外齿的相互啮合而相联，如图 17-21 所示。两凸缘外壳用螺栓连成一体，两齿轮联轴器内、外齿环的轮齿间留有较大的齿侧间隙，外齿轮的齿顶做成球面，球面中心位于轴线上，故能补偿两轴的综合位移。齿环上常用压力角为 20° 的渐开线齿廓，齿的形状有直齿和鼓形齿，后者称为鼓形齿联轴器。

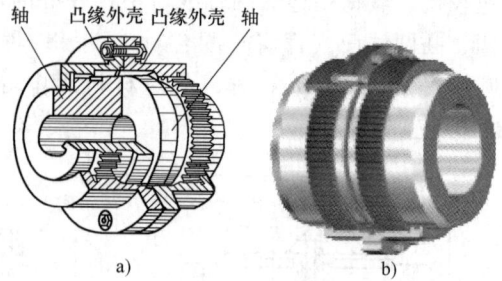

图 17-21　齿式联轴器
a）结构图　b）实物图

与滑块联轴器相比，齿式联轴器的转速可提高，且因为是多齿同时啮合，故齿式联轴器工作可靠，承载能力大，但制造成本高，一般多用于起动频繁，经常正、反转的重型机械。

（3）万向联轴器　如图 17-22 所示，万向联轴器由两个轴叉分别与中间的十字轴以铰链相联，万向联轴器两轴间的夹角可达 45°。单个万向联轴器工作时，两轴的瞬时角速度不相等，从而会引起冲击和扭转振动。为避免这种情况，保证从动轴和主动轴均以同一角速度等速回转，应采用双万向联轴器，如图 17-22b 所示，并满足中间轴与主、从动轴间夹角相等，及中间轴两端轴叉应位于同一平面内，图 17-22c 为实物图。

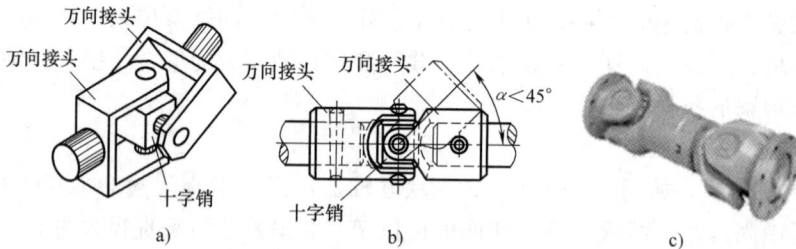

图 17-22　万向联轴器

### 3. 金属弹性元件联轴器

例如蛇形弹簧联轴器，如图 17-23 所示。它是一种结构先进的金属弹性联轴器，靠蛇形弹簧片将两轴连接并传递扭矩。蛇形弹簧联轴器减振性好，使用寿命长。梯形截面的蛇形弹簧片采用优质弹簧钢，经严格热处理，并特殊加工而成，具有良好的力学性能，从而使联轴器的使用寿命远比非金属弹性元件联轴器（如弹性套柱销、弹性柱销联轴器）长。承受变动载荷范围大，起动安全。传动效率高，经测定达 99.47%，

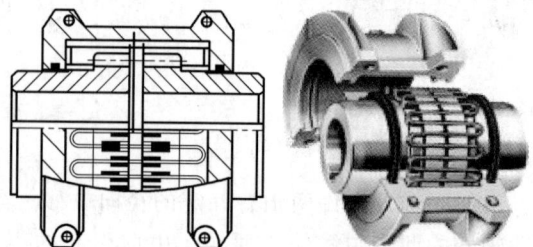

图 17-23　蛇形弹簧联轴器

其短时超载能力为额定转矩的两倍，运行安全可靠，噪声低，润滑好。结构简单，装拆方便，整机零件少，体积小，重量轻，被设计成梯形截面的弹簧片与梯形齿槽的吻合尤为方便，紧密，从而使装拆、维护比一般联轴器简便。允许有较大的安装偏差，由于弹簧片与齿弧面是点接触，所以使联轴器能获得较大的挠性。它能被安装在同时有径向、角向、轴向偏差的情况下正常工作。

**4. 非金属弹性元件联轴器**

（1）梅花形弹性联轴器  如图 17-24 所示，梅花形弹性联轴器主要由两个带凸齿的半联轴器和弹性元件组成，靠半联轴器和弹性元件的密切啮合并承受径向挤压以传递转矩，当两轴线有相对偏移时，弹性元件发生相应的弹性变形，起到自动补偿作用。梅花形弹性联轴器主要适用于起动频繁、正反转、中高速、中等转矩和要求高可靠性的工作场合，如冶金、矿山、石油、化工、起重、运输、轻工、纺织、水泵、风机等。

图 17-24  梅花形弹性联轴器

与其他联轴器相比，梅花形弹性联轴器具有以下特点：工作稳定可靠，具有良好的减振、缓冲和电绝缘性能。结构简单，径向尺寸小，重量轻，转动惯量小，适用于中高速场合。具有较大的轴向、径向和角向补偿能力。高强度聚氨酯弹性元件耐磨、耐油，承载能力大，使用寿命长，安全可靠。联轴器无需润滑，维护工作量少，可连续长期运行。

（2）弹性套柱销联轴器  如图 17-25 所示，弹性套柱销联轴器的结构与凸缘联轴器相似，只是用套有弹性圈 1 的柱销 2 代替了连接螺栓，故能吸振。安装时应留有一定的间隙，以补偿较大的轴向位移，其允许轴向位移量 $x \leq 2 \sim 6$ mm，允许径向位移量 $y \leq 0.3 \sim 0.6$ mm，允许角偏移量 $\alpha \leq 1°$。

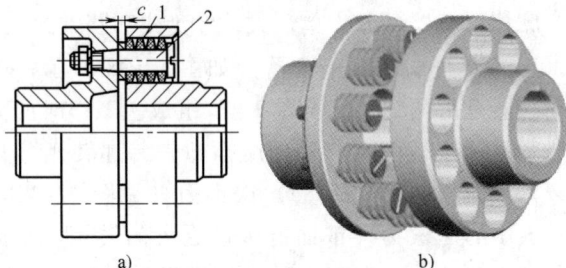

图 17-25  弹性套柱销联轴器
a）结构图  b）实物图
1—弹性圈  2—柱销

弹性套柱销联轴器结构简单，价格便宜，安装方便，适用于转速较高、有振动和经常正反转、起动频繁的场合，如电动机与机器轴之间的连接就常选用这种联轴器。

（3）弹性套柱销联轴器  弹性套柱销联轴器的结构如图 17-26 所示，它采用尼龙柱销 1 将两半联轴器连接起来，为防止柱销滑出，两侧装有挡板 2。其特点及应用情况与弹性套柱销联轴器相似，而且结构更为简单，维修安装方便，传递转矩的能力很大，但外形尺寸和转动惯量较大。

### 17.3.2 离合器

根据工作原理不同，离合器可分为牙嵌式和摩擦式两类，它们分别用牙（齿）的啮合和工作表面的摩擦力来传递转矩。离合器还可按控制离合的方法不同，分为操纵式和自动式两类。下面介绍几种典型的离合器。

**1. 牙嵌离合器**

如图 17-27 所示，它主要由端面带牙的两个半离合器 1、2 组成，通过啮合的齿来传递转矩。其中半离合器 1 固装在主动轴上，而半离合器 2 则利用导向平键安装在从动轴上，沿轴线移动。工作时，利用操纵杆（图中未画出）带动滑环 3，使半离合器 2 做轴向移动，从而实现离合器的接合或分离。

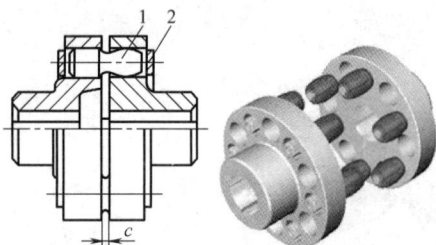

图 17-26　弹性套柱销联轴器
1—尼龙柱销　2—挡板

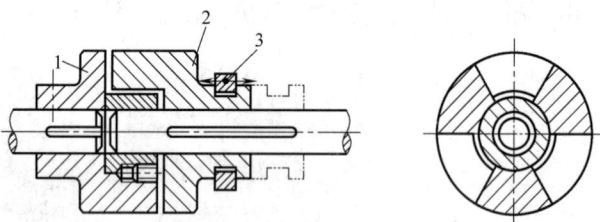

图 17-27　牙嵌离合器
1、2—半离合器　3—滑环

牙嵌离合器结构简单，尺寸小，工作时无滑动，并能传递较大的转矩，故应用较多，其缺点是运转中接合时有冲击和噪声，必须在两轴转速差很小或停车时进行接合或分离。

**2. 摩擦离合器**

摩擦离合器可分为单盘式、多盘式和圆锥式三类，这里只简单介绍前两种。

（1）单盘式摩擦离合器　如图 17-28 所示，单盘式摩擦离合器是由两个半离合器 1、2 组成。工作时两离合器相互压紧，靠接触面间产生的摩擦力来传递转矩。其接触面可以是平面（见图 17-28a）或锥面（见图 17-28b）。对于同样大小的压紧力，锥面能传递更大的转矩。半离合器 1 固装在主动轴上，半离合器 2 利用导向平键（或花键）安装在从动轴上，通过操纵杆和滑环 3 使其在轴上移动，从而实现接合和分离。

这种离合器结构简单，但传递的转矩较小。实际生产中常用多盘式摩擦离合器。

（2）多盘式摩擦离合器　如图 17-29 所示，多盘式摩擦离合器是由外摩擦片 5、内摩擦片 6、主动轴套筒 2 和从动轴套筒 4 组成。主动轴套筒用平键（或花键）安装在主动轴 1 上，从动轴套筒与从动轴 3 之间为动连接。当操纵杆拨动滑环 7 向左移动时，通过安装在从动轴套筒上的杠杆 8 的作用，使内、外摩擦盘压紧并产生摩擦力，使主、

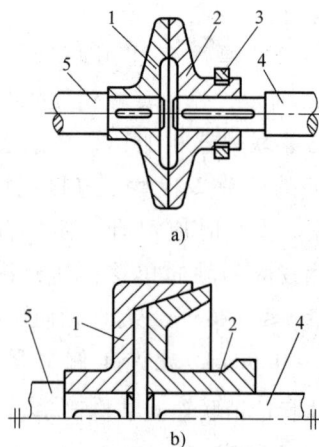

图 17-28　单盘式摩擦离合器
a）平面接触单盘式摩擦离合器
b）锥面接触单盘式摩擦离合器
1、2—半离合器　3—滑环
4—从动轴　5—主动轴

从动轴一起转动（图示为压紧状态）；当滑环向右移动时，则使两组摩擦片放松，从而主、从轴分离。压紧力的大小可通过从动轴套筒上的调节螺母来控制。

多盘式离合器的优点是径向尺寸小而承载能力大，连接平稳，因此适用的载荷范围大，应用较广。其缺点是盘数多，结构复杂，离合动作缓慢，发热、磨损较严重。

与牙嵌离合器比较，摩擦离合器的优点有：可以在被连接两轴转速相差较大时接合；接合和分离的过程较平稳，可以用改变摩擦面上压紧力大小的方法调节从动轴的加速过程；过载时的打滑可避免其他零件损坏。由于上述优点，故摩擦离合器应用较广。

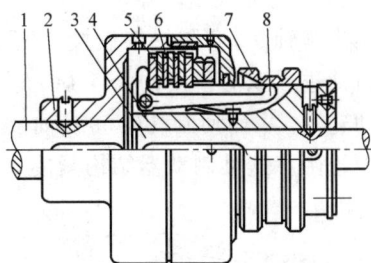

图 17-29　多盘式摩擦离合器
1—主动轴　2—主动轴套筒　3—从动轴
4—从动轴套筒　5—外摩擦片　6—内摩擦片
7—滑环　8—杠杆

其缺点有：结构较复杂，成本较高；当产生滑动时，不能保证被连接两轴精确地同步转动。

除常用的操纵式离合器外，还有自动式离合器。自动式离合器有控制转矩的安全离合器，有控制旋转方向的定向离合器，有根据转速的变化自动离合的离心式离合器。

### 17.3.3　制动器

**1. 制动器的功用和类型**

制动器一般是利用摩擦力来降低物体的速度或停止其运动的。按制动零件的结构特征，制动器可分为外抱块式、内涨式、带式等。

各种制动器的构造和性能必须满足以下要求：

1）能产生足够的制动力矩；

2）松闸与合闸迅速，制动平稳；

3）构造简单，外形紧凑；

4）制动器的零件有足够的强度和刚度，而制动器摩擦带要有较高的耐磨性和耐热性；

5）调整和维修方便。

**2. 几种典型的制动器**

（1）外抱块式制动器　外抱块式制动器，一般又称为块式制动器。图 17-30 所示为外抱块式制动器示意图。主弹簧 3 通过制动臂 4 使闸瓦块 2 压紧在制动轮 1 上，使制动器经常处于闭合（制动）状态。当松闸器 6 通入电流时，利用电磁作用将顶柱顶起，通过推杆 5 推动制动臂 4，使闸瓦块 2 与制动器松脱。瓦块的材料可用铸铁，也可在铸铁上覆以皮革或石棉带，瓦块磨损时可调节推杆 5 的长度。

上述通电时松闸，断电时制动的过程，称为常闭式。常闭式比较安全，因此在起重运输机械等设备中应用较广。松闸器也可设计成通电时制动，断电时松闸，则成为常开式。常开式制动器适用于车辆的制动。

电磁外抱块式制动器制动和开启迅速，尺寸小，质量轻，易于调整瓦块间隙，更换瓦块和电磁铁也很方便。但制动时冲击大，电能消耗也大，不宜用于制动力矩大和需要频繁起动的场合。

（2）内涨式制动器　图 17-31 所示为内涨式制动器工作简图，两个制动蹄 2、7 分别通过两个销轴 1、8 与机架铰接，制动蹄表面装有摩擦片 3，制动轮 6 与需制动的轴固联。当压力油进入双向作用的泵 4 后，推动左右两个活塞，克服弹簧 5 的作用使制动蹄 2、7 压紧制动轮 6，从而使制动轮（或轴）制动。油路卸压后，弹簧 5 的拉力使两制动蹄与制动轮分离而松闸。这种制动器结构紧凑，广泛应用于各种车辆以及结构尺寸受限制的机械中。

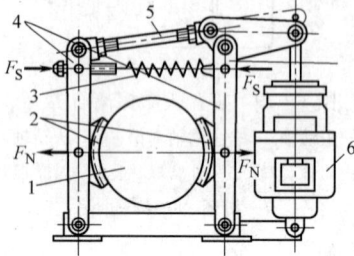

图 17-30　外抱块式制动器

1—制动轮　2—闸瓦块　3—主弹簧
4—制动臂　5—推杆　6—松闸器

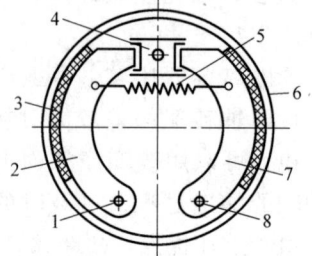

图 17-31　内涨式制动器

1、8—销轴　2、7—制动蹄　3—摩擦片
4—泵　5—弹簧　6—制动轮

## 复习思考题

17-1　汽车变速器与后桥之间的轴是传动轴，它的功用是传递运动和动力。（　　）

17-2　电动机的转子轴一定是转轴。（　　）

17-3　增大阶梯轴圆角半径的主要目的是使轴的外形美观。（　　）

17-4　提高轴刚度的措施之一是选用力学性能好的合金钢材料。（　　）

17-5　联轴器和离合器的主要区别是：联轴器靠啮合传动，离合器靠摩擦传动。（　　）

17-6　套筒联轴器主要适用于径向安装尺寸受限制并要求严格对中的场合。（　　）

17-7　若两轴刚性较好，且安装时能精确对中，可选用刚性凸缘联轴器。（　　）

17-8　齿式联轴器的特点是有齿顶间隙，能吸收振动。（　　）

17-9　工作中有冲击、振动，两轴不能严格对中时，宜选用弹性联轴器。（　　）

17-10　要求某机器的两轴在任何转速下都能接合或分离时，应选用牙嵌离合器。（　　）

17-11　只承受弯矩的轴是（　　）。

A. 传动轴　　　　　　　　　　B. 转轴　　　　　　　　　　C. 心轴

17-12　为了使套筒、圆螺母或轴端挡圈能紧靠轮毂零件的端面并可靠地进行轴向固定，轴头长度 $l$ 与被固定零件轮毂的宽度 $b$ 之间应满足（　　）。

A. $l > b$　　　　　　　　　　B. $l = b$　　　　　　　　　　C. $l < b$

17-13　同一根轴的不同轴段上有两个或两个以上的键槽时，它们在轴上按下列（　　）方式安排才合理。

A. 相互错开 90°　　　　　　　B. 相互错开 180°　　　　　　C. 安排在轴的同一母线上

17-14　将轴的结构设计成阶梯形的主要目的是（　　）。

A. 便于轴的加工　　　　　　　B. 便于轴上零件的固定和装拆　C. 提高轴的刚度

17-15　轴上零件的周向固定方式有多种形式。对于普通机械，当传递转矩较大时，宜采用（　　）。

A. 花键连接　　　　　　　　　B. 切向键连接　　　　　　　　C. 销连接

17-16　选用合金钢代替碳素钢作轴的材料可以使轴的（　　）得以有效提高。

A. 刚度 　　　　　　　　　　B. 强度 　　　　　　　　　　C. 抗振性

17-17　滑块联轴器主要适用于（　　　）。

A. 转速不高、有剧烈的冲击载荷、两轴线又有较大相对径向位移的连接

B. 转速不高、没有剧烈的冲击载荷、两轴线又有较大相对径向位移的连接

C. 转速较高、载荷平稳且两轴严格对中的连接

17-18　牙嵌离合器适合于（　　　）。

A. 只能在很低转速或停车时接合　　B. 任何转速下都能接合

C. 高速转动时接合

17-19　刚性联轴器和弹性联轴器的主要区别是（　　　）。

A. 弹性联轴器内有弹性元件，而刚性联轴器内则没有

B. 弹性联轴器能补偿两轴较大的偏移，而刚性联轴器不能补偿

C. 弹性联轴器过载时打滑，而刚性联轴器不能

17-20　生产实践中，一般电动机与减速器的高速级的连接常选用（　　　）联轴器。

A. 凸缘 　　　　　　　　　　B. 滑块 　　　　　　　　　　C. 弹性套柱销

17-21　制动器的功用是什么？（　　　）

A. 将轴与轴连成一体使其一起运转　　B. 用来实现过载保护

C. 用来降低机械运动速度或使机械停止运转

# 第18章 钳 工

【本章学习要点】

主要内容：常用量具；划线、锯削、锉削、錾削、钻孔、扩孔、铰孔、攻螺纹与套螺纹、刮削、研磨、装配等钳工工艺。

学习目的与要求：掌握常用量具的正确使用方法；掌握划线、锯削、锉削、錾削、钻孔、扩孔、铰孔、攻螺纹与套螺纹、刮削、研磨、装配等钳工工艺。

学习重点：划线、锯削、锉削、錾削、钻孔、扩孔、铰孔、攻螺纹与套螺纹、刮削、研磨、装配等钳工工艺。

钳工是操作者手持工具对金属材料进行加工的方法。钳工操作灵活，工具简单，可以完成不能或不适合机械加工的某些零件的加工，所以，虽然钳工劳动强度大，生产效率低，但仍然在机械制造和修配工作中占有重要地位。

钳工的工作范围很广，随着生产的发展，钳工已有了明显的专业分工，如普通钳工、划线钳工、模具钳工、装配钳工、修理钳工、工具样板钳工、钣金钳工等。钳工是目前机械制造和设备修理工作中不可缺少的重要工种，其基本工艺包括划线、锯削、锉削、錾削、钻孔、扩孔、铰孔、攻螺纹与套螺纹、刮削、研磨、装配等。

钳工的大多数操作是在钳工台上进行的，另外钳工场地还常常配有划线平台、钻床、砂轮机等。

钳工台一般用硬质木材制成，高度在 800～900mm，钳工台上装有台虎钳。台虎钳如图18-1 所示，是夹持工件的主要工具，其规格用钳口宽度表示，常用规格有 100mm、125mm 和 150mm。

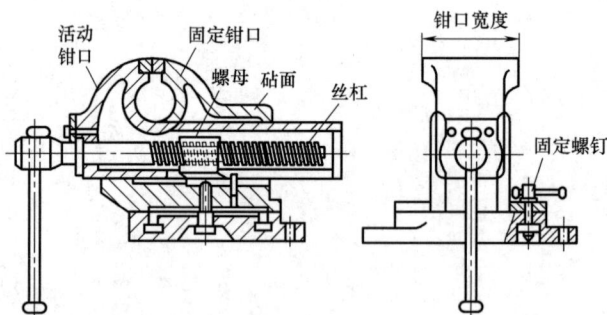

图 18-1　台虎钳

使用台虎钳应注意以下事项：

1）工件应装夹在钳口中部，以使钳口受力均匀。

2）工件的夹紧应稳固可靠，便于加工，并且工件不能产生变形。

3）当转动手柄夹紧工件时，不准用套管接长手柄或用锤子敲击手柄，以免损坏台虎钳丝杠或螺母。

4）不要在活动钳身的光滑表面进行敲击作业，以免降低钳身间的配合性能。锤击应在砧面上进行。

5）夹持工件的光洁表面时，钳口应垫铜皮或铝皮。

## 18.1　量具

量具是用来测量零件尺寸和几何公差的工具。在零件加工前后和加工过程中，一般都用到量具。

下面介绍几种常用的量具。

### 18.1.1　金属直尺

金属直尺是采用不锈钢制成的简单量具，其长度规格有 150mm、300mm、1000mm 等，主要用来测量精度要求不高的零件尺寸或毛坯尺寸。金属直尺及其使用方法如图 18-2 和图 18-3 所示。

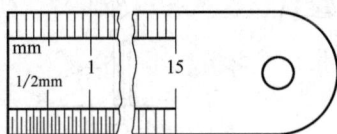

图 18-2　金属直尺

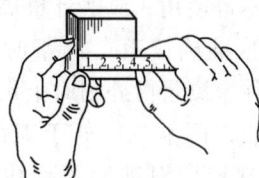

图 18-3　金属直尺的使用方法

### 18.1.2　游标卡尺

游标卡尺是一种测量精度较高的量具，它可以测量工件的内径、外径、长度和深度的尺寸，如图 18-4 所示。普通游标卡尺按测量精度不同，分为 0.1mm、0.05mm、0.02mm 三个量级；按测量尺寸范围有 0~125mm、0~150mm、0~200mm、0~300mm 等。

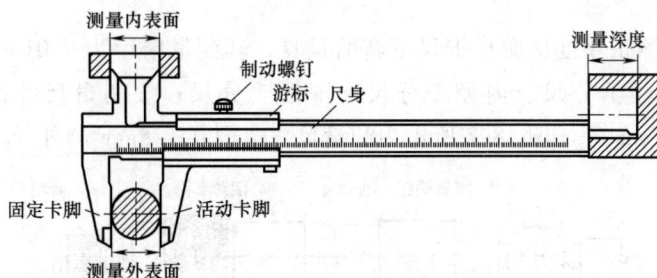

图 18-4　游标卡尺

**1. 刻线原理**

精度为 0.02mm 的游标卡尺的刻线原理和读数方法如图 18-5 所示。尺身上每小格长度为 1mm。当两卡爪贴合（尺身和游标的零线重合）时，尺身上的 49 小格正好等于游标上的 50 小格。游标上每小格长度为 49mm/50＝0.98mm，即尺身和游标每格相差 0.02mm。

### 2. 读数方法

测量读数时，先由游标零线以左的尺身上读出最大的整毫米数，然后在游标尺上根据尺身刻线对准的刻线数乘以 0.02 读出小数，将读出的整数和小数相加即为测量的尺寸。

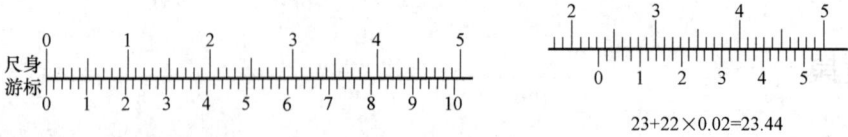

23+22×0.02=23.44

图 18-5　精度为 0.02mm 的游标卡尺的刻线原理和读数方法

### 3. 测量方法

游标卡尺的测量方法如图 18-6 所示。

### 4. 使用注意事项

（1）检查零线　按规定，使用卡尺前应检查零线。尺身和游标的零线对不齐时不得使用，应送计量部门检修。

（2）准确读数　测量时要求卡尺卡正工件，测量内外圆时卡尺应垂直于工件轴线，两卡爪应处于工件直径处；读数时视线要对准所读刻线并垂直尺面；当需取出卡尺再读数时，卡尺取出之前应拧紧制动螺钉将其紧锁。

（3）卡尺保养　卡尺卡紧工件时

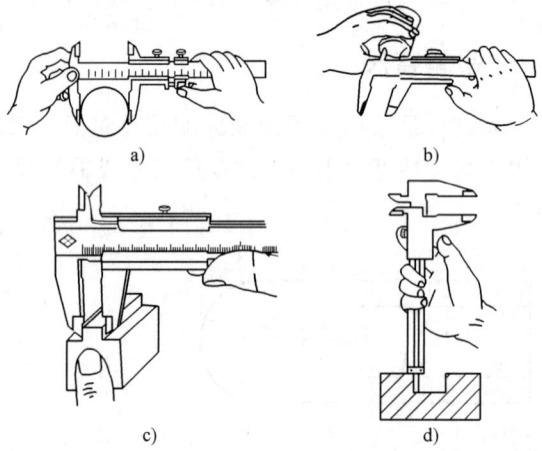

图 18-6　游标卡尺的测量方法
a）测量外径　b）测量内径　c）测量宽度　d）测量深度

用力要适当，防止卡爪变形和磨损；不得用卡尺测量毛坯表面和正在运动的工件；卡尺不得随意放置，用后应放置在卡尺盒内；卡尺长期不用，应涂油保存在卡尺盒内。

## 18.1.3　外径千分尺

外径千分尺是测量精度比游标卡尺更高的量具，其测量精度为 0.01mm。外径千分尺按用途不同，分为外径千分尺、内径千分尺和深度千分尺；按测量尺寸范围有 0～25mm、25～50mm、50～75mm 等。图 18-7 所示为测量尺寸范围 0～25mm 的外径千分尺。

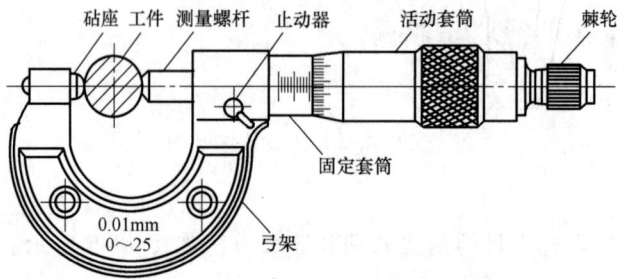

砧座　工件　测量螺杆　止动器　　活动套筒　　棘轮

固定套筒

0.01mm
0～25

弓架

图 18-7　外径千分尺

**1. 刻线原理**

外径千分尺的刻线原理和读数方法如图 18-8 所示。固定套筒在轴线方向上刻有一条中线（基准线），中线上下两排刻线相互错开 0.5mm，即主尺。活动套筒左端圆周上均布 50 根刻度线，即副尺。活动套筒转动一周，带动测量螺杆轴向移动 0.5mm，因此，活动套筒转动一格，测量螺杆轴向移动距离为 0.5mm/50 = 0.01mm。当外径千分尺的测量螺杆与固定砧座接触时，活动套筒边缘与轴向刻度的零线重合，同时圆周上的零线应与中线对准。

**2. 读数方法**

被测工件的尺寸 = 副尺所指的主尺上整数 + 主尺中线所指的副尺的格数 ×0.01mm。

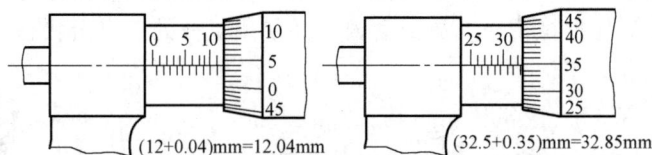

(12+0.04)mm=12.04mm       (32.5+0.35)mm=32.85mm

图 18-8　外径千分尺的刻线原理和读数方法

**3. 测量方法**

外径千分尺的使用方法如图 18-9 所示。

**4. 使用注意事项**

1）按规定，外径千分尺使用前应检查零线。测量螺杆与固定砧座接触时若活动套筒的零线与固定套筒的中线不能对准，则不得使用，应送计量部门检修。

2）测量时，最好双手把握外径千分尺，左手握住弓架，用右手旋转活动套筒。当测量螺杆接触工件时，严禁再拧活动套筒，必须旋转右端棘轮，当棘轮发出"嘎嘎"声时，表示压力适当，即应停止旋转。

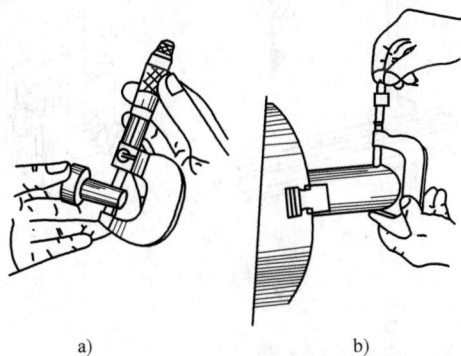

a)　　　　　　　　　b)

图 18-9　外径千分尺的使用方法

a) 测量小零件外径　b) 在机床上测量工件外径

3）读取尺寸可在工件未取下前进行，读数后松开外径千分尺再取下工件；也可将外径千分尺用止动器锁紧后，从工件上取下再读数。

4）不得用外径千分尺测量毛坯表面和正在运动的工件。

5）外径千分尺使用后应擦拭干净，放回盒内，不得随意放置。

## 18.1.4　百分表

百分表是读数准确度为 0.01mm 的比较量具，它只能测出相对数值，不能测出绝对数值，主要用于校正工件的安装位置、检验几何公差等。

百分表如图 18-10 所示。当测量杆 1 向下或向上移动 1mm 时，通过测量杆上的齿条和

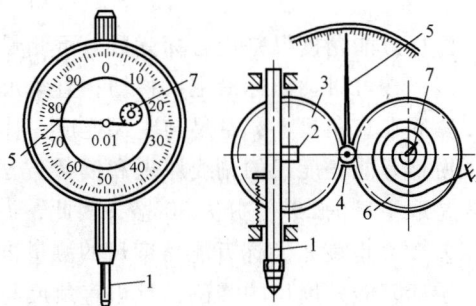

图 18-10　百分表

1—测量杆　2、3、4、6—齿轮　5—大指针　7—小指针

几个齿轮带动大指针5转一周，小指针7转一格。刻度盘在圆周上有100等分的刻度线，其每格的读数值为0.01mm，小指针每格的读数值为1mm。测量时，大小指针读数变化值之和即为尺寸变化量。小指针处的刻度范围就是百分表的测量尺寸范围。刻度盘可以转动，供测量时调整大指针对零位线之用。

使用百分表应注意以下事项：

1）使用前，应检查测量杆的灵活性。具体做法是：轻轻推动测量杆，看它是否在套筒内灵活移动；每次松开手后，指针应回到原来的刻度位置。

2）使用时必须将百分表固定在表架上，如图18-11所示。

3）测量平面时，测量杆应与平面垂直；测量圆柱面时，测量杆应与工件的轴线垂直。

4）百分表使用后应擦拭干净，放回盒内，并使测量杆处于自由状态。

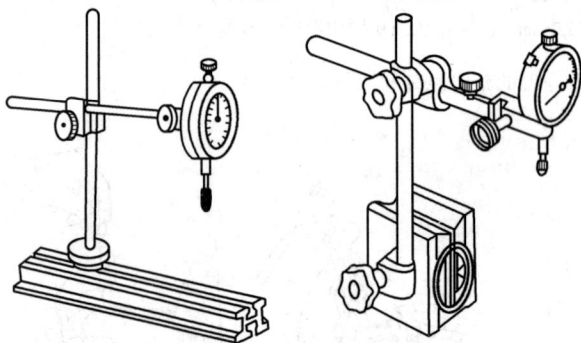

图 18-11　表架

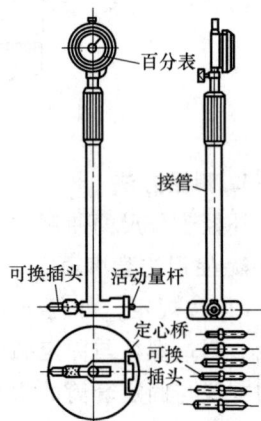

图 18-12　内径百分表

## 18.1.5　内径百分表

内径百分表如图18-12所示，是百分表的一种，其测量精度为0.01mm，用来测量孔径的尺寸公差及其形状精度。内径百分表备有成套的可换插头及附件，供测量不同孔径时选用。内径百分表测量范围有6~10mm、10~18mm、18~35mm、35~50mm、50~100mm、100~160mm等。

## 18.1.6　游标万能角度尺

游标万能角度尺是用游标读数、可测量任意角度的量尺。游标万能角度尺如图18-13所示，扇形板可带动游标沿主尺移动；直角尺可用卡块2紧固在扇形板上；可移动的直尺用卡块1紧固在直角尺上；基尺与主尺连成一体。

游标万能角度尺的刻线原理和读数方法与游标卡尺相同。主尺刻线每格为1°。游标的刻线是取主尺的29°等分为30格，因此，游标刻线每格为29°/30 = 58′，即主尺与游标的每格相差2′，也就是游标万能角度尺的测量准确度为2′。

游标万能角度尺的零位，是当直角尺与直尺均装上，且直角尺的底边与直尺无间隙接触时，主尺与游标的"0"线对准。测量时应先校对零位，然后通过改变基尺、直角尺、直尺的相互位置，测量0°~320°范围内的任意角度。

### 18.1.7　塞尺

塞尺是测量间隙的薄片量尺，如图 18-14 所示，它由一组厚度不等的薄钢片组成，每个钢片上印有厚度标记。

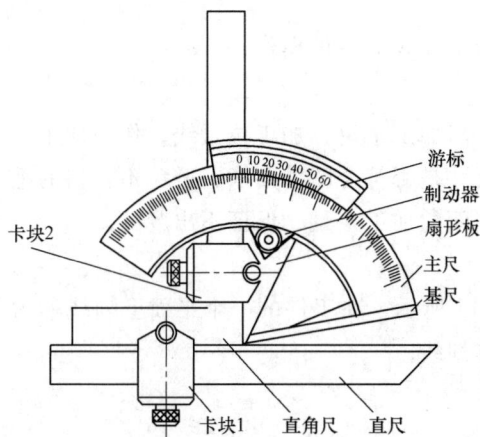

图 18-13　游标万能角度尺

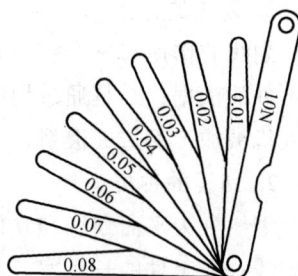

图 18-14　塞尺

测量时，根据被测间隙的大小选择厚度适当的一个或几个尺片插入被测间隙。当一片或数片尺片能塞进被测间隙，则一片或数片尺片厚度即为被测间隙的间隙值。若某被测间隙能塞进 0.05mm 的尺片，换用 0.06mm 的尺片则不能塞入，说明该间隙在 0.05 ~ 0.06mm 之间。

测量时选用的尺片数越少越好，且必须先擦净尺面和工件，插入时用力不能太大，以免折弯或折断尺片。

### 18.1.8　刀口形直尺

刀口形直尺简称刀口尺，是用光隙法检验直线度或平面度的量尺。刀口形直尺及其应用如图 18-15 所示。

### 18.1.9　直角尺

直角尺是检验直角用非刻线量尺，用来检查工件两垂直面的垂直度。直角尺及其应用如图 18-16 所示。

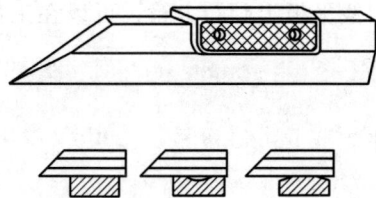

图 18-15　刀口形直尺及其应用

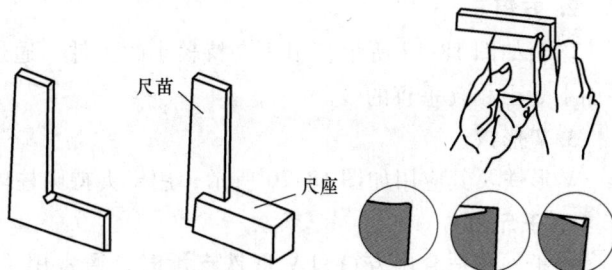

图 18-16　直角尺及其应用

## 18.2 划线

### 18.2.1 划线的作用和种类

划线是根据图样要求在毛坯或半成品上划出加工界线的一种操作。

**1. 划线的作用**

划线的作用有三个：一是在毛坯上明确地表示出加工余量、加工位置线，作为加工、安装工件的依据；二是通过划线检查毛坯的形状和尺寸是否符合图样要求，避免不合格的毛坯投入机械加工而造成浪费；三是合理分配各加工表面的加工余量，保证不出废品。

**2. 划线的种类**

划线分为平面划线和立体划线两类，如图 18-17 所示。在工件的一个平面上划线称为平面划线；在工件的长、宽、高方向上划线称为立体划线。

### 18.2.2 划线工具

划线工具分为三类：基准工具、支承工具和直接划线工具，具体有：划线平板、方箱、V 形铁、千斤顶、划针、划规、划卡、划线盘、高度尺、高度游标卡尺、样冲、锤子等。

**1. 划线平板**

划线平板如图 18-18 所示，是划线的基准工具。它一般用铸铁制造，上表面是划线用基准平面，要求平直、光洁。划线平板应安放稳固，上表面保持水平，不允许碰撞和敲击划线平板。若长期不用，划线平板上表面应涂油防锈，并用木板护盖。

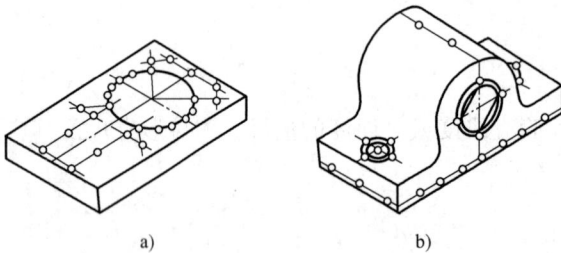

图 18-17 划线
a) 平面划线　b) 立体划线

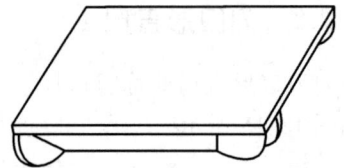

图 18-18 划线平板

**2. 方箱**

方箱如图 18-19 所示，用于夹持较小的工件。通过在划线平板上翻转方箱，可以在工件平面上划出相互垂直的线。

**3. V 形铁**

V 形铁及其应用如图 18-20 所示，用于夹持圆柱体工件。

**4. 千斤顶**

当工件不适合用方箱和 V 形铁支承时，通常用千斤顶支承工件。千斤顶及其应用如图 18-21 所示。

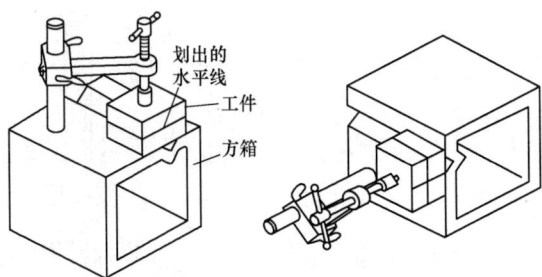

图 18-19　方箱

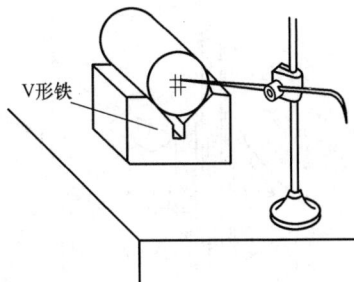

图 18-20　V 形铁及其应用

### 5. 划针

划针多用于平面划线，其使用方法如图 18-22 所示。

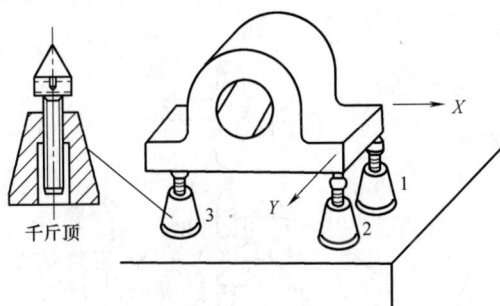

图 18-21　千斤顶及其应用

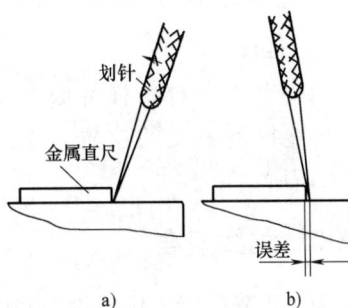

图 18-22　划针的使用方法

a）正确　b）错误

### 6. 划规

划规如图 18-23 所示，用于划圆或弧线、等分线段和量取尺寸。

### 7. 划卡

划卡是用来确定轴和孔的中心位置的工具。划卡及其使用方法如图 18-24 所示。

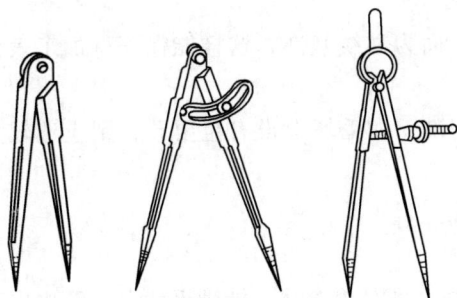

图 18-23　划规

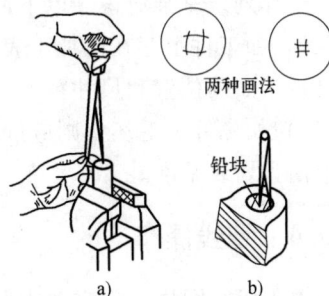

图 18-24　划卡及其使用方法

### 8. 划线盘

划线盘是立体划线和校正工件位置时常用的工具。划线盘的应用如图 18-25 所示。

### 9. 游标高度尺

游标高度尺如图 18-26 所示，是精密工具，既可测量高度，也可用于半成品的精密划线。但不能用于毛坯划线，否则易损坏硬质合金划线脚。

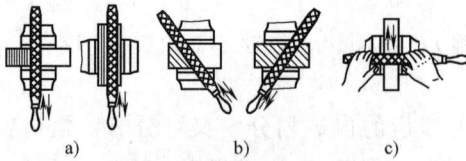

图 18-34　平面锉削方法

a）顺锉法　b）交叉锉法　c）推锉法

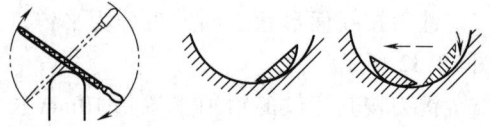

图 18-35　滚锉法

顺锉法适用于较小平面的锉削。图 18-34a 所示左图多用于粗锉，右图只用于修光表面。

交叉锉法适用于粗锉较大平面，锉削效率高；锉刀易握持平稳，有利于锉出比较平整的平面。交叉锉后可以采用图 18-34a 所示右图或推锉法修光平面。

推锉法仅用于修光平面，尤其适宜修光窄而长的平面。

锉削平面时，工件的平直度及直角可用透光法和直角尺来检查，如图 18-36 所示。

图 18-36　检查平直度和直角

a）检查平直度　b）检查直角

滚锉法用于锉削内外圆弧面和内外倒角。锉削外圆弧时，锉刀除向前运动外还要沿圆弧面摆动；锉削内圆弧时，锉刀除向前运动外，锉刀本身还要做旋转运动和向左运动。

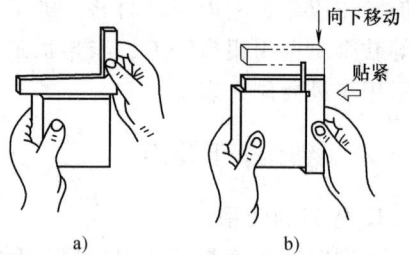

**3. 锉削操作注意事项**

1）锉削操作时，锉刀必须装柄使用，以免刺伤手心。

2）由于台虎钳钳口经过淬火处理，不要锉到钳口上，以免磨钝锉刀和损坏钳口。

3）锉削过程中不允许用手抚摸工件表面，以免锉削时打滑。

4）锉面堵塞后，用钢丝刷顺着锉纹方向刷去切屑。

5）锉下来的屑末要用毛刷清除，不允许用嘴吹，以免屑末进入眼内。

6）锉削铸件时，应先去除铸件上的硬皮和粘砂，然后再锉削。

# 18.5　钻孔、扩孔和铰孔

孔加工除了少部分由车、镗、铣等机床完成外，很大一部分是由钳工利用钻床完成的。钳工孔加工的方法一般指钻孔、扩孔和铰孔。用钻床加工不方便的场合，则常用手电钻进行钻孔、扩孔，用手铰刀进行铰孔。

## 18.5.1　钻床

常用的钻床有台式钻床、立式钻床和摇臂钻床三种，另外手电钻也是常用的钻孔工具。台式钻床适用于加工小型零件上 $\phi \leq 13\text{mm}$ 的小孔，立式钻床主要用于加工中小型工件上的中小孔，摇臂钻床适合于大型工件上的孔加工。

台式钻床简称台钻，如图 18-37 所示，是一种放在工作台上使用的小型钻床。台钻重量轻，移动方便，转速较高（最低转速在 400r/min 以上），主轴的转速可用改变 V 带在带轮

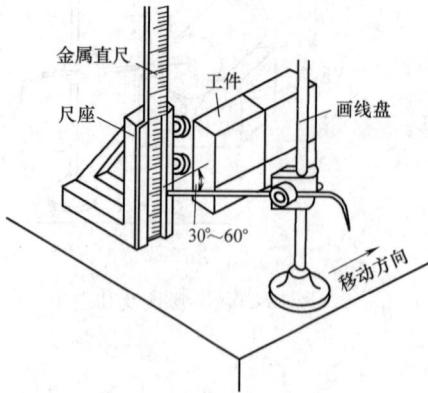

图 18-25　用划线盘划线

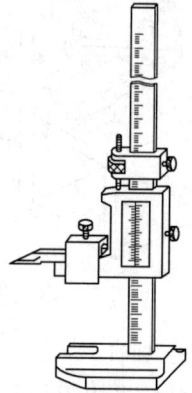

图 18-26　游标高度尺

**10. 样冲**

用来在线上打出样冲眼，以备所划的线模糊后，仍能找到原线的位置。样冲及其使用方法如图 18-27 所示。

### 18.2.3　划线基准

为了正确确定工件各部分的几何形状、尺寸和相对位置，必须选定工件上的某些点、线或面作为划线依据。这样的划线依据称为划线基准。

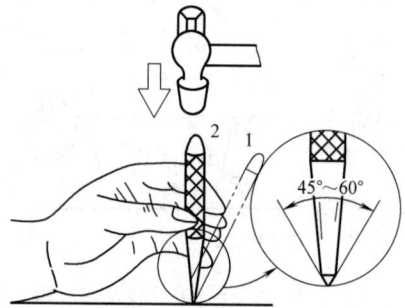

图 18-27　样冲及其使用方法

常见的划线基准有：①以两个互相垂直的平面（或线）为基准，如图 18-28a 所示；②以两个互相垂直的中心平面（或线）为基准，如图 18-28b所示；③以一个面和一对称平面（或线）为基准，如图 18-28c 所示；④以重要孔的中心线为基准。

选择划线基准应遵循以下原则：

1）如工件上存在已加工表面，则应以已加工表面为划线基准，这样能保证待加工表面和已加工面的位置和尺寸精度。

2）如工件为毛坯，则应选重要孔的中心线为基准；如毛坯上没有重要孔，则应选较大的平面为划线基准。

### 18.2.4　划线操作

首先研究图样，确定划线部位和划线基准；检查毛坯是否合格，清理毛坯上的氧化皮和毛刺；在划线部位涂一层涂料（铸、锻件涂大白浆，已加工表面涂品紫或品绿颜料）；用木块或铅块堵毛坯上的孔，以便确定孔的中心位置；最后进行划线操作。

划线操作注意事项：

1）工件夹持要稳固，以防工件滑倒或移动。

2）在一次支承中，应将需要划出的平行线划全，以免再次支承补划，造成误差。

3）应正确使用划线工具，以免产生误差。

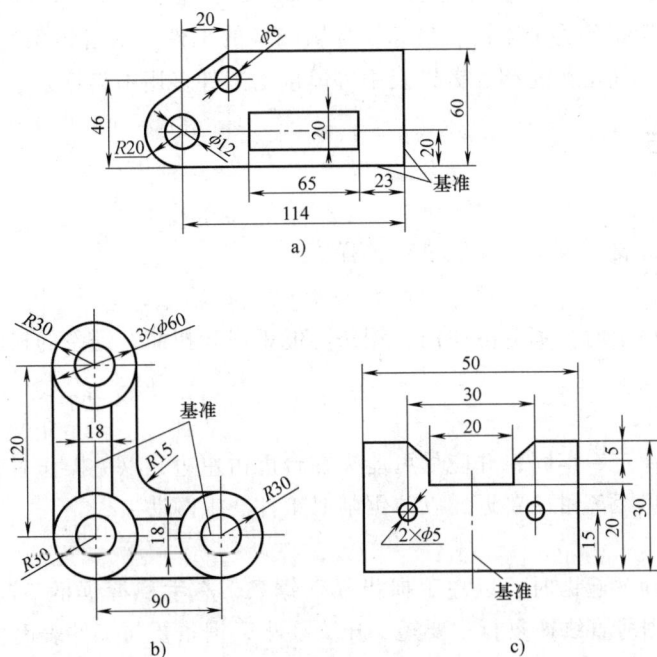

图 18-28 划线基准

## 18.3 锯削

锯削是用手锯切断金属材料或在工件上切槽的操作。锯削的工件范围包括：分割各种材料或半成品，如图 18-29a 所示；锯掉工件上多余部分，如图 18-29b 所示；在工件上锯槽，如图 18-29c 所示等。

### 18.3.1 锯条

锯条多用碳素工具钢制成。锯条的规格用锯条两安装孔之间的距离表示。常见的锯条尺寸是：长 300mm，宽 12mm，厚 0.8mm。锯条切削部分是由许多锯齿组成的，其形状如图 18-30 所示，后角为 $40°\sim45°$，楔角为 $45°\sim50°$。

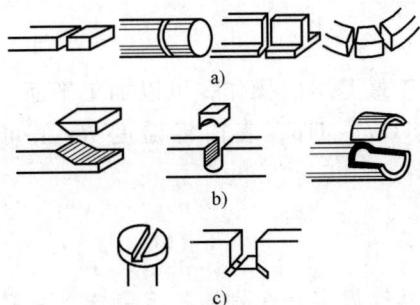

图 18-29 锯削的工件范围

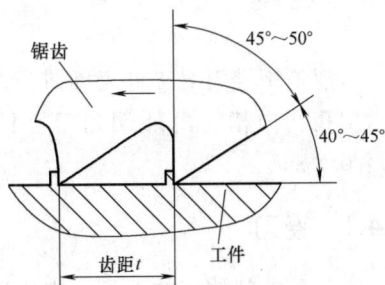

图 18-30 锯齿形状

锯齿按齿距的大小，可分为粗齿（$t = 1.6$mm）、中齿（$t = 1.2$mm）及细齿（$t = 0.8$mm）三种。粗齿锯条适于锯铜、铅等软金属和厚的工件。细齿锯条适用于锯较硬的钢、板料、薄壁管子等。加工普通钢、铸铁及中等厚度的工件多用中齿锯条。

## 18.3.2 锯削方法

**1. 选择锯条**

锯条应根据工件材料及工件厚度进行选择。

**2. 安装锯条**

锯条安装在锯弓上时，锯齿应向前，锯条不能歪斜和扭曲，锯条的松紧要适中，否则锯削时易折断锯条。

**3. 安装工件**

工件夹持要求稳定、牢固，并应尽可能夹在台虎钳左边，以免操作时碰伤左手；工件伸出钳口要短，且锯口距离钳口要近，以防锯削时工件产生颤动。

**4. 起锯**

起锯姿势要正确。起锯时，以左手拇指靠住锯条，右手稳握锯柄，起锯角稍小于 15°，如图 18-31 所示。锯弓直线往复行程要短，压力要小，锯条要与工件表面垂直。

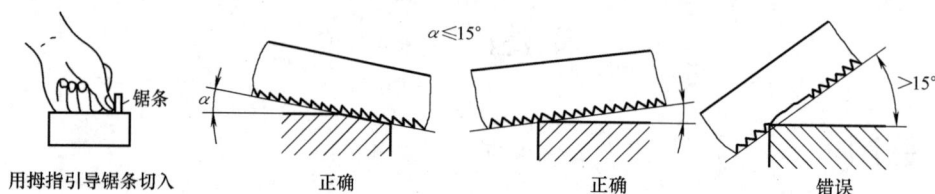

图 18-31 锯削方法

**5. 锯削动作要领**

右手握锯柄，左手轻扶锯弓前端；锯弓应直线运行，不可摆动；前推时压力要均匀，返回时从工件表面轻轻滑过；尽量使用锯条全长，应至少使锯条全长的 2/3 参加锯削，以减小锯条磨损；快锯断时用力要轻，以免碰伤手臂和折断锯条；锯削速度以每分钟往复 60 次左右为宜，锯削硬材料速度可低些，锯削软材料速度可高些；锯削钢件可加全损耗系统用油润滑。

## 18.4 锉削

锉削是用锉刀对工件表面进行加工的操作，是钳工最基本的操作，可以加工平面、曲面、型孔、沟槽、内外倒角等。锉削加工精度可达 IT7 ~ IT8，表面粗糙度 $Ra$ 值可达 $1.6 \sim 0.8\mu m$。

### 18.4.1 锉刀

锉刀是锉削使用的工具，它由碳素工具钢制成，其锉齿多是在剁锉机上剁出，并经淬火、回火处理。锉刀的锉纹多制成双纹，这样锉削时省力，且不易堵塞锉面。

**1. 锉刀种类**

锉刀按断面形状不同，可分为平锉（又称板锉）、半圆锉、方锉、三角锉、圆锉等，如图 18-32 所示。

锉刀按其齿纹的粗细（以每 10mm 长的锉面上锉齿的齿数划分）又可分为：粗齿锉刀（4~12 齿）、中齿锉刀（13~23 齿）、细齿锉刀（30~40 齿）、油光齿锉（50~62 齿）。锉刀长度规格有 100mm、150mm、200mm、250mm、300mm、350mm、400mm 7 种。

**2. 锉刀的选用**

锉刀长度按加工表面的大小选用；锉刀的断面形状按加工表面的形状选用；锉刀齿纹粗细的选用应综合考虑工件材料、加工余量、加工精度、表面粗糙度等因素，粗加工或锉铜、铝等软金属选用粗齿锉刀，半精加工或锉削钢、铸铁等选用中齿锉刀，细齿锉刀和油光齿锉只适用于最后修光表面。

## 18.4.2 锉削操作要点

**1. 锉刀的使用**

锉削时应正确掌握锉刀的握法及施力的变化。使用大的锉刀时，右手握住锉柄，左手压在锉刀前端，使其保持水平，如图 18-33a 所示；使用中型锉刀时，因用力较小，可用左手的拇指和食指握住锉刀的前端部，以引导锉刀水平移动，如图 18-33b 所示。

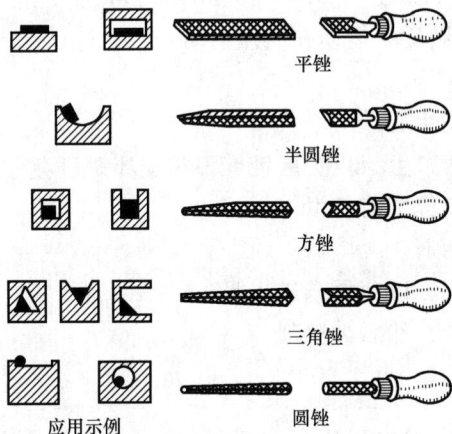

图 18-32 锉刀的种类

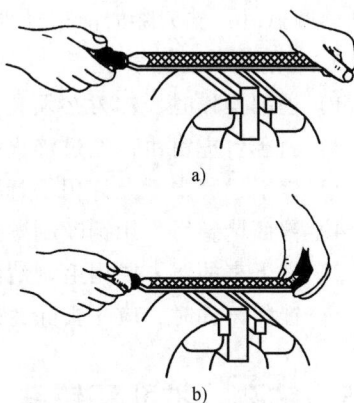

图 18-33 锉刀的握法

锉削平面时应始终保持锉刀水平移动，因此要特别注意两手施力的变化。开始推进锉刀时，左手压力大于右手压力；锉刀推到中间位置时，两手的压力相等；再继续推进锉刀，左手的压力逐渐减小，右手的压力逐渐增大。锉刀返回时不加压力，以免磨钝锉齿和损伤已加工表面。

**2. 锉削方法**

工件必须牢固地夹在台虎钳钳口中部，并略高于钳口；夹持已加工表面时，应在钳口与工件间垫以铜皮或铝皮。

常用的锉削方法有顺锉法、交叉锉法、推锉法和滚锉法，前三种用于平面锉削，后一种用于弧面锉削，如图 18-34 和图 18-35 所示。

上的位置来调节。

## 18.5.2 钻孔

钻孔是用钻头在实体材料上加工孔的方法。在钻床上钻孔时，工件固定不动，钻头既做旋转运动，又沿轴线向下移动。钻孔属于粗加工，加工精度为 IT11 ~ IT14，表面粗糙度 $Ra$ 值为 12.5 ~ 50μm。

**1. 麻花钻**

麻花钻是钻孔最常用的刀具，其组成和切削部分的结构如图 18-38 和图 18-39 所示。麻花钻的前端为切削部分，它有两个对称的主切削刃，钻头顶部有横刃，横刃使钻削时轴向力增加。麻花钻有两条螺旋槽和两条刃带，螺旋槽的作用是形成切削刃和向孔外排屑；刃带的作用是减少钻头与孔壁的摩擦并导向。由麻花钻的结构可知，它的刚性和导向性均比较差，因此只能用麻花钻钻直径不大的孔。

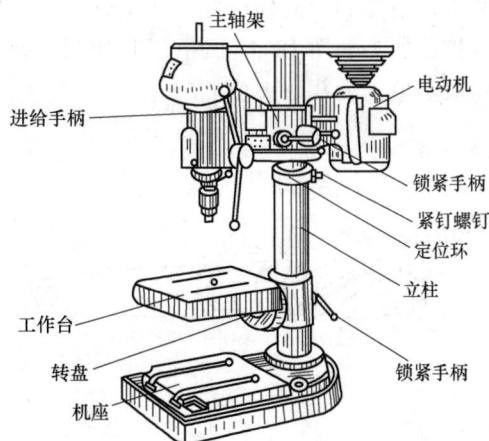

图 18-37 台式钻床

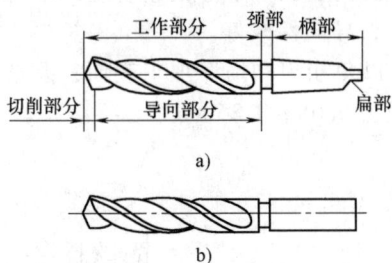

图 18-38 麻花钻
a) 锥柄钻头 b) 直柄钻头

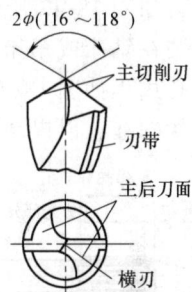

图 18-39 麻花钻的切削部分

**2. 钻孔方法**

按划线钻孔时，一定要使麻花钻的尖头对准孔中心的样冲眼。钻削开始时，要用较大的力向下进给，以免钻头在工件表面上来回晃动而不能切入。用麻花钻头钻较深的孔时，要经常退出钻头以排出切屑和进行冷却，否则可能使切屑堵塞在孔内卡断钻头或由于过热而增加钻头的磨损。钻孔时为了降低切削温度和提高钻头寿命，要加切削液。钻孔临近钻透时，压力应逐渐减小。钻 $\phi > 30$mm 的孔，由于有很大的轴向抗力，很难一次钻出，这时可先钻出一个直径较小的孔（一般为加工孔径的 0.2 ~ 0.4 倍），然后用第二支麻花钻将孔扩大到所要求的直径。

## 18.5.3 扩孔

扩孔是用扩孔钻对已有孔的进一步加工，以扩大孔径，提高孔的加工精度和降低表面粗糙度值。扩孔属于半精加工，加工精度为 IT9 ~ IT10，表面粗糙度 $Ra$ 值为 3.2 ~ 6.3μm。

扩孔钻如图 18-40 所示，其形状与麻花钻相似，但扩孔钻有 3 ~ 4 条切削刃，钻芯较短，无横刃，刚性和导向性较好，切削较平稳，因此其加工质量比钻孔高。

扩孔加工如图 18-41 所示，其切削运动与钻孔相同。扩孔的加工余量为 0.5 ~ 4.0mm，小孔取小值，大孔取大值。

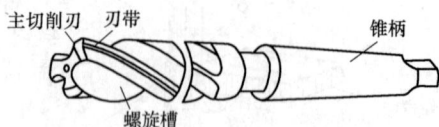

图 18-40　扩孔钻

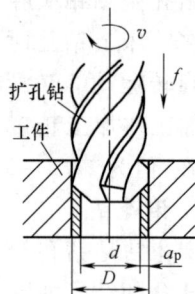

图 18-41　扩孔加工

## 18.5.4　铰孔

铰孔是用铰刀对孔进行精加工的方法，加工精度为 IT7 ~ IT8，表面粗糙度 $Ra$ 值为0.8 ~ 1.6$\mu$m。

铰刀如图 18-42 所示，分为机用铰刀和手用铰刀。机用铰刀的切削部分较短，多为锥柄，安装在钻床或车床上使用；手用铰刀的切削部分较长，导向性较好。

铰孔过程如图 18-43 所示。铰孔时，铰刀不能反转，以免崩刃和损坏加工表面；要选用合适的切削液，以提高孔加工质量；铰孔的加工余量一般为 0.05 ~ 0.25mm。

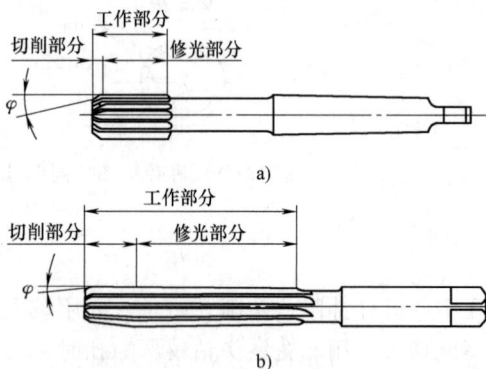

图 18-42　铰刀
a）机用铰刀　b）手用铰刀

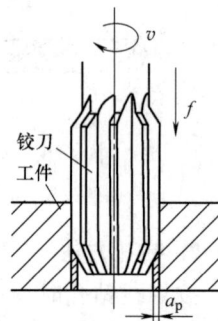

图 18-43　铰孔过程

# 18.6　攻螺纹和套螺纹

## 18.6.1　攻螺纹

攻螺纹是用丝锥加工内螺纹的操作。

**1. 丝锥**

丝锥是专门用来攻螺纹的工具，其结构形状如图 18-44 所示。丝锥的前端为切削部分，有锋利的切削刃，起主要的切削作用；中间定径部分，则起修光螺纹和引导丝锥的作用。

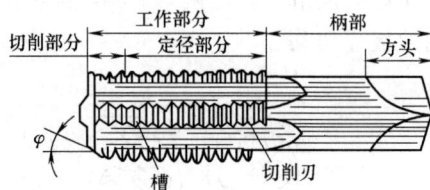

图 18-44 丝锥

手用丝锥从 M3～M20，每种尺寸多为两支一组，称为头锥、二锥。两支丝锥的区别，在于其切削部分的不同：头锥切削部分有 5～7 个不完整的牙齿，其斜角 $\varphi$ 较小；二锥有 1～2 个不完整的牙齿，切削部分的斜角 $\varphi$ 较大。攻螺纹时，先用头锥，再用二锥。机用丝锥一般只有一支。

**2. 攻螺纹的操作**

（1）钻螺纹底孔　底孔的直径（即钻头直径）可查手册或按经验公式计算。

加工钢等塑性材料时，计算钻头直径的经验公式为

$$D_0 = D - P$$

式中　$D_0$——钻头直径，单位为 mm；

$\qquad$ $D$——螺纹公称直径，单位为 mm；

$\qquad$ $P$——螺距，单位为 mm。

加工铸铁等脆性材料时，计算钻头直径的经验公式为

$$D_0 = D - 1.1P$$

式中　$D_0$——钻头直径，单位为 mm；

$\qquad$ $D$——螺纹公称直径，单位为 mm；

$\qquad$ $P$——螺距，单位为 mm。

攻不通孔的螺纹时，丝锥不能攻到孔底，所以孔的深度要大于螺纹长度，计算不通孔深度的经验公式为

$$L_0 = L + 0.7D$$

式中　$L_0$——不通孔深度，单位为 mm；

$\qquad$ $L$——螺纹有效长度，单位为 mm；

$\qquad$ $D$——螺纹公称直径，单位为 mm。

（2）用头锥攻螺纹　如图 18-45 所示，开始用头锥攻螺纹时，必须先旋入 1～2 圈，检查丝锥是否与孔的端面垂直（可用目测或直角尺在互相垂直的两个方向检查），并

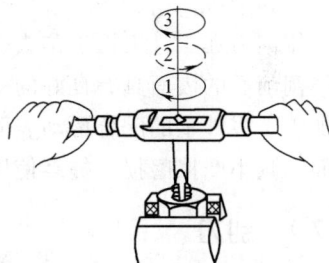

图 18-45 攻螺纹操作

及时纠正丝锥，然后继续用铰杠轻压旋入，当丝锥旋入 3～4 圈后，即可只转动不加压。每转 1～2 圈应反转 1/4 周，以使切屑断落。攻钢料螺纹时，应加润滑油。

（3）用二锥攻螺纹　先将丝锥放入孔内，用手旋入几圈后，再用铰杠转动。旋转铰杠时不需加压。

## 18.6.2　套螺纹

套螺纹（又称套扣）是用板牙切出外螺纹的操作。

**1. 板牙和板牙架**

板牙有固定的和开缝的（可调节的）两种，图 18-46a 所示为开缝式板牙，其螺纹孔的

大小可作微量调节。孔的两端有60°的锥度部分，起着主要的切削作用。图18-46b所示为套螺纹用的板牙架。

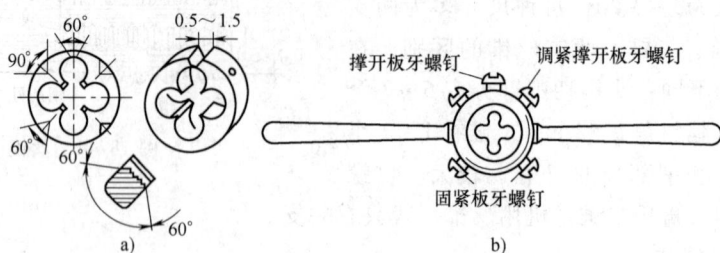

图18-46　开缝式板牙和板牙架

a）开缝式板牙　b）板牙架

**2. 套螺纹操作**

套螺纹前应检查圆杆的直径大小，并且要求圆杆端部必须有合适的倒角。圆杆直径太大难以套入，直径太小套出的螺纹牙齿不完整。在钢料上套螺纹时，圆杆直径可用经验公式确定：圆杆直径 $d_0 = d$（螺纹大径）$- 0.2P$（螺距）。套螺纹时，板牙端面应与圆杆垂直，如图18-47所示。开始转动板牙时，要稍加压力；套入几扣后，即可只转动不加压力。与攻螺纹一样，为了断屑，需时常反转。在钢件上套螺纹时，应加润滑油。

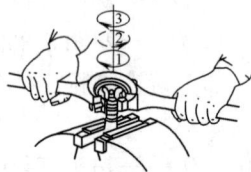

图18-47　套螺纹操作

## 18.7　刮削

用刮刀在工件表面上刮去一层很薄的金属称为刮削。

刮削后的表面具有良好的平面度，表面粗糙度 $Ra$ 值在 $1.6\mu m$ 以下，是钳工操作中的精密加工。零件上的配合滑动表面，如机床导轨、滑动轴承等，为了达到配合精度，增加接触表面，减小摩擦磨损，提高使用寿命，常需经过刮削。

### 18.7.1　刮刀

刮刀是刮削的主要工具，一般多采用T10A、T12A或轴承钢锻造而成，其中平面刮刀如图18-48所示。使用刮刀前刮刀端部要在砂轮上刃磨出刃口，然后再用油石磨光。刮刀的握法如图18-49所示，右手握刀柄，推动刮刀前行，左手放在靠近端部的刀体上施力并引导刮刀沿刮削方向移动。刮刀应与工件保持25°～30°夹角。刮削时刮刀要握稳，施力要均匀，以免刮刀刃口两端的棱角划伤工件。

### 18.7.2　刮削精度的检验

刮削表面的精度通常用研点法检验。研点法如图18-50所示。将工件刮削表面擦净，均匀涂上一层很薄的红丹油，然后与校准工具（如校准平板）相配研。工件表面的凸起点经配研后，被磨去红丹油而显出亮点（即贴合点）。刮削表面的精度就是用在 $25mm \times 25mm$ 的面积内，贴合点的数量与分布稀疏程度来表示。普通机床导轨面为 $8 \sim 10$ 点，精密机床导轨

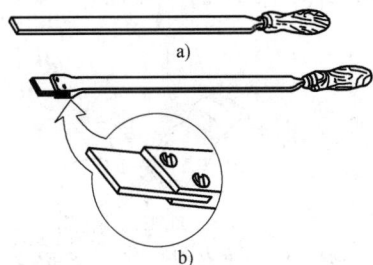

图 18-48 平面刮刀

a）普通刮刀 b）活头刮刀

图 18-49 刮刀的握法

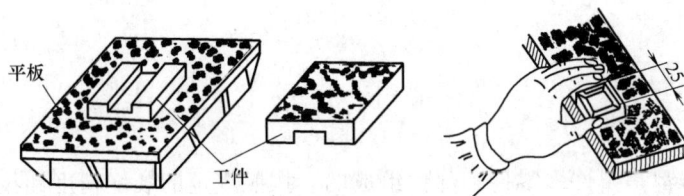

图 18-50 研点法

面为 12 ~ 15 点。

### 18.7.3 平面刮削

平面刮削过程包括粗刮、细刮、精刮和刮花。

**1. 粗刮**

粗刮前工件表面有较深的加工刀痕，严重的腐蚀或刮削余量较大（大于 0.05mm）时应先进行粗刮。粗刮时应使用长柄刮刀且施力较大，刮刀痕迹要连成片，不可重复。刮削方向应与机加工刀痕成45°，各次刮削方向要交叉，如图 18-51 所示。当贴合点增至 45 个点时，转入细刮。

**2. 细刮**

细刮采用短柄刮刀，施力较小，刀痕短，将粗刮后的贴合点刮去。细刮时需按同一方向刮削，刮第二遍时要交叉刮削，以消除原方向的刀痕，否则切削刃容易沿上一次刀迹滑动，出现研点成条状不能迅速达到精度要求。随着研点数目增多，显示剂要涂得薄而均匀，以便显点清晰。当贴合点多于 25 个点时，细刮结束。

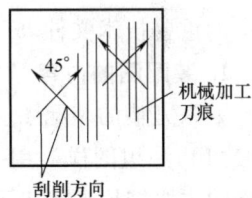

图 18-51 刮削方向

**3. 精刮**

精刮时采用精刮刀，对准点，落刀要轻，提刀要快，每刀一点，不要重刀。要求贴合点在 25 个以内。

**4. 刮花**

为了增加刮削表面的美观，保证良好的润滑，并用来判断平面的磨损程度，精刮后要刮花。常见的花纹如图 18-52 所示。

**5. 曲面刮削**

对于要求较高的滑动轴承的轴瓦、轴套等，应进行刮削，以获得良好的配合。刮削轴瓦用三角刮刀，其用法如图 18-53 所示。研点的方法是在轴上涂上显示剂（蓝油），然后与轴瓦配研。

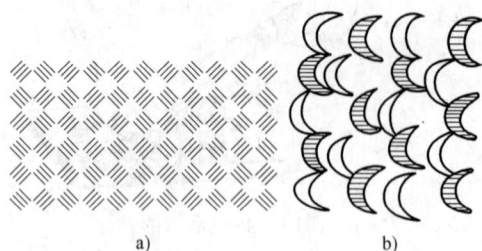

a)　　　　　b)

图 18-52　刮花的花纹

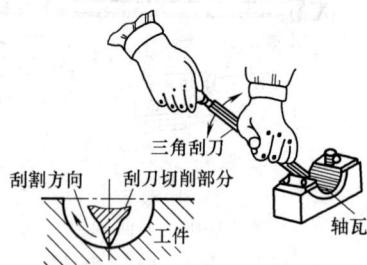

三角刮刀

刮割方向　刮刀切削部分

工件　　　　　　轴瓦

图 18-53　三角刮刀的用法

# 18.8　装配

任何一台机器都是由许多零件和部件组成的。按照规定的装配精度和技术要求，将若干个零件和部件进行必要配合和连接，并经调整、试验，使之成为合格产品的过程，称为装配。将若干个零件安装在一个基础零件上而构成组件的装配称为组件装配；将若干零件、组件安装在另一个基础零件上而构成部件的装配称部件装配；将若干个零件、组件、部件安装在一个较大较重的基础零件上而构成产品的装配称为总装配。

## 18.8.1　装配图

表示产品及其组成部分的连接、装配关系的图样，称为装配图。

在工业生产中，装配图是进行新产品开发和机器安装、调试、检修的技术资料，是指导生产的重要技术文件。

**1. 装配图的内容**

一张完整的装配图应具有以下内容：

（1）一组图样　用一组图样将装配体的构造、工作原理、零件间的装配和连接关系、零件的主要结构形状表示清楚。

（2）必要的尺寸标注　一般要求标注出装配体的整体尺寸、性能尺寸、规格尺寸以及装配、检验和安装尺寸。

（3）技术要求　用文字说明装配体在装配、检验、调试时需遵循的技术条件和要求、使用规则、使用范围等。

（4）标题栏和明细栏　标题栏一般应写明单位名称、图样名称、图样代号、绘图比例以及设计、审核人员签字、签字日期等；明细栏应填写零件序号、代号、名称、数量、材料、备注等内容。

图 18-54 所示为球阀的装配图。

**2. 读装配图**

在生产实践中，经常要读装配图。例如，在装配机器时要根据装配图组装零件和部件；在设备维修时需根据装配图进行拆卸和重装。读装配图的目的是搞清装配体的性能、工作原理、装配关系以及各零件的主要结构、作用、拆装顺序等。

现以图 18-54 为例，说明读装配图的方法和步骤。

(1) 概括了解 首先，通过阅读说明书和看标题栏，了解机器（或部件）的名称及用途；再看明细栏，得知该机器（或部件）由多少种零件组成，标准件和非标准件的数量为多少，对照序号在装配图上找出这些零件的位置。

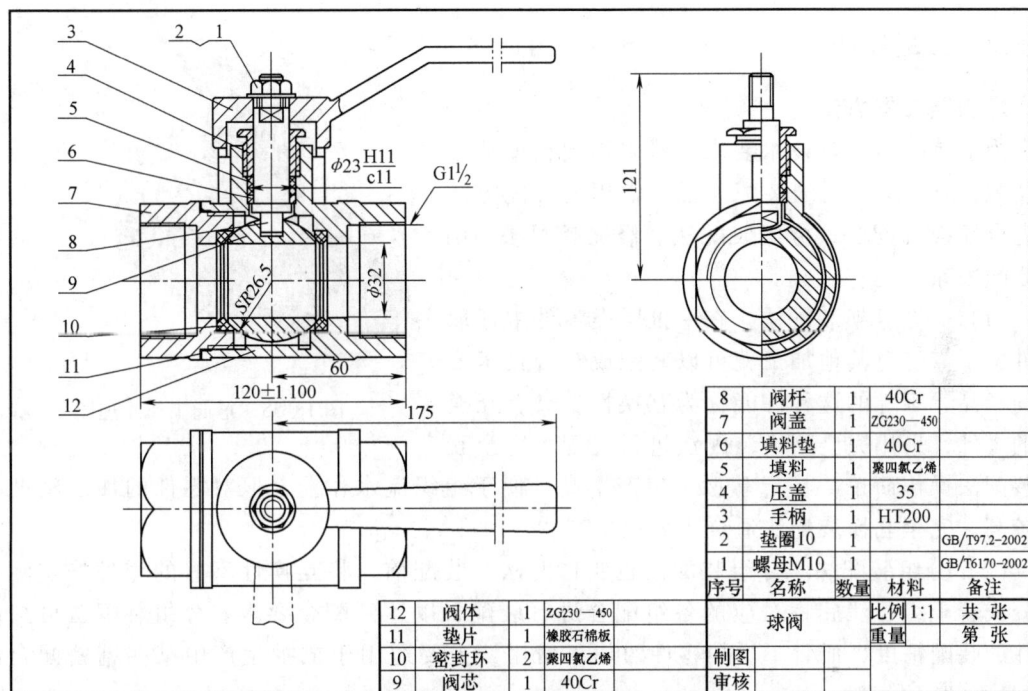

图 18-54 球阀装配图

图 18-54 所示的球阀，主要在管道中起开关和调节流量的作用。从明细栏中可以看出，该球阀共有十二种零件，其中标准件为两种，其余为非标准件。

(2) 分析视图 明确装配图中各视图的表达方法、投影关系和剖切位置，并结合装配图中的尺寸，想象出主要零件图的结构形状。

球阀装配图共用了三个基本视图来表示：主视图（全剖视）可以清楚看出球阀的两条装配干线上的零件位置及装配关系；左视图（半剖视）可表示出阀盖连接部分的外形，阀体、阀芯、阀杆之间的装配关系。俯视图可表示出整个球阀俯视外形，以及阀的开启与关闭时扳手的两个极限位置（图中扳手画粗实线的为开启状态，画双点画线的为关闭状态）。

(3) 确认装配关系和工作原理 主视图上的两组装配干线，很好地反映出了球阀的装配关系：$\phi 32$ 孔轴线方向为主要装配干线，密封环 10、阀芯 9 依次放入阀体 12 中，阀体通过其内壁上的螺纹与阀盖 7 相连接，组成液体、气体流经的通路；阀杆轴线方向为另一重要装配干线，该装配干线由手柄 3、阀杆 8、压盖 4 等零件组成，将阀杆 8 下端嵌入阀芯 9 的凹槽中，上端用螺母 1、垫圈 2 固定于手柄 3 上，起传动作用。

综上所述可以看出，主视图清楚地反映了球阀的工作原理：手柄 3 受到外力扳动时，带动阀杆 8、阀芯 9 同时转动，当手柄呈俯视图中粗实线位置时，阀芯中孔轴线与阀体内孔轴线和阀盖内孔轴线重合，阀门呈完全打开状态；当手柄呈俯视图中双点画线位置时，阀芯中孔轴线与阀体内孔轴线和阀盖内孔轴线垂直相交，通路被阻塞，阀门关闭，球阀的工作原理如图 18-55 所示。

### 18.8.2 装配操作

#### 1. 装拆工艺方法

为了使产品符合技术要求，对于不同精度的零件装配，应采用不同的装配方法。常用的装配方法有完全互换装配法、分组装配法、修配装配法、调整装配法等。

（1）完全互换装配法　在一批同类零件中任取一件，不需经过其他加工就可以装配成符合技术要求的产品，零件的这种性能称为互换性。具有互换性的零件，采用完全互换装配法进行装配。完全互

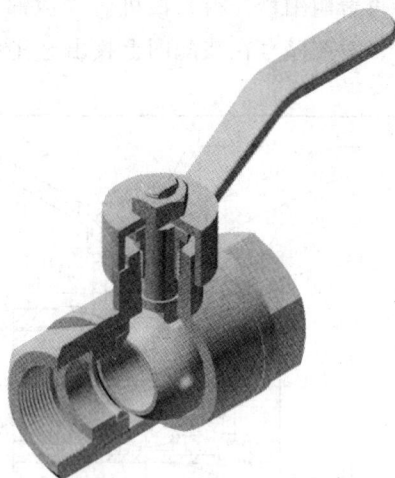

图 18-55　球阀工作原理图

换装配法操作简单，易于掌握，生产率高，便于组织流水作业，但对零件的加工精度要求较高。完全互换装配法适合于大批生产。

（2）分组装配法　分组装配法也叫选配法。装配前，将互换性不好的零件按实际尺寸分成若干组，然后将对应的各组配合进行装配，以达到配合要求。分组装配法可提高零件的装配精度，而且不增加零件的加工费用，主要适用于成批生产中某些精密配合的装配。

（3）修配装配法　在装配过程中，修去配合件上的预留量，消除其累积误差，以达到零件间规定的装配精度。修配装配法对零件的加工精度要求较低，能够适当降低生产成本，但装配难度大，装配时间长，适用于小批量生产或单件生产。

（4）调整装配法　装配中调整一个或几个零件的位置，以消除零件的累积误差来达到装配精度要求。调整装配法不需要对零件进行任何修配和加工，同样可以达到较高的装配精度要求，同时还可以根据需要进行定期的再调整，用于小批量生产或单件生产。

#### 2. 装配工艺过程

（1）装配工艺步骤　装配前，首先研究和熟悉装配图的技术条件，了解产品的结构和零件的作用，以及相互连接的关系，确定装配的方法和装配工艺规程；然后依据装配工艺规程中制订的装配单元系统图，按组件装配→部件装配→总装配的次序进行装配；最后进行调整、试验、检验、涂漆、装箱等。

装配工艺规程是指导装配生产的主要技术文件。制订装配工艺规程是生产技术准备中的一项重要工作，对保证装配质量、提高装配生产效率、缩短装配周期、减轻工人的劳动强度等有重要影响。制订装配工艺规程，最主要的是划分装配单元，确定装配顺序，将产品划分为可进行独立装配的单元，是制订装配工艺规程中最重要的一个步骤。

（2）装配工作要点　①装配时，应检查零件与装配有关的形状和尺寸精度是否合格，

检查有无变形、损坏等，应注意零件上的各种标记，防止错装。②装配顺序一般是从里到外，自下而上。③固定连接的零部件，不允许有间隙；活动的零件，能够在正常间隙下灵活均匀地按规定方向运动。④各种运动部件的接触表面，必须保证有足够的润滑，若有油路必须畅通。⑤各种管道和密封部件，装配后不得有渗漏现象。⑥装配高速旋转的零件或部件，要进行平衡试验，旋转的机构外面不得有凸出的螺钉或销钉头。⑦试车前，应检查各部件连接的可靠性和运动的灵活性，检查各种变速和变向机构的操纵是否灵活；试车时应从低速到高速逐步进行。⑧根据试车情况进行必要的调整，但应注意不能在运行中调整。

### 18.8.3 拆卸

机器使用一段时间后，要进行检查和修理，这时要对机器进行拆卸。拆卸的工作要点有：

1）机器拆卸工作，应按其结构的不同，预先考虑操作程序，以免先后倒置，或贪图省事猛敲，造成零件的损伤或变形。

2）拆卸的顺序，应与装配的顺序相反，一般应先拆外部附件，然后按总成、部件进行拆卸。在拆卸部件或组件时，应按从外部到内部、从上部到下部的顺序，依次拆卸组件或零件。

3）拆卸时，使用的工具必须保证对合格零件不发生损伤，尽可能使用专用工具（如各种拉出器、呆扳手、铜锤、铜棒等），严禁用硬锤子直接在零件的工作表面上敲击。

4）拆卸时要记住每个零件原来的位置，防止以后装错。零件拆下后，要摆放整齐，严防丢失。配合件要做记号，以免搞混。

5）紧固件上的防松装置，在拆卸后一般要更换，避免这些零件在使用时折断而造成事故。

### 18.8.4 装配实例

**1. 螺栓螺母的装配**

螺纹连接是机器中最常见的一种可拆卸固定连接。它具有装拆简便，调整、更换容易，易于多次拆装等优点。在装配工作中，常遇到大量的螺栓、螺母的装配，在装配中应注意以下几点：

1）螺纹配合应做到螺母能用手自由旋入，既不能过紧，又不能过松。过紧会咬坏螺纹；过松在受力后，螺纹易断裂。

2）螺母端面应与螺纹的轴线垂直，以便受力均匀。零件与螺母的贴合面应平整光洁。为了提高贴合质量和防松，一般应加垫圈。

3）装配成组螺钉、螺母时，为了保证贴合面受力均匀，应按一定顺序拧紧，如图 18-56 所示，并且一次不能全拧紧，应按顺序分两次或三次拧紧。

4）螺纹连接应采取防松措施。

**2. 滚动轴承的装配**

滚动轴承与轴的配合多数为过盈量较小的过盈配合。常用锤子或压力机装配。为了使轴承圈受到均匀压力，采用垫套加

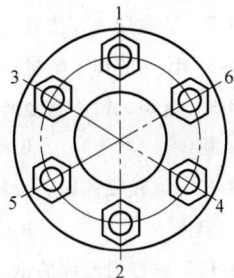

图 18-56 螺母的拧紧顺序

压。如图 18-57a 所示，轴承往轴上压时，应通过垫套施力于轴承内圈端面。如图 18-57b 所示，轴承压到机体孔中时，则应施力于外圈端面。如图 18-57c 所示，若同时将轴承压到轴上和机体孔中，则内外圈端面应同时加压。若轴承与轴为较大的过盈配合时，最好将轴承在 80 ~ 90℃ 的热油中加热，然后趁热装配。

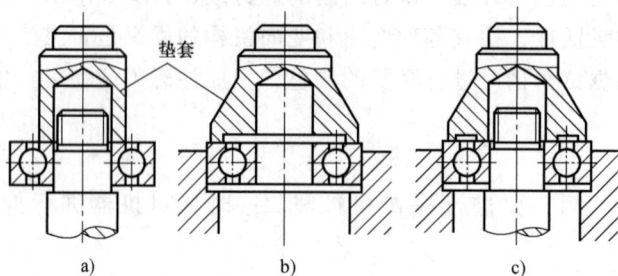

图 18-57　用垫套压装滚动轴承

### 3. 轴与传动轮的装配

传动轮（如齿轮、带轮、蜗轮等）与轴一般采用键连接，其中以普通平键连接最为常用。键与轴键槽、轴与轮多采用过渡配合，键与轮键槽常采用间隙配合或过渡配合。在单件小批量生产中，轴、键、传动轮的装配要点如下：

1）清理键和键槽上的毛刺。

2）用键的头部与轴键槽试配，使键能较紧地嵌入轴键槽中。

3）锉配键长，使键与轴槽在轴向有 0.1mm 左右的间隙。

4）在装合面上加全损耗系统用油，用铜棒或台虎钳（钳口加铜皮）将键压入轴槽中，并与槽底接触良好。

5）试配并安装好传动轮，注意轮槽底部与键应留有间隙。

## 复习思考题

18-1　游标万能角度尺的测量角度范围是____。

18-2　锉刀按其齿纹的粗细可分为____、____、____和____。

18-3　按锯齿齿距的大小，锯条可分为____、____和____三种。

18-4　刮削表面的精度通常用____检验。

18-5　常用的装配方法有____、____、____和____。

18-6　轴承与轴过盈配合时，最好将轴承在____℃的热油中加热后趁热装配。

18-7　平面锉削方法有____、____和____。

18-8　铰孔的加工余量一般为____。

18-9　锯铜、铅等软金属和厚的工件，选用（　　）锯条。

A. 粗齿　　　　　　　B. 细齿　　　　　　　C. 中齿

18-10　锯较硬的钢、板料及薄壁管子，选用（　　）锯条。

A. 粗齿　　　　　　　B. 细齿　　　　　　　C. 中齿

18-11　锯普通硬度的钢、铸铁及中等厚度的工件，选用（　　）锯条。

A. 粗齿　　　　　　　B. 细齿　　　　　　　C. 中齿

18-12 粗加工或锉铜、铝等软金属选用 (　　) 锉刀。

A. 粗齿 　　　　　　B. 细齿 　　　　　　C. 油光齿 　　　　D. 中齿

18-13 套螺纹和攻螺纹时如何计算光杆和底孔的直径？

18-14 如何选择划线基准？

18-15 选择划线基准应遵循哪些原则？

18-16 如何选择锯条？

18-17 锉削有哪些方式？怎样正确使用？

18-18 起锯和锯削的操作要领是什么？

# 第19章 切削加工基本知识

**【本章学习要点】**

主要内容：切削运动与切削用量；切削过程中的物理现象；切削刀具；定位基准的选择；车削加工。

学习目的与要求：通过学习，掌握切削加工的基本知识和基本技能。

学习重点：掌握切削运动与切削用量、切削过程中的物理现象、切削刀具、定位基准的选择和车削加工等切削加工的基本技能。

切削加工是指使用切削工具从工件上切除多余材料，以获得所需的几何形状、尺寸精度和表面质量的零件或半成品的加工方法。切削加工包括机械加工和钳工加工两种。在机械制造业，切削加工所承担的生产加工量约占机械制造总量的 40% ~ 60%。由此可见，切削加工在机械制造过程中具有举足轻重的地位。

切削加工之所以能得到广泛应用，是因为它与其他一些加工方法相比较，具有以下突出的优点：

1）切削加工精度范围大，可获得相当高的尺寸精度和较小的表面粗糙度值。例如，车削加工的尺寸精度等级在 IT14 ~ IT6 之间；表面粗糙度可在 $Ra$ 为 $50\mu m$ ~ $1.6mm$ 之间；而镜面磨削的表面粗糙度 $Ra$ 可以达到 $0.006\mu m$。

2）切削加工几乎不会受到零件材料、尺寸和质量的限制。目前尚未发现不能切削加工的金属材料，甚至橡胶、塑料、木材等非金属材料也都可以进行切削加工。其加工尺寸小至 $0.1mm$，大至数 $10m$（如目前世界上最大的立式车床可加工直径 26m 的工件），被加工零件的质量可达数百吨。

本章重点学习切削运动与切削用量、切削过程中的物理现象、切削刀具、定位基准的选择、车削加工等内容。

## 19.1 切削运动和切削用量

### 19.1.1 切削运动

切削运动是指在切削过程中，刀具与工件间的相对运动，包括主运动和进给运动两个基本运动。它是直接形成工件表面轮廓的运动，如图 19-1 所示。

**1. 主运动**

主运动是最基本的切削运动，运动速度高（机床主运动的速度可达每分钟数百米甚至数千米），消耗的功率较大。主运动可以是旋转运动，也可以是直线运动。大多数机床的主运动为旋转运动，如车削、钻削、铣削、磨削的主运动均为旋转运动。

**2. 进给运动**

进给运动是使刀具与工件之间产生的、附加的相对运动，连同主运动一起，即可使工件不断地或连续地被切削，以获得具有所需几何特性的已加工表面。进给运动的速度一般都小于主运动速度，而且消耗的功率也较少。进给运动有直线、圆周及曲线运动。直线进给又分为纵向、横向和斜向三种形式。

任何切削过程中只有一个主运动。进给运动则可能有一个或几个。主运动和进给运动可以由刀具、工件分别来完成，也可以由刀具独立完成。

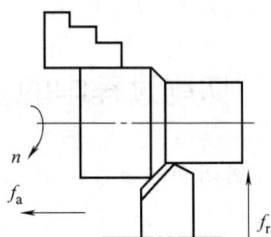

图 19-1　切削运动

$n$—主运动　$f_a$、$f_r$—进给运动

## 19.1.2　切削用量

**1. 切削中工件上形成的三个表面**

以车削为例，在每次切削中工件上都会形成三个表面，如图 19-2 所示。

待加工表面——工件上有待切削的表面。

已加工表面——工件上经刀具切削后产生的表面。

过渡表面——工件上由切削刃形成的、正在切削的表面，它是待加工表面与已加工表面之间的过渡表面。

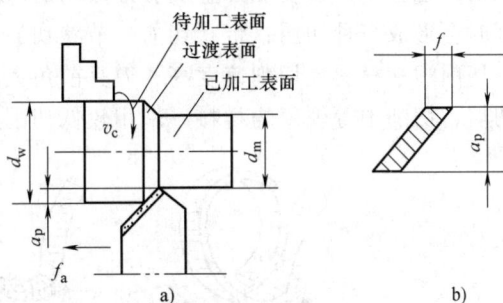

**2. 切削用量**

切削用量包括切削速度、进给量和背吃刀量，又称为切削用量三要素。

图 19-2　车削时的切削要素及切削用量

（1）切削速度 $v_c$　切削速度是指在切削刃上的选定点相对于工件主运动的瞬时速度，单位为 m/s。当主运动是旋转运动时，切削速度是指圆周运动的线速度，即

$$v_c = \frac{\pi D n}{60 \times 1000} \tag{19-1}$$

式中　$D$ ——工件或刀具在切削表面上的最大回转直径，单位为 mm；

　　　$n$ ——主运动转速，单位为 r/min。

当主运动为往复直线运动时，则其平均切削速度为

$$v_c = \frac{2 L_m n_r}{60 \times 1000} \tag{19-2}$$

式中　$L_m$ ——工件或刀具往复直线运动的行程长度，单位为 mm；

　　　$n_r$ ——主运动每分钟的往复次数。

（2）进给量 $f$　进给量是指主运动的一个循环内（一转或一次往复行程）刀具在进给方向上相对工件的位移量。

（3）背吃刀量 $a_p$　背吃刀量是指在通过切削刃基点并垂直于工作平面方向上测量的已加工表面与待加工表面之间的垂直距离。背吃刀量也称切削深度，单位为 mm。车外圆时的

背吃刀量如图 19-2 所示。

## 19.2 切削过程中的物理现象

金属切削的过程是指从工件表面切除一层多余的金属,从而形成已加工表面的过程。在这个过程中,会产生一系列的物理现象,如金属变形、切削力、切削热、刀具磨损等。研究产生这一系列现象的基本规律,对保证加工质量,降低生产成本,提高生产率,促进切削加工技术的发展和进步,都具有十分重要的意义。

### 19.2.1 金属变形

切削的过程,实质上是刀具的前面挤压工件材料,使部分材料(切除层)与工件母体分离的过程。在这个过程中,工件的切除层金属一般要经过弹性变形、塑性变形、挤裂和分离四个阶段。

**1. 切屑种类**

切削过程中,被切除的金属会形成切屑。根据工件材料、刀具前角和切削用量的不同,切削时会形成三种切屑:带状切屑、节状切屑和崩碎切屑,如图 19-3 所示。

切削塑性材料或切削速度高、刀具前角大时易形成带状切屑;切削脆性材料时易形成崩碎切屑;切削中等硬度的材料、采用较低切削速度和较大进给量时,容易形成节状切屑。

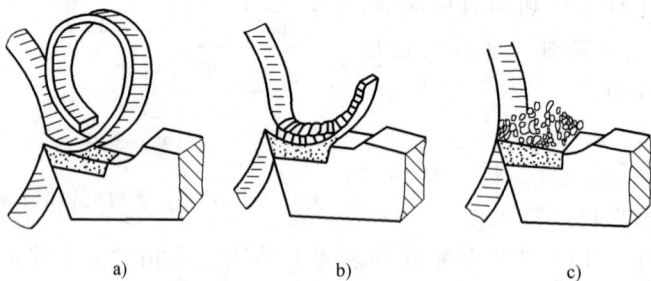

图 19-3 切屑种类
a)带状切屑 b)节状切屑 c)崩碎切屑

一般,形成带状切屑时产生的切削力和切削热都较小,而且切削过程较为平稳,刀具刃口也不易磨损。但在切削过程中要及时采取断屑措施,否则切屑会缠绕在工件和刀具上,影响工作和加工质量,严重时,会造成人身事故。形成崩碎切屑时,切削力波动较大,刀具刃口易损坏,使已加工表面粗糙度值变大。形成节状切屑时,切削状况介于带状切屑和崩碎切屑之间。

**2. 积屑瘤**

以一定的切削速度切削塑性材料时,刀具前面的刀尖附近会粘附着一小块很硬的金属。刀尖上粘附的这一小块很硬的金属称为积屑瘤,又称刀瘤,如图 19-4 所示。

积屑瘤的产生过程是:切屑与工件母体分离后,沿刀具前面排出,这时切屑与前面之间会产生高温高压作用,切屑的底层金属与刀具前面产生很大的摩擦阻力,形成一个金属层,使该层金属流动速度极低。此金属层称为滞流层。当滞流层与刀具前面的外摩擦阻力超过切

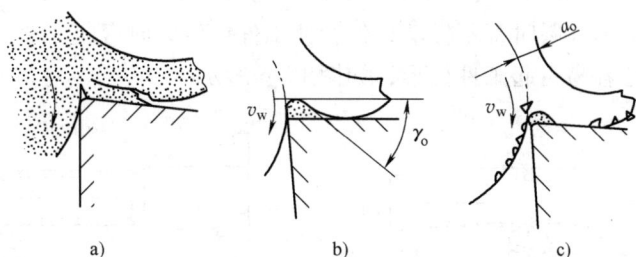

图 19-4　积屑瘤及其对切削的影响

a) 积屑瘤的形成　b) 工作前角增大　c) 表面质量恶化

屑本身的原子结合力时，滞流层中的一部分金属发生剧烈变形而脱离切屑，粘附在刀具前面上形成积屑瘤。研究表明，刀具前面的温度在 200 ~ 600℃ 范围内才会产生积屑瘤。

积屑瘤硬度比工件硬度大 1.5 ~ 2.5 倍，它与刀具的前面粘结在一起，具有相对的稳定性，同时，积屑瘤又能使刀具的实际前角 $\gamma_o$ 增大，使切削力降低，所以，它能代替主切削刃进行切削，起到了减少刀具磨损、保护切削刃的作用。但积屑瘤又是时大时小、时生时灭的，这样将使背吃刀量时浅时深，同时，积屑瘤脱落时还会有一部分镶嵌在已加工表面上形成许多毛刺，所以积屑瘤会使已加工表面粗糙度值增大。由此可见，粗加工时为保护刀具的切削刃，可利用产生的积屑瘤降低切削力；精加工时必须避免积屑瘤的产生，以提高工件的表面质量。

采用高速切削（$v_c > 100\text{m/min}$，使刀具前面温度超过 600℃）或低速切削（$v_c < 5\text{m/min}$，使刀具前面温度低于 200℃）、研磨刀具的前角、使用切削液等措施，均可以避免切削加工时积屑瘤的产生。

### 19.2.2　切削力

刀具在切削工件时必须克服材料的变形抗力和刀具与工件及刀具与切屑之间的摩擦力，才能切下切屑。切削力是切削过程中刀具受到的各种作用力的合力。

**1. 切削力的分解**

为了便于研究切削力对切削加工的影响，常将它分解为三个相互垂直的分力 $F_f$、$F_p$、$F_c$，如图 19-5 所示。

（1）主切削力 $F_c$　主切削力是在主运动方向上总切削力的分力，是三个分力中最大的切削分力，大约占总切削力的 80% ~ 90%，消耗机床功率最多。它作用在刀具上，会使刀头受压、刀柄弯曲，因此主切削力是计算机床功率、刀柄强度的主要依据，也是选择切削用量时考虑的主要因素。

（2）进给力 $F_f$　进给力是在进给运动方向上总切削力的分力。它消耗机床总功率的 1% ~ 5%，是设计和验算机床进给机构强度和刚度的依据。$F_f$还影响到零件的几何精度。

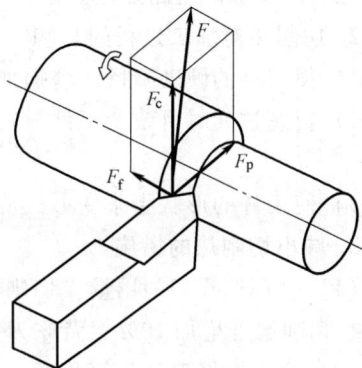

图 19-5　切削力的分解

（3）背向力 $F_p$　背向力是与主切削力和进给力都垂直的切削分力，作用在工件的半径方向。车内外圆或磨内外圆时都不做功，但会使工件产生纵向弯曲变形，增大零件的形状误差，另外，背向力还容易引起工件变形，如图 19-6 所示。

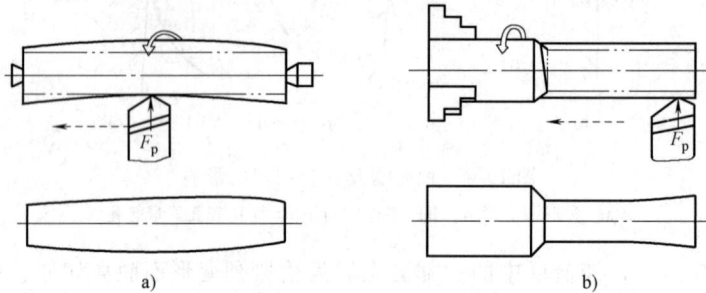

图 19-6　背向力引起工件变形
a）双顶尖装夹　b）三爪自定心卡盘装夹

**2. 影响切削力的因素与减小切削力的措施**

（1）切削用量　背吃刀量 $a_p$ 和进给量 $f$ 决定了切削面积的大小，当二者增大时，切削力就明显增大。背吃刀量增大一倍，切削力也增大一倍；进给量增大一倍，切削力增加 $70\% \sim 80\%$。而切削速度 $v_c$ 对切削力的影响较小。

（2）工件材料　材料的强度越高，切削力就越大。强度相近的材料，塑性、韧性越好，则切削变形越大，冷变形强化越明显，摩擦力越大，切削力就越大。

（3）刀具几何角度　增大刀具的前角可有效减小切削力（$\gamma_o$ 每增加 $1°$，$F_c$ 约降低 $1\%$，$F_f$ 和 $F_p$ 则降低更多）；改变主偏角 $\kappa_r$ 的大小，可改变进给力 $F_f$ 和背向力 $F_p$ 的比值。

（4）冷却润滑条件　采取较为充分的冷却润滑措施，可使切削力减小 $5\% \sim 20\%$。

## 19.2.3　切削热

**1. 切削热的来源**

（1）内摩擦热　它是由切削层金属的弹性、塑性变形产生的热量。

（2）外摩擦热　它是由切屑与刀具前面、过渡表面与刀具后面、已加工表面与刀具副后面之间的摩擦产生的热量。

**2. 切削热对加工过程的影响**

1）使刀具的硬度降低、磨损加快。

2）温度过高时可改变工件材料的金相组织，会严重影响到零件的切削加工性能和使用性能。

3）使工件的形状膨胀变形，从而影响到工件的加工精度。

**3. 减小切削热的措施**

（1）合理选择切削用量　切削速度增加一倍，切削温度增加 $20\% \sim 33\%$；进给量增加一倍，切削温度增加 $10\%$；背吃刀量增加一倍，切削温度增加 $5\%$。

（2）合理选择刀具几何角度　增大刀具的前角和减小刀具的主偏角，可以减少金属变形，改善散热条件，降低切削温度，减少切削热。

（3）使用切削液　试验证明，使用切削液是降低切削温度并减小切削热的主要措施，使用切削液可使切削区域的平均温度降低 100～150℃。

### 19.2.4　刀具磨损与刀具寿命

在切削过程中，由于刀具的前、后面都处在摩擦和切削热的作用下，致使刀具本身产生磨损。按磨损部位不同，刀具的磨损可分为主后面磨损、前刀面磨损、前刀面和主后面同时磨损，如图 19-7 所示。

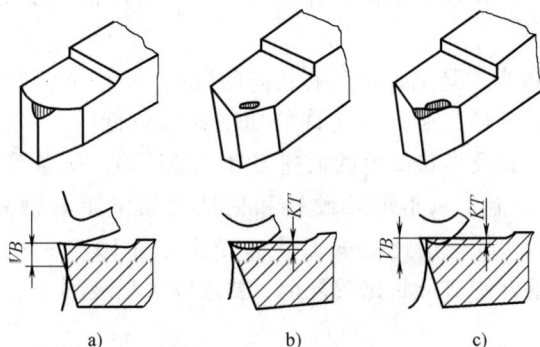

图 19-7　刀具的磨损形式

a）主后面磨损　b）前刀面磨损　c）前刀面磨损、主后面磨损

一把刀具使用几十分钟（最多十几小时）后，就会变钝，而影响到切削质量与切削效率，因此，必须重新进行刃磨。刀具两次刃磨之间的实际切削时间称作刀具寿命（单位为 min）。调查表明：硬质合金车刀的刀具寿命大约是 60～90min，钻头的刀具寿命大约是 80～120min，硬质合金面铣刀的刀具寿命大约是 90～180min。

影响刀具寿命的因素很多，如切削用量、刀具材料、刀具角度、冷却润滑情况等，其中以切削用量中的切削速度影响最大。

## 19.3　切削刀具

在切削过程中，切削刀具直接承担着切削工作。正确选用刀具与正确选择机床同等重要。刀具材料与刀具的几何角度是决定刀具使用性能的两个最重要的因素。

### 19.3.1　刀具材料

无论哪种刀具，一般都是由刀柄和刀头两部分组成的。刀头是直接参与切削工作的部分，所以又称为切削部分。刀柄是刀具的夹持部分。通常所说的刀具材料实际上仅指切削部分的材料。

**1. 刀具材料应具备的基本性能**

切削加工过程中刀具切削部分受到强烈摩擦、高温和挤压的作用，因此刀具材料必须具备下列基本性能：

（1）高的硬度　刀具材料的硬度必须大于被切削工件材料的硬度，一般要求刀具材料硬度大于或等于 60 ~ 65HRC。

（2）高的热硬性 热硬性是指刀具在高温下仍能保持高硬度和高耐磨性的能力。

（3）较好的化学稳定性 化学稳定性是指刀具在切削过程中不发生粘结磨损和扩散磨损的能力。

（4）足够的强度和韧性 强度和韧性是指刀具材料在承受冲击和振动而不被破坏的能力。

除上述基本性能外，刀具材料还应具备良好的加工工艺性能，以便于制造。

**2. 常用刀具材料的种类及选用**

常用的刀具材料包括：碳素工具钢、合金工具钢、高速钢、硬质合金、陶瓷、金刚石、立方氮化硼等。

（1）碳素工具钢 碳素工具钢淬火后有较高的硬度（59 ~ 64HRC），但热硬性较差，在 200 ~ 250℃时硬度会明显下降，所以它允许的切削速度较低（$v_c < 10\text{m/min}$）。碳素工具钢主要用于制造手工使用刀具及形状简单的低速刀具，如锉刀、锯条等。

（2）合金工具钢 合金工具钢的热硬性和韧性比碳素工具钢高，其热硬性温度约为 300 ~ 350℃，所以允许的切削速度比碳素工具钢刀具要高 10% ~ 14%。合金工具钢淬透性较好，热处理变形小，适合制造形状比较复杂、要求淬火后变形小的低速刀具，如铰刀、拉刀等。

（3）高速钢 高速钢最突出的优点是硬度较高，热硬性好（550 ~ 650℃），高速钢刀具刃口较为锋利，所以适用于制造精加工刀具和各种形状复杂的高速刀具，如钻头、车刀、齿轮刀具、宽刃精刨刀等。

（4）硬质合金 硬质合金与高速钢比较，具有更高的硬度（86 ~ 93HRA）和更高的热硬性温度（高达 800 ~ 1000℃），因而允许的切削速度为高速钢刀具的 4 ~ 10 倍。但硬质合金的韧性较差，抵抗振动和冲击的能力较差，而且成形困难。因此，硬质合金主要用于制造要求耐磨性很高的高速切削刀具，如车刀、铣刀等。

## 19.3.2 车刀几何角度

刀具的种类繁多，尺寸大小和几何形状的差别也较大，但各种刀具都有共同的特点。由于普通外圆车刀最具有代表性，是最典型、最常用的切削刀具，其他刀具都可看做是该车刀的演变和组合，所以，以下以普通外圆车刀为例介绍刀具的几何角度。

**1. 车刀切削部分的组成**

如图 19-8 所示，外圆车刀的切削部分由三个刀面、两个切削刃和一个刀尖组成，简称三面、两刃、一尖。

（1）前面 前面是指刀具上切屑流出的表面。它可以是平面，也可以是曲面。

（2）后面 后面是指刀具上与工件过渡表面相对的表面。它与前面相交形成主切削刃。

（3）副后面 副后面是指刀具上与工件已加工表面相对的表面。它与前面相交形成副切削刃。

（4）主切削刃 主切削刃是指刀具前面与后面的交线，担负主要切削任务。

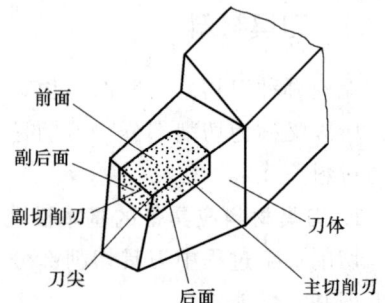

图 19-8 外圆车刀的组成

（5）副切削刃　副切削刃是指前面与副后面的交线，担负少量切削任务。

（6）刀尖　刀尖是指主切削刃与副切削刃连接处的相当少的一部分切削刃。它并非绝对尖锐，一般都呈圆弧状，以保证刀尖有足够的强度和耐磨性。

**2. 车刀几何角度**

（1）辅助平面　为确定刀面及切削刃的空间位置，必须选定一个参考坐标系。该参考坐标系由基面、主切削平面和正交平面组成，其中，基面、主切削平面、正交平面相互垂直，如图 19-9 所示。

基面——通过主切削刃选定点的平面，并且垂直于主运动方向。

主切削平面——通过主切削刃选定点、与主切削刃相切，并垂直于基面的平面。

正交平面——通过主切削刃选定点，并同时垂直于基面和切削平面的平面。

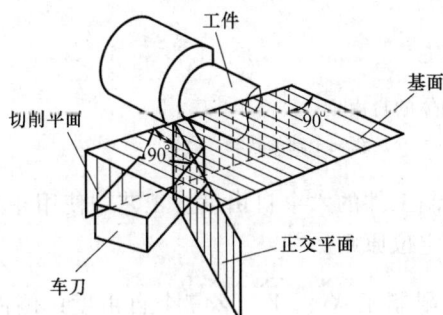

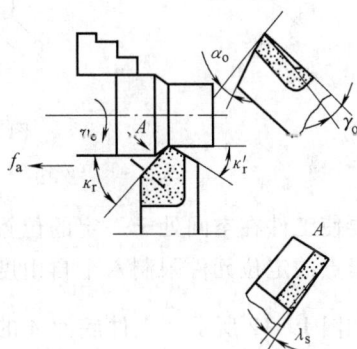

图 19-9　辅助平面　　　　　　　图 19-10　车刀的几何角度

（2）刀具几何角度　普通外圆车刀的主要几何角度，如图 19-10 所示。

前角 $\gamma_o$——在正交平面中，由刀具前面与基面构成的夹角，表示前面的倾斜程度。

后角 $\alpha_o$——在正交平面中，由刀具主后面与切削平面构成的夹角，表示主后面的倾斜程度。

主偏角 $\kappa_r$——在基面内，主切削刃与进给方向间的夹角，表示主切削刃在基面上的方位。

副偏角 $\kappa_r'$——在基面内，副切削刃与进给方向反方向的夹角，表示副切削刃在基面上的方位。

刃倾角 $\lambda_s$——在主切削平面内，主切削刃与基面之间的夹角，表示主切削刃的倾斜程度。规定在主切削刃上刀尖最低时，$\lambda_s$ 为负值；主切削刃与基面平行时，$\lambda_s$ 为零；主切削刃上刀尖最高时，$\lambda_s$ 为正值。

# 19.4　定位基准的选择

工件从定位直至夹紧的全过程称为工件的安装。定位是保证工件与切削刀具之间具有正确的相对位置；而夹紧是为了克服切削力等因素造成的系统不稳定状态，保证定位后的加工精度。

### 19.4.1　工件定位原理

任何自由物体在空间具有六个自由度，即在直角坐标系中沿直角坐标系三个轴向的移动和绕三个轴的转动，分别记做 $\vec{X}$、$\vec{Y}$、$\vec{Z}$ 和 $\overset{\frown}{X}$、$\overset{\frown}{Y}$、$\overset{\frown}{Z}$，如图 19-11 所示。

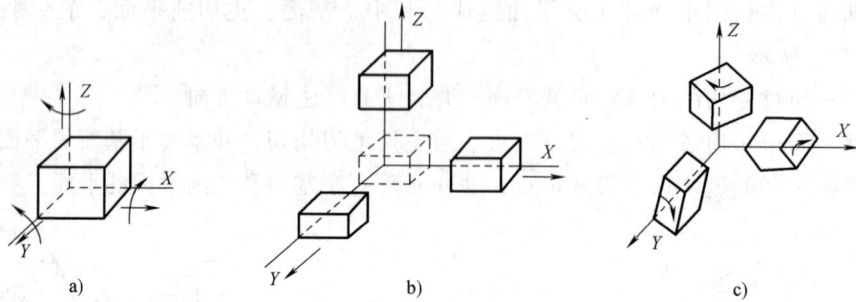

图 19-11　自由物体的自由度
a）立方体　b）沿三个轴的移动　c）绕三个轴的转动

要使工件在空间处于一定的位置，就必须限制工件的六个自由度。工艺中使用相当于六个支承点的定位元件限制六个自由度，称为六点定位原则。

如图 19-12 所示，工件底面 $A$ 的三个支承点限制了 $\overset{\frown}{X}$、$\overset{\frown}{Y}$、$\vec{Z}$ 三个自由度；侧面 $B$ 的两个支承点限制了 $\vec{X}$ 和 $\overset{\frown}{Z}$ 两个自由度；后面 $C$ 的一个支承点限制了一个自由度 $\vec{Y}$。这种限制六个自由度的定位方法称为完全定位。

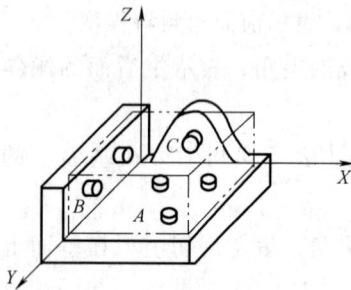

图 19-12　定位原理

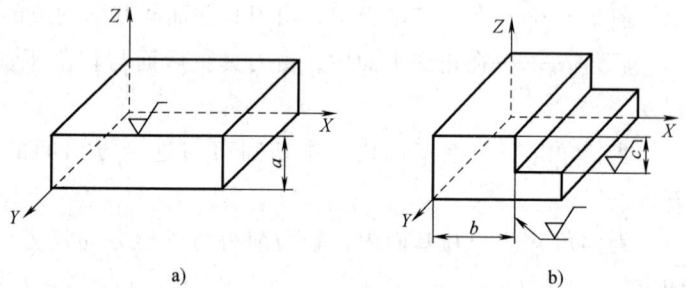

图 19-13　不完全定位

在实际加工过程中，不一定必须限制六个自由度，而是根据加工要求决定限制某几个自由度即可。如图 19-13a 所示加工一个与底平面距离为 $a$ 的平行面，只需限制 $\overset{\frown}{X}$、$\overset{\frown}{Y}$、$\vec{Z}$ 三个自由度；如图 19-13b 所示在铣床上加工，要获得尺寸 $b$ 和 $c$，只限制除 $\vec{Y}$ 以外的其他五个自由度即可。这种限制工件部分自由度的定位方法称为不完全定位。

在定位过程中，没有将应限制的自由度消除，这种情况称为欠定位。欠定位不能保证工件部分技术要求。如图 19-14a 所示，工件按图上方式定位加工，就产生欠定位现象。由于 $\vec{X}$ 没有限制，加工时就无法保证需要的尺寸 $c$。

在定位过程中，如果两个或两个以上的定位点同时限制某一自由度，就会出现过定位，如图 19-14b 所示的 C 和 C' 点。在工件定位面和定位件精度很高的情况下，可以避免出现过定位，如生产中经常使用精整的平面代替三个支承点支承已加工过的平面，这样能使夹具的刚性好，减少振动。如图中工件定位面形状偏差或制造偏差较大时，将会产生触点不稳定，工件与定位件接触不良，受力夹紧后工件易变形，影响了加工精度。上述问题可采用辅助支承件来代替 C' 点的定位元件，辅助支承不起限制自由度的作用，只起防止工件夹紧变形作用。

机械加工中所用的夹具，都是考虑工件的加工要求，根据六点定位原则设计制造的。将工件装在夹具上定位后，再施加一定的作用力来紧固后，工件便完成一次安装。除用定位元件安装工件外，生产中常采用直接校正安装或按划线校正的方法安装工件，如车床用四爪单动卡盘安装工件。

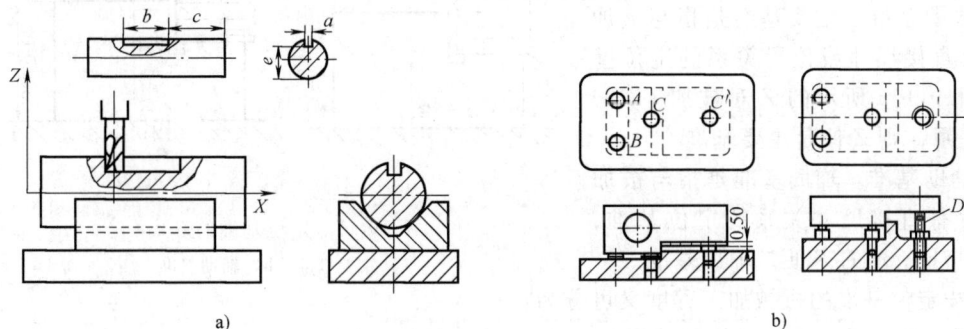

图 19-14　其他定位方法
a）欠定位　b）过定位

### 19.4.2　基准

**1. 基准的概念**

基准实际是指用设计图样上或实际零件上的某些点、线、面，来确定其他点、线、面的位置的依据。如图 19-15 所示，工件端面 A、点 D、线 E 都是基准。A 是尺寸 a、b 的依据；D 点是线 E 的依据；线 E 又是 B 面位置的依据。基准按照作用的不同可分为设计基准和工艺基准两大类。

（1）设计基准　在零件设计图上用以确定其他点、线、面位置的基准称为设计基准，如图 19-15 所示的 A、D、E 等。

（2）工艺基准　零件在加工、测量、装配中所选用的基准称为工艺基准。

1）按照用途的不同可分为测量基准、装配基准、定位基准等。

① 测量基准。测量基准是用以检验已加工表面尺寸及其相对位置时所依据的基准。如图 19-16 所示零件，内孔是检验表面 A 的端面圆跳动和 φ40h6 径向圆跳动的测量依据；端面 A 是检验尺寸 L 和 l 的测量依据。

② 装配基准。装配基准是在装配时用以确定零件在部件或产品中位置的依据。如图 19-16所示的 φ40h6 和 B 均是装配基准。

③ 定位基准。定位基准是指在工件定位时，用以确定被加工表面位置的基准，即工件

定位时与夹具定位元件相接触的点、线、面。车削时工件两端中心孔便是其定位基准。

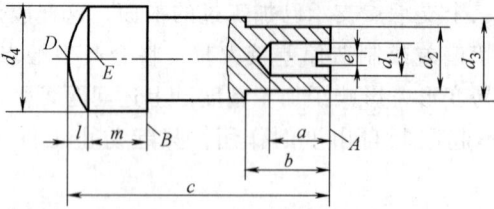

图 19-15　零件的基准

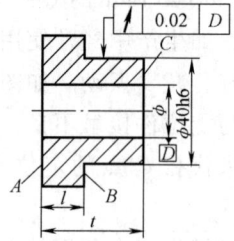

图 19-16　轴套工作图

2）按定位基准与被加工表面的尺寸关系可分为：

① 主要基准。主要基准是指与被加工表面有直接尺寸或位置关系的定位基准，如图 19-17a 所示的 $Z$ 对被加工面 $J$ 有尺寸关系，则 $Z$ 便是主要基准。

② 辅助基准。辅助基准是指与被加工表面没有直接尺寸关系的定位基准，如图 19-17b 所示的 $F$ 便是辅助基准。

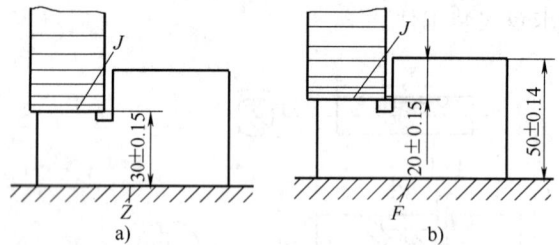

图 19-17　定位基准的形式
a）主要基准　b）辅助基准

3）按定位基准的机械加工程度又可分为：

① 粗基准。采用未经过加工的表面（毛坯面）作为定位基准的，称为粗基准。

② 精基准。采用经过加工的表面作为定位基准的，称为精基准。

**2. 定位基准的选择**

（1）粗基准的选择　选择原则是：在第一道工序中选用不需要加工的表面作粗基准，而且应选其中与加工表面有精度要求的面；零件上无不需加工的表面时，可以选用加工余量小的或余量均匀的面作为粗基准；粗基准只能使用在第一次安装中，以后安装时尽量采用已加工表面作定位基准，避免粗基准的重复使用；应选择尺寸足够大且较平整的未加工表面作粗基准等。例如，车床床身加工时，为保证床身导轨面有良好的耐磨性，加工时只切除导轨面上一层少而均匀的金属。所以，加工时应选择导轨面作为粗基准，如图 19-18 所示。粗基准用过一次后，将被精基准所代替。因此，第一次安装后加工的表面，应该包括下次安装作为精基准的表面。

图 19-18　床身粗基准的选择

（2）精基准的选择　尽可能选择尺寸较大、精度较高的已加工表面作为精基准；采用"基准重合"的原则，即选用加工表面的设计基准或装配基准作为定位基准，避免因基准不重合对加工精度的影响；在精加工的各道工序中变换定位基准会增加误差，这时应采用"基准统一"的原则，使尽可能多的加工表面使用同一定位基准，以保证各加工表面的位置精度；在一次安装中加工更多的表面，缩短了辅助时间；某些精加工工序，要求加工余量小而均匀，则可将加工表面自身作为定位基准。如图 19-19 所示磨削床身导轨面时，以导轨面本身找正定位。

有时为满足工艺要求，需要专门设置定位基准，这些定位基准面并不是零件本身所要求的。如轴类零件上的中心孔、铸件上设置工艺台或工艺夹头、某些零件上的工艺孔等，这些定位基准称为辅助精基准。

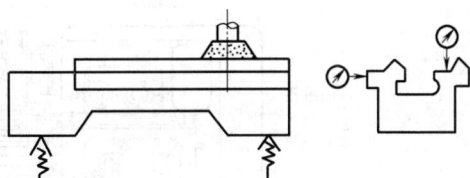

图 19-19　按加工表面自身找正定位

## 19.5　车削加工

车削是机械加工中的基本工种，其技术性很强，使用车刀主要加工回转表面，还可利用钻头、铰刀、丝锥、滚花刀等刀具完成其他表面加工。

车床的加工范围很广，主要用于各种回转表面加工，包括端面、外圆、内圆、锥面、螺纹、回转成形面、回转沟槽、滚花等，如图 19-20 所示。

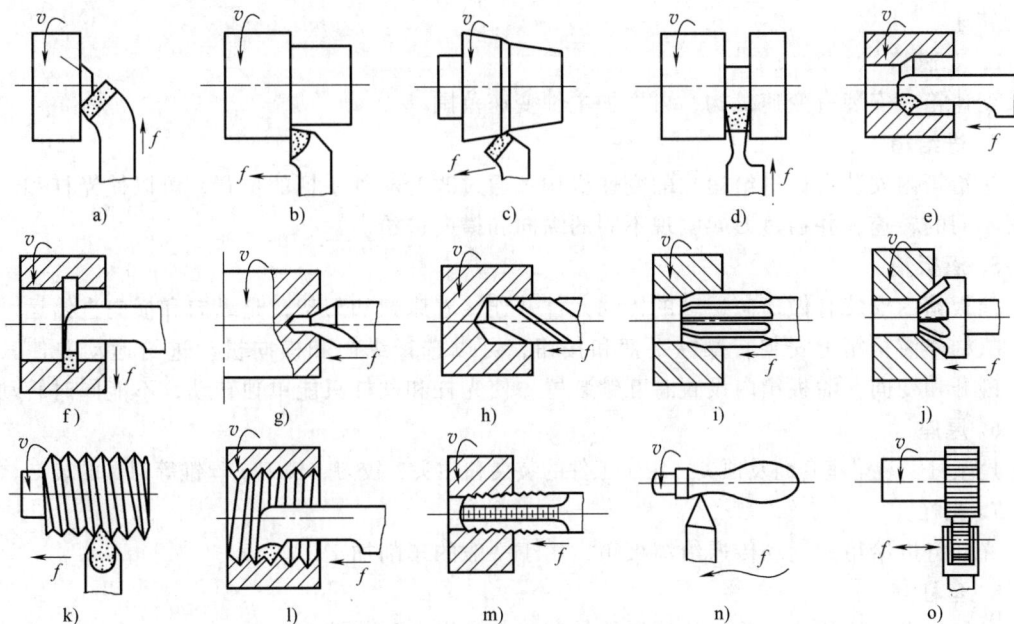

图 19-20　车床的加工范围

a）车端面　b）车外圆柱面　c）车外圆锥面　d）切槽切断　e）车内孔　f）车内槽　g）钻中心孔　h）钻孔
i）铰孔　j）锥孔　k）车外螺纹　l）车内螺纹　m）攻螺纹　n）车成形面　o）滚花

### 19.5.1　车床

车床种类很多，按用途和结构的不同，主要分为卧式车床和落地车床、立式车床、单轴自动车床、多轴自动和半自动车床、仿形车床及多刀车床和各种专门化车床。专门化车床包括凸轮轴车床、曲轴车床、车轮车床、铲齿车床等。在所有车床中，以卧式车床应用最为广泛，其组成如图 19-21 所示。

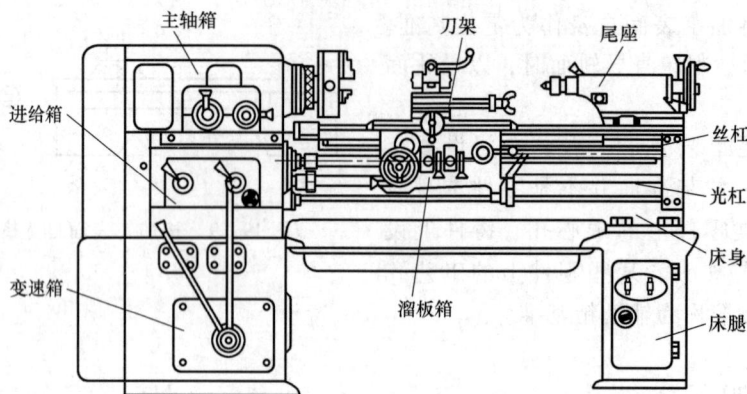

图 19-21　卧式车床

### 1. 床身

床身是车床的基本零件,用来支承和安装车床的其他部件并保持其相对位置。

### 2. 主轴箱

主轴箱内安装有主轴和主轴变速机构。通过操纵箱外的变速手柄,就可以使主轴获得不同的转速。

### 3. 变速箱

变速箱内安装有变速机构,可增加主轴变速范围。

### 4. 进给箱

进给箱内安装有做进给运动的变速机构。通过改变箱外手柄的位置,可以使光杠和丝杠获得不同的转速,并通过刀架实现不同的纵向和横向进给。

### 5. 溜板箱

溜板箱内安装有做横向运动的传动元件并连接着床鞍和刀架,是纵向和横向进给运动的分配机构。溜板箱上安装有操纵手柄和按钮,可以选择纵向和横向机动进给运动并使其接通、断开和变向。溜板箱内设置有互锁装置,使光杠和丝杠只能单独转动,不能同时转动。

### 6. 尾座

尾座可安装尾座套筒及顶尖,用于工件的装夹和钻头、铰刀、镗刀、丝锥等刀具的装夹。

### 7. 光杠

光杠将进给箱的运动传递给溜板箱,用于一般的车削加工。

### 8. 丝杠

丝杠将进给箱的运动传递给溜板箱,用于车削螺纹加工。

车床的传动路线是指从电动机到机床主轴或刀架之间的运动路线,如图 19-22 所示。

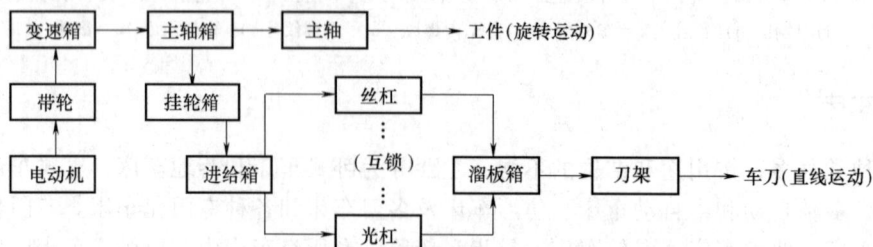

图 19-22　C6132 型车床传动框架图

## 19.5.2 车刀

常用的车刀材料有硬质合金和高速钢。车削铸铁等脆性材料一般采用钨钴类硬质合金；车削非合金钢等塑性材料时一般选用钨钛钴类硬质合金。整体车刀大多用高速钢来制造。

常用车刀的名称、形状和工作位置如图 19-23 所示。

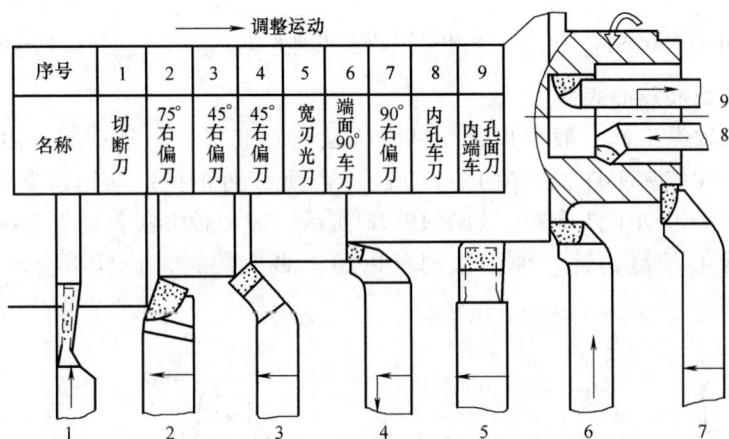

图 19-23　常用车刀的名称、形状和工作位置

在方刀架上安装车刀时，要求刀尖与工件轴线等高，刀杆与工件轴线垂直，车刀伸出的长度要适中，通常不超过刀体高度的两倍，车刀与方刀架都要锁紧。

## 19.5.3　车床附件及工件的安装

机床附件是指随机床一起供应的附加装置，如各种通用机床的夹具、靠模装置、分度头等。利用这些附件可以充分发挥机床的功能和加工效率，以完成各种不同形状工件的加工。卧式车床附件有卡盘、花盘、顶尖、拨盘、鸡心夹头、中心架、跟刀架、心轴等。

**1. 卡盘**

卡盘是车床上应用最多的夹具，安装在车床主轴上。卡盘可分三爪自定心卡盘和四爪单动卡盘，如图 19-24 和图 19-25 所示。

三爪自定心卡盘，装夹工件迅速、方便，不需找正，具有较高的自动定心精度，但夹紧力较小。特别适合于用来装夹轴类、盘类、套类等工件，但不适合于装夹形状不规则的工件。

四爪单动卡盘有很大的夹紧力，其每个卡爪可以单独调整，因此特别适合于装夹形状不规则的工件。但装夹工件时需要找正，速度较慢，而且找正的精度主要由操作人员的技术水平决定。

**2. 花盘**

对于一些形状不规则的工件，不能使用三爪自定心卡盘和四爪单动卡盘装夹时，可使用花盘进行装夹，如图 19-26 所示。

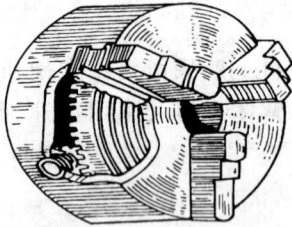

图 19-24　三爪自定心卡盘　　　图 19-25　四爪单动卡盘　　　图 19-26　花盘

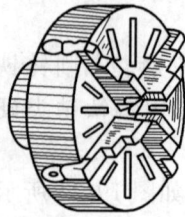

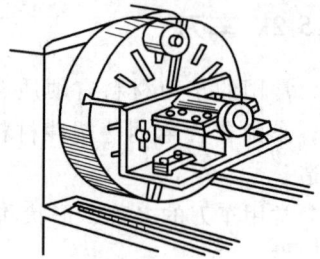

### 3. 顶尖、拨盘和鸡心夹头

对于细长的轴类工件一般可以采用两种方法进行装夹：一是用车床主轴的卡盘和车床尾座上的后顶尖装夹工件，如图 19-27 所示；二是工件的两端均用顶尖装夹定位，并利用拨盘和鸡心夹头带动工件旋转，如图 19-28 所示。前一种方法仅适合于一次性装夹，才能保证工件的定心精度；后一种方法则可以用于多次装夹，并且不会影响工件的定心精度。

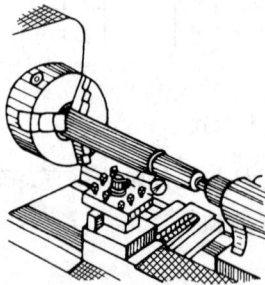

图 19-27　卡盘-顶尖　　　　　　　　　图 19-28　双顶尖

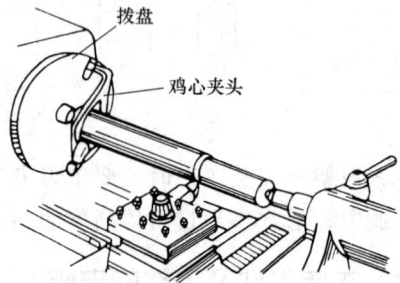

按结构不同，通用顶尖可分为固定顶尖和活顶尖；按安装位置不同，通用顶尖可分为前顶尖（安装在主轴锥孔内）和后顶尖（安装在尾座锥孔内）。前顶尖只能是固定顶尖，后顶尖可以是固定顶尖，也可以是活顶尖。

拨盘与鸡心夹头的作用是当工件用两顶尖装夹时带动工件旋转。拨盘靠其上的螺纹旋装在车床的主轴上，带动鸡心夹头旋转；鸡心夹头则依靠其上的紧固螺钉拧紧在工件上，并带动工件一起旋转。

### 4. 中心架与跟刀架

在车削细长轴时，由于工件刚度较差，在背向力及工件的自重作用下，工件会发生弯曲变形，车削后会使工件形状误差增大。为了防止这种现象发生，常使用中心架或跟刀架。

中心架由上下两部分组成，固定在车床导轨上，上半部可以通过翻转，以便装入工件。中心架内有三个可以调节的径向支爪，支爪一般都是铜质的，如图 19-29 所示。

跟刀架固定在床鞍上并随床鞍一起移动，如图 19-30 所示。跟刀架有两个支爪，车刀装在这两个支爪的对面稍微靠前的位置，并依靠背向力及工件的自重作用使工件紧靠在两个支爪上。

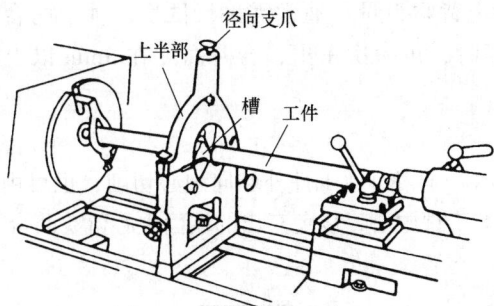

图 19-29　使用中心架车细长轴

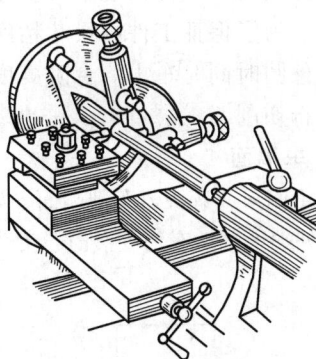

图 19-30　使用跟刀架车细长轴

**5. 心轴**

当精加工盘套类零件时，常以工件的内孔作为定位基准。先将工件安装在心轴上，再将心轴装在两顶尖之间，然后进行加工。这样既可以保证工件的内外圆加工的同轴度，又可以保证工件的被加工端面与轴心线的垂直度。常用的心轴有圆锥体心轴（见图 19-31）、圆柱体心轴（见图 19-32）、弹性心轴等。

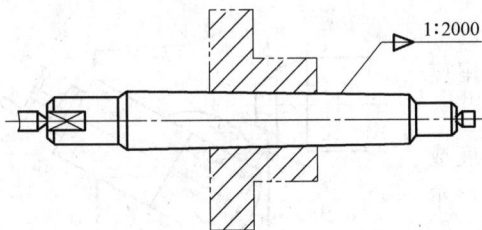

图 19-31　圆锥体心轴

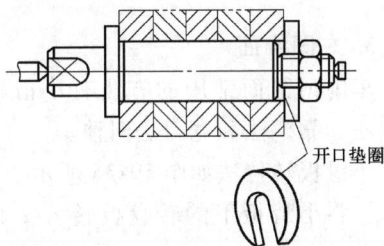

图 19-32　圆柱体心轴

## 19.5.4　基本车削方法

**1. 车外圆**

外圆车削是车削加工中最基本、最常见的加工。常用的外圆车刀及车外圆方法如图 19-33 所示。

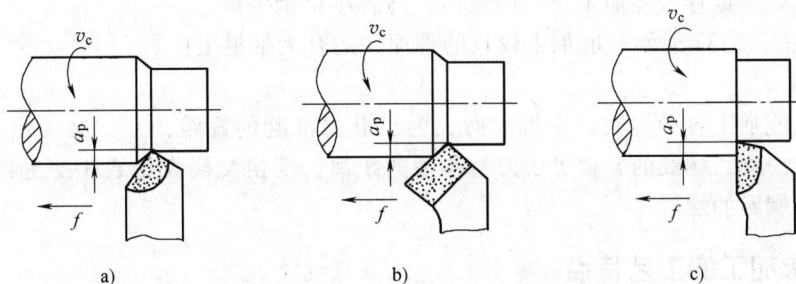

a)　　　　　　　　　　b)　　　　　　　　　　c)

图 19-33　车外圆

a）尖刀车外圆　b）45°弯头车外圆　c）90°偏刀车外圆

车外圆时,工件由主轴带动做旋转运动,夹持在刀架上的刀具切入工件一定深度并做纵向运动。为了保证工件的尺寸精度,准确地确定背吃刀量,通常需进行试切。轴上的台阶面可在车外圆时同时车出。台阶高度在 5mm 以下时,可一次车出,台阶高度在 5mm 以上时应分层进行切削。

**2. 车端面**

常用偏刀或弯头刀车削端面,如图 19-34 所示。车刀可由工件外端向中心切削,也可由工件中心向外端切削。车刀安装时,刀尖应准确地对准工件中心,以免车出的端面中心留有凸台。

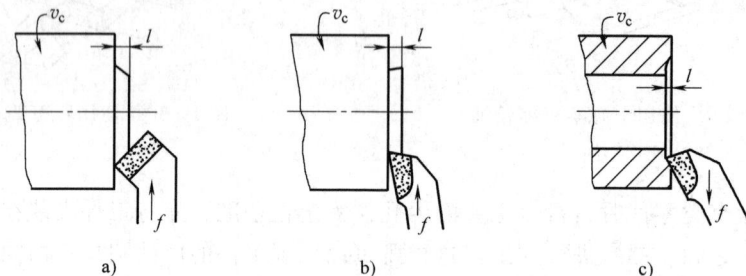

图 19-34 车端面
a) 弯头车刀车端面 b) 偏刀向中心进刀车端面 c) 偏刀向外进刀车端面

**3. 车圆锥面**

车削圆锥面常用的方法有小滑板转位法、尾座偏移法、靠模法和宽刀法四种。

小滑板转位法如图 19-35 所示。根据工件锥度或锥角,将小滑板下的转盘扳转 $\alpha/2$ 角度并锁紧;车削时,转动小滑板手柄,刀尖则沿锥面母线移动,从而加工出所需锥面。这种方法操作较为简单,可以加工任意锥角的内、外圆锥面。但是由于受小滑板行程限制,不能加工较长的锥面,而且操作中只能手动进给,劳动强度大,表面粗糙度较难控制。

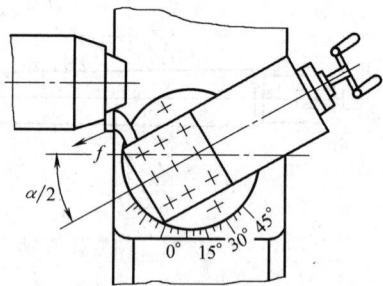

图 19-35 小滑板转位法车圆锥面

尾座偏移法如图 19-36 所示。将尾座顶尖根据工件的锥度 $\kappa$ 或锥角 $\alpha$,横向偏移一定距离后,使工件回转轴线与车床主轴轴线的夹角等于 $\alpha/2$,利用车刀的纵向进给,即可车出所需要的锥面。尾座偏移法能加工较长的锥面,适合小批量生产。

靠模法如图 19-37 所示,能加工较长的锥面,适合大批量生产。

**4. 车螺纹**

在车床上能加工各种螺纹。车螺纹时,为了获得准确的螺距,刀架必须由丝杠带动进给。工件每转一周,螺纹的导程等于刀具移动的距离。变换交换齿轮或改变进给手柄位置,即可车出不同螺距的螺纹。

### 19.5.5 车床加工的工艺特点

1) 适应性好。

2) 切削加工的精度范围大。根据零件的使用要求,可以分别获得不同的加工精度;车

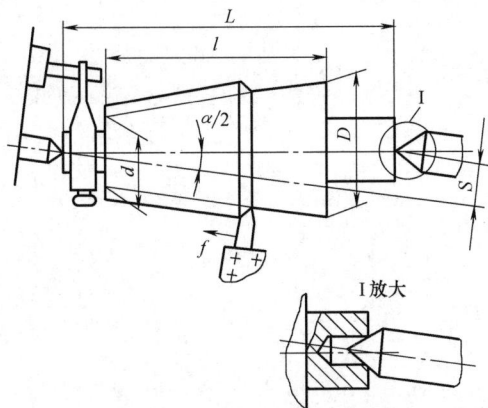

图 19-36　尾座偏移法车圆锥面

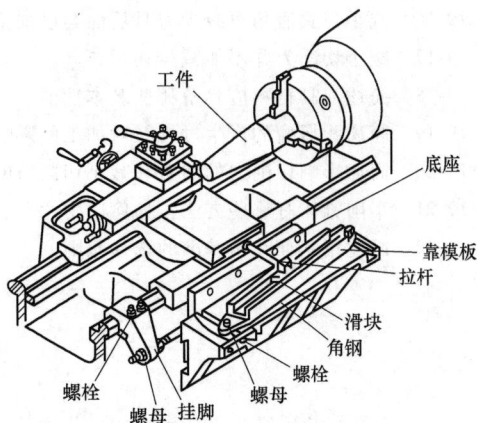

图 19-37　靠模法车圆锥面

削加工的尺寸公差等级在 IT14 ~ IT6 之间；表面粗糙度值可在 $Ra$ 为 50 ~ 1.6μm 之间。

　　3）容易保证零件加工表面之间的位置精度。例如，对轴的车削加工，可在一次装夹中车削出多个加工表面，以保证各个外圆与内圆的同轴度和端面对轴线的垂直度要求。

　　4）生产效率高。车削加工过程大多是连续进行的，并可采用高速切削和强力切削，使生产效率大幅度提高。

　　5）生产成本低。车刀结构简单，制造、刃磨都很方便。车床夹具可以满足一般零件的装夹要求，生产准备时间较短。所以车削加工成本较低。

## 复习思考题

19-1　切削运动包括_____和_____两个基本运动。

19-2　切削三要素是指_____、_____和_____。

19-3　目前，生产上常用的高速刀具材料的种类有_____和_____。

19-4　外圆车刀的切削部分由_____面、____面、_____面，____刃、____刃和_____刀尖组成。

19-5　一把普通外圆车刀的主要角度有____、____、____、____、____等。

19-6　根据切削材料和切削条件的不同，常见的切屑种类有____、____和____三种。

19-7　刀具的前角是在（　　）内测量的前面与基面的夹角。

A. 正交平面　　　　B. 主切削平面　　　　C. 基面

19-8　在切削运动中，主运动的速度是（　　）。

A. 最大的　　　　　B. 最小的　　　　　C. 不是最大，也不是最小的

19-9　切削塑性材料时易形成（　　），切削脆性材料时易形成（　　）。

A. 崩碎切屑　　　B. 带状切屑　　　C. 节状切屑

19-10　在车削轴类零件过程中，对表面粗糙度影响最大的是（　　）。

A. 前角　　　　　B. 后角　　　　　C. 主偏角　　　　D. 副偏角　　　　E. 刃倾角

19-11　对切削热影响最大的是（　　）。

A. 切削速度　　　B. 进给量　　　C. 背吃刀量

19-12　主运动可为旋转运动，也可为直线运动。（　　　）

19-13　在切削时，刀具前角越小，切削越轻快。（　　　）

19-14　在切削过程中，进给运动的速度一般远小于主运动速度。（　　　）

19-15 与高速钢相比，硬质合金突出的优点是硬度高、热硬性好。（　　　）

19-16 减小刀具后角可减少刀具后面与已加工表面的摩擦。（　　　）

19-17 减小切削力并不能减少切削热。（　　　）

19-18 简述刀具材料应具备哪些基本性能。

19-19 简述积屑瘤的产生过程及对加工的影响。

19-20 简述影响切削力的因素和减小切削力的措施。

19-21 车削锥体有哪些方法？如何选用？

19-22 简述精基准和精基准的选择原则。

# 附　　录

## 附录 A　试验一　硬度、冲击试验

### 一、布氏硬度试验

**1. 试验目的**

1）了解布氏硬度计的测定原理、硬度计的结构及应用范围。

2）掌握布氏硬度计试验操作的方法步骤。

3）学会正确使用读数显微镜测量压痕直径。

**2. 试验设备及试样**

1）布氏硬度计（见图 A-1）。

2）读数显微镜（见图 A-2）。

3）退火钢、铸铁、非铁金属试样。

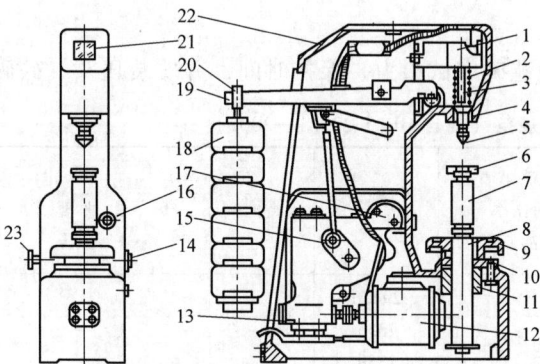

图 A-1　HB-3000 型布氏硬度计简图

1—小杠杆　2—弹簧　3—压轴　4—主轴衬套　5—压头　6—工作台

7—工作台立柱　8—螺杆　9—升降手轮　10—螺母　11—套筒

12—电动机　13—减速器　14—压紧螺钉　15—轴柄

16—按钮　17—换向开关　18—砝码

19—大杠杆　20—吊环　21—加荷指示灯

22—机体　23—电源开关

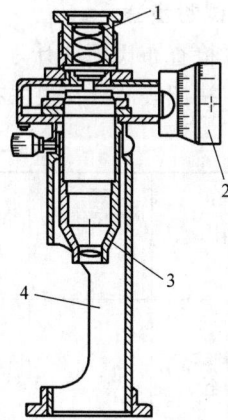

图 A-2　JC10 型读数显微镜简图

1—目镜　2—读数指示套

3—物镜　4—镜筒

**3. 试验原理**

根据 GB/T 231.1—2002，如图 A-3 所示，布氏硬度试验是在一定试验力 $F$ 的作用下，

将直径为 $D$ 的硬质合金球形压头垂直压入试样表面，经保持一定时间后，卸除试验力，测量试样表面压痕直径，根据试验条件和压痕直径的大小，从专用的金属布氏硬度数值表（见表8-2）中查出该材料的布氏硬度值。

**4. 读数显微镜的使用**

如图 A-4 所示，将读数显微镜放置在被测试样上，使物镜正对压痕。试样被测部分用自然光或灯光照明，使压痕清晰呈现。移动读数显微镜使固定板上的零线与压痕的一边相切。转动读数指示套带动活动滑板上的刻度线移动，使之与压痕的另一边相切。固定板上共有六格，每格为 1mm。读数指示套上共有 100 个小格，每一格为 0.01mm。两个读数相加之和即为该压痕的直径。（为保证准确测量出压痕直径，在压痕相互垂直的方向上各测一次，取平均值）

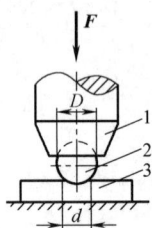

图 A-3　布氏硬度原理示意图
1—压头　2—硬质合金球　3—试样

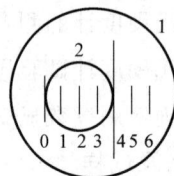

图 A-4　测量示例
1—镜筒　2—压痕

**5. 试验步骤**

1）检查布氏硬度计是否正常。

2）按照表 A-1，根据布氏硬度试验规范确定试验力、保持时间，并安装压头、砝码。

**表 A-1　布氏硬度试验规范**（摘自 GB/T 231.1—2002）

| 材料种类 | 布氏硬度 HBW | 球直径 $D$/mm | 试验力-压头球直径平方的比率 $0.102F/D^2$ | 试验力 $F$/N | 保持时间 | 其 他 要 求 |
|---|---|---|---|---|---|---|
| 钢、镍合金、钛合金 | | 10<br>5<br>2.5<br>1 | 30 | 29420<br>7355<br>1839<br>294.2 | | |
| 铸铁 | <140 | 10<br>5<br>2.5 | 10 | 9807<br>2452<br>612.9 | 10~15s，允许误差为±2s | 1. 压痕中心距试样边缘大于或等于 2.5d<br>2. 试样厚度至少应为压痕深度的 8 倍<br>3. 相邻压痕间中心距离大于或等于 3d |
| | ≥140 | 10<br>5<br>2.5 | 30 | 29420<br>7355<br>1839 | | |
| 铜及铜合金 | <35 | 10<br>5<br>2.5<br>1 | 5 | 4903<br>1226<br>306.5<br>49.03 | | |

（续）

| 材料种类 | 布氏硬度 HBW | 球直径 $D/mm$ | 试验力-压头球直径平方的比率 $0.102F/D^2$ | 试验力 $F/N$ | 保持时间 | 其他要求 |
|---|---|---|---|---|---|---|
| 铜及铜合金 | 35 ~ 200 | 10<br>5<br>2.5<br>1 | 10 | 9807<br>2452<br>612.9<br>98.07 | | |
| | > 200 | 10<br>5<br>2.5<br>1 | 30 | 29420<br>7355<br>1839<br>294.2 | | |
| 轻金属及合金 | < 35 | 10<br>5<br>2.5<br>1 | 2.5 | 2452<br>612.9<br>153.2<br>24.52 | 10 ~ 15s，允许误差为 ±2s | 1. 压痕中心距试样边缘大于或等于 2.5d<br>2. 试样厚度至少应为压痕深度的 8 倍<br>3. 相邻压痕间中心距离大于或等于 3d |
| | 35 ~ 80 | 10<br>5<br>2.5<br>1 | 5 | 4903<br>1226<br>306.5<br>49.03 | | |
| | | | 10 | 9807<br>2452<br>612.9<br>98.07 | | |
| | | | 15 | 14710<br>3677<br>919.1<br>147.1 | | |
| | > 80 | 10<br>5<br>2.5<br>1 | 10 | 9807<br>2452<br>612.9<br>98.07 | | |
| | | | 15 | 14710<br>3677<br>919.1<br>147.1 | | |
| 铅、锡 | | 10<br>5<br>2.5<br>1 | 1 | 980.7<br>245.2<br>61.29<br>9.807 | | |

　　3）将试样平稳的安放在工作台上，顺时针方向转动手轮直至试样与压头球体紧密接触，手轮空转打滑为止，此时加预载荷 98.07N。

　　4）调整时间定位器至所需载荷保持时间位置。压紧螺钉处于放松状态。

5）打开电源开关，待电源指示灯亮后（绿灯亮）再起动电动机按钮，开始施加载荷。待载荷全部加上时（红灯亮），迅速拧紧时间定位器压紧螺钉，时间定位器开始转动。达到载荷保持时间后电动机反转，试验力自行卸除。

若为半自动布氏试验计，应首先在操作屏上选定好载荷保持时间，起动电动机按钮后由硬度计自身控制机构完成加载、保持载荷、卸载的全过程。

6）关闭电源，逆时针转动手轮，使工作台下降，取下试样。用读数显微镜测量试样表面压痕直径 $d$（两个垂直方向各测一次后取其平均值）。

根据所测得的压痕直径 $d$ 和试验规范，从金属布氏硬度数值表（见表 8-2）中查出该材料的布氏硬度值。

7）检查数据符合要求后，取下砝码、吊环，以免影响硬度计的计量精度。

**6. 注意事项**

1）试验一般在 10～35℃ 室温进行。对于温度要求严格的试验，温度为（23±5）℃。

2）试样表面应是光滑的平面，无氧化层和污物。

3）当试样尺寸允许时，应优先选用直径 10mm 的球压头进行试验。

4）操作中机器出现故障应立即关掉电源，交由老师进行处理。

**7. 试验结果处理**

1）测出的布氏硬度数值大于 100 时，四舍五入取整数；硬度数值大于 10 小于 100 时，四舍五入，小数点后取一位；硬度值小于 10 时，四舍五入，小数点后取两位。

2）布氏硬度计压出的压痕直径应在 $(0.24～0.6)D$ 之间，否则试验结果无效。

## 二、洛氏硬度试验

**1. 试验目的**

1）了解洛氏硬度计的测定原理，洛氏硬度计的结构及应用范围。

2）掌握洛氏硬度计的试验方法步骤。

**2. 试验设备及试样**

1）洛氏硬度计（见图 A-5）。

2）淬火钢、退火钢、非铁金属试样。

**3. 试验原理**

如图 A-6 所示，在初试验力 $F_1$ 及主试验力 $F_2$ 的先后作用下，将压头（金刚石圆锥或淬火钢球）压入试样表面，经规定保持时间后，卸除主试验力 $F_2$，用测量的残余压痕深度增量 $e$ 计算该材料的硬度值。

**4. 试验步骤**

1）检查洛氏硬度计是否正常。

2）根据试样材料及表 A-2 洛氏硬度测试规范选择标尺、压头、总试验力。

3）将试样平稳地放置在工作台上，顺时针缓慢转动手轮，工作台上升使试样与压头接触，继续转动手轮施加初试验力 $F_1$（98.1N）。此时小指针正对表盘中的红点（或红线）。调整指示器，使长指针对准零位（即 HRA、HRC 对准"C"点。HRB 对准"B"点）。

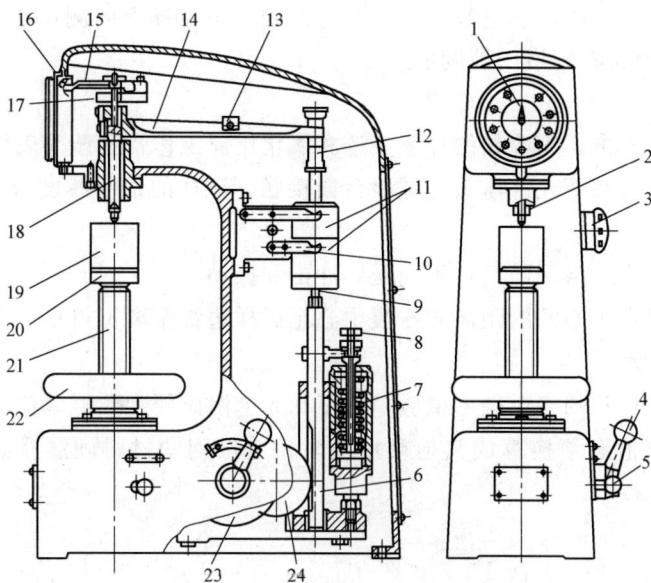

图 A-5　HR-150A 型洛氏硬度计简图

1—指示器　2—紧固螺钉　3—砝码交换手柄　4—卸荷手柄　5—加荷手柄

6—齿条　7—缓冲器　8—油针　9—顶杆　10—砝码交换架　11—砝码

12—吊杆　13—调整块　14—加荷杠杆　15—小杠杆　16—接杆

17—顶杆　18—主轴　19—试样　20—工作台　21—工作台

螺旋立柱　22—手轮　23—凸轮　24—大齿轮

4）向前拨动加荷手柄，通过缓冲器慢慢施加主试验力 $F_2$，压头继续压入试样，此时长指针逆时方向转动（主试验力全部加上的时间为 4~8s）。

5）长指针基本停稳后，将卸荷手柄慢慢向后推回原位，卸除主试验力 $F_2$；从指示器的刻度盘中直接读出洛氏硬度值，并做好记录。

6）逆时针转动手轮，工作台下降，移出试样。

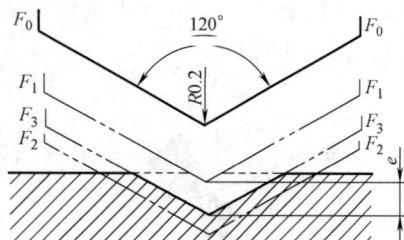

图 A-6　洛氏硬度试验原理

表 A-2　洛氏硬度测试规范

| 标尺 | 硬度符号 | 压头类型 | 试验力/N（kgf） | | | 硬度值有效范围 | 应用举例 |
|---|---|---|---|---|---|---|---|
| | | | $F_1$ | $F_2$ | $F$ | | |
| A | HRA | 120°金刚石圆锥体 | 98.1（10） | 490.3（50） | 588.4（60） | 70~85HRA | 硬质合金表面淬硬层渗碳层 |
| B | HRB | φ1.588mm 淬火钢球 | 98.1（10） | 882.6（90） | 980.7（100） | 25~100HRB | 退火钢正火钢非铁金属 |
| C | HRC | 120°金刚石圆锥体 | 98.1（10） | 1373（140） | 1471.1（150） | 20~67HRC | 淬火钢调质钢 |

7）根据洛氏硬度试验要求重复以上步骤，做到每个试样上的测试点数不少于三点，其测定的平均值作为该材料的洛氏硬度值。

**5. 注意事项**

1）试样要平整光滑，无明显的加工痕迹和氧化层。工作台和压头表面应清洁。

2）在任何情况下都不允许压头与试验台面接触。试样的最小厚度应不小于压痕深度的10倍。

3）在试验过程中，洛氏硬度计不应受到冲击和振动。

4）试样各测试点中心间的距离和压痕中心至试样边缘距离不得小于3mm。

**6. 试验结果处理**

1）试验报告中填写的洛氏硬度值应精确至0.5个洛氏硬度数值单位。

2）当洛氏硬度值必须换算成其他硬度值时，应按钢铁材料硬度及强度换算表（见表8-3）进行换算。

# 三、冲击试验

**1. 试验目的**

1）了解摆锤式冲击试验机的结构及试验原理。

2）了解金属材料在常温下冲击试验的方法步骤。

**2. 试验设备及试样**

1）摆锤式冲击试验机（见图A-7）。

2）U形和V形标准冲击试样（见图A-8和图A-9）。

3）游标卡尺。

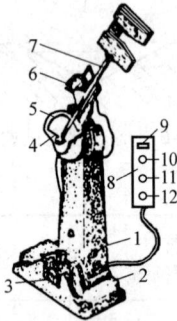

图 A-7　摆锤式冲击试验机

1—电源开关　2—机座　3—支座　4—指针　5—刻度盘
6—电磁铁　7—摆锤　8—操作屏　9—开关
10—摆臂下降按钮　11—冲击按钮
12—摆臂夹紧按钮

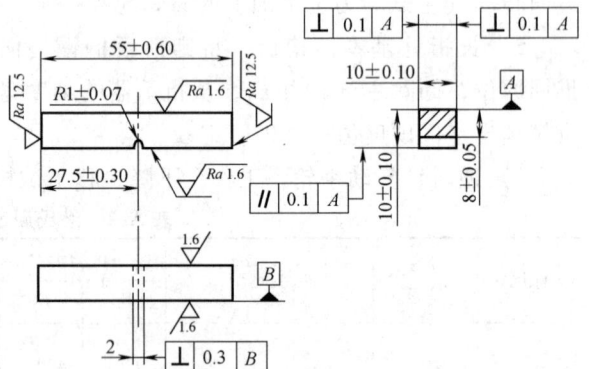

图 A-8　U形冲击试样及尺寸

**3. 试验原理**

如图A-10所示，冲击试验是用规定高度的摆锤对处于支座上的试样进行一次性冲击，测量试样冲断时的冲击吸收功。冲击吸收功除以试样断口处横截面积的商，即是该材料的冲

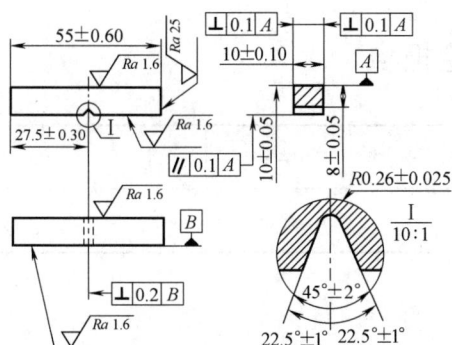

图 A-9　V 形冲击试样及尺寸

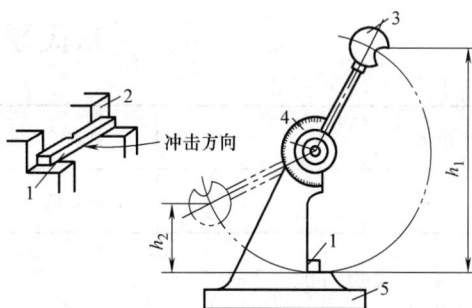

图 A-10　摆锤式冲击试验机原理示意图
1—试样　2—支座　3—摆锤　4—刻度盘　5—机座

击韧度。用 $a_K$ 表示，单位为 $J/cm^2$。

**4. 试验步骤**

1）检查冲击试验机是否正常，摆锤空打时指针是否指向零位，其偏离不应超过最小刻度的 1/4。用游标卡尺检查试样尺寸是否符合国家标准规定的要求。检查试样表面有无明显可见的质量问题。

2）打开电源开关，手拿操作屏站在设备正前方一米远处。打开操作屏开关，按下"摆臂下降"按钮，摆臂下降，回升时将摆锤带至 125°夹角的高度。将指针拨至刻度盘最大刻度值处。

3）用标准安放样板将试样紧贴支座放置，使试样缺口背面正对摆锤刃口。

4）按下"冲击"按钮，摆锤自由落下，冲断试样，并继续摆动一个高度。同时指针向零位方向旋转一个角度。

5）试样冲断后，立即按下"摆锤夹紧"按钮，待摆锤停止摆动后，从刻度盘上读出指针指示数值。此数值即是该试样的冲击吸收功，用 $A_K$ 表示。用公式 $a_K = \dfrac{A_K}{S_N}$ 计算出该材料的冲击韧度。

**5. 注意事项**

1）冲击试验机只许一人操作，摆锤左、右不允许站人，以免试样碎块飞出。

2）室温冲击试验应在 10～35℃ 温度下进行。

**6. 试验结果处理**

1）冲击吸收功至少应保留小数点后一位有效数字。数值应在摆锤最大刻度的 10%～90% 范围内使用。

2）由于冲击能量不足使试样未完全折断时应在试验数据前加"＞"。其他情况应注明"未折断"。

3）试样断口处如有肉眼可见裂纹或其他缺陷，且试验数据明显偏低时，此试验无效。

# 布氏硬度试验报告

| 班级 | | 姓名 | | 学号 | |
|---|---|---|---|---|---|
| 组别 | | 试验日期 | | 评分 | |

一、试验目的

二、试验设备及试样

三、试验原理

四、试验记录及结果（见表 A-3）

表 A-3　布氏硬度试验记录表

| 试样编号 | 试样材料 | 热处理状态 | 压头 | | 试验力/N（kgf） | 保持时间/s | 压痕直径/mm | | | HBW |
|---|---|---|---|---|---|---|---|---|---|---|
| | | | $D$/mm | 材料 | | | $d_1$ | $d_2$ | $d_{平均}$ | |
| | | | | | | | | | | |
| | | | | | | | | | | |
| | | | | | | | | | | |

# 洛氏硬度试验报告

| 班级 | | 姓名 | | 学号 | |
|---|---|---|---|---|---|
| 组别 | | 试验日期 | | 评分 | |

一、试验目的

二、试验设备及试样

三、试验原理

四、试验记录及结果（见表 A-4）

表 A-4　洛氏硬度试验记录表

| 试样编号 | 试样材料 | 热处理状态 | 硬度标尺 | 硬度符号 | 压头类型 | 试验力/N（kgf） | | | 硬度值 HR | | | |
|---|---|---|---|---|---|---|---|---|---|---|---|---|
| | | | | | | $F_1$ | $F_2$ | $F$ | 一次 | 二次 | 三次 | 平均 |
| | | | | | | | | | | | | |
| | | | | | | | | | | | | |
| | | | | | | | | | | | | |

# 冲击试验报告

| 班级 | | 姓名 | | 学号 | |
|---|---|---|---|---|---|
| 组别 | | 试验日期 | | 评分 | |

一、试验目的

二、试验设备及试样

三、试验原理

四、试验记录及结果（见表 A-5）

表 A-5　冲击试验记录表

| 序号 | 试样材料 | 试样外形尺寸/mm | 缺口尺寸/mm | | 断口处最大横截面积 $S_N/cm^2$ | 冲击吸收功 $A_{KU}(A_{KV})$ /J | 试验温度 /℃ | 冲击韧度 $a_{KU}(a_{KV})$ /(J/cm²) |
|---|---|---|---|---|---|---|---|---|
| | | | 深度 | 宽度 | | | | |
| | | | | | | | | |
| | | | | | | | | |
| | | | | | | | | |

# 附录 B　试验二　热处理试验

## 一、试验目的

1）掌握非合金钢热处理工艺的制定及普通热处理的操作方法。
2）分析碳的质量分数、加热温度、冷却速度对淬火后组织和性能的影响。
3）分析回火温度对组织和性能的影响。

## 二、试验设备及试样

1）箱式电阻炉及温控仪表。
2）试样：20 钢、45 钢、T10 钢及 65 钢小弹簧。
3）洛氏硬度计。
4）淬火介质：水、油。

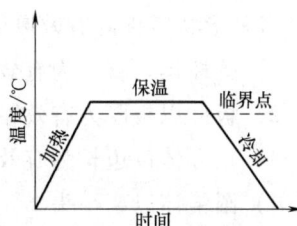

图 B-1　热处理工艺曲线

## 三、试验原理

如图 B-1 所示，钢的热处理是将钢在固态下，以适当的方式进行加热、保温和冷却以获得所需要的组织和性能的工艺。

## 四、淬火加热温度的选择

参照表 B-1。

表 B-1　几种钢的临界点和淬火规范

| 钢号 | 临界点/℃ | | | 淬火规范 | | | 备　注 |
|---|---|---|---|---|---|---|---|
| | $Ac_1$ | $Ac_3$ | $Ac_{cm}$ | 加热温度/℃ | 淬火介质 | 淬火后硬度 | |
| 20 | | 855 | | 890 ± 10 | 水 | >30HRC | |
| 35 | | 802 | | 840 ± 10 | 水 | >50HRC | |
| 45 | | 780 | | 820 ± 10 | 水 | >55HRC | |
| 65 | | 752 | | 790 ± 10 | 水或油 | | 在实际生产中,非合金钢、低合金钢淬火加热温度为 $Ac_3$ + (30 ~ 70)℃,$Ac_1$ + (30 ~ 70)℃ |
| 65Mn | | 765 | | 820 ± 10 | 油 | | |
| T8 | 730 | | 780 | 770 ± 10 | 水-油 | >62HRC | |
| T10 | 730 | | 800 | 770 ± 10 | 水-油 | >62HRC | |
| T12 | 730 | | 820 | 770 ± 10 | 水-油 | >62HRC | |

## 五、淬火保温时间的选择

淬火保温时间的确定，既要保证工件表面和心部均达到指定温度，又要保证获得细小的奥氏体组织。通常是将炉温升高到选定的加热温度，再将工件装炉，并开始计算保温时间。生产中通常用经验公式来确定保温时间，其经验公式为

$$t = akD$$

式中　$t$——加热时间，单位为 min；

　　　$a$——加热系数，单位为 min/mm（直径小于或等于 50mm 取 1.0～1.2；直径大于 50mm，取 1.2～1.5）；

　　　$k$——装炉修正系数（通常取 1.0～1.5）；

　　　$D$——工件有效厚度，单位为 mm。

各种形状零件的有效厚度：

1）圆柱体以直径为有效厚度。

2）板件以板厚为有效厚度。

3）正方体以边长为有效厚度。

4）圆锥体以离小头 2/3 处直径为有效厚度。

5）套筒类以壁厚为有效厚度。

6）球体以球直径 0.6 倍为有效厚度。

## 六、淬火冷却速度的选择

在过冷奥氏体最不稳定的温度范围内（550℃左右），淬火件的冷却速度应大于或等于淬火临界冷却速度，以保证获得马氏体组织。而在 $Ms$ 点以下，又希望冷却速度缓慢，以减少内应力，防止工件变形和开裂。常见淬火介质冷却能力见表 B-2。

表 B-2　常用淬火介质的冷却能力

| 淬火介质 | 冷却速度/(℃/s) | |
| --- | --- | --- |
| | 650～550 | 300～200 |
| 18℃的水 | 600 | 270 |
| 50℃的水 | 100 | 270 |
| 10% NaCl 水溶液(18℃) | 1100 | 300 |
| 矿物油 | 150 | 30 |
| 0.5%聚乙烯水溶液 | 介于油和水之间 | 180 |

## 七、回火温度的选择

工件的性能技术要求（硬度、强度、塑性、韧性）是选择回火温度的根据。在实际生产中往往只提出工件硬度要求，根据硬度要求及零件材料选择回火温度。部分非合金钢的硬度与回火温度关系的经验数据见表 B-3。

表 B-3　常用钢材的回火参数

| 钢号 | 淬火规范 | | | 回火硬度 HRC 与回火温度(℃)的关系 | | | | | | | |
| --- | --- | --- | --- | --- | --- | --- | --- | --- | --- | --- | --- |
| | 加热温度/℃ | 淬火介质 | 硬度 HRC | 25~30 | 30~35 | 35~40 | 40~45 | 45~50 | 50~55 | 55~60 | >60 |
| 20 | 900±10 | 水 | >30 | 350 | 300 | 200 | <160 | | | | |
| 35 | 860±10 | 水 | >50 | 520 | 460 | 420 | 350 | 290 | <170 | | |
| 45 | 830±10 | 水 | >55 | 550 | 520 | 450 | 380 | 320 | 300 | 180 | |
| 65 | 800±10 | 水或油 | >60 | 620 | 550 | 500 | 450 | 380 | 300 | 230 | <200 |
| 65Mn | 820±10 | 油 | >60 | 650 | 600 | 520 | 440 | 380 | 300 | 230 | <170 |
| T8 | 780±10 | 水-油 | >62 | 580 | 530 | 470 | 420 | 370 | 332 | 250 | <160 |
| T10 | 780±10 | 水-油 | >62 | 580 | 540 | 490 | 430 | 380 | 344 | 250 | <200 |
| T12 | 780±10 | 水-油 | >62 | 580 | 540 | 490 | 430 | 380 | 340 | 250 | <200 |

## 八、回火保温时间的选择

　　回火保温时间是指零件表里全部热透及组织充分转变所需要的时间。在生产中工件入炉后升至回火温度开始计算时间。回火时间一般是 1~3h。具体回火保温时间可参考以下经验公式计算。

　　回火保温时间经验公式为

$$t_h = K_h + A_h D$$

式中　$K_h$——回火时间基数，单位为 min（见表 B-4）；

　　　$A_h$——回火时间系数，单位为 min/mm（见表 B-4）；

　　　$D$——工件有效厚度，单位为 mm。

表 B-4　不同条件下的 $K_h$ 和 $A_h$ 值

| 回火条件 | 300℃以下 | | 300~450℃ | | 450℃以上 | |
| --- | --- | --- | --- | --- | --- | --- |
| | 箱式电炉 | 盐浴炉 | 箱式电炉 | 盐浴炉 | 箱式电炉 | 盐浴炉 |
| $K_h$/min | 120 | 120 | 20 | 15 | 10 | 3 |
| $A_h$/(min/mm) | 1 | 0.4 | 1 | 0.4 | 1 | 0.4 |

## 九、回火的冷却

　　一般而言，回火冷却对性能影响不大，因此一般工件都在空气中冷却。但对于具有回火脆性的某些合金钢（如铬钢、铬锰钢、铬镍钢等），在 450～650℃ 回火应在油或水中快冷，以避免回火脆性的产生。

## 十、试验步骤

1）根据试样的热处理技术要求，拟定试样的热处理工艺规范（加热温度、保温时间、冷却方法、回火温度等）。

2）将试样打上标号，并测出试样热处理前的硬度。

3）试验前应将炉温升至需要的温度。打开炉门将试样放入炉内进行加热保温，达到规定保温时间后，打开炉门，将试样取出后迅速放入预定的冷却介质中，并搅动试样使其均匀冷却。

4）试样冷却后擦干，并用砂纸清除其氧化层。用洛氏硬度计测出其硬度值。

5）根据回火要求，将淬火后的试样放入预定温度的炉中进行回火加热和保温。达到要求后，取出试样在空气中冷却。回火后的试样待完全冷却后，清除其氧化层，测量其硬度值，并做好记录。

6）实验完成后关闭电源，关好炉门。

## 十一、注意事项

1）在整个试验中，注意用电安全和高温操作安全。

2）试样装炉时尽量放置于炉子中部，以保证良好的加热效果。

3）开启炉门时，时间不宜过长，以免炉温急骤下降引起炉膛开裂。

## 十二、试验结果处理

1）试样热处理后所测得的硬度值和技术要求值进行比较，若出现硬度值偏低，则从以下方面分析原因：

① 淬火加热温度是否偏低，淬火介质温度是否偏高。

② 硬度计自身误差是否过大（可用标准硬度试样进行校验）。

③ 回火温度偏高。

2）淬火后试样若出现"软点"现象，应从材料成分偏析、局部氧化脱碳、加热时相邻试样靠得太近、冷却循环不良、操作不正确等方面进行分析查找原因。

# 热处理试验报告

| 班级 | | 姓名 | | 学号 | |
|---|---|---|---|---|---|
| 组别 | | 试验日期 | | 评分 | |

一、试验目的

二、试验设备及试样

三、试验原理

四、试验记录及结果（见表 B-5）

表 B-5　热处理试验记录表

| 编号 | 试样材料 | 原始硬度 | 淬火规范 | | | 淬火后硬度 | 回火规范 | | | 回火后硬度 | 显微组织 |
|---|---|---|---|---|---|---|---|---|---|---|---|
| | | | 加热温度/℃ | 保温时间/min | 淬火介质 | | 回火温度/℃ | 回火时间/min | 冷却介质 | | |
| | | | | | | | | | | | |
| | | | | | | | | | | | |
| | | | | | | | | | | | |
| | | | | | | | | | | | |
| | | | | | | | | | | | |
| | | | | | | | | | | | |
| | | | | | | | | | | | |

# 附录 C　试验三　渐开线标准直齿圆柱齿轮参数的测定

## 一、试验目的

1) 掌握使用简单量具测量渐开线标准直齿圆柱齿轮基本参数的方法。
2) 通过测量和计算，加深理解齿轮各参数之间的相互关系。

## 二、试验设备和工具

1) 渐开线标准直齿圆柱齿轮两个（奇、偶齿数各一个）。
2) 游标卡尺一把。
3) 学生自备计算器、纸、笔等文具。

## 三、试验原理和方法

渐开线标准直齿圆柱齿轮的基本参数有：齿数 $z$、模数 $m$、齿顶高系数 $h_a^*$、顶隙系数 $c^*$、分度圆压力角 $\alpha$。

**1. 模数 $m$ 和分度圆压力角 $\alpha$ 的确定**

如图 C-1 所示，千分尺与齿廓相切于 $A$、$B$ 两点，$A$、$B$ 两点在分度圆上，设跨齿数为 $k$，则 $AB$ 即为所测得的公法线长度。从图示可知

$$W_k = (k-1)p_b + s_b$$

式中　$k$——跨齿数；

　　　$p_b$——基圆齿距，$p_b = \pi m \cos\alpha$；

　　　$s_b$——基圆齿厚。

同理，跨 $k+1$ 个齿的公式为

$$W_{k+1} = kp_b + s_b$$

$$W_{k+1} - W_k = p_b = p\cos\alpha = \pi m \cos\alpha$$

$$m = \frac{p_b}{\pi\cos\alpha} = \frac{W_{k+1} - W_k}{\pi\cos\alpha}$$

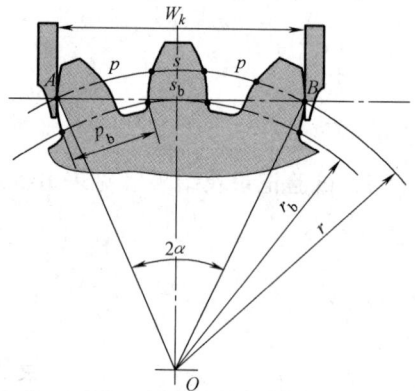

图 C-1　渐开线标准直齿圆柱齿轮
的基本参数图

测量出 $W_{k+1}$ 和 $W_k$ 代入上式，标准分度圆压力角 $\alpha = 20°$（少量的压力角为 $15°$）进行计算。

测量齿轮的公法线，所跨齿数应保证卡脚与齿廓渐开线部分相切，如果跨齿数太多，卡尺的卡脚就会在齿廓顶部接触；如果跨齿数太少，就会在根部接触。这两种情况测量均不允许。经分析证明可得到如下的计算公式

$$k = \frac{\alpha}{180}z + 0.5 \approx 0.111z + 0.5$$

实际测量时跨齿数 $k$ 必须为整数，故上式必须进行圆整。圆整的方法为：将结果取一位小数，再按四舍五入法取整。

**2. 齿顶高系数 $h_a^*$ 和顶隙系数 $c^*$ 的确定**

由公式

$$h_f = m(h_a^* + c^*)$$

$$h_f = \frac{d - d_f}{2}$$

$$m(h_a^* + c^*) = \frac{mz - d_f}{2}$$

式中，$d_f$ 为齿根圆直径，可以测量得到。将齿顶高系数 $h_a^* = 1$、顶隙系数 $c^* = 0.25$ 代入使等式成立，得出所求的答案。

## 四、试验步骤

1）数出齿数，计算跨齿数。

2）每个齿轮选三个不同的位置测量公法线长度 $W_{k+1}$、$W_k$，齿根圆直径 $d_f$，取平均值。

3）按公式计算齿轮的参数，并记入试验报告中。

## 五、思考题

1）影响测量精度的因素有哪些？

2）测量奇数和偶数齿的齿根圆直径时，方法有何不同？

# 渐开线标准直齿圆柱齿轮参数的测定试验报告

| 班级 | | 姓名 | | 学号 | |
|---|---|---|---|---|---|
| 组别 | | 试验日期 | | 评分 | |

一、试验目的

二、试验设备及工具

三、试验原理

四、试验记录及结果

**1. 测量数据**（见表 C-1）

表 C-1　测量数据

| 测量次数 | 偶数齿　$z =$　$k =$ | | | | 奇数齿　$z =$　$k =$ | | | |
|---|---|---|---|---|---|---|---|---|
| | 1 | 2 | 3 | 平均值 | 1 | 2 | 3 | 平均值 |
| $W_k$ | | | | | | | | |
| $W_{k+1}$ | | | | | | | | |
| $d_f$ | | | | | | | | |

**2. 计算结果**（见表 C-2）

表 C-2　计算结果

| 项　目 | 计 算 公 式 | 计 算 结 果 | |
|---|---|---|---|
| $p_b$ | $p_b = W_{k+1} - W_k$ | $p_{b1} =$ | $p_{b2} =$ |
| $m$ 和 $\alpha$ | $m = \dfrac{p_b}{\pi\cos\alpha}$ | $m_1 =$　　$\alpha_1 =$ | $m_2 =$　　$\alpha_2 =$ |
| $h_a^*$ 和 $c^*$ | $h_f = m(h_a^* + c^*)$ $= \dfrac{mz - d_f}{2}$ | $h_{a1}^* =$　　$c_1^* =$ | $h_{a2}^* =$　　$c_2^* =$ |

# 参 考 文 献

［1］ 罗会昌. 金属工艺学 ［M］. 北京：高等教育出版社，2000.

［2］ 郁兆昌. 金属工艺学 ［M］. 北京：高等教育出版社，2001.

［3］ 邓文英. 金属工艺学 ［M］. 北京：高等教育出版社，1990.

［4］ 张建国. 工程材料与成形工艺 ［M］. 北京：科学出版社，2004.

［5］ 王俊山. 金工实习 ［M］. 北京：高等教育出版社，2000.

［6］ 张纪真. 机械制造工艺标准应用手册 ［M］. 北京：机械工业出版社，1997.

［7］ 肖珑. 机械制造基础 ［M］. 郑州：河南科学技术出版社，2006.

［8］ 徐广民. 工程力学 ［M］. 成都：西南交通大学出版社，2008.

［9］ 张勤. 工程力学 ［M］. 北京：高等教育出版社，2007.

［10］ 张秉荣，章剑青. 工程力学 ［M］. 北京：机械工业出版社，1996.

［11］ 徐钢涛. 机械设计基础 ［M］. 北京：高等教育出版社，2007.

［12］ 罗玉福，王少岩. 机械设计基础 ［M］. 大连：大连理工大学出版社，2004.

［13］ 史艳红，等. 机械制图 ［M］. 郑州：河南科学技术出版社，2006.

［14］ 金大鹰. 机械制图 ［M］. 北京：机械工业出版社，2007.

参 考 文 献